Noël 2012
→ Joëlle

United Victims
Parents proches

Elsebeth Egholm

United Victims
Parents proches

Traduit du danois
par Didier Halpern

Collection
NÉO
dirigée par Hélène Oswald

le
cherche
midi

Titre original : *Nærmeste pårørende*

23, rue du Cherche-Midi, 75006 Paris

Vous pouvez consulter notre catalogue général et l'annonce
de nos prochaines parutions sur notre site Internet :
cherche-midi.com

1

ILS L'AVAIENT ATTENDUE telle une fiancée royale qui aurait un peu de retard, mais ce n'était pas Mary[1] qui était arrivée dans la voiture blanche de désamorçage antiterroriste en provenance de la caserne de Skive, située à 113 kilomètres de là. Il n'y avait rien de particulièrement glamour chez la dame jaune montée sur roulettes, qui après différentes tentatives se mit à dévaler la rampe.

– Putain. On ne voit rien du tout.

Dicte entendit parfaitement la remarque de Bo, même si en fait il se parlait à lui-même, tout en bricolant son appareil photo à la recherche d'une bonne prise de vue. Les gens retenaient leur souffle. Le silence s'était abattu sur Århus, jusqu'à ce que les premières remarques se mettent à fuser comme du pop corn: «C'est ridicule. Il n'y a pas de bombe dans cette ville.» «C'est juste quelqu'un qui a oublié sa valise.»

Elle avait tout consigné dans son bloc-notes, en plus d'une interview de l'homme dont la voiture était garée juste à côté de la valise. Pendant une seconde, elle s'était demandé si celui qui venait de s'exprimer n'était pas une sorte d'oiseau de mauvais augure, si Némésis n'allait pas frapper, avec son cortège de morts et de blessés, comme cela avait été le cas à Londres, et si une vague de terreur n'allait pas balayer toute la région. Elle chassa

1. L'auteur évoque ici Mary Elizabeth Donaldson, d'origine australienne, qui a épousé le prince royal du Danemark Frederik en avril 2007. *(N.d.T.)*

complètement cette idée, la relégua loin derrière les exigences de la presse ; tout ce qu'elle avait à faire, c'était observer et écrire de manière aussi neutre que possible : la Marie à roulettes[2] qui s'approchait de la valise en nylon bleu, à la vitesse d'un escargot, les policiers qui n'avaient de cesse de demander aux gens de se tenir à distance des bandeaux rouge et blanc placés à quatre-vingts mètres de la fameuse valise, les bus de la ville qui avaient été détournés, et qui déposaient les gens dans les rues les plus proches, les voyageurs en provenance de la gare contraints d'emprunter le pont de Bruun au lieu de l'entrée principale. Toute une organisation.

Le robot dirigeable avait à présent atteint la valise. Bo avait raison. C'était difficile de voir ce qui se passait à une telle distance, mais la presse ne pouvait évidemment pas franchir les barrières. Ça ne plaisait pas à Bo, elle le savait. Lui qui avait l'habitude des projectiles hurlant dans les oreilles, de la mort et de la dévastation dans les régions les plus en guerre du monde, sans aucune protection civile, se sentait diminué quand il ne pouvait pas jouer des coudes pour se glisser au premier rang.

Elle l'observa alors qu'il discutait, maîtrisant sa colère, avec un policier. La carte de presse fut brandie, mais cela ne servit pas à grand-chose. Bo se plaça contre la banderole et s'appuya dessus autant qu'elle pouvait le supporter.

C'est alors que survint l'explosion, et toute l'assemblée se mit à frémir. Le bruit résonna dans sa tête et lui fit lâcher bloc et stylo qui s'en alla rouler entre les jambes d'un spectateur situé à quelques pas de là. Elle se lança à sa recherche, courbée en deux au milieu du tumulte. En un mouvement bref, une chaussure réduisit le stylo en miettes, et l'encre bleue se répandit sur l'asphalte gris. Elle

---

2. « Den Rullemarie » est une sorte de grue téléguidée, un robot utilisé au Danemark dans le cadre des opérations de déminage. *(N.d.T.)*

se redressa, ferma les yeux, et pendant un instant elle se sentit transportée un an en arrière, à la seconde précise où il avait fallu agir, où elle avait senti le poids du pistolet dans ses mains tremblantes, en sachant que la seconde suivante changerait sa vie à tout jamais.

– Ça va ? Tu es toute pâle.

Bo posa un bras sur ses épaules. Elle aurait voulu s'enfuir. Lui assurer qu'elle n'avait pas besoin d'aide. Mon Dieu, ce n'était qu'un robot qui avait balancé un skud contre une valise innocente. Pas de bombe. Pas de terroristes. Aucun danger dans la pacifique Århus. Fausse alerte.

Elle évita son regard et acquiesça, mais elle savait qu'il avait compris. C'était bien ça le problème. Il la connaissait si bien.

Il la conduisit loin de la barricade, jusqu'à leur voiture garée sur Park Allé. La carte de presse sur le pare-brise avait été rejointe par un P-V.

– Merde.

Elle aurait voulu dire que la loi était égale pour tout le monde, et il aurait répondu que certains étaient plus égaux que d'autres. Elle choisit de ne rien dire.

– Tu devrais appeler la maison.

Elle approuva, puis téléphona à Rose pour s'assurer qu'elle allait bien. La rumeur s'était répandue comme une traînée de poudre dans toute la ville. Une valise vide pouvait très vite se remplir d'explosifs, et qu'importe comment on présentait la chose, c'était forcément énorme quand on a dix-neuf ans et qu'on vient à peine de quitter le foyer familial.

– Tu as appelé ? demanda Bo une nouvelle fois, alors qu'elle raccrochait le téléphone, et que l'habituelle intelligence de sa fille l'avait un peu calmée.

– On ne descend pas au poste ?

– Non. On va à la rédaction. Je n'ai même pas encore ouvert mon courrier.

Elle n'avait pas le courage d'aller voir la police. C'était le chaos dans la circulation, à cause du blocage de la gare, il leur faudrait peut-être une demi-heure pour se rendre jusque-là, et ses jambes refusaient de se mettre en route. En plus, elle avait assez d'informations sur son bloc pour rédiger un article de sept colonnes. Tout ce qui lui manquait, c'était l'opinion de la police à propos de cette journée où la terreur internationale ne s'était pas abattue sur Århus.

Bo avait démarré la voiture et ils avaient presque atteint le parc Mølle lorsque Davidsen appela sur le portable :

– Rebelote. On a trouvé une autre valise suspecte sur Langenæsalle. La Marie roulante est en route.

Elle entendit cela à travers un bourdonnement dans ses oreilles, encore assourdies par la détonation. Bo la regarda.

– Alors ?

Les bombes, qu'elles soient réelles ou non, n'étaient pas son point fort, et les mots de Rose résonnaient dans sa tête : « Ça va aller maman. Il n'arrivera rien. »

– On rentre, dit-elle à Bo.

Il était 9 heures lorsqu'ils arrivèrent enfin à la rédaction de Frederiksgade. Le bagage de Langenæsalle avait eu le même sort que celui de la place de la gare. La Marie roulante avait tiré, le couvercle avait explosé en laissant à nouveau apparaître l'intérieur d'une valise vide.

Dicte s'assit et alluma son ordinateur, tandis que Bo s'immergeait dans son écran afin de choisir ses meilleures photos et d'en rédiger les commentaires.

C'est seulement à cet instant qu'elle prêta attention au silence. Ce n'était pas un silence profond, mais plutôt un sentiment de vide qui l'avait occupée toute la journée. Elle en connaissait la raison. Anne devait partir pour le Groenland, avec mari et enfants, et y rester au moins un an. Anne, qu'elle connaissait depuis le collège où elles s'étaient rencontrées à la fin des années soixante-dix, était sa boussole : deux existences solitaires à la recherche de quelque chose à quoi se raccrocher. Elle-même, rejetée par ses parents qui adoraient Jéhovah davantage que leur enfant ; Anne, avec ses yeux bridés et sa peau brune, adoptée par une famille de pasteurs et que son père n'aimait pas. Elles s'étaient soudées l'une à l'autre et s'étaient soutenues à travers les crises, les divorces et les maladies. Elles connaissaient l'une l'autre leurs forces et leurs points faibles et savaient toujours comment communiquer. Mon Dieu, comment allait-elle faire pour supporter de ne plus voir Anne aussi longtemps ?

La fatigue s'immisça dans son corps, tandis qu'elle feuilletait ses notes en cherchant à se concentrer sur le travail. Elle eut soudain envie d'aller se réfugier chez Anne. D'oublier les bombes et les menaces terroristes.

Un an, songea-t-elle, en se forçant à rester calme. Elle commença à écrire tandis que ses pensées virevoltaient dans sa tête. Seulement un an, reformula-t-elle. Mais peut-être qu'Anne sera satisfaite de son travail de sage-femme à Nuuk. Peut-être qu'Anders trouvera le calme nécessaire à sa musique et à son esprit tourmenté, et peut-être que Jacob finira par aimer sa nouvelle école. Peut-être qu'ils ne reviendront jamais.

C'était trop déprimant. Elle enferma ces pensées dans un coffre-fort à l'intérieur de son cerveau et en verrouilla consciencieusement la porte. Ce n'était pas si grave que ça, et puis elle avait Bo. L'amour était bien là, même s'il était parfois difficile à canaliser. Bo était une autre sorte de boussole, munie d'une aiguille un peu plus aléatoire.

Elle corrigea le fichier, tria ses notes et appela le poste de garde du commissariat de police. Une demi-heure plus tard, l'article était prêt avec ses gros titres, son histoire et la description des faits concernant la Marie roulante et sa longue carrière de chien électronique antibombe.

Elle venait juste d'appuyer sur le bouton « envoyer » quand Bo se planta devant elle, avec les cheveux attachés en queue-de-cheval, laissant apparaître de manière encore plus visible sa barbe naissante, ce qui, ajouté à sa longue dégaine, lui donnait l'air d'un cow-boy fatigué après trois jours de chevauchées.

– Quelque chose à boire ?

– Hmmm.

Elle fit signe que oui tout en le dévorant du regard. Elle était toujours surprise de l'attirance qu'elle ressentait pour cet homme, dont elle partageait la maison et le lit depuis presque trois ans.

– De l'eau ? Un Coca ? Du champagne ?

– Du thé de Chine.

Elle dit cela un peu par jeu, pour le taquiner, et constata une pointe d'irritation dans ses gestes lorsqu'il repartit vers la cuisine. La bonne réponse aurait sans doute été un Jack on the rocks ou bien un mojitos, mais on n'était ni à Phnom Penh ni à Cuba, ni dans tout autre endroit où il avait traîné ses guêtres. On était à Århus et même si c'était encore la fin de l'été, il pleuvait déjà des cordes. Elle avait besoin de quelque chose de chaud. De Bo, pensa-t-elle. Mais d'abord d'un thé.

– Il est sur le placard à côté de la cafetière, lui cria-t-elle, ne recevant qu'un grognement pour toute réponse.

Le bruit de l'eau du thé en train de frémir accompagnait le son des enveloppes qu'elle ouvrait, son courrier du jour dont elle prenait connaissance avec douze heures de retard. Les habituelles missives de morte-saison. Quelques rendez-vous de presse à l'occasion des activités enfantines de fin de semaine et une invitation au week-end fleuri dans la Gammel By[3]. Il y avait également une enveloppe épaisse adressée à la rédaction c/o Dicte Svendsen, et dont la mention « personnel » était fortement soulignée.

– Qu'est-ce c'est ?

Bo entra avec une tasse de thé qu'il posa sur le bureau. Il ouvrit une bière, dont la mousse s'échappa aussitôt et qu'il but à même la canette.

3. « Den Gamle By », la Vieille Ville, est un lieu culturel très connu à Århus, dans l'Est du Jutland. C'est une reconstitution de ville danoise formée de bâtiments typiques du XVIIe au XIXe siècle. *(N.d.T.)*

– Aucune idée.

Elle retourna le petit paquet dans sa main.

– Un expéditeur ?

– Non, aucun.

Elle songea aux colis piégés et se sentit idiote. Sans doute à cause de toutes ces histoires de terrorisme. Du coup, on se mettait à paniquer pour pas grand-chose. Elle décacheta l'enveloppe. À l'intérieur se trouvait un CD-ROM. Aucun courrier. Rien d'autre. Elle s'assit tout en tenant l'objet à la main, prudemment, comme s'il pouvait lui exploser entre les doigts. Bo fronça les sourcils.

– Ça contient peut-être un virus.

– Peut-être, mais nous avons un antivirus, n'est-ce pas ?

Il haussa les épaules. Dicte soupesa le pour et le contre, mais avant d'avoir pu se décider, sa main, poussée par la curiosité, avait déjà placé le disque dans le lecteur.

– Qu'est-ce qui peut arriver de pire ?

Au moment où elle posait cette question, un film se mit en route sur l'écran de l'ordinateur. La scène se passait pendant l'été danois, et elle pouvait presque respirer le parfum des fleurs après la pluie. Tout était luxuriant, comme au jardin d'Éden. Il y avait de l'herbe et des arbres, dont les couleurs se fondaient en toutes les nuances du vert. La caméra montra une souche d'arbre flanquée de deux pieux, puis effectua un zoom avant. La surface était nette, lumineuse et régulière. Puis l'image vacilla un peu, il y eut une courte pause, suivie d'une nouvelle scène. C'était le même jardin. Le même arbre. Mais on pouvait soudain distinguer une silhouette dont la tête était posée sur la souche, utilisée comme un billot. Un homme. Ses bras musclés étaient solidement maintenus sur les côtés, tirés contre le sol, de toute évidence attachés aux deux pieux enfoncés dans l'herbe. La silhouette s'agitait et cherchait à se dégager, en vain.

– Qu'est-ce que c'est que ce truc ?

La voix de Bo exprimait le choc qu'il éprouvait. Il s'était penché au-dessus d'elle et ses mots formaient comme un courant chaud par-dessus sa nuque. Elle aurait voulu appuyer sur « stop » mais elle ne le fit pas, sans savoir pourquoi. Un nouveau personnage fit alors son entrée devant la caméra. Il était impossible de savoir s'il s'agissait d'un homme ou d'une femme. La silhouette était entièrement recouverte d'un tissu noir. Le Moyen-Orient lui traversa l'esprit. L'Afrique du Nord, peut-être. On ne distinguait que deux petites fentes à l'emplacement des yeux. Dicte entendit son propre hoquet lorsque la lame d'un sabre s'abattit brutalement sur le cou de l'homme solidement ligoté. Elle vit, tout en ne voyant rien. Son sens de la vue refusait de collaborer, elle fixait l'écran comme hypnotisée.

– Putain de merde, murmura Bo, et ses doigts se fichèrent dans ses épaules. Éteins cette saloperie.

Mais elle n'en fit rien. Lui non plus. Ensuite, lorsque le sang eut giclé et que le corps se fut agité des derniers soubresauts de la vie, lorsque le sabre, après plusieurs tentatives, eut fini par trancher la tête de l'homme, elle se retourna et vomit sur le tapis.

2

– ILS DISAIENT QUE c'était peut-être une bombe.

Le regard de Katrine brillait d'excitation, tandis qu'elle sirotait à la paille un whisky-Coca, en soufflant de temps à autre dedans pour y faire des bulles.

– Ce n'était pas le cas, indiqua Rose. Ma mère a couvert l'histoire pour son journal. La valise était vide.

– Mais quand même, insista Katrine avec une sorte de dégoût dans la voix, imagine que ce soit quand même possible. Imagine qu'on se mette à avoir peur dans notre propre ville.

Rose regarda autour d'elle, dans le café bondé au bord du canal. Des bouts de dialogues flottaient dans les airs et effleuraient ses oreilles. On parlait de bombes, d'intégristes religieux, et du fait que tout cela arrivait brusquement juste après Londres. On se mettait à prêter attention aux autres, constata-t-elle. On faisait surtout attention aux sacs et aux bagages abandonnés dans les endroits les plus fréquentés. Mais que pouvait-on faire en réalité, si quelqu'un décidait de déposer une bombe ou bien de se coller des explosifs sur le corps ? Comment pouvait-on se protéger ?

Elle trempa ses lèvres dans son cappuccino et chercha à oublier ses inquiétudes. On ne pouvait quand même pas se mettre à soupçonner tout le monde. On finirait par devenir dingue.

– Il ne faut pas avoir peur, dit-elle pour conclure. C'est précisément ce qu'ils recherchent.

Katrine posa son verre sur le comptoir.

– Tu peux toujours dire ça, mais ce n'est pas quelque chose qui se décide.

Rose la regarda et se demanda une fois encore si elles arriveraient finalement à cohabiter. Elles s'étaient connues au lycée. Les parents de Katrine avaient acheté un appartement pour elle, à Chr. Wærumsgade, et Rose y avait loué une pièce pour sortir un peu du foyer familial.

Elle tourna son regard vers le miroir situé derrière le bar, dans lequel les clients du café allaient et venaient comme des silhouettes confuses, comme des reflets bizarres au milieu de la cohue. Dehors, le long de l'eau, des gens étaient assis sous les lampes à gaz et buvaient des bières. Sur les quelques marches qui descendaient vers la rive, une bande était en train de s'échauffer. On appelait le jeudi soir le « petit vendredi ». Elle avait vite appris que les étudiants s'octroyaient, ces soirées-là, une avance sur le week-end[1]. Il était plus agréable d'apprendre le droit de cette manière plutôt qu'au lycée, même s'il fallait qu'elle s'habitue au fait que les amphithéâtres étaient bien différents des salles de classe traditionnelles. En règle générale, il fallait qu'elle s'habitue à une vie complètement différente.

– On peut y parvenir, dit-elle. Je veux dire, c'est possible de décider de soi-même. Il faut rejeter les idées négatives. Penser à autre chose.

Elle affirma cela avec plus d'assurance qu'au fond elle n'en ressentait. Elle se dit qu'après tout, il n'y avait pas eu de bombe. Mais autre chose occupait également ses pensées. C'était la lutte de ces dernières années pour se libérer de l'angoisse, dont Katrine n'avait pas complètement connaissance. C'était le manque d'Aziz. C'était la relation entre sa mère et Bo, qui était arrivée tel un ouragan dans le désert, avec l'inquiétude de sa mère qui

1. Au Danemark, le jeudi soir, bars et boîtes sont aussi fréquentés que durant les week-ends. *(N.d.T.)*

se demandait si elle allait savoir se débrouiller en adulte, maintenant qu'elle avait quitté la maison.

Rose regarda à nouveau dans le miroir et étudia rapidement les nombreux visages qui s'alignaient autour du bar, ainsi que ceux situés un peu plus loin dans le local de stockage à l'arrière. C'était devenu pour elle une habitude d'observer les alentours. Nul besoin de menace terroriste pour en arriver là. Son cœur fit un bond lorsqu'elle crut le voir, pendant une fraction de seconde, dans un coin, debout avec un verre à la main. Puis un gros gars se planta devant lui et il se volatilisa. Son cœur se calma. Elle continuait à inspecter.

– D'un autre côté, tu n'es pas la pire personne à fréquenter si jamais on doit en arriver là, dit Katrine. Si on voit un mec louche, tu peux toujours lui en balancer une en pleine poire. C'est aussi valable pour ton ex. Il n'a pas intérêt à venir faire le malin, celui-là.

Katrine parlait à tort et à travers. Rose essayait de sourire. Katrine avait faux sur toute la ligne, mais ce n'était pas grave. Elle avait entendu parler des cours d'autodéfense et elle savait que Rose avait constamment une bombe antiagression dans son sac. Mais elle en ignorait les véritables raisons et elle n'avait pas non plus à les connaître.

– Ce ne serait peut-être pas l'accueil idéal, répondit Rose, dont les idées avaient du mal à se fixer.

Katrine était certaine que Rose avait besoin d'un nouveau petit ami, et elle faisait tout pour remettre le sujet sur le tapis. Bien sûr, elle ne pouvait pas se douter que la seule pensée d'un autre garçon lui retournait l'estomac.

Elle n'avait pas parlé avec Aziz depuis presque un an. De temps à autre, il arrivait qu'elle l'aperçoive en ville, car ils fréquentaient plus ou moins les mêmes endroits. Une seule fois, elle avait croisé son regard et elle s'était imaginé y discerner un reste de ce qu'ils avaient éprouvé l'un pour l'autre. Mais il avait détourné les yeux le premier. C'était lui qui cherchait à l'éviter, et même si c'était pour l'épargner, d'une certaine manière, elle ressentait quand même une distance, comme s'il l'avait laissée tomber en plein milieu d'une piste de danse.

– Tu n'as pas envie de commander quelque chose d'un peu plus fort ?

La voix lui parvint à travers le vacarme et les odeurs d'alcool et de tabac. Le gros mec de tout à l'heure s'était installé sur un tabouret à côté d'elle. Il la regardait dans le miroir en désignant son cappuccino.

– Je ne bois pas d'alcool, merci beaucoup, mentit-elle.

Elle remarqua son air étonné, tout en évitant de le regarder en face.

– Un verre d'eau pétillante alors. Avec un cure-dent, ajouta-t-il en riant. On peut bien se payer ce luxe !

Elle chercha à s'éloigner un peu, mais elle était entourée de toutes parts. Katrine lui donna un petit coup de coude.

– Lâche-toi, nom d'une pipe ! Il ressemble à Russel Crowe, chuchota-t-elle un peu trop fort.

Rose se sentit manœuvrée. Sa tasse de café était vide, ce qui n'arrangeait rien, et sa gorge était sèche de nervosité.

– Merci. Je veux bien, sans citron, dit-elle en ignorant sa remarque concernant le cure-dent.

Le mec passa commande, et Rose regretta aussitôt. Il ressemblait plus à un clochard qu'à une star d'Hollywood, mais Katrine en était à son troisième verre et ne devait plus se sentir très claire.

– Euh... tu viens souvent ici ?

La banalité du propos lui arriva portée par un courant de bière. Elle vit qu'il avait un tatouage sur l'avant-bras et eut soudain honte de ses préjugés. C'était certainement un ouvrier sympa, qui s'était fait un jour tatouer le nom de sa mère et qui à présent le regrettait amèrement.

– De temps en temps.

Elle se décida à être simplement polie et se promit de trouver rapidement l'occasion de s'esquiver en allant aux toilettes.

– Qu'est-ce que tu fais, demanda-t-il, quand tu ne descends pas en ville pour boire de l'eau ?

– Je vais à l'université.

Avant même que ne tombe sa prochaine réplique, la discorde s'était déjà profondément installée entre eux.

– Vous êtes tous si intelligents dans cette ville ! L'université ! cracha-t-il dans sa bière. Trop de livres et pas assez de sexe !

Ça avait été une erreur de croiser son regard. Elle pensa à ce que disait son professeur d'autodéfense. Il ne faut pas les regarder dans les yeux, ça peut être interprété comme une invitation. Non qu'elle le considérât comme un violeur.

Tout en pensant à cela, elle sentit qu'il avait posé sa main sur sa cuisse.

– On dirait que tu as bien besoin de te faire un peu secouer.

Il chuchota cela dans son oreille. Elle sentait ses lèvres bouger à travers ses cheveux. Elle voulait se lever et partir, mais quelqu'un la poussait par-derrière et la renvoyait contre lui.

– Arrête, s'entendit-elle dire. Tu ne dois pas me toucher.

Il rit. La main se fit un peu plus caressante et son bras s'enroula autour de ses épaules pour la tirer vers lui.

– Dégèle-toi donc un peu, putain. Tu as l'air trop mignonne.

Le vacarme ambiant lui cassait la tête et son haleine chargée de bière lui donnait envie de vomir. Elle aurait voulu l'envoyer au diable. Elle aurait voulu le frapper et lui cracher dessus, mais au lieu de cela, elle restait assise sans rien dire, comme s'il suffisait de l'ignorer pour qu'il disparaisse. Son bras la tenait toujours fermement, tandis que son autre main s'aventurait sur sa cuisse. Elle ne pouvait plus prononcer un seul mot. Les larmes jaillirent de ses yeux.

Soudain, en l'espace d'une seconde, le monde alentour se transforma radicalement. À travers le miroir, elle pouvait suivre l'action comme dans une sorte de film brutal : les traits de douleur sur le visage du garçon, le bras qui soudain s'éloignait d'elle et la main qui se dégageait de sa cuisse. Une silhouette s'était glissée entre eux avec la rapidité d'un félin. Les gens reculèrent et un no man's land se créa autour d'eux.

– Laisse-la tranquille, dit Aziz en lui tordant à nouveau le bras.

Elle se dit qu'il avait dû apprendre cela à l'école de police. L'homme se plia en deux sur son tabouret.

– Putain de merde !

Il cherchait à se redresser et envoya un crachat sur son adversaire, mais Aziz lui tordit encore le bras, et il cria de douleur. Il regarda Rose avec de la haine dans les yeux.

– Pute à crouilles ! Espèce de salope !

– Demande pardon, exigea Aziz.

– Jamais de la vie. T'es complètement taré comme mec !

Le bras resserra davantage son étau. L'homme hurla. Tout le monde était silencieux, la musique en arrière-fond battait au même rythme que le pouls de Rose. Elle aurait voulu mettre fin à la scène, à la voix de Kilie Minogue et aux regards des gens, mais elle restait assise raide sur son siège.

– Demande pardon.

– Bougnoule !

Le bras à nouveau. L'homme brailla quelque chose de confus.

– Pas à moi, à elle.

– Pardon, cria Russel Crowe sans la regarder.

– Regarde-la comme il faut, commanda Aziz.

Les yeux de l'homme se fixèrent dans les siens. La peur la saisit.

– Pardon.

Il dit cela tout bas.

– Plus fort, dit Aziz.

– PARDON !

La sueur et la salive jaillirent sur son visage. Elle fixait ses yeux. Il avait l'air soudain petit et sans défense.

– Laisse-le partir, dit-elle.

Les yeux d'Aziz lançaient des éclairs. Une colère qu'elle n'avait jamais vue avant, et elle réalisa que c'est comme ça qu'il avait dû être lorsqu'il avait sorti son couteau. Il avait ressemblé à ça, à cette mécanique parfaite, ce jour-là, un an plus tôt. Mais il avait pourtant changé. Les dreadlocks avaient fait place à des cheveux rasés de près. Le corps de l'enfant était devenu celui d'un homme, sans doute grâce à un entraînement sportif et à la pratique des haltères.

La lueur disparut de ses yeux et fut remplacée par quelque chose qu'elle connaissait. Elle aurait souhaité pouvoir se protéger, renforcer ses murailles qui s'effritaient comme un immeuble bombardé sur le point de s'effondrer. Pendant un court instant, Aziz soutint fermement son regard. Il n'y avait pas l'ombre d'un sourire. Tout au plus un petit trait sur ses lèvres. Puis il attrapa l'homme qu'il renversa de son tabouret et se fraya un chemin à travers la foule, jusque sur le trottoir rempli de monde.

Rose resta assise, la scène entière était gravée dans chaque cellule de son corps. Katrine se remit à parler avec une voix criarde. Quelqu'un monta le son de la musique, et l'atmosphère redevint normale dans le café.

Elle attendait. Mais Aziz ne revint pas sur ses pas.

3

– IL N'Y A RIEN D'URGENT, dit Dicte à Kaiser, qui se trouvait à la rédaction de Copenhague en train de travailler à la mise en pages du journal.

À peine avait-elle dit cela, qu'elle savait ce qu'il allait répondre. Il hurla si fort dans le téléphone qu'il lui fallut éloigner l'appareil, en le maintenant à bout de bras le plus loin possible de son oreille. Bo lui adressa un regard amusé, mais ce n'était pas lui qui se faisait incendier parce qu'il refusait de se plier aux ordres.

– Mais putain, qu'est-ce qui te fait dire ça ? Qu'est-ce qui te fait imaginer qu'il n'a pas envoyé une copie de son exécution à toute la presse ?

Elle fixait le fond bleu de son écran et aurait aimé pouvoir y plonger pour échapper à tout ce qui l'attendait : les problèmes éthiques, les questions de morale, la sacro-sainte frontière entre les égards de principe et l'impératif du tirage, le devoir d'information envers les lecteurs, mais aussi la nécessité de nourrir le besoin bestial des gens en matière de crimes violents, de viols, d'incestes et de décapitations. Sans oublier les éternelles discussions avec Kaiser.

– Dans ce cas-là, la télévision ou bien la presse du jour en auraient déjà parlé. L'enveloppe est arrivée ce matin. Je n'ai ouvert mon courrier que depuis une demi-heure.

– Et les autres journaux ? Tu les as oubliés ?

Elle n'avait rien oublié. Mais enfin, pourquoi leur envoyer ça à eux plutôt qu'à la télé ? Mais surtout : pourquoi quelqu'un le lui avait-il fait parvenir à elle plutôt qu'aux autres ?

– Ils ne balanceraient pas une telle histoire sans avoir au préalable effectué quelques vérifications.

– Quelles vérifications ? Tu peux me le dire ?

– Pour le moment nous n'avons rien. N'importe qui peut avoir fait ce film. Ça peut très bien venir de quelqu'un qui veut le faire passer pour un acte de terrorisme. L'extrême droite, par exemple.

Visiblement, elle avait marqué un point, car il ne répondit pas. Elle avait enfoncé sa tête le plus profondément possible dans ses épaules, en s'accrochant au téléphone comme à une ceinture de sécurité dans un bus dont on aurait perdu le contrôle.

– On ne peut tout simplement pas rapporter brutalement cette histoire comme ça dans le journal, continua-t-elle. Il n'y a rien derrière. Aucune revendication. Ça n'a strictement aucun sens. Nous ne sommes même pas sûrs que ce film n'a pas été fabriqué de toutes pièces par un ordinateur, juste pour se foutre de nous.

Tout en disant cela, elle repassait à nouveau le film sur son écran. Ce n'était pas un trucage informatique, elle en était certaine, et Bo aussi. Mais Kaiser ne l'avait pas encore vu, étant donné que la rédaction de Copenhague n'avait rien reçu. Seulement elle. Quelle merde ! Il ne lui manquait plus que ça, en plus des alertes à la bombe et des skuds de la Marie roulante, tout ce qu'il fallait pour répandre une bonne panique globale.

– Écris-moi un petit truc bien mordant, commanda Kaiser.

Elle sentait de l'hésitation dans sa voix. Elle avait réussi à planter une graine.

– On libère la première page.

– Laisse-moi jusqu'à demain. Il n'y a pas d'urgence.

Elle remarquait sa propre répétition et sentait qu'elle tournait en rond.

– Je te promets que tu l'auras demain, et entre-temps nous aurons peut-être trouvé une bribe d'explication, quelle qu'elle soit.

Elle pouvait presque entendre la manière dont ses pensées fonctionnaient, et imaginait sans problème la façon dont il était installé, avec les pieds sur le bureau et un morceau de gâteau planqué dans son tiroir, qu'il grignotait par petit bouts lorsque la rédactrice de la rubrique culturelle n'était pas là pour le voir. C'est ainsi qu'elle avait vécu sa période Copenhague sous le règne de l'empereur Kaiser. Elle savait que sa moustache frétillait à chaque fois qu'il mâchait, en s'enfonçant de plus en plus dans son fauteuil jusqu'à y disparaître presque entièrement.

– Je te préviens que si je vois cette histoire dans un autre canard demain matin, je t'en tiendrai pour responsable, conclut-il.

– Et à propos d'Århus et de la Marie roulante ?

Il était préférable de changer de sujet et de faire comme si elle ne s'était pas aperçue qu'il venait à l'instant même de lui accorder une grâce.

– Quoi donc ?

– Qu'est-ce qu'on en fait ?

– Septième page.

– Aucun encart à la une ?

– Il ne s'est rien passé du tout.

Elle s'effondra en soupirant, ce qui forma une flaque de buée sur son écran. Quand donc finirait-elle par comprendre ? Les catastrophes qui ne se produisaient pas n'étaient pas commerciales. Elle repensa au film et se sentie tentée. Au moins, cette histoire-là ferait parler de l'équipe éditoriale de sa ville, ce qui n'était pas arrivé depuis longtemps. Un doute s'installa dans son esprit, sans qu'elle l'eût vraiment décidé.

– On en reparle demain, dit-elle avant de raccrocher.

– Dur ?

Bo lui massait la nuque. Elle pencha la tête en arrière et sa chaleur se répandit.

– Un jeu d'enfant. Rentrons à la maison.

Lorsqu'ils pénétrèrent dans la maison de Kasted, la chienne, Svendsen, arriva en courant à leur rencontre, puis alla se coucher sur les carreaux gris clair du couloir, à côté de son panier d'où elle les regarda d'un air penaud. Les tasses et les assiettes du petit déjeuner étaient toujours sur la table de la cuisine, avec dans un vase un bouquet de roses à moitié fanées dont on avait oublié de changer l'eau. Lorsque Dicte ouvrit le placard de la chambre à coucher, le chat du voisin en surgit et lui bondit à la figure. Elle fixa Bo avec un air de reproche, comme si tout était sa faute.

– Qui a oublié de le faire sortir ?

– Qui l'a enfermé à l'intérieur ? répliqua-t-il.

– La chienne, dit-elle en s'énervant. À chaque fois qu'on la fait rentrer du jardin, elle laisse le chat passer devant elle. Il croit que Svendsen est sa mère.

Bo haussa les épaules, s'assit sur le lit et se laissa glisser sur son oreiller.

– Pourquoi pas ? Ils sont de la même couleur.

Dicte regarda le chat noir et blanc qui arpentait la cuisine à la recherche de nourriture. Cela lui rappela qu'elle-même n'avait rien mangé. Au contraire, elle avait rendu le peu qu'elle avait dans l'estomac sur le tapis de la rédaction, déjà douteux.

– J'ai faim.

– Moi aussi, dit Bo en attrapant sa main.

Les baisers finiraient bien par lui faire oublier ce film et par le rendre insignifiant, mais c'était comme si quelqu'un avait vidé ses batteries, dont il ne restait plus qu'un faible signal « à utiliser seulement en cas d'urgence ». Ses pensées partaient dans toutes les directions. Rose lui manquait, bien qu'elle se souvînt avoir été elle-même une jeune fille de dix-neuf ans indépendante, loin de son foyer, mais il ne se passait pas une journée sans que son instinct de mère ne l'imagine agressée ou violée. La patience et la gentillesse de Rose envers la chienne et le chat lui manquaient également, tout comme ses attentions envers les fleurs, et le fait qu'elle débarrassait la table le matin.

– Alors, on se fait une vraie bouffe ? demanda Bo doucement, comprenant la situation. Quelque chose sans viande ?

Elle approuva.

– Sans viande ça sera parfait, dit-elle en repensant au film. Sans viande. Sans tête. Sans signification.

Elle s'allongea contre lui et respira son parfum.

– Pourquoi justement moi ? demanda-t-elle finalement, en mettant enfin des mots là où ça faisait mal depuis ces dernières heures.

Il ne dit rien, aussi continua-t-elle :

– Pourquoi avoir envoyé ce film à une rédaction de province et pas à Copenhague ? Pourquoi à un journal et pas à la télé, dont la diffusion aurait été nettement plus massive ?

Il se redressa sur les coudes et la poussa doucement sur le côté. Elle leva son regard vers lui. Vers le gris profond de ses yeux et vers la finesse de sa peau, sous sa barbe de trois jours, vers ses favoris et sa queue-de-cheval. Il y avait à peine quelques heures de cela, elle avait eu envie de lui, mais à présent l'envie était passée et avait fait place à une profonde inquiétude. Parce qu'elle était absolument certaine, à en mettre sa main au feu, qu'à compter de maintenant quelque chose allait changer de manière radicale.

– C'est peut-être quelqu'un que tu connais, ou bien qui te connaît, insinua-t-il.

– Qui donc ?

Il ne répondit pas. Elle continuait de se sentir triste et, une fois de plus, Anne lui manqua, bien qu'elle ne soit même pas encore partie. Qu'est-ce que c'était que cette vie qu'elle avait vécue pendant quarante-quatre ans ? À seize ans, elle avait accouché d'un enfant qu'elle avait donné à adopter. À compter de ce jour-là, sa propre famille l'avait laissée tomber, on lui avait retiré tout ce qu'un environnement normal pouvait apporter à une jeune fille : des parents, des grands-parents, des frères et sœurs. Depuis, le manque de cet enfant était resté en elle, comme un petit ruisseau, à la fois tranquille et profond. Les organismes sociaux avaient fait leur travail, et elle était venue s'installer à Århus, dans une pension où elle avait suivi des cours de HF[1]. C'est à cette époque-là, par désespoir, qu'elle avait fait une vraie connerie, et qu'ils l'avaient enfermée dans une cellule, au poste de police, où elle était restée couchée sur un matelas, entre des murs froids et derrière une vitre blindée.

Elle se rappelait les graffitis laissés par les précédents occupants des lieux. Elle pouvait encore sentir les odeurs de pisse et de sueur qui imprégnaient le matelas.

Ils avaient été gentils. La sentence avait été clémente, mais la rébellion contre le système ne l'avait plus jamais quittée.

Elle regardait le plafond, où une araignée avait tissé sa toile autour de la rangée de petites lampes halogènes.

Elle s'était sentie piégée, sans rien à quoi se référer. Personne qui la comprenne. Personne qui l'aime, ou soit simplement capable de donner sans chercher à se mettre en valeur.

D'une certaine manière, elle avait toujours été différente, elle avait simplement su, avec le temps, solidifier ses pansements. Les ennemis avaient changé, et l'idée que quelque chose l'avait à présent retrouvée était difficile à intégrer.

– Ça ne peut pas être vrai. Je ne fréquente pas de meurtriers ni de dingues de ce genre. Je ne sais même pas ce que...

Bo ne dit rien, il se contenta de la regarder, comme s'il espérait qu'elle y penserait d'elle-même.

– ... ce que ça fait...

Elle croisa son regard.

---

1. HF : « Højere Forberedelseseksamen » : équivalent du baccalauréat. *(N.d.T.)*

– Tu crois que c'est à cause de ça ?

Il avait huit ans de moins qu'elle, et il n'avait pas partagé son ancienne vie. Elle se dit qu'à la longue, il devait être fatigué de toutes les casseroles qu'elle traînait derrière elle, même si, la plupart du temps, il en prenait son parti. Bien sûr, lui aussi avait un passé. Mais même s'il avait divorcé d'avec Eva et avait deux enfants à s'occuper un week-end sur deux, c'était son passé à elle qui revenait toujours sur le tapis, et qui prenait toute la place.

Bo haussa les épaules et s'assit au bord du lit, à côté d'elle. Il avait l'air soucieux, elle perçut son incertitude. C'était reparti. Ils allaient encore une fois se retrouver jetés dans la tempête, prêts à se faire engloutir par les événements ; elle, la tête la première dans une nouvelle affaire, et lui, témoin impuissant à ses côtés.

– Ça n'est pas possible, murmura-t-elle en tirant sur son bras, comme pour l'obliger à la contredire ou à faire remonter le temps, jusqu'à une autre forme d'existence un peu plus normale. Dis-moi que ce n'est pas vrai.

Mais il ne dit rien. Il ne réfuta pas ses inquiétudes qui s'installèrent entre eux comme un poids mort.

Elle savait ce que ça faisait de tuer.

4

Numéro 56.

Le chiffre rouge clignotait devant lui, suspendu au plafond du bureau de poste du grand centre commercial d'Århus.

Ole Nyborg Madsen regarda son ticket. Numéro 77. Seuls deux guichets étaient ouverts. Peut-être qu'il avait le temps d'aller jusqu'au kiosque et d'acheter des cigarettes. De toute façon, il ressentait le besoin de faire quelque chose. Il était dix heures et demie, ce vendredi comme un autre. Un petit alcool aurait fait des merveilles, mais il jugea qu'il était quand même un peu trop tôt.

Il descendit l'escalier menant au kiosque à journaux, et ce fut là, devant le présentoir de films bon marché, qu'il posa les yeux sur elle. Il s'arrêta pile de marcher. Son cœur cessa de battre pendant un quart de seconde, avant de reprendre péniblement son travail, comme un moteur dans l'instant qui suit un changement de vitesse. Nanna, ce nom retentit dans son crâne comme une déflagration.

Elle venait de prendre un DVD et regardait le dos de la jaquette. Il fit comme s'il était absorbé par la vitrine de la pharmacie, remplie de remèdes antirhume et anticonstipation, mais du coin de l'œil, il voyait sa chevelure soyeuse, d'un brun sombre, qui lui tombait jusqu'aux épaules, et il devinait ses joues, aux rondeurs encore enfantines, et sa peau qui devait être blanche et lisse. Il ne pouvait pas voir ses yeux, mais à sa naissance, il avait remarqué à quel point ils étaient grands et lumineux. « Celle-ci, elle vous posera des problèmes », avait prédit la mère de Maibritt.

« Tu as intérêt à garder le fusil à portée de main, quand elle aura seize ans, si tu veux pouvoir chasser les chiens qui rôderont devant ta porte. »

Elle avait aussi prédit qu'un jour, un jeune homme emporterait le cœur de Nanna, et que ça se terminerait par un grand mariage, qu'il marcherait en lui tenant le bras sur le parvis de l'église, lui qui était athée et socialiste convaincu. Elle avait bien sûr dit ça par provocation, parce que c'était sa spécialité, elle la femme de gauche la plus engagée de la famille. L'ironie du sort lui donna pourtant raison. Un jeune homme avait en effet emporté son cœur. Mais cela ne s'était pas fini par un mariage. Cela s'était terminé par un enterrement.

Nanna.

Ses lèvres formaient le nom, il le voyait être prononcé et voler jusqu'aux oreilles de la fille, qui ne réagissait pas. Il aurait voulu lui demander de se retourner et de lui montrer son sourire, car alors il aurait su, mais en reposant le film, la fille fit exactement le contraire, elle lui tourna le dos et avança en direction de Føtex, devant Jørgen & Jørgine, et devant le bistro où les gens mangeaient des pizzas et des saucisses.

Il avait complètement oublié le numéro 77 lorsqu'il entreprit de la suivre, prudemment, en gardant ses distances, pendant qu'une petite voix sonnait l'alarme dans un coin de son cerveau. La voix de Maibritt. La raison, se dit-il en la faisant taire immédiatement. Il en avait tellement marre d'être adulte et raisonnable, tellement marre que les gens pensent qu'en tant que psychologue, il devait être à même de s'occuper de lui. Il n'y avait aucun traitement, voilà ce qu'il pouvait affirmer. Il n'y a aucune grâce, quand on a perdu sa chair et son sang, écrasés sur une route pluvieuse, en plein milieu d'un passage piétons.

Pendant un instant, alors qu'il suivait Nanna, il se demanda si ce truc du passage piétons faisait une différence à même d'amplifier son chagrin. En passant devant le marchand de chaussures à l'angle, il se dit que oui. Il ne savait pas dans quelle mesure cela renforçait le sentiment d'absurdité qu'il ressentait, mais ce n'était pas neutre. C'était un signe du chaos, là où aurait dû régner l'ordre. Si on ne pouvait plus se sentir en sécurité sur un passage piétons, alors putain, où pouvait-on l'être ? C'était comme se faire étrangler par sa ceinture de sécurité ou bien être percuté de plein fouet par un airbag. Sauf que là, c'était une personne qui avait causé la mort. Quelqu'un était responsable.

Nanna pénétra dans le Føtex en attrapant au passage un panier en plastique bleu, qu'elle accrocha à son bras. Il observait sa démarche. Légère et gracieuse, comme si elle marchait sur du coton. Elle s'était toujours déplacée de cette manière-là, sur la pointe des pieds, en tout cas quand elle était petite, et tout le monde disait qu'elle deviendrait danseuse de ballet. Toujours sur la pointe des pieds. Toujours comme une sorte de sylphide, quand bien sûr on ne l'envoyait pas valdinguer dans les airs.

Les images surgissaient une à une dans son esprit. Nanna bébé. Nanna à deux ans. Le premier jour d'école de Nanna, avec un ruban bleu dans les cheveux et des chaussures assorties, et avec son petit cartable rouge sur le dos, qu'elle arborait fièrement. De qui tenait-elle cette allure aussi noble, Dieu seul pouvait le savoir. En tout cas pas de lui.

De Maibritt peut-être.

Il tomba d'accord sur cette idée, quand soudain des souvenirs de sa propre jeunesse l'envahirent, sa première rencontre avec la bouche rouge de Maibritt, et l'amour, qui avait pris toute la place.

Où était-il passé à présent ? Et eux, qu'étaient-ils devenus ?

Il baissa la tête et s'aperçut qu'il tenait entre ses mains un soutien-gorge de couleur rouge vif. La dentelle crissait sous ses doigts. Les bretelles dansaient sans raison dans les airs, comme deux petits flambeaux. La fille, qui ressemblait à Nanna – mais qui jamais ne se rapprocherait de ce qu'avait pu être Nanna, ni dans l'apparence ni dans l'âme – se retourna d'un coup. Il avait été imprudent et s'était avancé trop près, tandis qu'elle regardait les sous-vêtements.

– Vous me suivez ?

Il ne pouvait pas répondre.

– C'est ça ?

Il parvint à déglutir sans avaler la moindre salive. Sa gorge était aussi sèche que le désert.

– Vous ressemblez à ma fille, dit-il d'une voix plaintive.

– Ta fille ? Eh mec, je ne suis pas ta fille. Alors tu te casses, sinon j'appelle quelqu'un que je connais et qui va te péter la tête. Espèce de malade !

Il fut tellement surpris de ses manières qu'il resta figé à la contempler.

– Va te faire foutre, espèce de sale con !

Elle s'en alla, et il resta pétrifié. L'humiliation était cuisante, mais elle se transforma bientôt en soulagement. Ç'aurait été pire si elle lui avait ressemblé. Si ses lèvres avaient été douces et non dures et vulgaires. Si ses yeux avaient été tendres et chaleureux et non glacials et menaçants.

Ça aurait été pire, si elle avait été Nanna au point qu'il l'aurait souhaité. À présent, il pouvait se dire qu'il n'était qu'un idiot. Pas un sale con. Même s'il ne savait pas toujours se contrôler.

Juste un idiot, qui souffrait d'avoir été maudit.

5

– QU'EST-CE QUI se passe ?

La question avait été posée après leur accolade traditionnelle, ce court instant pendant lequel elle s'était accrochée à Anne et avait respiré son odeur faite d'un mélange de shampoing, de cuisine et d'hôpital.

– Je suis dans une vraie merde, soupira Dicte.

Anne lui ouvrit le portail qui menait à la villa de Viby, redevenue calme après la cohue du matin.

– Du coup, j'ai pensé que je pouvais venir t'aider à préparer la fête, ajouta-t-elle d'un ton léger. Tu as un peu de temps libre, n'est-ce pas ?

Anne lui lança un regard sceptique en avançant dans la maison. Des chaises et des tables d'appoint étaient disposées le long des murs, louées en prévision de la soirée d'adieu qui aurait lieu le soir même.

– Ne me fais pas croire que tu es venue pour éplucher des pommes de terre et préparer les tables ?

Dicte haussa les épaules et s'assit sur une chaise de cuisine.

– Entre autres. Tu me fais un café ?

Anne moulut bruyamment les grains et y versa de l'eau bouillante. Dicte se laissait bercer par la normalité de ce spectacle, qu'elle savourait. C'était son petit coin. Son refuge à l'extérieur de la maison de Kasted. Elle constatait que les strates de nervosité et de colère accumulées s'estompaient lentement dès qu'elles se retrouvaient en présence l'une de l'autre.

– Tu te souviens du jour où on s'est rencontrées ? demanda-t-elle soudain.

Anne versait le café dans la cafetière de chez Bodum en lui tournant le dos. Elle prit un air inquiet.

– Tu n'étais pas bien causante en ce temps-là, dit-elle. Tu étais tellement renfermée et secrète. Complètement dictéenne.

Anne se retourna. Dicte se sentit épiée par ses yeux vifs, réduits à deux fentes.

– Un peu comme tu l'es maintenant.

– Maintenant ?

Il y avait un soupçon d'impatience dans la voix d'Anne.

– Allez, raconte-moi tout. Que s'est-il passé ?

Il n'y avait pas d'échappatoire. Il n'y en avait jamais avec Anne, qui était dotée d'un sixième et d'un septième sens. Cela venait peut-être de son travail, au milieu des nouveau-nés, pensa brièvement Dicte. Des petites âmes dont il faut deviner les sentiments et les besoins.

Elle lui parla du film, même si elle n'avait pas envie de l'inquiéter juste avant son départ pour le Groenland, mais elle avait besoin d'un conseil, et de toute manière, cette histoire finirait par être connue, une fois qu'elle serait dans la presse.

– Qu'est-ce que je dois faire ?

Anne disposa le café et les tasses sur la table et attrapa un petit récipient rempli de cantuccini. Elle servit un café à chacune.

– Tu le sais parfaitement.

Dicte prit un gâteau et le trempa dans sa tasse.

– La police ?

Anne s'assit en se contentant de la regarder.

– J'ai déjà écrit l'article.

– Et ?

– La police, donc, répéta Dicte, tandis que l'évidence lui sautait aux yeux.

– Wagner ?

Elle mordit dans un cantuccino, devenu tout mou.

– Tu en doutais vraiment ? demanda Anne. Ça m'étonnerait.

Soudain, il n'y avait plus aucun doute dans son esprit, mais c'était l'effet que lui faisait toujours Anne. Elle le savait d'expérience. Anne ne jugeait jamais, car Anne était la discrétion même, et sur ce point elles étaient vraiment différentes. Anne n'avait pas besoin d'en dire beaucoup. En fait, il suffisait qu'elle soit simplement là.

Elle secoua la tête.

– Comment je vais faire sans toi ? Tu peux me le dire ?

– Ce n'est que pour une année, la rassura Anne, mais Dicte perçut néanmoins une pointe d'anxiété dans sa façon de regarder à travers la pièce. Une année nécessaire.

Elle en était bien consciente. Anne et Anders avaient besoin d'un projet en commun. C'était une question de vie ou de mort pour leur couple, et voilà qu'elle arrivait et semait le doute. Car elle savait très bien qu'Anne s'inquiétait pour elle, et vice versa. Elle se dit que ça devait être comme ça d'avoir une sœur jumelle.

– Tu as toujours été là pour moi, souffla-t-elle. Merci.

Leurs mains se rejoignirent sur la toile cirée de la table de cuisine, décorée de fleurs géantes aux couleurs éclatantes.

– Merci à toi aussi.

C'était sincère. Dicte songeait à cela tout en épluchant les pommes de terre et en préparant les tables. Elle revoyait défiler toutes ces années, comme du pur argent, depuis les cours de HF jusqu'aux semi-études de psychologie, pour en arriver à son mariage avec Torsten, l'éternel coureur de jupons. Mais qui avait été présente à la naissance de Rose ? Qui l'avait soutenue lorsque son mariage était tombé en miettes et qu'elle avait quitté Copenhague, avec une Rose encore adolescente, pour s'installer à Århus et y reprendre son travail à la rédaction ? Qui l'avait mise en garde contre Bo et son agitation permanente, en disant qu'il n'était pas un modèle de stabilité ? Et qui avait toujours fini par l'accepter comme elle était, en perpétuelle recherche de l'amour et de la sécurité, et incapable de maîtriser ses sentiments au nom de la raison ?

– Quoi ?

– Les tranches, répéta Anne dans un écho de ce qu'elle n'avait entendu qu'à moitié. Tu coupes des tranches trop épaisses. À quoi es-tu en train de penser ? À ce film ?

Dicte secoua la tête. Pour la première fois depuis ces dernières heures ce n'était pas le film qui la travaillait.

– Je pensais à la famille. À ce que ça signifie.

Elle n'avait pas besoin d'en dire plus. Elles avaient toutes les deux compris. Elle avait une sœur qu'elle ne voyait jamais, parce que cette dernière avait choisi Jéhovah. Tout comme sa mère, et cela n'aurait pas été différent avec son père s'il avait été encore en vie.

Anne rinça une pomme de terre sous le robinet.

– Les liens du sang, poursuivit Dicte, en prononçant cela avec prudence, car Anne n'avait précisément pas connu cette sorte de liens, mais c'était aussi en partie à cause de cela qu'elle s'en allait de par le monde. Je me demandais quel sens ça a, quand tout s'en va à la dérive, et quand on ne peut pas choisir qui est sa vraie famille.

Le visage d'Anne exprimait le chagrin. Elle le voyait de profil, pendant qu'elle découpait la pomme de terre tout juste rincée en tranches fines et régulières.

– Il y a des gens pour qui ça signifie énormément, dit Anne. Pour d'autres, ça veut juste dire que certaines personnes ont plus de facilité à vous faire du mal.

Dicte attendait qu'elle approfondisse, mais elle ne le fit pas. Elle ne la questionna pas davantage.

6

JOHN WAGNER TOURNAIT le dos à l'assemblée et regardait par la fenêtre de la brigade policière. La pluie ruisselait. C'était comme de rester dans sa voiture pendant qu'elle passe sous les rouleaux du lavage automatique et que le véhicule est aspergé d'eau et de savon. Les vitres étaient couvertes de buée, de sorte que les passants n'étaient plus que des formes floues, auxquelles les innombrables parapluies conféraient un aspect fantomatique.

– Violée ?

Ce fut Jan Hansen qui répéta ce mot, choqué, tout en lui apportant une tasse de café. Wagner lui en fut reconnaissant et trempa ses lèvres dans ce jus de chaussettes, qui avait malgré tout l'avantage de réchauffer un peu.

– Violée, répéta Wagner, et le café eut soudain un goût encore pire. Il secoua la tête et retourna s'asseoir à la table où l'équipe d'investigation était réunie. Hansen avait le nez plongé dans le rapport du médecin légiste. Ivar K le regardait par-dessus ses épaules, jusqu'à ce qu'un faux mouvement fasse déraper sa chaise et qu'il s'étrangle avec le morceau de sucre qu'il avait dans la bouche.

Hansen avait l'air soucieux. Il avait beau être grand et baraqué, au point de faire trembler les plus coriaces des malfaiteurs, au fond il était resté le rêve de toutes les mamans. Il possédait une sorte d'instinct protecteur envers toutes les femmes, quel que soit leur âge. Même celles de soixante-quinze ans.

– Mais enfin, elle était vraiment vieille, protesta-t-il.

– L'amour n'a pas d'âge, insinua philosophiquement Ivar K, comme pour souligner à quel point Hansen était un peu trop fleur bleue à son goût pour avoir sa place au sein d'une brigade criminelle.

– L'amour ? Interrogea Hansen, qui mordait immédiatement à l'hameçon, si c'est comme ça que tu le conçois, je comprends mieux Anette.

Ivar K s'empourpra à l'évocation de son épouse, qui venait de le quitter. Wagner les regardait en se demandant de quelle manière il pourrait les séparer. Mais que pouvait-il faire ? Donner à Ivar K une punition et lui faire écrire cinq cents fois : « Je ne dois pas me moquer de Jan Hansen » ou bien mettre Hansen au coin, comme un mauvais élève ? Hansen, ce modèle de vertu, qui apportait toujours des pommes à son professeur, à présent sous la forme d'un café trop sucré. Néanmoins, il avait besoin de la dynamique qui animait les deux lieutenants.

– L'amour n'a pas d'âge, lorsque la nature vous y engage, énonça Eriksen, qui écrivait des chansons à ses heures perdues.

Wagner leva les yeux au ciel, ce qui vexa Eriksen. Les prises de bec des deux gaillards valaient finalement peut-être mieux que l'éternelle nonchalance d'Arne Petersen ou le besoin irrépressible d'Eriksen de faire des rimes. Non pas qu'ils soient bons à rien, ces deux-là, mais peut-être était-ce dû à leur âge, se dit Wagner en observant la silhouette pouponne de Petersen et les bonnes joues rondes de Jutlandais de l'ouest d'Eriksen. Ce devait être aux alentours de la cinquantaine qu'on commençait à avoir de l'appétit pour élucider un crime, tout autant que pour la sauce au poivre et les pommes de terre.

Il interrompit ses pensées lorsque ses propres cinquante-quatre ans lui revinrent à l'esprit. Il avala hâtivement une gorgée de café. Ça n'avait peut-être rien à voir avec l'âge.

Petersen se grattait le menton avec un stylo-bille.

– Le goût et l'envie sont deux choses différentes. Et qu'est-ce qu'on fait maintenant ?

Il regardait Wagner comme un boy-scout face à son chef de meute.

– On doit retourner à Grønnegade et interroger à nouveau les riverains ?

Wagner acquiesça. Il était important de refaire une visite dans le cadre de cette affaire, même s'ils avaient déjà parlé plusieurs fois avec les voisins et les gens de l'immeuble où le cadavre de la vieille dame avait été découvert. Le décès n'avait pas été immédiatement détecté. Le plus inquiétant, c'était que personne n'avait trouvé le corps avant que la puanteur se répande jusqu'au rez-de-chaussée. Elle n'avait aucun parent, excepté un neveu, qui durant cette période avait été hospitalisé pour une longue durée. Visiblement aucun ami. Dans notre bel État providence, en plein centre-ville, on pouvait comme ça pourrir dans l'indifférence générale.

– Il y a de fortes chances pour que nous ayons affaire à un homicide, peut-être involontaire. Elle a probablement été étranglée, mais les marques ne sont plus visibles à cause de la putréfaction. En théorie, elle serait morte d'un arrêt cardiaque, sans doute causé par l'agression.

Il les regarda l'un après l'autre.

– Il y a bien sûr une possibilité qu'elle ait été consentante, mais cela reste assez peu probable.

Ivar K ouvrit la bouche, sur le point de faire une remarque sarcastique, mais Wagner leva la main.

– Nous avons pour habitude de considérer les victimes avec respect. Il ne devrait pas être nécessaire de vous le rappeler.

Ivar K referma la bouche. Jan Hansen avait l'air satisfait, ce qui énerva encore davantage Wagner, ajoutant à sa frustration. Il se souvenait de leur arrivée, trois jours plus tôt, dans l'appartement du deuxième étage de Grønnegade, et de la façon dont la puanteur les avait saisis à la gorge dès la cage d'escalier. Personne n'avait rien vu. Personne ne savait rien. Les gens ne se parlaient pas. Ne se connaissaient visiblement pas. Pour finir, la voisine, une jeune fille de vingt-deux ans, avait quand même fini par donner l'alarme. Elle devait recevoir les parents de son petit ami à dîner et elle ne se voyait pas les inviter à partager un quelconque plaisir culinaire au milieu de cette odeur de charogne. Elle savait qu'une vieille dame habitait à côté de chez elle, mais elle ne l'avait jamais vue. Elle ne vivait là que depuis six mois.

– Ça aurait été plus simple si Johanne Jespersen avait reçu la visite d'une auxiliaire de vie, dit Petersen. Au moins on l'aurait retrouvée.

– Si ça se trouve, elle est tout simplement morte de soif, dit Ivar K, qui songeait à une affaire récente de maltraitance collective.

Wagner se racla la gorge. Il repoussa sa tasse de café, de peur que son ventre ne finisse par se révolter.

– Voilà comment on se retrouve puni de pouvoir se débrouiller tout seul, philosopha Eriksen. La pauvre femme.

Ils établirent leur plan d'action et mirent fin à la réunion. Les chaises furent repoussées en arrière, en grinçant sur le parquet. Ivar K croqua un dernier morceau de sucre, avant d'enfiler sa veste en la tenant par le col avec un doigt.

– Je m'occupe de la presse, dit Wagner. Nous allons faire passer une annonce et voir si ça peut attirer l'attention de quelques témoins.

Les autres hochèrent la tête. Les uns plus sceptiques que les autres, et à juste titre. Les souvenirs des gens étaient de courte durée. Et même si quelqu'un avait vu quelque chose, il était fréquent qu'un habit vert, après trois jours, devienne bleu, ou qu'un vélo se transforme en mobylette.

– On se retrouve à 3 heures ici même.

Hanson se retourna et leva le pouce en signe d'approbation. Ce geste rappela à Wagner l'attitude qu'avait eue un suspect quelques jours plus tôt, en lui présentant son pouce lors d'un interrogatoire, et il se dit qu'un simple

« oui » lui aurait davantage convenu. Il soupira. De nos jours, il faut croire qu'il était de bon ton de parler en langue des signes.

– Wagner.

Il s'arrêta au milieu du couloir. La voix dans son dos lui était familière, et un mauvais pressentiment s'insinua en lui lorsqu'il se retourna et qu'il la vit s'approcher dans sa direction. Elle portait un imperméable et des bottes en plastique blanches. Ses cheveux ruisselaient sur ses joues, comme si elle venait d'enlever sa capuche. Il y avait des éclairs de fièvre dans ses yeux. Dicte Svendsen avait mis la main sur une histoire juteuse.

– Qu'est-ce qui me vaut cet honneur ?

Il se retourna et continua d'avancer vers son bureau. Elle le suivit avec obstination, et il vit du coin de l'œil qu'elle sortait quelque chose de son sac, qui pendait au bout d'une longue courroie et cliquetait contre sa hanche.

– J'ai quelque chose pour toi.

– Et qu'est-ce qui se passerait si je n'en voulais pas ?

– *Trust me.* Tu vas en vouloir.

D'abord la langue des signes, ensuite les langues étrangères. Assurément, il se faisait vieux.

Il avait atteint son bureau dont il ouvrit la porte d'un geste brusque. Elle le suivit à l'intérieur, sans y avoir été invitée.

– De quoi s'agit-il ?

Il aboya ces mots sans réellement en avoir eu l'intention. Mais une vieille dame venait de se faire tuer et violer dans son appartement, en plein centre-ville, pendant qu'il était tranquillement chez lui, peut-être en train de regarder la télé ou de manger la salade de pâtes bien grasse d'Ida Marie. Parfois, les deux mondes dans lesquels il évoluait s'entrechoquaient avec un manque absurde de logique, et il se sentait impuissant.

– Un CD-ROM.

– Merci de remettre ce genre d'objet au service informatique. Quatrième étage, indiqua-t-il poliment en espérant qu'elle disparaîtrait.

– Pas celui-là. En tout cas pas avant que tu ne l'aies vu.

Dicte sentait sa patience s'émousser.

– Mais enfin reviens sur terre ! Je te le livre sur un plateau. Quand vous verrez les gros titres des journaux demain matin, vous exigerez qu'on vous l'apporte. De même que la PET[1], ajouta-t-elle avec un regard qui soulignait la pertinence de ses arguments.

Il dut admettre leur efficacité. En règle générale, elle arrivait toujours à ses fins. Elle avait un don pour raviver des intérêts que l'on croyait profondément enfouis et dont on aurait volontiers oublié l'existence. Il finit par croiser son regard et s'autorisa le souvenir du poids de son corps dans ses bras, il y avait une éternité de cela, quand il l'avait portée pour la sortir d'un enfer de sifflements de balles.

– Que vient faire la PET dans cette affaire ?

Elle lui tendit le CD-ROM.

– Je te laisse juger. Attention à ne pas laisser d'empreintes.

Il sortit prudemment le disque, l'inséra dans l'ordinateur et s'assit. Elle se tenait devant l'écran et l'observait, tandis qu'il regardait le film. Il entendait sa respiration saccadée et pouvait ressentir à quel point sa nervosité était contagieuse.

Cinq minutes, et c'était fini. Il n'y avait pas la moindre trace de triomphe dans les yeux de Svendsen, seulement une profonde inquiétude.

– Un verre d'eau ?

Il secoua la tête et chercha à remettre de l'ordre dans ce qu'il venait de voir. L'eau ne servirait à rien. Il ne

---

1. La PET, « Politiets Efterretningstjenestes » (The Danish Security and Intelligence Service) est la Direction centrale des Renseignements généraux au Danemark. *(N.d.T.)*

parvenait pas à penser à quelque chose qui pourrait lui venir en aide.

– Il n'y a rien eu après ça ? Pas de revendication ? Aucune sorte de manifestation ?

Il posa ces questions après s'être remis tant bien que mal de ses émotions. Entre-temps, elle lui avait quand même apporté de l'eau. Elle secoua la tête.

– Mais ça va venir, n'est-ce pas ?

Il fixait l'écran. Cela n'avait aucun sens.

– Et l'article est déjà rédigé ?

Elle approuva.

Évidemment qu'il l'était, pensa-t-il. Il ne fallait pas s'attendre à l'impossible. Elle aussi avait un chef.

– Kaiser en est resté estomaqué, alors le terrorisme va occuper les gros titres, j'en ai bien peur.

– Demain donc ?

– Demain.

– Il sait que tu es ici ?

Elle fit un signe de tête négatif.

Wagner saisit un verre. Il n'avait bu que quelques gouttes mais on aurait dit qu'elles réussissaient déjà à estomper un peu le malaise qu'avait provoqué cette vidéo. Il se sentait pourtant encore moite sous sa chemise, et un goût amer lui restait au fond de la gorge. Il fouilla dans sa poche, en sortit un flacon d'Alminox[2], dont il fit sauter le couvercle, et ingurgita une pastille. Il se tourna vers elle en la regardant dans les yeux, qui lui avaient toujours semblé aussi profonds et impénétrables qu'un marécage. Jolis, oui, mais aussi exigeants, comme s'ils cherchaient à extirper quelque chose de lui, contre son gré.

– Pourquoi ? Tu n'y étais pas obligée ? Nous aurions vu l'article demain matin et demandé à obtenir le film, avec toutes les informations nécessaires.

---

2. « Alminox® DAK, tyggetabletter » : pilules contre les brûlures d'estomac. *(N.d.T.)*

– Mais maintenant vous avez vingt-quatre heures d'avance, dit-elle en se levant.

Et à quoi cela allait-il nous servir, pensa-t-il. Sans revendication et sans expéditeur c'était mission impossible, et la PET serait sans aucun doute sur le coup avant même que quiconque ait eu le temps de prononcer le mot de « terrorisme ». Il regarda sa montre. Peut-être qu'il pourrait mettre la main sur son chef avant son rendez-vous avec le directeur de la police.

– Considère cela comme un remerciement, dit-elle en se tournant de trois quarts, la main posée sur la poignée de la porte.

– Pour quoi ?

Elle ne répondit pas. Elle ouvrit la porte, le regarda droit dans les yeux et lui adressa un de ses rares sourires.

– J'en ai bien sûr conservé une copie.

7

ROSE CROQUA DANS UNE CAROTTE et regarda un court instant les petites marques qu'elle y avait laissées. Le professeur continuait sa lecture dans l'auditorium, mais elle n'écoutait pas.

Décapitation, avait dit sa mère au téléphone, peut-être par souci de la préparer au choc. Pour la millième fois, une série de pensées lui venaient à l'esprit, qui dansaient comme les nombreux articles du traité de Karnov : les intégristes fanatiques, les bannières portant des inscriptions du Coran, les sabres tranchants, les effusions de sang. Le terrorisme, la peur, la mort. Mustafa, Metin, Aziz.

L'article allait paraître dans l'édition du samedi. Après ça, le monde ne serait plus jamais le même.

Aziz.

Une nuit d'insomnie avait rendu ses bras et ses jambes lourds comme du plomb. La voix du lecteur atteignait ses oreilles avec peine et ses paupières menaçaient de se fermer.

Elle avait passé la majeure partie de la nuit assise à attendre ou, plus exactement, à espérer. Elle n'avait reçu aucun signe de lui. Il était apparu dans ce café comme un mirage au milieu du désert, sortant de nulle part. Il ne restait aucune trace de son passage, pas de message pour elle. Personne ne semblait savoir où il s'était envolé.

Mais il avait été là. Elle en avait la certitude, tout comme elle connaissait les formes parfois étranges que peut prendre l'amour.

Son monde à lui aussi allait changer après samedi. Il allait devoir faire face à encore plus de réticences qu'auparavant. À toutes sortes de préjugés. À des regards chargés de peur et de haine, dans le bus, dans les boîtes de nuit, dans les bars. À nouveau, il allait devoir prouver sa loyauté envers le Danemark et convaincre les camarades de l'école de police, la caissière du supermarché et les bureaucrates de tout poil qu'il n'entretenait pas la haine ni le fanatisme, ni les bombes. La suspicion s'incarnerait en lui et l'éloignerait de ce qu'il désirait être : un Danois.

Rose grignotait en silence sa carotte tout en cherchant à se concentrer sur l'orateur, mais sans succès.

Elle aurait tellement voulu pouvoir le joindre, mais c'était interdit. Ils ne devaient pas se voir, sinon la rumeur se répandrait dans le milieu et elle deviendrait peut-être une cible pour la vengeance de ses ennemis. À la place, ils avaient choisi de laisser entendre qu'ils avaient rompu définitivement, parce qu'il était violent.

Il avait volontairement endossé le rôle du méchant. Ça ne faisait rien, avait-il prétendu. De toute façon, c'était déjà l'idée qu'ils se faisaient de lui.

C'est ce qu'il avait pensé, mais à présent, un an avait passé, depuis les événements du port, où, aux yeux de certains, il avait trahi les siens. Peut-être qu'un an, c'était suffisant.

Lorsque le cours fut terminé, elle quitta la salle avec comme le tic-tac d'une horloge dans le cerveau. Samedi. Demain. Elle devait le trouver avant. Elle devait mettre la main sur lui avant que le monde ne tombe à la renverse.

Elle se dirigeait vers le parking à vélos en cogitant à une foule d'idées qu'elle rejetait les unes après les autres : prendre le train pour Copenhague, où il habitait désormais, et aller le voir à l'école de police. Se rendre directement à la maison de son oncle, à Vanløse. Ils ne connaissaient plus leurs numéros de portable. Aucun e-mail. Aucun lien. Ils n'étaient plus ensemble. Toutes les brèches avaient été colmatées.

Elle venait de détacher sa bicyclette lorsqu'elle aperçut la silhouette qui avançait vers elle comme un fantôme grisâtre. Un manteau long jusqu'aux pieds recouvrait ce qui, visiblement, était un corps petit et potelé, surmonté d'un foulard blanc qui cachait soigneusement les cheveux, le cou et les épaules, tout ce qui encadrait le visage. Avec une rapidité étonnante, la silhouette se fraya un chemin entre les étudiants et leurs vélos, qui à présent avaient formé un bouchon au beau milieu de l'asphalte.

– C'est toi qui t'appelles Rose ?

Elle parlait un danois parfait, avec l'accent d'Århus. Rose acquiesça. Elle croisa le regard de la fille et vit se refléter sa propre méfiance dans ses yeux bruns.

– Je suis la sœur d'Aziz, dit-elle d'un ton froid. Je m'appelle Nazleen.

Rose ne savait pas s'il convenait de lui tendre la main pour la saluer. Quelque chose la retint de le faire, peut-être la réserve que l'autre maintenait de toute évidence.

Nazleen se mit à fouiller dans une poche de son manteau. Visiblement, elle ne trouvait pas ce qu'elle cherchait, car son visage prit un air irrité, tandis qu'elle entreprenait d'examiner le fond d'une autre poche. Là non plus elle ne trouva rien.

Les joues empourprées, elle finit par adresser à Rose un sourire inattendu.

– C'est un peu compliqué, attends.

Elle dégrafa quelques boutons de son manteau, ce qui dévoila brièvement une paire de jeans moulants. Pourquoi ? Se demanda Rose. Elle ne comprendrait jamais ce qui poussait les femmes immigrées du Danemark, pourtant modernes, à porter des foulards et des manteaux jusqu'aux pieds. Un jour, Aziz avait appelé cela « une forme de rébellion ». Contre les parents ? Contre les citoyens danois ?

Nazleen finit par extraire un morceau de papier qu'elle tendit à Rose. Elle frôla sa peau douce lorsqu'elle avança la main pour s'en emparer.

– Faites bien attention, dit Nazleen. Tous les deux.

Elle fit un bref signe de tête, pivota sur ses talons et s'éloigna par le chemin d'où elle était venue.

Rose resta debout un instant à la regarder. Ensuite elle déplia la missive et la lut, avec une appréhension qui palpitait dans tout son corps :

22 h 30. La maison grise sur Humlehusvej.

C'était signé d'un A net et assuré.

8

LE COMMANDANT de la brigade criminelle, Christian Hartvigsen, décapsula une bière blonde en tenant son verre d'une main experte, incliné dans un angle parfait, jusqu'à ce que le liquide doré le remplisse à ras bord.

Wagner regardait la scène, empreint d'un certain malaise. Que l'homme puisse encore avoir de l'appétit après avoir vu le film de Dicte Svendsen, cela le dépassait. Mais Hartvigsen était un gars de la campagne, qui cultivait ses terres pendant ses moments libres, ce que montraient clairement sa corpulence massive et ses joues rouges. Méchamment, Wagner se dit que peut-être il avait en son temps décapité tellement d'oies que ça l'avait endurci.

– Qu'est-ce que vous en pensez ?

Ça aurait dû être à Wagner de poser cette question, mais elle fut prononcée par son patron, tandis que Wagner imaginait Hartvigsen en train de serrer dans ses bras une oie qui battait des ailles dans un nuage de plumes.

– Je suis passé à la logistique, indiqua Wagner en reculant un peu. Hartvigsen venait en effet de sortir un sandwich de sa sacoche et l'odeur du pâté de foie avait envahi immédiatement l'atmosphère. Il jugeait la nourriture de la cantine trop légère et sa femme préparait toujours un en-cas pour son affamé de mari.

– Qu'est-ce qu'ils en disent ? demanda Hartvigsen la bouche pleine.

– Seulement que ça a l'air plutôt réaliste. Que ce n'est visiblement pas un film truqué, ajouta Wagner.

– Et vous dites qu'il n'y avait pas de message avec ? Rien d'autre dans l'enveloppe ?

Wagner secoua la tête.

– Rien.

– Mais ça va peut-être venir, dit Hartvigsen en réduisant en boule le papier d'emballage.

– Vous pensez comme moi ? demanda Wagner à voix basse, bien qu'ils fussent seuls dans le bureau.

– Le terrorisme ?

Hartvigsen avait prononcé ce mot de manière naturelle, comme il aurait parlé de la meilleure façon de faire cuire une oie ou de plumer un poulet.

Wagner acquiesça.

– Svendsen, dites-vous ? demanda Hartvigsen en regardant ailleurs. La journaliste ?

Nouveau hochement de tête.

– Et pourquoi diable précisément elle ? Quelque chose dans son passé ? Cette affaire qui a eu lieu sur le port ? Elle a des contacts dans le milieu immigré, pas vrai ?

L'emballage du sandwich faisait entendre un léger craquement. Wagner le regardait, tandis qu'un sandwich numéro deux fit son apparition, aussitôt engouffré dans sa grande bouche.

– Plus que de simples contacts.

– Quelque chose en rapport avec sa fille, n'est-ce pas ?

– Rose a un petit ami pakistanais. Enfin, elle avait, corrigea Wagner. Un étudiant en médecine. Mais après l'affaire du port, il a laissé tomber et s'est engagé dans la police.

– Après avoir égorgé un homme *halal*, souligna Hartvigsen d'un ton doucereux. Quelqu'un a dû chaudement le recommander pour qu'il puisse intégrer l'école.

– Oui, nous.

– Était-ce bien malin ?

Hartvigsen rattrapa un morceau de cornichon avec sa langue, juste avant qu'il ne s'échappe du sandwich et atterrisse sur le bureau. Il le fit passer avec une gorgée de bière.

– Il avait été remis en liberté selon l'article 14.

– Le paragraphe de secours.

Wagner approuva.

– Nous l'avons recommandé parce que nous savions que son attitude était juste, et qu'il fallait qu'il quitte Århus. Par ailleurs, nous manquons de gars de sa trempe dans nos équipes. Tout le monde en est conscient.

Hartvigsen acquiesça, la bouche pleine de nourriture.

– On peut dire qu'avec lui on en a un qui a de l'expérience, admit-il en respirant profondément. Bon, donc vous ne pensez pas que ça puisse avoir un lien avec tout ça ? Les rapports de Svendsen avec ce Pakistanais, dont le nom m'échappe.

– Aziz Sami. Non, vraiment pas, bien qu'il ne faille exclure aucune piste. C'est plutôt Aziz qui a des problèmes avec la population immigrée. Pas Dicte Svendsen.

Hartvigsen haussa les sourcils d'un air interrogatif.

– Pendant un temps, il a pas mal traîné dans les rues, comme d'autres jeunes de la banlieue de Gjellerup, expliqua Wagner. L'affaire du port l'a ramené dans le milieu, et le fait qu'il collabore avec nous a été perçu comme une trahison par les siens.

– Donc cet homme a un problème. Est-ce qu'on en sait davantage à ce sujet ?

Wagner soupira. Il ne voyait pas où cette conversation pouvait les mener.

– Non, rien de plus.

Il entendit poindre l'impatience dans le son de sa propre voix. Hartvigsen agitait sa main dans les airs comme s'il cherchait à essuyer un tableau noir.

– Il faut le garder à l'œil, ajouta-t-il. Il se peut très bien qu'il y ait un lien là où on s'y attend le moins.

– Mais qu'est-ce qu'on fait avec ça ?

Wagner fit un signe de tête en direction de l'ordinateur, et du CD-ROM resté à l'intérieur.

– En premier lieu il faut appeler « ça » un meurtre.

Hartvigsen le regarda droit dans les yeux.

– Un meurtre, c'est le moins qu'on puisse dire, ajouta-t-il. Mais où est la victime ? Où est l'assassin ? Où est le lieu du crime ?

Il battit des mains.

– Qu'est-ce que tout cela signifie ?

Wagner se racla la gorge et fit une nouvelle tentative, bien qu'il eût lui-même conscience que l'ampleur de cette affaire dépassait de loin les compétences de la brigade criminelle d'Århus.

– Si on nous laisse un peu de temps, nous pourrons peut-être identifier la victime et localiser le lieu du crime. Et nous rendre sur place.

Hartvigsen attrapa le téléphone.

– Le groupe A tout seul ? Ça m'étonnerait. Pas dans notre monde actuel. New York. Madrid. Londres. Les menaces de bombes. Trop d'enjeux internationaux...

Il composa un numéro d'appel local. Wagner ne pouvait pas le voir. Mais ce n'était pas nécessaire. Il savait que c'était le numéro du ministère de l'Intérieur. Peut-être qu'il obtiendrait la responsabilité de l'enquête, mais à partir de maintenant, il allait devoir collaborer avec les têtes pensantes du ministère de la Justice, de la PET et des forces opérationnelles sur le terrain. Ça allait être compliqué, et le travail ne serait pas réparti équitablement. Cette perspective ne l'enchantait absolument pas.

Lorsque, une demi-heure plus tard, il quitta la réunion avec Hartvigsen et le chef de la police Hans Erik Dagø, il décida de se rendre à la cantine, plus par habitude que par envie. Cela lui évitait aussi de se retrouver dans son bureau à fixer l'écran de son ordinateur.

Jan Hansen avait visiblement eu la même idée. Il buvait un café et mangeait une viennoiserie tout en lisant le journal. Wagner se sentait vide de toute énergie. Ce qui lui manquait, c'était une affaire de meurtre classique, sans vidéo sanguinolente aux relents de Jugement dernier. Pour une fois il s'acheta une part de gâteau, en se disant que son taux de glycémie était au plus bas et que, pour un peu, il allait tomber dans les pommes.

– Quelque chose de neuf ?

Il s'assit avec son dessert. Hansen lisait avec attention le journal.

– Bof, la routine. Et aussi l'alerte à la bombe, bien sûr.

– L'alerte à la bombe ? À Grønnegade ?

Hansen déplia le journal à la page 7 et le montra à Wagner.

– Ah, tu parles de cette alerte-là.

Il parcourut l'article. Dicte Svendsen s'était rendue en ville et avait fait joujou avec des robots. Quelle putain d'époque on vivait, pensa-t-il. Plus rien n'était simple désormais. De nos jours, il fallait sans cesse que la politique s'insinue d'une manière ou d'une autre dans les affaires criminelles. Que Dieu lui vienne en aide si, à présent, même les autorités de la ville se mettaient à exiger une Marie roulante pour Århus.

– Pas grand-chose de nouveau concernant Grønnegade, fit savoir Hansen en repliant le journal, qu'il posa sur la table. J'ai parlé avec presque tous les habitants de l'immeuble. Il en reste trois, que je verrai lorsqu'ils rentreront de leur travail. Après ça, j'aurai vu tout le monde, excepté un seul qui est en vacances.

– Qui est-ce ?

– Un gars qui travaille un peu plus bas chez *Ceres*[1]. Je les ai appelés et ils m'ont dit qu'il revenait lundi.

Wagner acquiesça d'un air absent. La vidéo continuait de tourner dans sa tête. Il regarda en l'air en clignant des yeux pour la faire disparaître, mais le corps continuait de s'agiter sur le billot, et le sabre étincelait sous le soleil.

– Quelque chose ne va pas ?

Hansen avait l'air inquiet et se voyait déjà obligé d'appeler une ambulance.

---

1. « Ceres » est une enseigne de brasseries. *(N.d.T.)*

Wagner le regarda sans le voir, et dut soudain admettre la triste réalité. Pas de meurtre classique pour lui sur ce coup-là. Pas de solution facile ni de réponse toute faite. Le film de Dicte Svendsen se répandait dans son sang comme un virus, et c'était insupportable.

9

UN PEU DE VIN va te faire du bien. En principe, c'est efficace.

Dicte regardait autour d'elle le cercle d'amis et de relations d'Anne et d'Anders. Tout le monde avait bien mangé. La musique jouait doucement en fond sonore, que les voix recouvraient en s'entremêlant comme dans un concert de musique de chambre. Plusieurs musiciens de l'ensemble d'Anders étaient là aussi. Et puis les fidèles, dont Bo et elle-même faisaient partie.

Elle but une grande gorgée de vin, plus qu'elle n'en avait eu l'intention. Cela la réchauffa agréablement, et ce qui lui restait de tension disparut lentement. Au diable ce maudit film et les menaces terroristes, ou quoi que ce soit d'autre. Ici, ils ne pouvaient pas l'atteindre. Ici, entourée de vrais êtres humains, et non de monstres furieux et sanguinaires qui surgissaient du néant sans crier gare. Ici, elle pouvait se détendre.

– Sur quoi tu gamberges comme ça dans ton coin ?

Ida Marie s'avança doucement vers elle avec un verre à la main. Elle était ravissante, avec ses longs cheveux blonds et sa robe turquoise de la même couleur que ses yeux.

– Je gamberge sur ton mari qui est un sacré veinard. Tu es tellement belle.

Ida Marie approcha une chaise. Il fallait parfaitement la connaître pour s'apercevoir que ses gestes n'avaient plus leur assurance habituelle. Sur elle aussi, le vin avait fait son effet.

– Tu es gentille. Tu crois qu'il s'en rend compte au moins ? Parfois, c'est juste un policier, et rien d'autre.

Dicte examina John Wagner, assis un peu plus loin en train de parler avec Anders, sans doute de musique classique. Même si Wagner avait un verre à portée de main, son attitude ne révélait aucune trace d'ébriété. Au contraire, ses traits étaient empreints d'une profonde inquiétude, alors qu'il se tenait penché en avant sur son siège, comme sur la défensive.

Pendant un court instant, elle se demanda ce qu'il était advenu du film, puis elle chassa cette pensée. Pas ce soir. Pas maintenant.

– Ça fait partie de son travail, la rassura-t-elle en sentant à nouveau à quel point il était difficile de trouver un équilibre entre la copine et la journaliste, celle qui entretenait des contacts professionnels avec son mari.

– Il y a quelque chose qui le préoccupe, dit Ida Marie. Il n'a quasiment pas dormi de la nuit.

Il ne lui avait rien raconté, c'était typique. Mais ça ne rendait pas les choses plus simples, et Dicte se creusa la tête pour trouver les mots justes, capables de l'aider, sans dévoiler que c'était sans doute à cause d'elle et de son horrible film qu'il avait eu une insomnie. C'était une règle tacite, et Ida Marie la connaissait pertinemment. On ne mélangeait pas l'amitié et le travail. D'un point de vue théorique.

Elle fut sauvée par l'arrivée titubante d'Anne, d'humeur visiblement joyeuse. C'était Anne tout craché. Ses gènes exotiques ne supportaient pas l'alcool.

– Vous papotez dans votre coin ? Je peux me joindre à vous ?

L'homme assis à côté de Dicte, un trompettiste de l'orchestre, lui céda galamment sa place.

– Tu peux t'asseoir ici. Je vais me dégourdir les jambes et danser un peu avec la clarinettiste, dit-il en allant rejoindre sa femme.

Anne s'écroula sur la chaise. Dicte vida son verre, alla chercher une nouvelle bouteille et les servit toutes les trois.

Elles trinquèrent pour lui souhaiter un bon voyage, puis pour tout ce qu'elles purent inventer, depuis les nombreuses balades en traîneau qui l'attendaient, en passant par les merveilleux icebergs qu'elle allait voir, jusqu'à la paix dans le monde.

– Vous ne m'oublierez pas, hein ? demanda Anne d'une voix fofolle.

– Tu t'appelles comment déjà ? ricana Ida Marie, qui pourtant n'avait pas l'humour facile. Il faut dire qu'elle était suédoise[1].

Anne avait les larmes aux yeux, ce qui d'ordinaire n'était pas son genre.

– Vous allez horriblement me manquer.

– Toi aussi, renifla Ida Marie, sans même prendre la peine de demander à Dicte si elle s'associait à elle. Qui va nous engueuler à présent, quand on fera des bêtises ?

– Vous ne faites jamais de bêtises, dit gravement Anne. Sauf quand vous êtes trop sévères envers vous-mêmes.

Dicte fit une courte pause et s'appuya contre le dossier de sa chaise. Elles se connaissaient depuis une éternité. D'abord elle et Anne. Ensuite Ida Marie, qui avait quitté Värmland pour Århus, où elles avaient formé un trio. Elles suivaient le même cours de fitness et elles dînaient souvent ensemble, parfois sans les hommes. Elles avaient tissé leur toile, qui à présent avait un trou dans ses mailles.

– Qu'est-ce que tu veux dire par trop sévères avec nous-mêmes ? demanda Ida Marie un peu blessée.

– Tu travailles trop et tu as trop d'ambition, tu voudrais que tout soit parfait, lui répondit Anne avec sa franchise caractéristique et une haleine chargée en vin.

Son regard se posa alors sur Dicte.

---

1. Les Suédois n'ont pas très bonne réputation au Danemark... *(N.d.T.)*

– Quant à toi, ajouta Anne dans la foulée tandis que la musique se mettait à jouer un air de rock et que des gens se pressaient sur la piste de danse, quelque part tu crois toujours que tu vas mourir dans un bain de sang. Il y a toujours chez toi une petite Dicte qui espère trouver l'amour d'un papa et d'une maman et qui voudrait qu'on s'occupe d'elle.

Dicte reçut la pique de plein fouet, dont la douleur, bien que cuisante, lui fit en même temps du bien. Il n'y avait qu'Anne pour pouvoir sortir des trucs pareils qui coupaient court à toute argumentation avant même qu'elle ne soit formulée.

– Mais tu es allergique aux règlements, continua Anne. Tu ne supportes pas l'autorité, ça ne te quittera jamais, et Dieu en soit loué.

Elle avança son visage, comme elle le faisait toujours lorsqu'elle voulait examiner quelque chose. La peau contre la peau et l'arête du nez contre l'arête du nez.

– Tu es tellement habituée à t'opposer aux règles que c'est devenu pour toi une seconde nature. Réfléchis un peu à ça, dit-elle pour conclure sa tirade, en déposant un léger baiser sur sa joue.

– À quelle heure as-tu dit que ton avion décollait lundi ? marmonna Dicte en lançant un clin d'œil à Ida Marie. Qui s'occupe de préparer la maison pour une soirée mousse ?

– Je suis volontaire, proposa Ida Marie en remplissant une nouvelle fois leurs verres.

Elles restèrent ainsi à discuter un long moment, jusqu'à ce qu'un bras se pose sur les épaules de Dicte et que la voix de Bo lui chuchote dans le cou :

– Viens danser.

Ils glissèrent ensemble sur la piste de danse, comme s'il n'y avait aucun mal dans le monde. Comme si, après lundi, Anne serait toujours là pour assener des vérités, et comme si tout n'allait pas exploser dès le lendemain, lorsque le journal titrerait sur l'affaire.

10

LES DERNIÈRES CHALEURS de l'été planaient au-dessus des champs, à perte de vue, alors que le taxi serpentait entre la vieille ville de Skejby et la commune de Humlehusvej, où la cité rejoint la campagne.

Rose serrait son sac dans ses bras en se demandant si elle n'était pas en train de faire une erreur. Elle n'avait jamais rencontré la sœur d'Aziz auparavant. Comment pouvait-elle être sûre que Nazleen était bien celle qu'elle prétendait être ?

Pourtant, seuls Aziz et elle avaient connaissance de la maison de Humlehusvej. Ils étaient plusieurs fois passés devant la vieille bicoque sombre et délabrée dont personne ne semblait s'occuper, en se promenant avec le chien. Les fenêtres n'avaient pas de vitres, mais un cadenas était posé sur la fragile porte en contreplaqué. Le toit n'avait jamais été terminé, le propriétaire ne jugeant visiblement pas urgent d'achever la rénovation de sa vieille maison de campagne. Aziz avait une théorie, comme quoi c'était le manque de moyens qui décidait du rythme des travaux. En tout cas, la maison trônait là comme une sorte de ruine moderne, au beau milieu d'une végétation d'arbres et de buissons qui poussaient de manière anarchique, dans ce coin magnifique non loin de la maison de sa mère, à Kasted.

Elle en conclut qu'Aziz ignorait qu'elle avait quitté le foyer familial. Il avait dû penser qu'elle n'avait que quelques kilomètres à marcher en descendant par le chemin. Elle en était certaine.

La pénombre déposait son voile sur la campagne, mais l'air était encore chaud lorsqu'elle sortit de la voiture et qu'elle régla la petite fortune que lui avait coûté la course. Elle se tint debout un instant en regardant s'éloigner le lumignon du taxi. À présent il n'y avait plus rien. Aucune circulation sur le chemin de terre. Aucun bruit de voiture ni de vie humaine. Plus rien que le cri d'une chouette, toute proche. Elle ne se trouvait pas à sa place tout d'un coup, comme ça en plein milieu des champs, ici même où dans le passé elle s'était sentie en sécurité. Elle repensa à ce film dont sa mère avait parlé, et regretta de ne pas s'être munie d'une lampe de poche tandis que lentement elle se mettait à la recherche du chemin qui menait à la maison. Celle-ci se dressait en retrait de la route et ressemblait à une maison hantée, aux fenêtres béantes.

Qu'est-ce qu'il voulait faire exactement ici ? Est-ce qu'il voulait se cacher de ses ennemis, ou avait-il une autre raison ?

Ses chaussures crissaient sur les graviers, dont le bruit retentissait à ses oreilles.

Peut-être qu'elle aurait dû prévenir quelqu'un de l'endroit où elle allait. Peut-être qu'elle aurait dû appeler sa mère ou Bo, mais ils étaient à une fête, et la dernière chose que sa mère souhaitait, c'était qu'elle se remette avec Aziz.

La lune diffusait une lumière pâle, qui l'aida cependant à trouver le chemin.

– Aziz ?

Elle appela d'une voix faible, et ne reçut aucune réponse. Elle avait atteint la porte d'entrée. Le cadenas était déverrouillé et la porte grinçait sur ses gonds. Elle recula. Quand étaient-ils venus ici pour la dernière fois ? Elle cherchait à se souvenir, et les images s'insinuèrent en elle. Ils avaient sorti un tapis à l'extérieur et s'étaient allongés au soleil, près d'un églantier. Ils s'étaient embrassés et avaient profité de l'été, en parlant de plein de choses, comme on le fait quand on a enfin trouvé quelqu'un. Mais ils n'avaient pas fait l'amour. Ils n'avaient jamais fait l'amour. Il disait qu'il voulait attendre, qu'il fallait attendre le bon moment.

Et puis il s'était passé tout à fait autre chose, et le bon moment n'était jamais venu.

Un petit bruit la fit se retourner.

Il était debout, sous la lueur de la lune, il la regardait. Les contours de son corps n'étaient pas comme elle se les rappelait. Il était comme l'autre jour, dans le café, plus massif qu'auparavant. Son attitude avait également changé. Il se tenait comme planté dans le sol, rien ne semblait pouvoir le faire vaciller. Son visage ressemblait à quelque chose qu'elle avait vu une fois dans un musée d'art. Il y avait des angles là où, avant, tout n'était que rondeurs, de la détermination là où il y avait eu du doute.

Ce qu'il voyait de son côté, elle ne le savait pas, mais elle en eut un indice lorsqu'il dit :

– Tu as changé.

Elle ne savait pas quoi penser.

– Changé comment ?

Il s'approcha. Il avait gardé la même souplesse et se déplaçait sans le moindre bruit. Elle se demanda combien de temps il était resté comme ça à l'observer.

– Tu es plus belle, dit-il en la rejoignant. Je pensais que c'était impossible, mais pourtant tu l'es.

Ils restèrent un instant face à face. À son souffle, elle entendait à quel point sa respiration était rapide. Son pouls adopta le même rythme, ce qui l'effraya un peu.

Il avança un bras et attrapa son poignet. Sa gorge émit une sorte de râle tandis qu'il la tirait vers lui. Elle se donnait, attentive aux bras qui la tenaient, aux muscles qui étaient tendus contre elle. Il était chaud comme s'il avait de la fièvre. C'était comme si son corps à elle se fendillait et se mettait à parler avec le sien dans une langue nouvelle : ses mains à lui et son jean moulant à elle. Sa langue à lui, sa bouche à elle. Son bas-ventre d'homme et ses cuisses humides de femme, gênées par un pantalon en toile.

– Viens.

Il parlait d'une voix rauque, sa bouche contre la sienne, tandis qu'il la lâchait à contrecœur pour ouvrir d'un geste brutal la porte de la maison. Elle fut tirée à l'intérieur, dans l'obscurité, et menée le long d'un couloir jusqu'à une pièce assez reculée. Il n'y avait pas de toit ici, rien que la lune et quelques étoiles qui brillaient dans la nuit. Posées sur une caisse de bière retournée, deux bougies illuminaient la pièce. Un sac de couchage était déplié sur un tapis à même le sol, et un sac était posé dessus, contre le mur de pierre.

– Tu as bien préparé les choses.

Il fit une révérence et s'empara du sac, dont il extirpa une bouteille de vin et deux verres, qu'il posa sur la caisse. Dans une pochette, il trouva un tire-bouchon. Elle l'observait et enregistrait chacun de ses gestes, la moindre traction de ses muscles lorsqu'il ouvrit la bouteille, qui émit un petit pop.

– Je croyais que tu ne buvais pas d'alcool.

– Je suis un vrai Danois, dit-il de manière un peu sèche.

– Tu es aussi musulman.

Il servit le vin et lui tendit un verre, puis il leva le sien pour trinquer avec elle. Il but une longue gorgée. Elle trempa ses lèvres et reposa le verre sur la caisse.

– J'en ai marre de la religion, dit-il. De toutes les religions.

Elle voulait dire quelque chose, mais il ajouta :

– J'en ai marre des différences entre vous et nous. Entre toi et moi.

Il soupira longuement en baissant la tête.

– Et j'en ai vraiment marre que tu me manques à ce point, et de penser qu'un con comme ce mec du bar puisse parler avec toi, alors que moi, je ne peux pas.

Elle lui retira son verre qu'elle posa à côté du sien. Elle dit la seule chose qui lui vint à l'esprit :

– Je t'aime. C'est ça qui est le plus important. Est-ce que tu m'aimes aussi ? demanda-t-elle en s'approchant de lui.

Elle l'entendit déglutir. Il pencha sa tête en arrière, et elle suivit son regard.

– Jusque tout là-haut, dit-il.

Elle sourit.

– Jusqu'à la lune ?

Il lui sourit à son tour. Elle vit ses dents blanches se découper dans l'obscurité.

– Jusqu'aux étoiles.

Il l'embrassa, et leurs mains cherchèrent la chaleur en dessous de leurs vêtements, contre leurs peaux nues. Il retira son tee-shirt en le faisant glisser par-dessus sa tête, et sa poitrine brillait à la lumière des bougies. Rose eut la sensation que quelque chose la tirait dans deux directions distinctes, loin de lui et tout contre lui, comme si une force inconnue cherchait à ouvrir en elle une porte scellée, récalcitrante. Ils se laissèrent tomber sur le sac de couchage, où leurs mains continuèrent à dégrafer les boutons, à tirer sur les fermetures Éclair, jusqu'à ce qu'il ne reste plus rien. Que la peau, la sueur, le goût du sel et une faim primitive qui la propulsèrent en tourbillonnant dans l'univers.

Elle s'éveilla. Il était assis sur la caisse de bière et la regardait. Les bougies brûlaient toujours.

– Quelle heure est-il ?

– 3 heures.

Elle ne se souvenait pas de s'être couchée sous le duvet. Chaque parcelle de son corps était en éveil. Elle avait l'impression qu'elle pouvait conquérir le monde, et pourtant un détail continuait de la tracasser.

– Qu'est-ce qu'on fait maintenant ?

À la lueur des bougies, son regard changea d'expression. Elle prit conscience d'avoir abîmé quelque chose.

– Nous devons être prudents, dit-il enfin. Rien n'est sûr pour nous deux.

Elle perçut de l'amertume dans sa voix. Elle aurait voulu ressentir chez lui optimisme et confiance envers le fait que tout allait bien se passer, qu'à partir de maintenant ils allaient pouvoir être ensemble pour de bon sans avoir à s'inquiéter. Mais ce n'est pas cela qu'elle entendit.

Il prit sa main qu'il porta à ses lèvres. Il embrassa sa paume et la posa sur sa joue. Elle remarqua sa barbe naissante, lui qui avait toujours pris soin de se raser de près. Il était si différent à présent, plus dangereux, comme s'il contenait une sorte de bombe, susceptible d'exploser à tout moment.

– Je ne pouvais pas te laisser disparaître comme ça, dit-il. Pas après ce qui s'est passé dans le café.

Il la regarda. Elle vit de la souffrance dans ses yeux.

– Je ne pouvais pas supporter qu'un autre puisse être assis à tes côtés. C'était impossible.

– Mais ce type ne m'intéressait pas du tout. C'était une vraie plaie au contraire.

– Quand même, avoua-t-il. J'avais envie...

Il se redressa. La lumière brillait dans le silence.

– ... de le tuer, ajouta-t-il.

– Viens. Viens là.

Elle entrebâilla le duvet. Elle voulait prendre sa colère et la faire disparaître. Elle voulait polir son cœur et en retirer les plaies.

Il se laissa tomber à côté d'elle.

– Je sais que je devrais te laisser tranquille, murmura-t-il. Je me suis tenu à l'écart pendant tellement longtemps, j'avais pensé que ça passerait, mais ça n'a fait qu'empirer. Toujours plus.

Tout était double. La joie se mêlait à la crainte de ce que l'avenir leur réservait. Mais pour le moment, c'était la joie qui prédominait et qui donna à Rose la force de demander :

– Et Mustafa ? Tu sais quelque chose ?

– Je sais qu'il est au Danemark.

Elle ne voulut pas demander d'où il tenait cette information. Il avait ses sources et ses méthodes.

– Chez lui ? Chez sa femme ?

Aziz acquiesça. Il essaya de cacher la tristesse de son regard en le détournant vers la bouteille de vin vide. Mustafa et lui avaient été amis depuis l'enfance, qu'ils avaient passée à Gjellerup. Mais pour Mustafa, Aziz avait trahi les siens, et à présent ils étaient ennemis.

– Il est toujours aussi fanatique ?

Aziz acquiesça une nouvelle fois.

– Je crois. Il est revenu d'Irak. Ce qu'il a vu et fait là-bas...

Rose se demandait si le moment était venu de dire la chose qui allait tout faire basculer. Elle regardait les traits de son visage à la lumière des bougies, ils se fixèrent en elle : son nez presque aristocratique, ses sourcils noirs et son regard profond. Sa mâchoire carrée et les muscles de son cou, qui saillaient sous sa peau.

– Il faut que je te dise un truc, prononça-t-elle doucement.

Elle vit un vague malaise monter en lui.

– Quoi ?

– Ma mère va publier une histoire dans le journal de demain. Quelqu'un lui a fait parvenir un film, tu sais, le genre de truc qu'ils font en Irak, quand ils kidnappent des otages.

Il se raidit. Sa voix était tendue, comme si les cordes vocales pouvaient se rigidifier.

– Qu'est-ce qu'il y a dans ce film ?

– Une décapitation. L'article raconte que le terrorisme islamique est arrivé au Danemark.

Il resta un moment silencieux. Puis il bondit et son corps se métamorphosa soudainement, comme si quelqu'un venait d'appuyer sur un bouton. Il commença à jeter des choses mécaniquement dans le sac à dos.

– Merde. Merde et merde !

Sa colère se traduisait par des gestes rapides et saccadés.

– Quand est-ce que ça se terminera une bonne fois pour toutes ? demanda-t-il en criant dans les airs. Quand est-ce qu'on pourra enfin avoir le droit de vivre normalement ?

Elle savait que sa colère était dirigée vers différentes cibles. Vers les criminels, bien sûr, parce qu'ils violaient la religion et donnaient aux gens une image fausse des musulmans. Vers le journal et vers sa mère, parce qu'ils allaient exhiber cette histoire, en y ajoutant sans doute une touche de sensationnel. Vers les Danois de souche qui à présent allaient avoir une bonne excuse pour détester les immigrés. Mais plus que tout, sa colère était dirigée contre lui-même, parce qu'il n'avait pas les moyens de faire changer les choses, et parce qu'il se trouvait des deux côtés d'une même haie qui s'élevait de plus en plus haut. Il avait dit qu'il voulait être danois. Qu'il voulait aimer Rose jusqu'à la mort et qu'il ne voulait pas d'un mariage arrangé avec une femme qu'il n'aurait pas choisie. Il fréquentait l'école de police, et bientôt il ferait partie de ceux qui portent la société sur leurs épaules. Il adorait les vieux films danois, qui constituaient une grande partie de sa collection de vidéos et de DVD.

Mais malgré cela, il était et resterait un étranger. Quelqu'un en qui on ne pouvait pas avoir confiance.

– Tu peux me le dire ? cria-t-il presque, en se laissant tomber sur la caisse de bière. Quand ?

Mais elle ne pouvait pas répondre.

11

– ... ONT EXAMINÉ le film. La brigade criminelle d'Århus indique qu'elle considère cette affaire comme un meurtre, mais s'abstient, pour le moment, de tout commentaire. Du côté de la PET, le mutisme est total, personne ne souhaite faire de déclaration, ni indiquer dans quelle mesure les services secrets sont déjà impliqués dans l'enquête. Mais le contraire n'est pas imaginable, affirment les experts.

Le reporter de TV2 ménageait ses effets. La caméra le suivait en filmant en panoramique la salle de rédaction. Dicte regarda brièvement l'objectif en espérant que Kaiser, depuis la rédaction de Copenhague, remarquerait les mauvaises ondes qu'elle envoyait à son intention. Elle espérait également que personne ne se rendrait compte de la gigantesque gueule de bois qu'elle tenait de la soirée de la veille.

– ... Et ici, à la rédaction d'Århus, nous retrouvons la journaliste Dicte Svendsen, qui se demande toujours pourquoi c'est justement elle qui a dû, jeudi dernier, ouvrir le paquet contenant un film aussi macabre... Une séquence qui, de par sa brutalité, signifie que le terrorisme international, à compter de maintenant, est entré sur le territoire danois.

Pendant une seconde, on aurait pu croire que la présentation s'arrêterait là, mais survint alors une pirouette qui relança l'histoire dans une nouvelle perspective :

– Dans le jargon journalistique, il faut pourtant une nouvelle fois souligner que personne, pour le moment, n'a revendiqué cet acte grotesque. De ce fait, rien ne permet de désigner avec certitude un motif religieux.

L'homme tenait le micro collé à ses lèvres, séduisant son public à la manière d'un crooner américain. Il s'ensuivit une courte pause, savamment calculée, avant qu'il ne conclue d'une voix sombre et dramatique :

– Est-ce un phénomène unique ? Un meurtre traditionnel, inspiré des méthodes utilisées, entre autres, en Irak ? Ou avons-nous affaire à quelque chose de complètement différent ? Pour le moment, les questions restent sans réponse... Jens Rosenberg, TV2... Århus.

Il y eu un silence de quelques secondes. Le reporter fixait toujours la caméra, d'un regard droit et autoritaire, jusqu'à ce que quelqu'un dise :

– C'est bon, c'est dans la boîte.

Dans un brouhaha, l'équipe de télévision entreprit de rassembler son matériel. Les lampes et les micros furent emballés dans des caisses et les deux caméras transportées sur les épaules des cameramen.

Dicte s'adossa à sa chaise, face à l'ordinateur, en les maudissant tous autant qu'ils étaient. Kaiser avait téléphoné, avant que Lucifer ne rentre dans le bal, et l'avait sobrement priée d'accorder quelques interviews, en lui rappelant qu'évidemment, aucune information non officielle ne devait être divulguée. Comme s'il y avait une quelconque information à donner, pensa-t-elle en regardant s'agiter les gens de la télé, vêtus de tenues kaki couvertes de multiples poches, comme s'ils étaient en mission pour l'Afghanistan.

Avant tout, il fallait s'imposer, avait dit Kaiser, il fallait qu'elle comprenne que le but, c'était d'assurer les ventes du journal. Bo lui avait suggéré de prendre le premier avion à destination d'un autre pays. Elle avait refusé. Il avait donc choisi de se terrer dans son local de développement photo, tandis qu'elle posait pour les médias selon la volonté de Kaiser.

Elle regardait passivement le manège autour d'elle, le reporter qui buvait un dernier reste de café en lui envoyant un petit sourire complice, qu'elle ne lui rendit pas. À la place, elle prit l'air absorbé par son écran, comme s'il diffusait des informations d'importance capitale, et non l'éternelle liste de Ritzau[1] sur les petits et les grands événements du moment, dont bien sûr sa propre histoire, qui était rappelée toutes les trois heures.

Les deux chaînes de télévision avaient décidé de diffuser une émission spéciale. Une *« breaking news »*, comme on disait de nos jours, et tout le monde savait que ce type de spécialité était en inflation. On envoyait des *« breaking news »* pour tout et n'importe quoi, des tremblements de terre aux typhons, jusqu'à la visite du couple royal au Bilka[2] de Hundige[3]. En principe, les programmes du samedi matin était consacrés aux dessins animés pour les enfants, ce qui donnait aux parents l'occasion de paresser un peu plus longtemps sous la couette, mais ce matin-là, il n'était plus question de dormir, pensa Dicte en décrochant son téléphone qui sonnait pour la centième fois.

– Dicte Svendsen.

– Mais dis donc, c'était géant !

Kaiser avait l'air ravi, comme un gamin de quatre ans à qui on aurait donné un nouveau camion de pompiers.

– Tu avais l'air anxieuse à souhait.

– Peut-être parce que je *suis* anxieuse, dit-elle.

– Oui, bien sûr que tu l'es. Nous le sommes tous, dit-il en ignorant son ton critique. Et pour demain, tu as prévu quoi ?

---

1. « Ritzaus Bureau-Danmarks nyhedsbureau » est la principale agence d'informations du Danemark, diffusant en permanence à l'ensemble des médias l'actualité nationale et internationale. *(N.d.T.)*

2. « Bilka » est une chaîne de grandes surfaces. *(N.d.T.)*

3. Hundige est une banlieue située à 18 kilomètres au sud-ouest de Copenhague. *(N.d.T.)*

Ça ne finirait jamais. Elle aurait dû le prévoir, mais elle avait été trop occupée à repousser les journalistes, telle une pop star harcelée par les paparazzi. L'histoire avait attiré toute l'attention, ce que Kaiser avait précisément escompté.

– Rien. À ma connaissance il ne s'est rien passé de neuf, à part que toute la presse du Danemark s'est donné rendez-vous à Århus.

– J'ai une idée.

Il était rare qu'elle apprécie ses idées. Elle se recroquevilla sur sa chaise en adressant un signe d'adieu au reporter, qui avait enfilé son manteau à la Philip Marlowe.

– Laquelle ?

– *Dicte Svendsen nous dit tout*, déclama-t-il.

Elle était à deux doigts de se pencher sur le tapis et de recréer une œuvre d'art identique à celle de jeudi soir. Mais elle n'avait rien mangé depuis des heures, alors il n'y avait vraiment rien à vomir.

– Hors de question. Moi vivante, jamais.

– OK, on peut appeler ça autrement si tu préfères, dit-il d'un air chagriné. *La vraie histoire de la journaliste, Mon pire cauchemar.* Un truc dans ce genre-là. Tout le monde raconte un tas de putains d'histoires te concernant, alors pourquoi pas ton propre journal ?

– Jamais de la vie.

– Davidsen peut se charger de rédiger ça.

– Davidsen ? Tu n'y penses pas.

La discussion commençait à prendre une très mauvaise tournure. Elle regrettait d'avoir cédé à la curiosité et de ne pas avoir balancé à la poubelle le CD-ROM encore emballé. Elle jeta un œil sur Davidsen, qui tapotait sur son clavier. Il leva les yeux en entendant son nom, et planta son regard de maître d'école dans celui de Svendsen. Un dégoût intense pour son directeur de rédaction s'installa dans le fond de ses tripes.

– Je trouverai quelque chose, dit-elle alors. Tu auras un truc ou un autre de ma part. Mais pas ça. Je ne vais pas me répandre devant les lecteurs.

Elle savait qu'elle était tombée dans un piège.

– Tu n'as pourtant pas de difficulté à le faire faire aux autres, lui susurra Otto Kaiser. On peut même dire que c'est comme ça que tu gagnes ta croûte.

Les paumes de ses mains étaient moites, elle faillit faire tomber le téléphone. Il avait raison, mais elle ne lâcherait pas le morceau sans combattre.

– Et moi qui croyais que j'étais payée pour sauver le monde.

Elle pouvait deviner son sourire lorsqu'il ajouta :

– Je garde un encart à la une. Je compte sur toi, Svendsen !

– Tu parlais d'aller où déjà ? Les Philippines ? La Mongolie extérieure ?

Sa tête continuait de la faire souffrir des excès de vin et du manque de sommeil. Elle se laissa tomber sur le canapé du labo photo, où Bo était assis les yeux fixés sur son écran. La table basse était recouverte d'un tas de papiers qu'elle balaya du regard par habitude. Son attention se porta sur un formulaire de la Sécurité sociale. Il l'avait prévenue qu'il devrait prendre un complément d'assurance en prévision de son prochain reportage, mais pour autant qu'elle sache, il n'y avait encore rien de concret.

Elle se saisit discrètement de la feuille de papier, tandis que Bo continuait de scruter son écran avec intensité. Elle put constater qu'il avait déjà complété presque tout le formulaire. Les rubriques : âge, taille, poids, adresse, numéro de téléphone et e-mail étaient remplies de son écriture. L'une d'elles portait la mention : « parents proches ». Celle-ci n'était pas encore complétée.

– Merde !

Ce n'était pas tellement la grossièreté, mais l'intensité avec laquelle il l'avait prononcé qui la fit lever les yeux sur lui au moment précis où il effectuait un zoom avant. Elle réalisa ce qu'il était en train de regarder.

– Qu'est-ce que tu fais ?

Il s'arracha à son écran.

– Je regarde les détails. Mais je ne pense pas trouver quoi que ce soit que la brigade criminelle ou la PET ne découvrent aussi de leur côté.

Une image de la décapitation était figée sur l'écran. Dicte voyait l'arme qui étincelait dans les airs, sur sa trajectoire en direction du cou de l'homme.

– C'est vraiment dégueulasse, dit-elle simplement. Comment peux-tu supporter ça ?

– C'est tout ce que nous avons, murmura-t-il en zoomant davantage, non pas sur l'arme ou sur la victime, ni même sur l'assassin, mais sur le décor en arrière-plan.

– Tu vois ?

– Quoi ?

Il désigna un détail avec la pointe de son stylo. Loin à l'horizon, entre les feuilles de deux gros arbres entremêlés, le ciel était de deux couleurs distinctes. Le dessus était d'un bleu plus clair que le dessous, où l'on pouvait voir, en regardant de très près, une petite forme blanche.

– L'eau, dit Bo.

Elle approcha une chaise et colla son visage contre l'écran.

– La mer ?

– Hmhmm.

– Et là ?

Elle désigna la petite tache blanche.

– C'est un bateau.

– Jusqu'où peut-on s'approcher ?

– Assez près.

Elle détourna son regard de l'écran et l'observa, comprenant à cet instant qu'il savait depuis le début. Il souriait d'un air triomphant en jetant son scoop à ses pieds.

– Ça s'appelle Vesborg.

– Le bac de Samsø[4] ?

---

4. Samsø est une île située à l'est du Jutland, dans la mer de Kattegat. *(N.d.T.)*

– Ça en a tout l'air.

Elle regarda à nouveau. La liaison en ferry reliait Hov à Sølvig sur Samsø. Elle y avait passé un week-end avec Rose au début de l'été, pendant que Bo était parti en vadrouille. Elle chercha à se souvenir de la géographie de Hov. Pas beaucoup de collines, d'après ce qu'elle savait. Elle se le rappelait comme d'un paysage relativement plat.

– Ça pourrait être Samsø, dit-elle. Une élévation d'où l'on verrait le ferry.

Il acquiesça. Elle s'était levée et avait déjà rassemblé ses affaires dans son sac. Une multitude de pensées virevoltaient dans sa tête. La police avait mis sur le coup ses experts en informatique. Ils étaient sans doute arrivés aux mêmes conclusions.

– Tu appelles pour réserver une traversée ? Deux personnes et une voiture ?

Bo lui adressa un sourire rusé.

– Peut-être qu'on aura de la chance. Si les patrouilles de police n'occupent pas déjà le terrain.

12

Le téléphone de service sonnait toujours aux pires moments.

C'est ce qu'il pensa lorsqu'il reconnut la sonnerie familière au fond de sa poche, en plein milieu du discours que faisait son beau-père à l'occasion de ses noces d'or.

– Je vous demande pardon.

Il marmonna quelques mots d'excuses en cherchant l'appareil démoniaque.

Bien avant cela, les invités avaient déjà été agacés par sa conduite, parce qu'il n'avait cessé de se montrer taciturne et irritable. Il avait envoyé bouler Maibritt lorsqu'elle avait essayé d'arranger sa cravate, et il s'était conduit de manière plus que grossière avec une serveuse. Mais aussi, elle aurait pu éviter de renverser du vin en remplissant son verre, et s'abstenir de le fixer, juste après, comme une gosse idiote.

Treize paires d'yeux courroucés se braquèrent sur lui, lorsqu'il finit par mettre la main sur son portable. Même son neveu Jonas, âgé de douze ans, fronçait les sourcils. Maibritt fit un geste de la tête dans sa direction, exprimant clairement son souhait de le voir quitter la table et sortir, ce qu'il fit.

– Ole Nyborg Madsen.

Il dit cela tout en ouvrant la porte du restaurant, le vent de la Marina s'engouffra aussitôt sous sa veste, ce qui fit voler son manteau et se dresser de façon ridicule sa cravate à la verticale. Heureusement, il n'avait plus assez de cheveux pour qu'ils s'envolent également de manière incontrôlable.

– Ici le centre de garde. Nous venons d'admettre quelqu'un envoyé par le service des dommages psychologiques. C'est bien vous qui êtes de garde ?

Il confirma. C'était sa première semaine de travail depuis le décès de Nanna. Il s'était senti prêt. Il s'était pardonné son intermède dans le centre commercial. Il travaillait sur son deuil, en avait-il conclu, même si les regards de Maibritt affirmaient qu'elle n'était pas de son avis. Elle n'avait pas eu besoin de prendre un congé, elle, mais elle n'avait pas non plus un boulot où on était, chaque jour, confronté aux malheurs et aux vies brisées des autres. Ce genre de choses est assez difficile lorsque l'on est soi-même en train de faire un travail sur soi, mais bien sûr, être auteur et dessinateur de livres pour enfants avait certainement d'autres inconvénients.

– Que s'est-il passé, et qui est le médecin ?

– C'est Hans Peter Jensen, le médecin. Il faut que vous parliez avec un jeune homme dont le chien a mordu grièvement une petite fille de sept ans. Elle est actuellement au bloc opératoire.

– A-t-il demandé à parler avec quelqu'un ? Ou bien est-ce une recommandation du médecin ?

Il y eut une courte pause dans le téléphone.

– Pour autant que je sache, c'est son employeur qui a demandé à ce qu'il vous rencontre. Il travaille pour une entreprise de rénovation en bâtiments.

Ole Nyberg Madsen lança un regard de soulagement à travers la vitrine du restaurant. Son beau-père avait fini de déclamer son speech, et tout le monde trinquait et s'embrassait autour de la table. Cela lui convenait parfaitement d'avoir une excuse pour échapper au reste de la farce familiale.

– OK, dit-il en dissimulant difficilement un sourire. Je viens aussi vite que possible.

Il retourna vers l'assemblée et expliqua la situation. Eux aussi eurent l'air soulagés. Maibritt le suivit jusqu'à la porte et sortit avec lui au grand air.

– Maintenant je comprends pourquoi, dit-elle.

– Pourquoi quoi ?

– C'est lundi. C'est bien lundi qu'il a été libéré, n'est-ce pas ?

Ses yeux d'un bleu profond le regardaient avec toute cette compassion qu'il ne supportait plus. Comment pouvait-elle se conduire comme ça ? Comment pouvait-elle être aussi sereine ? Aussi indifférente ? Il n'avait même pas la liberté de l'envier. La haine, avait-il découvert, était une arme extraordinairement puissante. Elle lui donnait une énergie qu'il n'avait jusqu'alors jamais ressentie.

Il acquiesça.

– Après quatre mois. Cent vingt-deux jours.

L'amertume perçait dans sa voix. Il l'entendit de manière précise avant que ses mots ne soient emportés par le vent.

Elle secoua la tête. Elle prit sa main, mais il la retira aussitôt.

– Tu n'es pas prêt à reprendre le travail, Ole. Pourquoi est-ce que tu ne t'en rends pas compte ?

– Bien sûr que je suis prêt, dit-il d'un ton convaincant. Je ne peux pas rester à tourner en rond dans la maison et à fixer les murs. Ça ne me rendra pas plus apte à travailler.

Il sentit qu'elle voulait ajouter quelque chose, mais elle finit par pincer les lèvres.

– Très bien, alors bonne chance.

Elle se pencha vers lui. Il tourna un peu la tête, de sorte que son baiser atterrit juste à côté de sa bouche. Il remarqua sa déception sans pour autant avoir l'énergie de s'en excuser.

– Je prends la voiture. Quelqu'un pourra te ramener ?

Elle acquiesça et retourna vers sa famille, sans prononcer un mot de plus.

Le jeune homme était assis dans la salle de consultation et regardait le plafond d'un œil indifférent. Il portait un tee-shirt étroit et un baggy de taille XXL, il était la preuve vivante du phénomène qui tendait à démontrer une ressemblance entre les chiens et leurs maîtres. Dans son cas, un petit bull-terrier.

– Bonjour. Je m'appelle Ole Nyborg Madsen. J'ai cru comprendre que vous veniez de traverser une rude épreuve.

Il tendit la main.

– Je suis psychologue.

Le jeune homme, qui s'appelait Thor, observa un moment la main, avant de se décider à la serrer sans conviction et d'enfouir à nouveau la sienne au fond de sa poche de pantalon.

Ole s'assit en face de lui. Une table basse les séparait. Il fixait le regard du garçon à la recherche d'un signe de choc ou d'un sentiment de culpabilité, mais les yeux de l'autre lui renvoyèrent quelque chose qui, sans aucun doute possible, ressemblait à du défi.

– C'est ma boîte, dit Thor. Ils ne veulent pas risquer que je pète un plomb et que je me mette en arrêt. Mais il n'en est pas question, ajouta-t-il.

– Il peut y avoir une réaction, dit Ole prudemment. Ça a été une expérience vraiment brutale, d'après ce que j'ai pu comprendre. Vous voulez bien m'en parler ?

Le jeune homme soupira en caressant d'une main ses cheveux ultracourts, comme s'il trouvait trop fatigant de devoir chercher ses mots. Il s'avachit sur son siège, ce qui donna soudain à Ole envie de le secouer et de le prier de s'asseoir correctement, de montrer juste un peu de respect pour la petite fille de sept ans dont le bras avait été détruit et qui allait peut-être en perdre l'usage complet.

– Bon, la gamine s'est approchée, comme si c'était un caniche qu'elle allait caresser.

– Elle n'a que sept ans.

Thor secoua la tête en levant les yeux au ciel.

– Alors ses parents pourraient au moins la surveiller un peu mieux. Je tenais mon chien en laisse. Il était censé me protéger. C'est normal, mec.

Il murmura quelque chose d'inaudible, qui ressemblait à « conne, cette gamine... »

Ole luttait contre sa répugnance.

– Vous étiez donc sur le trottoir en train de parler avec un camarade, sur Silkeborgvej. La petite s'est approchée de vous, c'est ça ? Qu'est-ce qui s'est passé ensuite ?

Thor fronça les sourcils, comme s'il avait du mal à se souvenir des détails ou qu'il n'ait pas envie d'en faire l'effort.

– Je n'ai pas vu grand-chose. J'ai entendu le chien se mettre à grogner. C'est le premier avertissement.

Il regarda Ole en lui signifiant clairement que la fille aurait dû s'y connaître un peu mieux en psychologie canine.

– Et alors, ça a été l'enfer, avant même que j'aie eu le temps de compter jusqu'à trois.

– Il n'y a donc pas de délai après le premier avertissement ?

Thor haussa les épaules.

– Elle aurait pu reculer. Mais elle s'était accroupie pour caresser Arnold.

Les deux derniers mots furent crachés hors de sa bouche. Ole respira profondément. Il observa le jeune homme, mais ne décela en lui aucun signe indiquant que l'affaire l'ait un tant soit peu traumatisé. Ni larme, ni hystérie, pas de crise de rire inopinée ni de bavardage à propos de tout autre sujet. Il manifestait au contraire une irritation certaine de devoir être assis là, en salle de soins, et de perdre son temps alors qu'il aurait pu le passer ailleurs.

Comme si le patient avait lu dans ses pensées, il demanda soudain :

– Mais bon, combien de temps je vais devoir rester là ? Je l'ai amenée ici immédiatement, pas vrai ? J'ai emprunté la voiture de mon pote et j'ai rappliqué ici à toute vitesse.

Il regardait Ole avec insistance, comme un élève qui demanderait l'autorisation de quitter l'école pour pouvoir attraper son bus.

– J'ai tout raconté à la police. Ils ont envoyé un de leurs hommes là-bas...

Il regarda sa montre.

– L'AGF joue contre Esbjerg dans une demi-heure. J'ai rendez-vous avec quelqu'un devant le stade.

– Écoutez-moi bien...

Ole s'avança un peu sur son siège. Il savait qu'il devait se contrôler, mais cela lui aurait demandé une énergie supérieure à ce dont il était capable aujourd'hui.

– ... Il y a une petite fille de sept ans qui actuellement est en train de lutter pour conserver son bras. Il est fort possible qu'elle ne puisse plus jamais s'en servir. C'est votre chien qui l'a mordue. En tant que propriétaire de l'animal, vous êtes responsable devant la loi. Et vous me dites que ça ne vous rend pas un tout petit peu mal à l'aise ?

Il savait que son comportement n'était pas acceptable, qu'il allait contre tout ce qu'il avait appris. Toutes les méthodes qui expliquaient comment s'y prendre avec les gens en situation de stress. Il aurait dû se placer du côté de l'homme, c'était ça son travail. Il aurait dû s'en vouloir, mais ce n'était pas le cas.

– Mais quoi, mec ? Je ne l'ai pas fait exprès !

Thor éleva la voix. Ole avait déjà entendu ces paroles-là. Prononcées exactement de la même façon, d'un ton blessé et pitoyable, clamant la reconnaissance de son bon droit.

Il dut s'essuyer le front avec la manche de sa chemise. Il tremblait de tout son corps. Il se souvenait du procès et de l'homme assis au banc des accusés, qui n'avait pas croisé son regard une seule fois. Il se rappelait son argument de défense exprimé de manière presque colérique. « Je ne l'ai pas fait exprès. »

Il n'avait pas fait exprès de se défoncer à l'alcool avant de prendre le volant et de renverser une jeune fille.

Il n'avait pas fait exprès de percuter précisément Nanna, alors qu'elle avançait sur le passage piétons. Il ne l'avait pas tuée exprès, putain de merde.

Il se leva. La pièce tournait devant ses yeux, et il dut se retenir au dos d'une chaise pour recouvrer son équilibre.

– Je crois que nous n'avons plus rien à nous dire, dit-il. J'établirai un rapport déclarant que vous supportez sans problème ce qui est arrivé et qu'il n'y a pas de dommages psychiques à déplorer.

Il fit un effort pour parler d'un ton normal, mais il ne parvint pas à camoufler le sarcasme dans sa voix.

– Allez donc voir votre match de foot.

13

La mer était grise. Le vent d'est avait apporté la pluie, qui à présent tombait comme des cordes et transformait le sol de Samsø en pataugeoire. Aux USA, l'ouragan Rita dévastait des villes entières, de l'autre côté du globe, un typhon balayait l'Asie, semant la mort et la désolation sur son passage, et la télévision danoise venait d'annoncer le matin même une perturbation qui allait s'abattre sur le pays et faire chuter la température au-dessous de quinze degrés. En un seul jour, l'été avait disparu.

Dicte tenait le bastingage de ses mains trempées. Elle remonta sa capuche, ce qui eut pour effet de faire couler une trombe d'eau sur son visage. Ils auraient pu rester à l'intérieur et grignoter quelque chose pour déjeuner, mais un début de mal de mer mêlé à une gueule de bois l'avait poussée à se réfugier tout en haut, et en réalité elle n'avait pas d'autre envie que de se tenir là, debout au milieu des éléments. C'était comme si tout le reste avait pris de la distance : le départ d'Anne, la tension de cette matinée grouillante de journalistes, le despotisme de Kaiser, et le film, avec son contenu bizarre et sanglant. Elle imaginait tout cela balayé par les flots, écarté au loin à grands renforts d'embruns, réduit à un écoulement invisible qui disparaîtrait bientôt dans l'océan.

– Ça va être dur de trouver le lieu du crime avec ce temps.

Bo leva la tête et se laissa fouetter par la pluie, qui inondait sa queue-de-cheval et rougissait sa peau. Elle aurait voulu lui conseiller de relever au moins son col, mais elle préféra s'en abstenir. Il ne fallait pas le materner, et depuis son expédition en Irak où il avait eu la jambe brisée lors d'une attaque nocturne, elle devait être particulièrement prudente. Les héros blessés n'avaient pas besoin d'une maman. Elle se contenta donc d'acquiescer. La pluie sur sa capuche dégoulinait sur son nez et le transformait en ruisseau.

– Ils sont sûrement déjà là.

La côte de Samsø s'approchait de plus en plus. Elle suivit le regard de Bo, qui courait le long de la verdure, en remontant jusqu'aux moulins à vent.

– Ça nous aidera à trouver, dit-il, et elle admit qu'il avait raison. Il y avait également d'autres avantages au fait que la police avait certainement été plus rapide qu'eux à décortiquer le film. Car même si ça pouvait mettre Kaiser aux anges, son envie à elle d'être la première sur le lieu du crime, la première à trouver une tête coupée et un corps décapité n'était pas, pour différentes raisons, si évidente.

Ils se mirent à l'abri derrière la porte vitrée, ce qui permit à Dicte de continuer à fixer l'horizon tout en contenant son mal de mer. Elle avait l'impression d'être une toute petite personne sur une mer immense. Quand donc arriverait la vague qui la ferait disparaître par-dessus bord ? Quand tout cela finirait-il par l'engloutir ?

Elle frissonnait dans son imperméable. Le film avait été envoyé à son attention personnelle, Bo restait sur la ligne de touche. Elle repensa au questionnaire de la Sécurité sociale qu'elle avait vu dans le labo photo. Elle était curieuse de savoir ce qu'il allait écrire dans la dernière rubrique, mais elle n'osait pas le lui demander.

– Ça ne doit pas être loin d'ici. Je propose que nous montions en haut d'un surplomb. Le Yderste Høj de Toftebjerg ou le Dyret de Onsbjerg sont tous les deux possibles.

Ils venaient de s'installer dans la voiture, et Bo marmonnait en étudiant la carte routière. Son doigt suivait la route qui partait du port de Sælvig et continuait jusqu'à Østerby. Il l'interrogea du regard.

– Roulons plutôt vers Østerby, dit-elle en allumant le ventilateur, afin de chasser la buée que la pluie formait sur les vitres. S'ils sont déjà là, on verra forcément les voitures, à moins qu'ils ne se déplacent en civil.

À peine eut-elle dit cela qu'ils entendirent la sirène. Elle s'approchait en venant de la droite, et ils virent soudain passer la voiture de police, à toute vitesse, tel un éclair noir et blanc.

Bo haussa les épaules.

– C'était trop facile. Il suffisait de zoomer sur l'image.

Wagner souleva un sourcil en apercevant Dicte qui se faufilait entre les hommes.

– Vous avez trouvé quelque chose ?

Il avait dû saisir son désespoir, car il oublia son mépris envers Bo et la regarda avec gentillesse.

– C'est le lieu du meurtre, qu'on ne peut visiblement pas garder secret. Tout colle, les arbres, le point de vue, tout.

– Et le corps ? L'arme du crime ?

Il secoua la tête.

– Laisse-nous un peu de temps. Nous ne sommes sur l'île que depuis deux heures.

Il fit un signe de tête en direction d'une maison, dont le fond du jardin était apparemment le lieu recherché.

– Ils creusent.

– Des indices ?

Bo avait sorti des bottes en caoutchouc du coffre et s'était dirigé discrètement vers les bandes de sécurité, d'où il observait le jardin. Elle savait qu'il n'allait pas tarder à sortir son appareil photo pour mitrailler la scène, même s'il ne pouvait pas s'approcher davantage.

Elle s'apprêtait à demander à Wagner plus de précisions, lorsque le téléphone sonna dans son sac. Elle le sortit avec ses mains mouillées et gelées.

– Dicte.

– Maman !

Il y avait de l'angoisse dans la voix de Rose.

– Maman, dis-moi que ce n'est pas vrai ? Ce truc de décapitation. C'est une blague ?

Sa fille avait lu le journal. Comme d'habitude, ça rendait toujours les choses plus sensationnelles que lorsqu'on les expliquait par téléphone, comme elle avait pourtant pris la peine de le faire avant. Ils avaient extrait une image du film qu'ils avaient mise en première page. Kaiser avait évidemment choisi un cliché pris quelques secondes avant que la tête ne soit tranchée. L'article s'intitulait : « Le terrorisme islamique est présent au Danemark. »

Le plus drôle de l'histoire, c'est qu'elle tombait le jour même où le ministre de la Culture partait en croisade contre les valeurs musulmanes, qu'il jugeait « moyenâgeuses et antidémocratiques » suite à une affaire de crime d'honneur intervenu quelques jours plus tôt, celui d'une jeune fille pakistanaise de dix-huit ans qui avait été brûlée par son frère.

– Chérie. Écoute...

– Mais vous n'en n'êtes pas sûrs, hein ? continua Rose. Personne n'a rien revendiqué, alors comment vous pouvez écrire des choses pareilles ? Comment peux-tu faire ça, maman ?

Un cri se fit entendre en provenance du jardin. Dicte regarda Wagner qui, suivi de Ivar K, se rendait sur place en courant.

– Rose. Écoute-moi. J'espère aussi que ce n'est pas vrai, mais tu connais les règles du jeu. C'est mon boulot, quelqu'un doit le faire.

– Mais en première page ! Imagine ce que ressent... imagine...

– Aziz ?

Elle dit cela d'une voix calme, alors que quelque chose en elle commençait à s'agiter. Rose et Aziz, c'était ça. Bien sûr.

– Tu as revu Aziz, c'est ça ?

Elle avait parlé d'un ton accusateur, ce qu'elle regretta aussitôt. Mais c'était trop tard, et sa fille raccrocha immédiatement, comme elle le faisait toujours lorsqu'elle voulait la punir. Quitter une pièce en claquant la porte, éviter la confrontation. Disparaître et laisser les autres se morfondre avec leurs interrogations. Rose était comme cela.

Elle jeta le téléphone dans sa poche et descendit rejoindre Bo.

– Alors ?

Bo se retourna vers elle. Il approcha sa bouche de ses joues ruisselantes de pluie et, comme s'il voulait calmer un animal un peu trop nerveux, lui murmura à l'oreille :

– Je crois qu'ils ont trouvé quelque chose là-bas.

14

– QU'EST-CE QUE nous avons ?

L'un des techniciens, Emil Sørensen, leva les yeux de son ouvrage, les bras chargés de feuilles mortes.

– Du vieux fumier. Les feuilles ont tout recouvert, mais le trou a été creusé récemment.

Il dit cela tout en jetant sa cargaison sur le côté, avant d'effleurer son menton d'un gant souillé pour en retirer une petite feuille qui s'était prise dans sa barbe. Il leva la tête.

– Il a déjà bien recouvert le sol.

Wagner suivi son regard. « Il », c'était l'érable qui avait servi à identifier le lieu du crime. Ce qu'il avait de spécial, c'est que certaines de ses branches du milieu avaient été sciées, certainement dans le but d'améliorer la visibilité sur les prairies escarpées des environs, qui serpentaient jusqu'à la mer et dans lesquelles des vaches se tenaient de manière disparate, occupées à brouter, comme les petites figurines noires et blanches d'un jeu de Lego. Il resta debout un court instant à observer le paysage, sans avoir le courage de poser à nouveau les yeux sur le fumier. Au loin, il aperçut un oiseau de proie qui tournoyait dans le ciel. Peut-être un épervier, se dit-il. La lande était couverte d'herbes grasses qui poussaient sauvagement, bordées de rares clôtures dont les poteaux, par endroits, se dressaient telles des allumettes surdimensionnées. C'était beau, même sous la pluie, et de la brume s'élevait du sol qui restait gorgé de la chaleur de l'été.

Une musique résonna dans sa tête. Un prélude de Bach qu'il avait joué il y avait longtemps. Pas une pièce difficile, pas un morceau de bravoure, quelque chose de différent mais de plus prenant que les classiques que tout le monde connaît. Pendant un instant, il se souvint que ce thème avait réussi à le transporter comme sur un tapis de notes qui donnaient l'illusion de former entre elles un espace solide, et que le pianiste n'existait plus. Il retomba sur terre lorsque Emil Sørensen poussa un cri strident :

– Quelle horreur !

Wagner se retourna, suffisamment pour voir le haut du corps nu d'un cadavre. Le technicien pressait une bande de gaze contre sa bouche, alors que l'odeur se diffusait en réduisant à néant la douce ambiance qui venait de se créer. Ils retirèrent délicatement la terre et le fumier, feuille après feuille, jusqu'à ce qu'apparaissent deux bras musclés terminés par des mains gonflées et noircies. À l'instant où le haut du corps fut complètement exhumé, dévoilant un cou dont la tête avait été tranchée, Bach était déjà très loin.

– Gormsen.

Dans des circonstances normales, Wagner aurait souri en entendant la voix essoufflée du médecin légiste, comme s'il venait d'être dérangé pendant des prouesses de chambre à coucher. Il allait falloir maintenant qu'il pose son regard expert sur leur découverte boueuse et sur son propriétaire.

– Nous avons trouvé la victime, dit-il dans son téléphone mobile à l'intention de son vieil ami, dont il devinait avec une quasi-certitude qu'il ne se trouvait pas dans sa chambre mais plutôt au travail, sans doute en plein milieu d'une autopsie.

– En entier ?

– Pour le moment sans la tête, dit Wagner, surpris lui-même de la facilité avec laquelle il avait pu annoncer cela. Nous continuons les recherches, mais il me semble que tu peux d'ores et déjà oublier ton boulot en cours.

D'où il se tenait, il pouvait apercevoir les dépendances attenantes à la maison, qui avaient dû servir autrefois de remises et d'étables. Elles pouvaient contenir au moins une dizaine de bêtes, pensa-t-il. Un lopin de terre faisait office de jardin potager ainsi que de mangeaille à vaches. Sous les toits, on distinguait les gouttières caractéristiques de ce type de construction, qui permettaient d'assurer l'écoulement des eaux vers la terre et d'éviter que la propriété ne soit inondée en cas de mauvais temps.

– J'arrive, dit Gormsen. Ils vont mettre un hélicoptère à ma disposition. Où l'avez-vous trouvé ?

– Sous un tas de fumier, répondit Wagner, en s'éloignant du lieu de la découverte pour se diriger vers la maison.

Ils n'avaient pas encore pu obtenir un mandat de perquisition, il avait donc pris la décision de visiter quand même le domicile et de compter sur les procédures habituelles lors du procès. Il savait que ça ne poserait pas de problème.

– Nous avons fouillé un peu partout avant de le dénicher. La végétation correspond exactement à celle du film.

Il n'aurait pas besoin d'utiliser un mandat officiel. De toute évidence, la propriété n'était occupée que durant l'été et certains week-ends, et la voisine avait la clef. À la vue de l'ensemble des forces de police de Samsø accompagnées d'une grande partie de celles d'Århus, elle la leur avait confiée sans hésiter.

– Il pleut aussi chez vous ? demanda Gormsen.

– Le déluge.

– Vous pouvez le protéger ?

Wagner regarda ses hommes en train de charrier des bâches sur la terre glissante.

– On va construire un blockhaus autour de lui, promit-il en donnant à Gormsen l'adresse de l'enfer, avant de couper la communication et de se diriger, sous la pluie battante, vers la souche d'arbre qu'il fallait à présent examiner, afin d'y déceler d'éventuelles traces de sang.

Elle se dressait juste à côté, dans un endroit qui ressemblait à une petite aire de pique-nique, et il tenta, sans y parvenir réellement, de s'imaginer des enfants en train de jouer autour du feu de camp qu'on allumait les soirs d'été.

– Un café ?

Ivar K lui tendit un mug. Les doigts de Wagner se refermèrent autour de la céramique chaude, ce qui les dégela provisoirement. Il huma l'odeur du café en fermant les yeux.

– Où l'as-tu dégoté ?

Ivar K fit un signe de tête en direction du jardinet de la maison voisine, blanchie à la chaux, où rosiers et fleurs d'été s'alignaient, gorgés de pluie. Les roses rouges et jaunes étaient fouettées par les eaux et leurs tiges menaçaient de se briser à tout instant.

– Qu'est-ce qu'elle raconte ?

– Le propriétaire vit à Århus. Un certain Kjeld Arne Husum. Il n'utilise l'endroit que pendant l'été.

– Quand est-il venu ici pour la dernière fois ?

Ivar K avala une gorgée de café et se frotta le coin des lèvres avec le pouce, puis avec l'index.

– Il est arrivé vendredi de la semaine dernière. Il a dit qu'il avait dix jours de vacances. La voisine, qui s'appelle Brodersen, était sur le point de partir elle-même une semaine à Copenhague, sa ville d'origine, si bien qu'elle ne l'a vu que les deux premiers jours.

Il adressa à Wagner un regard significatif.

– Ils sont revenus la veille du jour prévu pour son départ, mais il n'était déjà plus là.

Les pensées s'agitaient sous le crâne de Wagner, tandis que son regard scannait la propriété et les voitures garées pêle-mêle à l'extérieur. Il voyait Dicte Svendsen et son copain photographe qui se pressaient contre les bandes de sécurité. Il soupira. Ils n'étaient pas les seuls à jouer des coudes pour réussir à s'approcher. Il composa le numéro de son patron, tout en signalant à Ivar K qu'il allait faire le tour de la maison.

La conversation fut brève. Hartvigsen était en réunion avec le chef de la police qui devait fournir des renseignements à la PET. Plus tard, ils auraient bien sûr l'occasion de se réunir, mais pour le moment, le travail d'investigation était prioritaire.

Il entreprit de faire le tour de la propriété qui, de toute évidence, aurait eu besoin d'un peu d'entretien. La porte d'entrée était ouverte. Par l'entrebâillement, il pouvait voir des techniciens en blouse blanche, les chaussures recouvertes de plastique, occupés à protéger les éventuelles empreintes, de leur manière calme et posée. Pendant un instant, il fut tenté d'entrer pour se mettre à l'abri. La cuisine avait l'air confortable. Une cafetière était prête à l'emploi, ainsi qu'une machine à pain d'un style ancien qui le ramena dans son enfance vers la grosse machine à pain complet qu'utilisait sa mère. Mais l'agitation ambiante et les effets du café l'encouragèrent à poursuivre sa route, qui le conduisit devant la porte de quelque chose qui pouvait faire office de cabane à outils ou de buanderie.

– Quelqu'un a la clef ?

Il désigna le cadenas qui avait l'air récent. Ivar K secoua la tête.

– Nous avions prévu de crocheter la serrure, et puis le fumier de dehors est devenu soudain plus intéressant. Tu sais comment vont les choses.

Il savait. On bourdonnait tous au même endroit. On suivait ses impulsions, un peu comme la presse qui était capable de se jeter sur une histoire et d'en déduire tout un tas d'événements susceptibles, peut-être, de se produire un jour.

– Tu veux bien t'en charger ?

Tout le monde savait qu'Ivar K était le genre d'homme à pouvoir faire cela. Son pistolet de crochetage était célèbre dans le milieu, de même que sa capacité à l'utiliser qui était proportionnelle à son respect des pièces à conviction. On arrêta de bavarder lorsque Ivar K entreprit de chercher son attirail. Il faisait partie des nombreux souvenirs que le service Logistique avait rassemblés au fil des ans, un large assortiment de pinces, de mousquetons, de marteaux et de tous autres ustensiles nécessaires à un bon cambrioleur.

Ivar K fouilla dans sa poche et en sortit le pistolet. Il se pencha pour inspecter la serrure. Pendant ce temps, Wagner s'était rendu à sa voiture pour y prendre une lampe torche dans la boîte à gants. Dicte Svendsen le rejoignit immédiatement. Elle lui tint la porte tandis qu'il cherchait la lampe. La pluie dégoulinait de sa capuche et formait des larmes ruisselant sur ses joues. Il eut presque envie de les lui essuyer, mais les yeux de Dicte était comme recouverts de vitres pare-balles.

– Vous l'avez trouvé ?

C'était plus un constat qu'une vraie question. Il se redressa avec la lampe dans ses mains.

– Tu sais bien que je ne peux pas faire de déclaration.

Elle se hâtait derrière lui alors qu'il repartait vers la maison. Il percevait l'impatience qui irradiait de chaque parcelle de son corps.

– Je ne suis pas n'importe quelle journaliste, lui fit-elle comprendre. C'est quand même moi qui t'ai donné le film. Je fais partie de cette affaire, que ça me plaise ou non.

Elle piétinait derrière lui jusqu'aux bandeaux de sécurité qu'il enjamba. Il avait mauvaise conscience, mais il ne voulait pas en tenir compte. Il n'avait pas le droit de la laisser s'approcher davantage. Pas avec le regard de tous ses chefs braqués sur lui.

– Tu me dois ça, lui cria-t-elle.

Ces mots eurent pour effet de remettre les pendules à l'heure dans la tête de Wagner. La colère monta en lui et forma une boule dans sa gorge. Il pivota sur ses talons, avança vers elle à grands pas et la regarda droit dans les yeux qui, comme à chaque fois, était avides d'en savoir toujours plus.

– Je croyais que tu avais dit que c'était en remerciement. Un cadeau.

Il vit avec chagrin qu'elle balaya une larme de ses yeux. La voix de Dicte était enrouée, comme si elle avait fumé trop de cigarettes, mais il savait qu'elle ne fumait pas.

– Pourquoi moi ? Pourquoi, nom de Dieu, est-ce que c'est tombé sur moi ?

C'est alors qu'il la vit vraiment, debout devant lui dans ses vêtements de pluie qui la protégeaient du monde tout en l'isolant. C'était sans doute lié à quelque chose qui se trouvait au fond d'elle-même, pensa-t-il. Peut-être que ce n'était pas seulement dû à son boulot ou à son histoire personnelle, ni même à des circonstances violentes qu'elle avait traversées. Il ne s'agissait peut-être pas d'un pur hasard, mais plutôt du fait qu'il y avait en elle toutes ces contradictions qui, sans cesse, s'entrechoquaient et menaçaient de la détruire.

Il vit soudain tout cela. Il vit pourquoi c'était précisément elle. Ici et maintenant, un jour de pluie, sur le sol boueux de Samsø. C'était tellement clair. Tellement évident, qu'il fut presque surpris de ne pas l'avoir compris plus tôt.

– Parce que tu ne peux jamais rien laisser en paix, répondit-il en retournant vers la maison.

Ivar K poussa un petit cri de satisfaction lorsque la serrure finit par céder.

– *Voilà*[1] *!*

Il ouvrit la porte. Les gonds grincèrent de manière épouvantable. Une odeur effroyable les frappa brutalement, tandis que Wagner allumait la lampe et braquait le faisceau à travers l'obscurité. C'était une sorte de débarras. Des ustensiles ménagers hors d'usage et des vieux meubles, couverts de saleté, étaient entassés sur le sol. Des planches

1. En français dans le texte. *(N.d.T.)*

étaient répandues par terre et contre les murs, des boîtes recouvertes de toiles d'araignée étaient empilées sur des étagères où l'on distinguait des vieux pots de peinture et des pinceaux, des seaux rouillés et des vêtements de travail qui avaient connu des jours meilleurs.

Le rayon lumineux glissa sur l'un des rayonnages, et Wagner distingua quatre vieilles machines à pain. Une seule d'entre elles semblait encore en bon état, fraîchement repeinte et brillant de différentes couleurs, comme une pièce de collection. Il s'imagina que le propriétaire de la maison prenait le temps de fréquenter les brocantes à la recherche de ces machines, tout comme sa défunte épouse avait été passionnée d'argenterie ancienne.

Le rayon s'insinua davantage, et alors ils la virent tous en même temps. Le cri qui s'échappa de la gorge d'Ivar K était quelque chose qu'il n'avait jamais entendu auparavant. Un autre bruit, profond et plaintif, fut émis par l'ensemble de l'assistance. Wagner réalisa que lui-même avait crié.

La cinquième machine était posée dans un coin, sur un vieux frigidaire dont la surface était éclatante de propreté. Elle avait été repeinte en rouge vif. La lame était en position, comme si quelqu'un était sur le point de se couper une tranche de pain. Mais ce n'était pas du pain que l'on voyait coincé entre les supports de bois, sous la lame du couteau. C'était la tête d'un homme.

15

– CE TRUC est épouvantable, on peut sentir la puanteur de dehors.

Bo maniait son appareil photo à la manière d'une mitraillette. En courant après Wagner et Ivar K qui sortaient de la maison, il faillit glisser dans la boue à cause de sa mauvaise jambe. Dicte ne pouvait voir Wagner que de profil, mais ce qu'elle voyait suffisait à lui figer le sang dans les veines. Son visage avait l'aspect et la raideur d'un masque grisâtre, et il n'y eut aucun signe de vie dans ses yeux lorsque la lumière les effleura pendant un bref instant. Dans sa tête, il ne cessait d'entendre le cri qui, il y avait quelques minutes de cela, avait retenti jusqu'à l'extérieur. Inarticulé, presque animal, incontrôlé, et que personne n'avait pu retenir.

Quelques techniciens sortaient de la petite maison, avec leurs mallettes et leurs vêtements de fibres blanches, tels des aides-soignants opérant en pleine jungle. Bo continuait de photographier. Les techniciens n'adressèrent aucun regard aux personnes transies de froid qui étaient massées derrière les bandes de sécurité. Muets et concentrés sur leur travail, ils entrèrent dans la pièce puante et basse de plafond.

Dicte, de l'autre côté des bandes, fixait la scène à travers un mur de pluie.

– Qu'est-ce que vous avez trouvé ? La tête ?

Tout comme Bo quelques minutes plus tôt, elle se mit à suivre les agents de police qui longeaient les murs de la maison en direction de l'arrière-cour et du tas de fumier.

Ils ne répondirent pas. Il lui semblait voir Wagner secouer la tête, sans pour autant que ce geste lui soit adressé. On aurait plutôt dit de l'épuisement, comme s'il cherchait à mettre des mots sur les possibilités infinies qu'ont les hommes de faire le mal. Il finit par y renoncer.

Dicte respirait par la bouche, mais néanmoins, la brise parvenait à transporter l'odeur âcre et entêtante jusqu'à ses narines. Elle repensa aux derniers mots que Wagner lui avait dits, alors qu'elle le suivait des yeux tandis qu'il avait, une fois de plus, attrapé son téléphone dans sa poche pour appeler quelqu'un, sans doute son patron ou bien le médecin légiste, Poul Gormsen. Était-il possible que l'assassin ait prévu que son crime soit découvert petit à petit, comme un paquet qu'on déballe ? L'avait-il délibérément choisie, elle, comme une sorte de collaboratrice, dont la mission serait de colporter à la fois le motif, la méthode et les actes, tout cela au rythme et à la manière précise qu'il avait souhaités ?

Lorsque la chaîne arabe Al-Jazira avait rendu publics les événements tragiques, on avait sentit de l'amertume dans la bouche du reporter, insinuant que les médias avaient été manœuvrés comme des instruments de la guerre terroriste. Elle ne doutait pas que le journal, ainsi qu'elle-même, avaient été utilisés, et s'étaient laissé utiliser, afin d'atteindre un but. Mais lequel ? À quel moment avait-elle commis une erreur ? Lorsque sa propre curiosité avait pris le dessus ? Était-elle encore manipulée à cet instant précis, alors qu'elle cherchait un moyen d'éviter l'article du lendemain, ce qui n'était pas gagné vu l'appétit féroce de Kaiser en matière de faits nouveaux ?

– Tu crois que c'était le hasard ? demanda-t-elle à Bo, qui vérifiait ses photos sur l'écran de l'appareil. Ce truc avec le ferry, je veux dire ?

Ils laissèrent tomber la police et se dirigèrent à nouveau vers les voitures. Elle aurait tout donné pour une tasse de thé ou de café, mais aucun voisin ne proposait quoi que ce soit aux journalistes. La puanteur en provenance de la cabane s'insinuait dans ses muqueuses, envahissait son système respiratoire. Elle se sentait sale et désirait plus que tout pouvoir prendre un bon bain chaud.

– Non.

Bo secoua la tête.

– Je te garantis que c'était prévu, que nous rappliquions à Samsø. À un moment donné, quelqu'un avait compté là-dessus.

Il lui souriait doucement.

– Même ton ami Wagner l'avait compris.

Elle s'arrêta d'un coup et regarda autour d'elle. Un petit groupe de gens était toujours attroupé autour des bandes de sécurité, une douzaine de personnes environ. Elle pouvait aussi imaginer tous les autres, derrière leurs fenêtres, cachés par les plantes en pots et les figurines de porcelaine. Même les vaches dans les champs regardaient, et le sentiment désagréable d'être observée la saisit.

– Peut-être qu'il sait que nous sommes ici. Maintenant.

– Peut-être.

Bo lui ouvrit la portière, inhabituellement galant. Elle s'installa sur le siège en répandant sur le sol un litre d'eau de pluie qui tomba de son manteau, de son chapeau et de ses bottes. Il se laissa glisser à côté d'elle, les vitres commencèrent à se couvrir de buée. Elle mit en route le moteur et la ventilation.

– Combien de temps allons-nous rester ici ? On ne peut rien voir de toute façon.

Elle alluma la radio.

– Il y aura un article pour demain. Je l'ai promis à Kaiser.

Bo soupira et s'étira sur son siège.

Il était huit heures et demie lorsqu'ils s'avancèrent sur la rampe d'embarquement de Hov. Des véhicules, en route pour fuir le mauvais temps, s'étiraient dans la queue devant eux, sous la pluie dans laquelle se reflétaient les lumières réglementaires de l'embarcadère qui scintillaient dans la mer.

Ils avaient attendu dans la voiture pendant trois heures, avant que le médecin légiste ne finisse par arriver, après un voyage périlleux. Seul Bo avait réussi à prendre quelques clichés de Gormsen, avec sa trousse médicale sous le bras et sa mèche de cheveux caractéristique qui se balançait sur son front balayé par le vent. Personne n'avait voulu faire de commentaires. Toutes les lèvres étaient restées comme soudées à la glu.

Ils n'avaient parcouru qu'une centaine de mètres lorsque son portable se mit à sonner.

– Benedicte Svendsen ?

– C'est moi.

– Kurt Strøm, du service de police d'investigation. Peut-on se voir pour discuter ?

– Maintenant ?

– Vous connaissez le café sur le port de Hov ?

Elle y était déjà venue manger du hareng fumé avec Rose pendant leur week-end à Samsø.

– Oui.

– Alors je vous propose de nous y retrouver pour boire un café. Nous sommes déjà sur place.

Trop surprise pour refuser, elle coupa le téléphone et expliqua la situation à Bo.

– Je pense que ce sont eux qui décident, dit-il en regardant le port.

Une couche de sable était répandue sur le sol du café, et un coup d'œil au menu inscrit sur l'ardoise indiquait que le hareng fumé restait la meilleure proposition du jour. Les quelques clients de l'endroit étaient vêtus de jeans et de pull-overs, ils buvaient des bières sur un fond sonore de musique country.

Les deux agents de la PET étaient assis dans un coin. Avec leurs costumes-cravates, ils semblaient aussi discrets que deux communiants dans un sex-shop. Ils se serrèrent la main. Le premier, Kurt Strøm, avait un visage sur lequel la peau semblait distendue, comme s'il venait de sortir d'une cure d'amaigrissement accéléré. Le second, petit et gros, les cheveux coupés à ras, avec d'épais favoris, leur fut présenté comme étant Carsten Strandgaard.

– Nous pensions qu'il était temps d'avoir une petite conversation, indiqua Kurt Strøm. Ça ne doit pas être facile de vous y retrouver dans tout ce qui vient d'arriver.

– Difficile de savoir jusqu'où peut aller la presse, dont vous faites partie, ajouta Carsten Strandgaard en se levant. Un café ?

– Un cappuccino, merci.

Il interrogea Bo du regard.

– Une bière. Une grande, ajouta-t-il.

L'homme de la PET hésita un court instant avant d'aller passer commande au bar.

Dicte posa ses coudes sur la table et se pencha vers eux.

– Vous ne voulez pas que nous écrivions davantage sur le sujet. J'ai bien compris ?

Visiblement, elle en était venue trop vite au fait. L'amabilité de règle se dissipa comme un nuage de fumée sur le visage de Strøm.

– Nous voulons parler avec vous de la pertinence de rendre cette affaire publique, au moins tant que nous ne savons pas clairement à quoi nous avons affaire.

– Et vous ne le savez pas ? Personne n'a encore rien revendiqué ? Pas d'appel mystérieux ? Pas de mail crypté, aucune lettre anonyme ?

Strøm secoua la tête en ignorant son ton, qu'elle savait acerbe. Une longue journée de labeur. La boue et le meurtre sur Samsø, et cet article qui ne sera jamais livré dans les délais. Putain de travail.

– Nous ne nous attendons pas à être destinataires du message, lorsqu'il arrivera. Mais nous pensons qu'il arrivera.

– Et qu'est-ce qui se passerait s'il n'arrivait pas ? demanda Bo. Qu'est-ce qui se passerait s'il n'arrivait rien de plus ? Ça ne resterait alors qu'un meurtre ignoble, un acte pervers.

Strøm tapait du pied avec énervement. Le sable crissait sur le sol.

– Entre nous soit dit, il est très rare que personne ne revendique ce genre d'action. Le film ressemble à une copie des méthodes terroristes. Il a bien sûr été transmis aux services d'investigation. L'Institut technologique et l'Université technique du Danemark ont de très bons experts, capables de dénicher les plus petits détails dissimulés à l'intérieur d'un document de ce genre. Ça prendra du temps, mais ils finiront par trouver une piste que nous pourrons exploiter.

– Vous pensez donc vraiment qu'il s'agit de terrorisme ? demanda Dicte. Des extrémistes musulmans ?

– Nous ne pensons rien, dit Strøm d'un ton aussi neutre que celui d'un diplomate en mission secrète. Mais c'est une forte probabilité. Et tant que cela restera le cas, il sera question de la sécurité de l'État, et de ce qu'il convient de faire en pareille circonstance.

– Et tant pis pour la liberté d'expression, insinua Bo.

Carsten Strandgaard apporta la bière et le cappuccino.

– Avez-vous parlé avec Otto Kaiser ? Mon rédacteur en chef ?

Dicte attrapa le sucrier dont le bec verseur se détacha, ce qui fit pleuvoir du sucre sur toute la table. Strøm acquiesça. Il n'avait pas besoin d'en dire plus. À son expression, elle pouvait comprendre que la discussion avec Kaiser n'avait pas été des plus cordiales.

– Merde.

Elle avait murmuré tout de même assez fort pour qu'ils puissent l'entendre. Elle aurait dû s'en douter. C'était prévisible.

– Peut-être que la presse peut aider à présenter les choses aux gens, avança-t-elle. Nous avons nos méthodes. Nous avons des contacts. Un article ici, une interview là, ça peut aussi faire avancer l'enquête. Comme cette affaire avec ce type du Sjælland, qui maintenant dort en prison... n'est-ce pas le *Jyllands-Posten* qui vous l'a servie sur un plateau ?

Strøm et Strandgaard échangèrent un regard. En un instant, elle décrypta leurs pensées. Des problèmes avec des témoins récalcitrants.

– Et qu'est-ce qui se passerait si le journal ne suivait pas vos conseils et écrivait sur l'affaire ?

Bo demanda cela en buvant une gorgée de bière, sa lèvre supérieure se couvrit de mousse. Il l'essuya avec la manche de son pull.

Carsten Strandgaard avait l'air de réellement réfléchir à la question.

– Nous ne pouvons pas vous empêcher d'écrire votre article, dit-il prudemment. Nous ne pouvons que vous conseiller d'y réfléchir. Si cela est... (Il chercha la tournure adéquate, puis ajouta :) ... une horrible machination, alors ça pourrait faire plus de mal que de bien de la rendre publique. Vous pourriez peut-être vous demander au service de qui vous travaillez, en diffusant par exemple les exigences d'un malade, ou en répondant à ses attentes d'une façon ou d'une autre.

Dicte trempa ses lèvres dans son cappuccino qui avait déjà refroidi.

– Vous voulez dire que nous courrons un risque à rendre publiques des revendications, lorsqu'elles arriveront, si tant est qu'elles arrivent un jour. À condition bien sûr d'en avoir connaissance. Qu'attendez-vous exactement ?

Kurt Strøm la regarda. Elle discerna dans ses yeux un mélange de compassion et d'inquiétude, et elle n'avait pas besoin de cela. Elle détourna son regard.

– Notre coupable a délibérément fait un choix en vous envoyant personnellement le film, dit-il sobrement. On dirait qu'il a obtenu la réaction qu'il attendait : votre rédacteur en chef a sauté sur l'affaire et l'a diffusée à grands renforts de sensationnel. Lorsque le message arrivera, le coupable ou les coupables pourront bien sûr changer de tactique, ils en sont parfaitement libres.

– Mais pourquoi feraient-ils cela ? susurra Carsten Strandgaard avec une logique implacable. Pourquoi modifier une méthode qui marche ?

Elle acquiesça et fixa son regard dans le vide. La musique country hurlait, et les gens devaient crier pour s'entendre.

– Ce sera donc encore pour moi la prochaine fois, dit-elle en essayant de prendre un ton de froide constatation.

Tout le monde la regardait. Personne ne répondit.

16

ROSE RETIRA LES SÉCURITÉS une par une. À travers l'œilleton de la porte d'entrée, elle pouvait voir Aziz debout sur le palier. Il s'agitait nerveusement, ses yeux semblaient bouger dans toutes les directions.

À peine eut-elle ouvert qu'il entra en une nanoseconde. Il referma la porte en s'appuyant dessus de tout son poids et y resta adossé, comme s'il venait de traverser un immeuble en flammes. Pendant un instant, elle n'arriva pas à décider si ce qu'elle voyait dans ses yeux était de la haine ou du désir. Il l'attrapa brusquement et approcha son visage du sien. Elle essaya de décrypter son regard et, lorsque les lèvres d'Aziz frôlèrent les siennes, elle sentit son cœur battre comme les basses d'une musique techno.

– Tu es sûre que c'est OK ?

Il dit cela en tenant sa bouche si près de la sienne que les mots étaient presque bouillants. Elle pouvait déjà le sentir et respirer son parfum. L'image dans le journal et la conversation avec sa mère n'étaient plus que bouillie dans sa tête, et le sentiment de catastrophe imminente qu'elle avait ressenti se retrouva expédié dans le cyberespace de son cerveau.

– Katrine est à l'anniversaire de sa sœur. Elle y reste jusqu'à demain.

– Où habite la sœur ?

Il chuchotait à présent. Ses lèvres bougeaient contre son oreille. Le bout de sa langue caressait son lobe.

– Åbyhøj.

Elle prononça ce mot dans un souffle. L'envie de lui grandissait en elle, tout son corps palpitait. Elle n'avait jamais osé prendre de l'ecstasy, mais elle se dit que les effets devaient ressembler à ça. À l'extase.

– Aziz...

Ses lèvres se posèrent sur sa bouche. Sa langue se fraya un chemin à l'intérieur, et sa dureté la surprit encore une fois. Ses bras la serraient fermement, elle ne pouvait plus bouger. Elle allait protester quand il cessa de l'assaillir, comme s'il s'était rendu compte qu'elle était un être vivant, et qu'elle s'était contractée sous son étreinte.

Il respira profondément, elle sentit son corps bouger contre le sien. Il avait enfoui son visage dans le creux de son cou. Il fut traversé d'un long soupir.

– Pardon. Je te fais peur.

Seulement à cet instant, elle parvint à le reconnaître. Elle faisait son apprentissage. Elle y songea, alors qu'il l'embrassait tendrement. Il y avait le dangereux Aziz, celui qui était capable de sortir un couteau et de s'en servir. Et il y avait le doux Aziz, celui qu'elle reconnaissait maintenant, dont la brusquerie venait d'être chassée par un baiser.

– C'est OK, chuchota-t-elle.

Mais il secoua la tête.

– Je deviens complètement fou. Je ne devrais pas faire ça, mais je t'aime tellement fort.

– C'est OK, répéta-t-elle en l'attirant contre elle. Il se laissa faire.

– C'est trop dangereux. Ça finira mal.

Mais ses gestes contredisaient ses paroles, et il la poussait presque en avançant vers la chambre à coucher.

Il prit son temps cette fois-ci. Elle sentait sa retenue, comme s'il avait peur de ce qu'il allait découvrir. Il embrassa son cou et déboutonna lentement son corsage, avec précaution. Il glissa sa main dans celle de Rose et la maintint sur l'oreiller. Les lèvres et la langue cherchaient ses seins, et le plaisir la transporta soudain dans une caverne profonde et douce, qui vibrait de tous ses sens. La sueur tombait de sa peau brune sur sa peau blanche. Des arômes épicés montaient à ses narines et composaient, en se mélangeant, un élixir exotique. L'espace se remplit d'images, de corps qui se complétaient. Quelqu'un émit un gémissement lorsqu'il pénétra en elle. Quelqu'un s'accrocha, comme s'ils allaient se noyer, lorsqu'une vague les emporta. Quelqu'un poussa un cri.

Plus tard, il se leva et marcha nu dans la pièce. Les persiennes étaient tirées, ils étaient seuls. Il se sentait en sécurité à présent.

– Je te mets en danger. Je dois apprendre à contrôler ça.

– Contrôler quoi ?

Il se tourna vers elle.

– Quand tu me manques, c'est comme si quelque chose me dévorait à l'intérieur.

Elle dissimula un petit sourire de satisfaction. Peut-être qu'elle aurait dû avoir peur ou se mettre en colère contre lui. Peut-être qu'il se faisait sa propre idée du Jugement dernier. Mais elle ne voulait pas se préoccuper de cela pour l'instant, puisque son cœur battait de joie.

– Une année entière, dit-il, et elle vit la jalousie s'allumer dans ses yeux. Tu as été avec quelqu'un pendant cette année ?

Il s'approcha d'elle et s'assit sur le bord du lit. Elle secoua la tête, puis elle se demanda comment il aurait réagi si elle avait dit oui.

– Et toi ?

Elle posa la question de manière impulsive. Cependant, elle n'attendait pas de réponse. Elle ne voulait rien savoir.

Il ne répondit pas, mais s'allongea à nouveau contre elle, cette fois-ci sans la toucher.

– Ta sœur, dit-elle alors. Nazleen.

– Qu'est-ce qu'elle vient faire là-dedans ?

Quelque chose s'était fêlé dans sa voix. Les muscles de sa gorge étaient tendus.

– Elle n'a pas l'air de trop m'apprécier.

– Elle ne te connaît pas.

– Et ta mère ? continua-t-elle. Tes parents ? Est-ce qu'ils savent au moins que j'existe ?

Il se tourna brusquement sur le côté et la regarda droit dans les yeux.

– Je crois que mes parents sont le cadet de nos soucis pour le moment.

– Mais après, dit-elle. Quand tout sera redevenu normal, et qu'on pourra être vraiment ensemble. Tu leur parleras de nous ?

Elle ne savait pas d'où lui venait l'audace de le questionner de cette façon-là. Elle savait très bien que les jeunes, dans le milieu d'où il venait, étaient tenus d'épouser une femme de leur pays d'origine.

– Évidemment, répondit-il. Bien sûr que je le ferai. Je décide moi-même de ma vie.

– Mais qu'est-ce que tu crois qu'ils diront ? Comment ils réagiront ?

Ce fut comme si une grille se fermait devant son regard. Elle n'aurait pas dû poser des questions aussi précises. C'était prématuré. Le temps arrangerait sûrement les choses et, en plus, elle n'était pas certaine de vouloir obtenir de réponses.

Il caressa ses cheveux.

– Ils s'y feront, dit-il.

Dormir ensemble, c'était comme se laisser porter sur une montgolfière, comme flotter au gré du vent. Pendant des heures, elle était restée entre veille et sommeil, à écouter sa respiration, tout près de sa bouche, en sentant son corps collé contre le sien.

Elle pensait à sa mère et à ce qu'il venait de dire, en songeant à leurs problèmes et à leurs deux cultures si différentes.

Elle était sur le point de se rendormir lorsqu'elle entendit des voix de l'autre côté de la porte d'entrée.

Le ricanement de Katrine traversait toutes les cloisons. Une voix plus grave cherchait à la faire taire. Rose regarda le réveil. Il indiquait 3 heures.

Le bruit de la clef dans la serrure réveilla Aziz.

– Putain !

Il sortit du lit en une seconde. Il attrapa ses vêtements dans l'obscurité et s'habilla en hâte, tandis que Katrine et sa compagnie étaient déjà dans le salon. Katrine était d'une humeur excellente et ne laissait à personne l'occasion d'en douter.

– Rose !

Elle frappa à la porte.

– Viens dire bonjour. J'ai ramené des invités. Un pour chacune, gloussa-t-elle. On est allés au *Showboat*, et là je suis tombée sur...

La porte s'ouvrit. La lumière du salon éclaira la chambre. Rose remonta les draps sur elle. Aziz était assis sur le lit, torse nu. Katrine se tenait à la porte en titubant. Derrière elle, deux jeunes gars d'origine étrangère les regardaient avec curiosité.

Rose entendit Aziz inspirer brutalement d'un seul coup. Puis il se leva et traversa la pièce en direction des deux types.

Il leur cria quelque chose dans une langue étrangère, et ils restèrent un instant à le regarder, stupéfaits. Puis l'un des garçons lui fit un geste obscène du doigt, et ils sortirent tous les deux de la pièce.

17

– OÙ VAS-TU ?

Ida Marie tenait Martin dans ses bras. Le petit de trois ans gigotait dans tous les sens, elle finit par le poser par terre, et elle le regarda s'avancer vers Wagner en riant à pleins poumons.

– Nège, dit l'enfant.

Wagner mit les clefs de voiture dans sa poche.

– Au centre de médecine légale. Gormsen s'occupe de notre ami de Samsø.

Ida Marie fronça les sourcils, visiblement mécontente. En un quart de seconde, Wagner se rappela qu'il avait promis de l'accompagner pour déjeuner chez sa mère.

– Un dimanche ?

Si encore elle lui avait parlé sur un ton de reproche, il aurait pu chercher à négocier. Mais elle ne lui faisait aucun reproche, elle était juste déçue, et c'était toujours pire. Ça lui donnait le sentiment d'être un salaud.

– Nège.

Martin tirait sur le bas de son pantalon.

– Pas maintenant, Martin. Pas de tour de manège pour le moment.

Il s'apprêtait à ajouter qu'il n'en avait pas le temps, puis il songea que cela serait un peu trop rude. Il choisit plutôt de se pencher pour prendre l'enfant dans ses bras.

– Tu deviens lourd. Quel grand garçon, déjà presque un homme.

Il frotta son nez contre la joue de Martin. Le sentiment de mauvaise conscience le frappa une nouvelle fois, lorsqu'il vit le regard innocent de l'enfant. Il passait trop peu de temps avec sa famille.

Ida Marie tourna les talons et se mit à arranger des coussins sur le canapé qui n'en avait guère besoin. Elle alla ensuite dans la cuisine où elle prit un verre dans le buffet et une bouteille d'eau dans le réfrigérateur.

– J'aurais voulu parler avec toi de quelque chose en rapport avec la crèche, dit-elle d'un ton si neutre qu'il prit cela pour un avertissement. Ce n'était pas le bon moment pour décamper. Gormsen allait devoir attendre un peu.

– Quoi ?

Il avança pour s'asseoir sur le canapé.

– Nège, dit gravement le garçon avec insistance, sur le point de se mettre à pleurer.

Ida Marie le regardait. Elle ressemblait toujours à une sorte d'ange, avec ses longs cheveux blonds qui encadraient son visage ovale et fin et qui lui tombaient jusque dans le bas du dos. Il lui était redevable, il le savait pertinemment. Redevable en temps et en présence.

– OK, mais alors juste un tour.

Martin jubilait, alors qu'il tourbillonnait sur lui-même en le tenant à bout de bras, de sorte que toute la pièce volait devant ses yeux.

– Nège ! Nège !

– C'est fini. Je vais avoir le tournis.

Et puis je deviens vieux aussi, pensa Wagner. En tout cas *plus vieux*, corrigea-t-il en lui-même.

Il s'assit sur le sofa avec Martin sur les genoux. Le gamin réclamait toujours, mais avec un peu moins d'enthousiasme, comme s'il savait de lui-même que c'était suffisant pour aujourd'hui. Ida Marie s'approcha avec son verre à la main. Quarante-deux, pensa-t-il. Quarante-deux ans et l'apparence d'une femme de trente-cinq. La tendresse et la fierté qu'il éprouvait le firent soudain se sentir comme un jeune homme. Elle était à lui. Elle l'aimait. Il y avait à peine quelques heures de cela, ils étaient couchés dans le même lit, serrés l'un contre l'autre, et il avait inhalé son parfum et embrassé sa peau salée.

– Il y a des rumeurs concernant un éducateur.

La phrase le fit quitter brutalement la chambre à coucher. Il se redressa.

– Quelles rumeurs ?

Il se méfiait des rumeurs. Elles pouvaient se répandre et détruire quelqu'un. Ils avaient traité sa mère de « pute à Boches » après la guerre, parce qu'elle était tombée amoureuse de son père, un soldat allemand. À cause de cela, ils l'avaient humiliée et punie.

– Comme quoi il aime toucher les petits garçons, dit Ida Marie en dirigeant son regard vers Martin.

La nouvelle lui coupa le souffle, et il toussa un peu avant de respirer à nouveau normalement. La chambre à coucher disparut définitivement de ses pensées.

– Ce que tu es en train de dire est beaucoup trop grave pour n'être qu'une rumeur.

Il cherchait ses mots. Il ne voulait pas juger. Il ne pouvait pas.

– D'où tiens-tu ça ?

Elle le regardait fixement. Elle n'était pas une femme à commérages. Il voyait de l'angoisse et de l'inquiétude dans ses yeux.

– Il arrive que l'on discute un peu ensemble, nous les parents, lorsqu'on va chercher les enfants.

Bien reçu. C'était rarement lui qui allait chercher Martin. En tant que responsable de sa propre agence de tourisme, c'était plus facile pour Ida Marie de s'en charger, même si ce n'était pas toujours idéal.

– Il y a plusieurs personnes qui ont déjà remarqué des choses.

– Remarqué quoi ?

Elle hésita avant de dire ce qu'elle savait, elle fit glisser son doigt sur le bord de son verre.

– Un bisou qui dure un peu trop longtemps. Un zèle soudain à l'idée d'accompagner certains garçons aux toilettes. Des gamins qui rentrent chez eux et qui en savent un peu trop sur le zizi et la zézette, et la façon de s'en servir.

Wagner appuya sa nuque contre le canapé et fixa le plafond.

– C'est peut être innocent. Il faut se méfier...

– La mère d'Anton dit qu'Anton raconte que Hans veut toujours le prendre sur ses genoux. Et Anton ne veut pas.

Aux oreilles de Wagner, cela paraissait toujours innocent. Mais il se dit qu'il était peut-être trop naïf. De nos jours, tout le monde faisait la chasse à ce genre de choses.

– Est-ce que quelqu'un a parlé aux autres éducateurs ? Est-ce qu'on a pu constater quelque chose de physique sur un des gosses ? Des traces de bleus ? Des égratignures suspectes ?

Il se rendait compte qu'il était en train de parler comme un flic, et qu'il s'adressait à elle avec condescendance.

Elle secoua la tête en prenant un air déçu. Cette fois-ci parce qu'il ne réagissait pas comme elle l'aurait souhaité. Il tapota sur le canapé à côté de lui et elle vint s'y asseoir, en se serrant contre lui. Parfois, sa vulnérabilité et sa nature délicate l'irritaient. Il n'en fallait pas beaucoup pour la blesser.

Il passa son bras autour d'elle.

– Nous devons rester vigilants, dit-il sans conviction, parce qu'il savait que ce genre de choses était impossible à prouver, à moins qu'il n'y ait vraiment un viol, Dieu les en préserve. Il faut garder un œil sur Martin et voir si son comportement se modifie.

Elle s'éloigna un peu.

– On ne peut quand même pas attendre qu'il se passe réellement quelque chose.

Il soupira.

– Ce n'est peut-être rien du tout. Imagine que nous condamnions cet homme sans qu'il ait rien fait de mal. Ce n'est pas possible. Il a le droit d'être traité avec respect.

Elle se leva d'un coup.

– Ce n'est pas le tien, dit-elle en lui tournant le dos. Elle attrapa son verre et se dirigea vers la cuisine.

– Qu'est-ce que tu dis ?

Elle se retourna. Ses yeux brillaient. Il se dit qu'elle surréagissait. Elle lui en voulait à cause du médecin légiste et aussi à cause du fait qu'il était souvent absent, en plus d'avoir passé tout le samedi sur l'île de Samsø. Néanmoins, cela lui tomba dessus comme une gifle en plein visage.

– Tu n'es pas le père biologique de Martin. Si tu l'étais, tu aurais sans doute réagi différemment.

Elle était prête à se battre, comme si on l'avait armée d'un fusil à pompe et d'une paire de grenades. Il réalisa qu'il n'avait pas su voir à quel point les choses s'étaient envenimées entre eux.

Martin se mit à pleurer en silence. Wagner ne pouvait plus parler. S'il avait ouvert la bouche, il n'y aurait eu aucun moyen de revenir en arrière, ni d'éviter qu'éclate une dispute épouvantable. Il se leva. Il croisa son regard et vit qu'elle regrettait déjà ses paroles, mais c'était trop tard. Il sortit d'un pas rapide.

– Qui donc t'a gâché ta journée ?

Gormsen s'en donnait à cœur joie. Pourtant, le cadavre sur la table chirurgicale puait comme le fond des enfers. La tête était posée dans le prolongement du corps, qui n'avait pas encore été lavé et qui restait couvert de terre et de traces de fumier. Elle était pleine d'asticots et se trouvait dans un état de putréfaction avancé, car contrairement au reste du cadavre, elle n'avait pas été mise à l'abri des mouches. Les yeux étaient fixés sur eux, telles deux billes brunâtres. Des yeux qui, sans doute, avaient été un jour bleus ou verts, mais qui à présent étaient sur le point de se dissoudre. Wagner respirait à travers un masque de protection. Il secoua la tête lorsque Gormsen inséra son bistouri. Ils se connaissaient bien, tous les deux.

– Bon, bon, nous voilà donc en présence d'un monsieur bien intéressant, bavarda Gormsen en regardant Ivar K, qui avait été désigné pour assister à cette joyeuseté. Jan Hansen était en effet occupé avec l'affaire de Grønnegade et, de plus, Wagner devait admettre que l'estomac d'Ivar K était un peu plus apte à digérer l'opération.

L'Institut médico-légal était sommairement meublé et devait déménager prochainement pour aller s'installer dans de nouveaux locaux, plus spacieux, à l'hôpital de Skejby. Wagner savait que Gormsen s'en réjouissait. Mais en attendant, ils devaient continuer de partager les locaux du service de pathologie de l'hôpital d'Århus, qui occupait quasiment tout l'espace.

Beaucoup de gens s'imaginent que les médecins légistes ne s'occupent que des victimes de meurtres, mais cela ne représente en fait qu'une petite partie de leurs activités, c'était ce que Wagner devait souvent rappeler aux autres médecins. D'après la législation en vigueur, les praticiens devaient prendre en charge tous les suicides, les accidents, et les personnes que l'on découvrait mortes sans que l'on sache avec certitude la cause du décès. C'était également valable en cas de soupçon d'erreur médicale. Une étude était menée au sein de l'Institut, et la police avait ensuite la responsabilité de décider de l'opportunité de pratiquer une autopsie.

Wagner songea brièvement à la vieille Johanne Jespersen de Grønnegade. Elle aussi avait subi une autopsie. On l'avait trouvée couchée dans son lit, correctement vêtue, mais cependant quelqu'un avait pensé qu'un tiers pouvait avoir été impliqué. Après examen, il s'avéra que sa culotte avait été enfilée à l'envers. Il pouvait s'agir d'un hasard, ou d'une simple distraction. Mais ça pouvait aussi être autre chose, et lorsque l'on découvrit en elle des traces de sperme, on adopta vite la thèse du viol suivi d'un meurtre. Le corps était en si mauvais état que le médecin légiste n'avait pas pu déceler de marques de violence.

Ils étaient six dans la petite salle de médecine légale, réunis autour de son unique table, voisine de la grande pièce de pathologie qui en contenait quatre. L'odeur de pourriture était insupportable, malgré les systèmes d'aération qui vrombissaient comme des moteurs de Boeing. Les trois autres étaient un médecin, un agent de l'Institut et Haunstrup, le responsable du département de criminologie, dont le rôle consistait à protéger les éventuelles empreintes. Avec l'aide de Gormsen, il avait retiré les vêtements de la victime et les avait déposés dans des sacs numérotés, près de l'évier. À présent, il se tenait prêt à utiliser son appareil photo. Il s'agissait d'un modèle ancien, car la police n'utilisait jamais de photos numériques, trop faciles à manipuler.

Gormsen tenait dans une main un petit magnétophone, tandis que de l'autre, il entreprit d'examiner le cadavre. Il parlait d'une voix monocorde, par habitude, tel un prêtre récitant un sermon.

– Nous sommes en présence d'un homme dont nous ne connaissons pas encore l'identité, je dirais âgé de cinquante à cinquante-cinq ans. La tête est en début de décomposition. Elle est rongée par les vers et a visiblement été exposée à l'air libre pendant environ une semaine, à température ambiante. Les cheveux sont bruns, récemment coupés, la couleur des yeux est difficile à déterminer à cause de leur état avancé de putréfaction, de même qu'il est impossible de déceler d'éventuelles traces de strangulation. Une oreille a été percée, mais le trou s'est refermé. Il y a des traces de sang sur les lèvres, sans doute dues à des coups répétés.

La main, recouverte d'un gant en latex, manipulait soigneusement la tête. Gormsen se pencha tout près afin d'étudier les plaies au niveau du cou. Les vers y grouillaient et ressemblaient à des grains de riz vivants.

– Nous pensons que la tête correspond au reste du corps, et qu'elle a été tranchée à l'aide d'une arme de type sabre. Les coupures sont irrégulières, du fait que l'assassin s'y est repris à plusieurs fois. La lésion au niveau de l'os ne comporte aucune trace de sciage. Elle ressemble à une fente dans un tronc d'arbre et indique clairement que le meurtrier a frappé à plusieurs reprises avec son arme, pendant que la victime était maintenue dans une position précise. Les échantillons d'ADN confirmeront que la tête est bien celle de la victime.

Les mains de Gormsen glissaient de manière professionnelle le long du corps. Wagner essayait de contenir ses émotions. Mais il ne pouvait pas s'enlever de l'esprit qu'il fallait avoir en soi une haine monstrueuse pour parvenir à faire subir à un homme ce que celui-là avait dû endurer. Une rage tellement immense qu'elle était difficilement concevable. Il savait que, en règle générale, les terroristes musulmans ne connaissent pas personnellement leurs victimes, qu'ils tuent au nom de l'idée qu'ils se font d'une société idéale à défendre contre les valeurs de l'Occident, considérées comme immorales. Était-ce vraiment pour cela qu'on avait tué cet homme ? Ou bien était-ce pour un motif différent, plus personnel ?

Les paroles d'Ida Marie lui revinrent en mémoire. C'était comme si elles étaient cachées quelque part en lui, en train de fermenter, et qu'elles prenaient de plus en plus d'ampleur. L'injustice de ses propos lui serrait l'estomac, car il savait qu'il aimait Martin énormément.

Et si un enfant est victime d'une agression ? Peut-on contenir sa haine et sa soif de vengeance ?

Il pensa au regard innocent de Martin, quand peu de temps auparavant il l'avait tenu dans ses bras. En un éclair il imagina le corps d'un enfant abusé et maltraité, un enfant agressé, en larmes, trop choqué et trop jeune pour pouvoir dire avec des mots ce qui s'était passé. Comment réagirait-on ? Comment est-ce que lui-même réagirait ?

Il regarda la victime couchée sur la table.

Cela pouvait arriver. Tout le monde pouvait tuer, n'était-ce pas ce qu'il avait coutume de dire ? Lui-même en était capable. Il le savait.

– ... tatouage sur l'épaule droite. Difficile de le décrire avec précision, car le corps est resté longtemps dans la terre humide et la peau est très détériorée, psalmodiait Gormsen.

Le corps avait été retourné. Wagner regarda le tatouage.

– On dirait une tour, murmura-t-il.

Gormson ajouta dans le microphone :

– Il se pourrait que le motif du tatouage soit une tour. Il est difficile de dire quand il a été réalisé, mais à en juger par la texture de la peau et par la tenue des couleurs, je dirais que celui-ci remonte à très longtemps.

Les gants glissèrent le long du bras et atteignirent les doigts boursouflés.

– Les ongles de la main droite sont cassés. Cela peut venir du fait que l'homme les a enfoncés dans l'herbe au moment de la décapitation. Nous prélevons un échantillon sous les ongles pour une étude ultérieure. Nous y détecterons sans doute de l'herbe et de la terre.

Gormsen prit un échantillon sous les ongles de la victime, qu'il déposa dans un sachet en plastique sur lequel il colla une étiquette. Le médecin légiste poursuivit son travail, ses mains gantées s'orientant naturellement le long des endroits à examiner. Un bras fut levé et analysé. Ensuite l'autre bras, pendant que le magnétophone se remplissait d'informations.

– Les traces de lésions sur les deux poignets démontrent que la victime a été solidement ligotée. La peau est très marquée et les mains sont gonflées, ce qui indique à nouveau un début de décomposition.

Son téléphone mobile sonna dans la poche de Wagner. Il ne fut pas fâché de pouvoir quitter le local et de sortir dans le vestiaire, bien que l'odeur putride continuât de le poursuivre et de lui donner la nausée. Au numéro qui s'affichait sur son écran, il vit que l'appel venait de Jan Hansen.

– Je suis en plein milieu d'une autopsie.

– De mon homme, répondit Jan Hansen.

– Ton homme ?

– Votre cadavre de Samsø a été identifié. Il s'agit du type que j'étais précisément censé interroger dans le cadre de l'affaire de Grønnegade.

– L'employé de la brasserie ?

– Lui-même. Kjeld Arne Husum, cinquante-cinq ans, né le 10 juillet 1950 à Ikast. Domicilié au numéro 5 de Grønnegade, deuxième étage, porte droite. Les empreintes digitales du cadavre coïncident. Il était dans la base de données du CFI[1], suite à une vieille histoire de violence.

L'information laissa Wagner bouche bée.

– Quel genre de violence ?

– Une bagarre dans un bar, dit Hansen. Toute la déco en a pris un coup et le propriétaire a reçu une chaise sur la tête. Notre homme a fait trois mois de prison.

Hansen se racla la gorge.

– Peut-être qu'on devrait procéder à une recherche ADN. Je pense au sperme.

Pendant un instant Wagner ne comprenait plus rien. C'était comme si les mots d'Ida Marie et, à présent, ce nouveau rebondissement avaient sur lui l'effet d'un lavage de cerveau.

– Le sperme ?

Il réalisa soudain ce dont Hansen était en train de parler.

– Bien sûr. Je mets en route la procédure.

Ils coupèrent la communication et Wagner retourna en salle d'autopsie en se disant que c'était évident. L'idée était grotesque, mais tant pis. Ils devaient comparer le sperme du violeur avec l'ADN de Kjeld Arne Husum.

---

1. CFI : « Center for Internetforskning » : Centre de recherches Internet, Université d'Århus. *(N.d.T.)*

18

– BONJOUR. Je m'appelle Helle. Je suis votre nouvelle stagiaire.

Dicte lâcha son sac qui tomba à ses pieds avec un bruit mou. Elle serra automatiquement la main qui se tendait vers elle, belle et mince comme celle de Rose.

– Bonjour.

Elle avait salué un peu brutalement, d'une voix froide, et avait complètement oublié ce rendez-vous avec une stagiaire qui devait remplacer Cécilie partie en congé maternité. Elle avait l'impression que toute la rédaction la dévorait du regard, mais peut-être étaient-ils plutôt en train de regarder Helle qui ne devait pas avoir plus de dix-sept ans. Sa peau était comme du lait, ses yeux ressemblaient à des émeraudes et ses cheveux étaient d'un acajou profond. Au milieu de son visage, une bouche en forme de cœur. Dicte en conclut que, globalement, elle était insupportable.

– Bienvenue à Århus, dit Bo avec une mine plus enjouée que celle qu'il avait affichée pendant le petit déjeuner, une heure plus tôt. Je m'appelle Bo.

– J'ai beaucoup entendu parler de vous, dit Helle, qui avait réellement le don d'énerver. Vous êtes presque une légende à Copenhague, ajouta-t-elle. Le fameux journaliste de guerre.

Bo rit en bredouillant une phrase de modestie. Dicte se retira, non sans remarquer la manière dont les mains de Bo et de Helle communiquaient dans l'espace, au-dessus du tapis pourtant très peu romantique de la salle de rédaction, celui-là même où – ironie du sort – elle avait vomi jeudi soir. Elle avait l'impression que les deux mains s'attiraient l'une l'autre, et qu'elles finiraient par se coller en faisant presque un bruit de ventouse.

Arrête. Tout de suite. Elle se dit cela en elle-même, mais elle avait dû le formuler en même temps avec ses lèvres car Helle la regarda d'un air étonné.

– Pardon ?

– Rien.

D'un coin de la salle on entendit Davidsen se racler la gorge.

– On organise une réunion ?

– Ni ici ni maintenant, prévint Dicte en allumant son ordinateur. Je dois dépouiller le courrier et vérifier les mails.

Elle se saisit de la pile de lettres de façon démonstrative, comme pour bien montrer que celle-ci était chargée de la protéger du monde extérieur.

– Bon, je peux en tout cas préparer du café, ajouta Bo, qu'elle n'avait encore jamais entendu se porter volontaire pour ce type de travail. Tu en voudras, n'est-ce pas ?

Helle acquiesça en minaudant un peu.

– Noir. Sans sucre ni lait.

– Brutal pour une petite fille comme toi, dit Bo d'une voix enjôleuse. Tu fumes aussi peut-être des Cecil[1] ?

Helle rit. Son rire tinta comme le bruit des petits anges que l'on fait tourner à l'aide de bougies durant les fêtes de Noël. Dicte les suivit du regard alors qu'ils se dirigeaient vers la cuisine.

– Je ne fume pas, entendit-elle la fille répondre. À part un petit joint de temps en temps, ajouta-t-elle. Sinon ce serait trop ennuyeux.

– Complètement d'accord avec toi, dit Bo en rigolant, lui-même ayant ses habitudes en matière de marijuana.

1. « Cecil » est une marque de cigarettes particulièrement fortes, sans filtre, généralement fumées par les hommes. *(N.d.T.)*

Il avait essayé à plusieurs reprises de l'initier, mais après une mauvaise expérience durant les années quatre-vingt, où elle avait un peu trop tiré sur le chilom d'Anne, elle s'en était tenue à l'alcool.

La conversation continuait de battre son plein dans la cuisine.

– Le coup de foudre dès le premier regard.

Holger Søborg, le petit ami de Helle, qui sans aucun doute était responsable de son intrusion, était assis sur la banquette, le nez plongé dans le *Politiken*[2] du jour. « Elle a vingt-trois ans », ajouta-t-il.

Dicte lui tendit son majeur, sans autre forme de procès. En même temps, elle se dit qu'il fallait faire attention, un allié lui serait peut-être utile. Mais Holger n'était pas le genre d'appui qu'elle souhaitait.

– La voix de la réconciliation, ajouta Davidsen, assis derrière son écran comme un second Jens Vejmand[3]. Il prend vraiment son rôle de responsable de rédaction au sérieux, lui au moins. Qui dit mieux ?

Elle décida de les ignorer, de même que le sentiment qu'elle avait de perdre du terrain qui avait tendance à glisser de manière dangereuse. La pile de courrier était son salut, et une bonne façon d'occuper ses mains.

C'est alors que ses yeux se posèrent sur une enveloppe au milieu du tas. Blanche, banale, légère et renforcée. Elle en avait déjà vu une semblable récemment.

Alors que tout le monde était concentré sur la séance qui se jouait dans la cuisine, elle prit un mouchoir dans son sac et sortit l'enveloppe de la pile. Elle reconnut les caractères fortement tracés qui formaient son nom, et se dit qu'il fallait immédiatement l'apporter à la police.

---

2. Le *Politiken* est l'équivalent danois du journal *Le Monde. (N.d.T.)*
3. Jens Vejmand est le personnage principal d'une ancienne chanson danoise datant de 1905, « Hvem sidder der bag skærmen ? » (Qui donc est derrière l'écran ?) *(N.d.T.)*

Au lieu de cela, elle se leva pour aller chercher un couteau à la cuisine, dans le but de l'ouvrir. Elle prêta à peine attention à Bo et à Helle, qui à présent parlaient des différentes façons de se défoncer. On évoqua Hong-Kong. Était-il encore une fois question de cette vieille histoire qu'avait vécue Bo dans une brûlerie d'opium à Macao ? Soudain, elle s'en fichait. Mais elle ne se fichait pas qu'il la néglige à ce point.

Elle retourna à son ordinateur. Tout le monde était occupé à autre chose. Elle posa le casque sur ses oreilles et inséra avec précaution le CD-ROM dans l'appareil. L'espace d'un millième de seconde, elle se sentit comme propulsée dans un univers lointain, au fin fond d'une galaxie solitaire. Il n'y avait plus qu'elle dans ce monde de menaces, de haine et de meurtres. Seulement elle et cette silhouette dont le corps était intégralement recouvert d'un vêtement noir et qui tenait un morceau de papier dans ses mains visiblement gantées de cuir.

Le lieu pouvait se situer n'importe où. Une caverne dans les montagnes d'Afghanistan comme une cave sur l'île de Samsø. Un tissu sombre était accroché en arrière-plan. Une chose, qui ressemblait à l'arme du crime du film numéro 1, était exposée sur une table en bois, derrière laquelle une personne était assise.

La voix paraissait déformée, lorsque les premières paroles furent prononcées. Il était impossible de dire s'il s'agissait d'un homme ou d'une femme :

« La société, qui doit punir les coupables, ne prend pas ses responsabilités. Les meurtriers et les bourreaux d'enfants déambulent impunément parmi nous. Les automobilistes alcooliques, avec un meurtre sur la conscience, sont relâchés après quelques mois de prison. Les violeurs sont considérés comme de bons citoyens.

Nous sommes beaucoup à nous sentir trahis. Et nous serons de plus en plus nombreux, voilà pourquoi nous lançons cet appel. La punition est devenue simple sermon, la vengeance n'est plus admise. Ce sont les victimes que l'on punit, et les coupables que l'on récompense.

Nous nous appelons *The United Victims*. Nous exigeons des châtiments plus sévères et le rétablissement de la peine de mort en Europe. Nous ne sommes pas seuls. Dans un pays comme la Pologne, on votera bientôt, et le candidat en tête de liste approuve la peine de mort. Lech Kaczynski est notre homme. D'autres pays suivront le mouvement et finiront par admettre que nous sommes devenus, ainsi que nos démocrates, trop faibles face aux crimes. Il ne doit plus être gratuit, ou quasiment gratuit, de violer la loi.

Nous voulons la justice. Nous exigeons une société qui redonne aux victimes leur droit légitime d'obtenir réparation, dans laquelle les peines seraient à la hauteur des délits. Nous sommes prêts à mourir pour notre cause. Le peuple se lèvera. Au nom de Dieu et d'Allah. »

L'écran devint subitement noir. Dicte se redressa dans un sursaut.

C'était dément. Ça n'avait aucun sens. Une idiotie absolue, la connerie intégrale.

C'est ce qu'elle se répétait tout en effectuant une copie du film. En le sortant du lecteur, elle faillit le faire tomber à deux reprises sur le bureau. Elle parvint enfin à le ranger dans l'enveloppe. C'était dément, aucun doute là-dessus.

Le problème, c'est qu'un crime avait déjà été commis, au nom de ce manifeste. Le problème, c'est qu'il y en aurait peut-être d'autres. Et le problème, c'était aussi, comme à chaque fois que des extrémistes prenaient la parole, qu'il y avait un grain de vérité au milieu de tout ce qu'ils disaient. Une affaire récente, publiée dans le journal du matin, lui revint en mémoire. Un homme de quatre-vingt-cinq ans venait d'être remis en liberté, bien qu'il eût été jugé coupable d'abus sur une fillette de dix ans. Le tribunal l'avait condamné à seize mois de prison, mais il avait décidé de faire appel. Dans l'intervalle, il avait donc été relâché. Plusieurs nuits de suite, des gens masqués étaient venus rôder autour de sa maison et avaient fracassé ses vitres en y lançant des cailloux. Une petite ville proche de la frontière allemande était sur le point d'exploser du fait de cette injustice.

– Dicte.

La voix de Bo. Elle leva la tête. Les autres s'étaient regroupés dans un coin pour tenir leur réunion. Ils pouvaient rester assis comme ça pendant une demi-heure et parler tranquillement de ce qu'ils allaient faire paraître dans l'édition du lendemain. Ils discutaient en riant. Aucun d'entre eux n'avait à faire face à des exécutions ni à des fous meurtriers bourrés d'idées dangereuses. Le journal avait momentanément abandonné l'affaire. La PET avait parlé, Kaiser avait écouté, tandis que Dicte était restée en retrait, considérée comme la cible d'un projet qui copiait le terrorisme international, et qui finalement en faisait peut-être partie.

Elle se leva. Il fallait qu'elle s'en aille.

– Hey ! Où vas-tu ?

Bo se redressa à moitié du sofa sur lequel il était assis, aux côtés de Helle.

Elle ne répondit pas. Elle enfouit rapidement l'enveloppe dans son sac, attrapa sa veste et sortit.

19

– ON DIT LUNDI, dans quinze jours ?

La patiente vérifiait son agenda.

– J'ai un rendez-vous chez le coiffeur. Et ensuite je déjeune avec une amie.

Ole Nyborg Madsen contenait son énervement. Le coiffeur et le déjeuner avec la copine étaient bien sûr plus importants qu'un rendez-vous avec un psychologue, lorsque l'on venait tout juste de perdre son mari.

– Alors mardi ?

La patiente tourna la page.

– J'ai rendez-vous avec le podologue. C'est tellement difficile d'obtenir un rendez-vous que je n'ai pas envie de le reporter.

Il avait du mal à l'imaginer avec un ongle incarné. Avec son maquillage parfait et sa silhouette mince et élancée, ce n'était pas son genre, se dit-il. Mais peut-être que par podologue, elle entendait par là une sorte de manucure pour les pieds ?

– Bon, disons que je suis beaucoup plus flexible que vous, dit-il d'un ton acide, qu'elle ne remarqua bien sûr pas.

– Jeudi ? proposa-t-elle. Qu'en pensez-vous ?

– Je suis de garde à Falck[1].

Ils finirent par tomber d'accord sur le vendredi, où il avait déjà sept patients de programmés. Ce qui signifiait

1. « Falck » est un service de secours d'urgence. *(N.d.T.)*

qu'il allait devoir annuler son badminton avec Johan, mais tant pis.

Il la regarda sortir. Elle habitait à Højbjerg. Elle avait soixante et un ans et n'avait certainement jamais travaillé de sa vie. Son mari avait été directeur d'une grande société. Son médecin l'avait conseillée. Afin de faire des économies d'impôts, cette riche personne pouvait tranquillement faire perdre du temps à divers praticiens, lui-même n'ayant pas encore pu constater la moindre trace de chagrin suite au décès de son mari.

Il savait que le deuil pouvait prendre des formes diverses, et que derrière les apparences cette dame était certainement une personne déstabilisée, mais il devait avouer que la compassion qu'il ressentait pour elle était passablement limitée. C'était plus facile d'être seul et triste lorsqu'on en avait les moyens.

Il se disait que le mieux serait de refuser d'autres patients issus de la grande bourgeoisie, mais en même temps cela heurtait sa conscience professionnelle. Qu'est-ce qu'il s'imaginait ? Elle était sa patiente, et il devait s'en occuper. Elle était une personne dans le besoin, même si ça ne se voyait pas au premier abord. Et lui, avec sa bonne situation, est-ce qu'il n'habitait pas aussi dans un beau quartier, dans une belle maison avec une femme aimante, pendant qu'à l'intérieur de lui tout était pulvérisé ?

Il entreprit de faire un peu de rangement dans son cabinet. Il empila quelques journaux et papiers sur un coin de son bureau et rangea une ou deux chaises. Il remarqua à nouveau que ses mains tremblaient un peu. Un petit verre serait un bon remède, mais il était bien conscient que là n'était pas la solution. Sa conscience était comme exaltée, il parvenait à voir clair à travers toutes choses, et pourtant il ne pouvait rien faire pour son propre cas. Par moments, il avait envie de frapper à poing nu comme un malade contre les vitres, jusqu'à ce qu'elles volent en éclats, ainsi que lui-même.

L'adrénaline finit par retomber. Il devait s'asseoir et respirer calmement. Maibritt frappa à la porte et entra.

– Il y a quelqu'un qui vient de téléphoner, dit-elle. Un certain Morten Agerbæk.

Il se redressa. Morten Agerbæk. Ce nom le renvoya loin dans son passé, à l'époque des manifestations contre la guerre au Vietnam, les USA, et l'arme atomique.

– Qu'est-ce qu'il voulait ?

– Il a dit que vous aviez été ensemble au lycée. Il a parlé d'organiser un jubilé.

Il recula un peu son fauteuil du bureau. Un jubilé. Il n'avait encore jamais pensé à ça. Est-ce qu'ils étaient devenus bourgeois au point d'organiser un jubilé ?

– Ça fait combien d'années ? demanda Maibritt, qui avait huit ans de moins que lui.

Il compta dans sa tête. Il avait été étudiant en soixante-dix. Les décades lui tombèrent dessus comme des coups de marteau.

– Trente-cinq ans, dit-il, en ajoutant : la vache.

– Il rappellera. Je lui ai dit que tu avais une pause dans une heure.

Elle le regarda d'un air grave.

– Je prépare du thé ?

Il ne pouvait pas la regarder dans les yeux. En fait, c'est elle qui aurait dû être psychologue.

– Oui, merci, avec plaisir.

Elle sortit. Dans son regard, il voyait une expression de savoir et d'inquiétude mélangés. Elle le trouvait imprévisible. Elle ne voyait pas de logique dans ses accès de rage. Elle en avait assez. Elle aussi avait perdu quelqu'un, il ne devait pas l'oublier. Mais enfin, comment pouvait-elle rester aussi calme ?

Le téléphone se mit à sonner et il décrocha.

– Ole Nyborg Madsen.

– Aux armes camarades ! Mort au capitalisme ! Le pouvoir au peuple !

– Morten ?

– Tu te souviens de ça, hein ? Ça fait un putain de bail. C'était le temps où il y avait encore des trucs contre lesquels se battre. Comment tu vas ?

Il se rappelait très bien à présent. Morten Agerbæk, et sa façon de parler qui ressemblait au jappement d'un clébard de dessin animé. C'est aussi lui qui sortait toujours avec les plus jolies poupées, comme on disait à l'époque. Sans doute à cause de son dynamisme infatigable.

– OK, dit-il en se donnant l'impression d'être un vieux croûton en comparaison du niveau énergétique de l'autre.

L'idée le traversa que Morten était peut-être au courant pour Nanna, mais il ne savait pas comment lui poser la question. Cela arriva finalement de soi-même.

– Ça m'a fait de la peine d'apprendre ce qui est arrivé à ta fille. Ça a dû être terrible.

– Merci. Oui. Terrible.

Ils avaient tous plus ou moins dit la même chose, au moment de présenter leurs condoléances. Pour lui, ces mots étaient devenus dénués de sens. Comme une enveloppe vide. Comme un corps mort, après que l'âme l'a quitté.

– Un automobiliste bourré, c'est ça ? Il aurait mérité qu'on le bute, ce connard. Comme tous ces terroristes, tu as vu cette histoire ? Ce truc de décapitation ?

Bien sûr qu'il l'avait vu. Tout le monde l'avait vu.

– On devrait la leur couper à eux aussi, je parle de la tête, hein, ha ha ha !

Il reconnut le rire tonitruant de Morten. De vieux souvenirs lui revinrent en mémoire. L'irritation, l'indulgence, la jalousie. Des sentiments qu'il avait étudiés si parfaitement, et qu'il ne parvenait pourtant pas à maîtriser.

– Non, parlons sérieusement, dit Morten en se calmant un peu. Les vieux idéalistes que nous sommes savent pertinemment que la vengeance est une pulsion primitive, valable à l'époque des hommes des cavernes.

– Tiens, à propos des hommes des cavernes, dit Ole en se surprenant lui-même, Maibritt m'a parlé d'un jubilé.

– Trente-cinq ans, mon vieux, dit Morten. On ne peut pas rester sur nos culs sans rien faire, pas vrai ?

Et pourquoi pas ? pensa Ole, sans le dire. Qu'est-ce qu'il y avait à fêter ? Une bande d'idéalistes et de militants naïfs, devenus des bourgeois ? Des jeunes révolutionnaires au sang bouillonnant, qui étaient rentrés dans le rang et avaient fermé leurs gueules en échange d'un chèque à chaque fin de mois et d'une maison en banlieue ?

– Volvo, boulot, dodo, dit-il. N'est-ce pas ce que nous sommes devenus ?

Morten rit.

– Je conduis une Skoda ! C'est plus rustique.

– Vous n'êtes même pas propriétaires d'une Volkswagen ?

– C'est bon, Ole. On était jeunes, putain. Tous les jeunes sont communistes à un moment ou à un autre, ou alors c'est qu'il y a un truc qui ne tourne pas rond chez eux. C'est ce que je répète toujours à mes élèves.

– Il nous manque une cause pour laquelle combattre, s'entendit dire Ole. Quelque chose qui nous fasse quitter nos canapés. Qui nous fasse grimper sur les barricades.

– Et que penses-tu de nous battre pour retrouver les autres, et pour arranger la fête ? proposa Morten. Quand on sera assis tous ensemble et qu'on aura bu quelques bières en chantant *l'Internationale*, on verra si on est encore capables de retrouver un peu de l'esprit de ce temps-là.

L'esprit, pensa Ole. C'était peut-être ça, l'élément manquant ?

Ils convinrent de qui devait appeler qui, et de se rencontrer pour organiser les détails. Une fois que Morten eut raccroché, Ole resta quelques instants avec le combiné à la main. Tant d'énergie et de croyance envers un monde meilleur. Tant d'idéaux. Trente-cinq ans, et même Morten Agerbæk avait fini par lâcher l'affaire. Aucune égalité désormais. Aucun combat collectif.

Il se leva et s'arrêta devant la fenêtre, sur le rebord, depuis sa photo d'étudiante, Nanna lui souriait. Elle avait les yeux de sa mère, mais elle avait sa bouche à lui, un sourire mesuré et têtu, un petit air de défi. Le cou était long. Les yeux pétillaient de vie et d'espoir dans l'avenir. Elle avait décidé d'apprendre la sociologie. Elle avait envie de voyager dans le monde et peut-être de travailler pour une organisation internationale. L'ONU était son rêve.

Il prit la photo et la porta à ses lèvres avec ses deux mains. Elles tremblaient plus que jamais.

20

DICTE FINIT par trouver une place dans le parking public et composa de mémoire un numéro sur son téléphone portable.

– Kaiser.

– J'ai reçu un nouveau film.

Elle fixait le mur en béton. Derrière elle, deux voitures se disputaient une place qui venait de se libérer.

– J'écoute.

– Ça parle de la peine de mort. Ils disent qu'ils s'appellent les *United Victims.*

Elle lui raconta ce qu'elle avait vu dans le film.

– La peine de mort, murmura Kaiser. Au Danemark ? Ça doit être une plaisanterie.

– Je ne crois pas, et toi non plus d'ailleurs. J'ai vérifié sur Internet, un Danois sur cinq y est favorable.

Un ange passa dans son téléphone. Quelque part, un automobiliste impatient s'était mis à klaxonner. Dans le rétroviseur, elle observait une femme en train de charger des tonnes de courses dans sa voiture. Sur la banquette arrière, il y avait un siège pour bébé. Les enfants étaient sûrement à la crèche et à l'école, et ce soir la famille allait se retrouver autour d'un bon dîner. Une journée parfaitement normale pour certains, la menace du terrorisme et l'ombre de la mort pour d'autres.

– Nous sommes tous pour la peine de mort, lorsqu'il s'agit de personnes aimées, finit par dire Kaiser.

Bizarrement, le mot « aimées » sonnait faux dans sa bouche

– Un sur cinq, répéta-t-elle. Si une attaque terroriste survenait, on peut penser que ce nombre irait en augmentant. Dans ces cas-là, la tendance à souhaiter des peines plus longues et plus sévères se généralise. Chez les citoyens autant que chez les hommes politiques.

– Mais de là à instaurer la peine de mort... dit-il d'une voix hésitante. Il doit y avoir une raison plus personnelle. Un désir de vengeance.

– On dirait qu'il s'agit de bien plus que ça.

Elle l'entendit marmonner quelque chose. L'escalade de la violence poussait toujours les gens à réclamer des sanctions plus sévères. Peut-être que le simple fait de montrer le film pourrait faire bouger les statistiques. C'était peut-être ça que les meurtriers souhaitaient, c'était également ce que faisaient les extrémistes religieux lorsqu'ils mettaient en opposition l'islam et le christianisme, les rendant ennemis. On créait la haine, et la haine poussait les gens à passer à l'acte.

– Et ils parlent de Dieu et d'Allah ?

– Oui.

– Mon Dieu, humm, pardonne-moi l'expression. C'est vraiment à n'y rien comprendre.

Elle se dit que si le cynique Kaiser lui-même était ébranlé, c'est que la situation était grave. C'est en tout cas ce qu'elle pensa en l'écoutant tenir ces propos qui ne lui ressemblaient vraiment pas. Puis il se ressaisit, et elle reconnut alors le vieux chef de tribu qu'il était.

– Oui, bon, nous devons en parler. Nous sommes un journal, et cette histoire va tout casser. Dans ce pays, nous avons la liberté d'expression, c'est une loi naturelle.

– La PET ne sera pas contente.

Elle pouvait l'entendre réfléchir.

– Au diable la PET. Ils devront faire avec. Nous avons un devoir envers les lecteurs.

– Même en participant aux plans des terroristes ?

Elle détestait jouer le rôle de l'avocat du diable, mais il n'y en avait pas d'autre à endosser. Elle entendit un soupir dans le téléphone, avant que Kaiser ne se ressaisisse.

– OK, écoute-moi bien. J'organise une réunion avec la PET. Nous évaluons une nouvelle fois la situation, et toi, tu vas apporter le film à ton policier, qui se chargera de le faire circuler dans le milieu. Il ne faut peut-être pas nous emballer trop vite, il est peut être plus raisonnable d'attendre un peu.

D'une certaine façon, elle était de son avis, mais en même temps elle se sentait comme rabaissée, et surprise qu'il lâche aussi facilement le morceau. Il était pourtant l'empereur Kaiser, le maître des meilleurs scoops.

– Il faut aussi se méfier de l'effet boomerang, ajouta-t-il, et elle comprit immédiatement ce qu'il voulait dire par là. Ce n'était pas tellement la PET, ni les autorités, qui le rendaient nerveux. C'était la réaction des lecteurs. C'était leur colère qu'ils pourraient parfaitement diriger contre le journal, pour le punir de s'être laissé mener en bateau par des terroristes. Au final, cela semblait logique.

– Si nous rendons la chose officielle, les gens vont penser que nous nous laissons manipuler, expliqua-t-il en confirmant sa théorie. Que la presse agit de manière inconséquente et plonge le pays dans l'insécurité, tout ça pour faire un gros tirage. Tout le monde souhaite avoir une bonne presse. Sans la presse, ils n'ont plus d'informations. Nous pourrons l'écrire après. Quand tout sera plus clair, ajouta-t-il.

C'était sensé. Quand tout sera fini, si cela arrive un jour, ce sera toujours elle qui aura été la médiatrice. C'était elle qui avait reçu les films. Ils l'avaient choisie, elle.

– Et puis il y aussi ce meurtre, dit Kaiser. On peut travailler là-dessus.

– Il y a une conférence de presse dans quelques minutes. Je vais m'y rendre.

Il était redevenu lui-même. Sa voix vibrait d'énervement.

– Le meurtre, c'est peut être notre clef pour pénétrer dans l'affaire. Tu dois fouiller profond et obtenir un maximum d'infos. Personne ne doit pouvoir nous doubler. Tu gardes bien au chaud tout ce que tu récoltes, et on lâche nos bombes le moment venu.

Lorsque l'excitation s'emparait de lui, il se mettait toujours à s'exprimer par clichés. Et elle savait qu'il était excité, même s'il avait l'air plus ou moins normal. Cette affaire allait contre ses instincts, et aussi contre les siens. La liberté d'expression était leur religion. Ils l'avaient toujours défendue bec et ongles. À présent, ils la mettaient volontairement de côté, mais ils devaient avoir quelque chose en contrepartie.

– Il reste aussi la probabilité qu'ils l'aient envoyé à d'autres que nous, dit-elle. Si ça se trouve, ce film est actuellement en possession de tous les journaux et chaînes de télé.

Elle pouvait presque entendre ses pensées vrombir sous sa boîte crânienne, mais sa décision était prise.

– Nous devons laisser la PET prendre en main la situation. Et toi ? Ça va aller ? Tu penses qu'il te faut une protection ?

– Pourquoi ?

– Tu ne considères pas ça comme une menace personnelle ?

– Si c'est personnel, alors c'est à moi de m'en débrouiller.

Elle n'avait pas l'air aussi tranquille qu'elle l'aurait souhaité. Elle avait eu le sentiment d'être une intermédiaire, presque une élue. Mais elle n'avait pas encore pensé qu'elle pourrait aussi être une victime.

Kaiser n'était pas du genre à s'intéresser aux nuances ni aux finesses de langage, ou s'il l'était, il ne le montrait pas.

– Alors parfait !

Elle reconnaissait bien là le don qu'il avait de la laisser dans sa perplexité, de reculer sa chaise et de courir vers le prochain scoop.

La conférence de presse commençait dans quelques minutes, elle n'avait donc pas le temps de mettre la main sur Wagner. Elle se précipita le long des murs rouges du poste de police et arriva sur place au moment précis où les portes de l'auditorium se refermaient. Chacun était tourné en direction du podium, où le commandant de la brigade criminelle Hartvigsen et le responsable d'investigation John Wagner avaient pris place, comme deux écoliers sur une estrade. Elle constata que Wagner n'avait pas l'air de se réjouir de cette séance, et reconnut chez lui une gêne identique à la sienne. Cette affaire était terriblement confuse et il n'était qu'un pion au milieu de ce qui pouvait s'avérer être un jeu de massacre politique, capable de mener à l'affrontement la presse, le peuple, les immigrés et les pouvoirs publics. C'était tellement différent des affaires dont il avait l'habitude, qui émanaient généralement de la sphère politique et finissaient par tomber dans le domaine public.

Comme d'habitude, Hartvigsen ouvrit la séance, puis laissa rapidement la parole à Wagner, qui fit un résumé bref et précis de la situation et confirma qu'ils avaient bien découvert, sur l'île de Samsø, le cadavre d'un homme dont la tête avait été séparée du corps. L'homme avait été identifié comme étant Kjeld Arne Husum, résidant au numéro 12A de Grønnegade. La famille avait été prévenue. À en juger par l'état du cadavre, le médecin légiste estimait que le décès pouvait remonter à une semaine. Ils étaient à la recherche de témoins. Un rétroprojecteur diffusa alors une photo de l'homme.

– Est-il décapité ? voulait savoir le reporter du journal *BT*. Pouvez-vous nous confirmer qu'il s'agit de l'homme du film terroriste ?

Wagner fixait un point invisible en face de lui.

– La médecine légale peut confirmer que la tête a été séparée violemment du corps, sans doute au moyen d'une arme de type sabre.

– Une décapitation, donc, répéta le journaliste.

Wagner n'ajouta rien d'autre.

– Quel est leur but ? Est-ce que quelqu'un a émis des revendications ?

– Je ne peux rien ajouter de plus, dit Wagner, qui soudain se mit à détester cette expression, ce qui le conduisit à préciser : nous n'avons rien de nouveau à vous communiquer dans l'immédiat.

– À la façon dont le meurtrier est habillé, peut-on en déduire que nous avons affaire à des extrémistes musulmans ?

La question était posée par un homme du *J-P*[1]. Wagner le regarda.

– Vous êtes aussi apte que moi à jouer aux devinettes.

– Oui, mais enfin, les vêtements...

– Il peut y avoir plusieurs explications, dit Wagner d'un ton irrité.

Il regarda l'assemblée. Il sait, pensa Dicte. Il sait qu'ils vont parler de terrorisme, même si, pour le moment, il n'y a pas de certitude. Ils se doutent qu'il ne peut rien leur apporter. Nous le savons tous, et pourtant nous jouons le jeu.

– Est-ce que la PET est en charge de cette affaire ? demanda le journaliste du *J-P*.

– Pas concrètement pour ce qui concerne le meurtre, répondit Wagner. Celui-ci reste du domaine de la brigade criminelle d'Århus et du département technologique de la police.

– Et en ce qui concerne l'arme du crime ? L'avez-vous trouvée sur place, ou bien a-t-elle disparu ? demanda le journaliste du *Stiften*.

Wagner adressa un signe de tête à l'homme qui se tenait derrière le projecteur. On fit alors apparaître sur l'écran l'image d'un sabre en gros plan, tenu par des mains

---

1. *J-P* : le *Jyllands-Posten*, journal à l'origine de la publication des caricatures du prophète Mahomet, qui fit scandale en 2005. *(N.d.T.)*

gantées. La lame était finement protégée par un fourreau, la garde était sertie de pierres rouges et bleues.

– Les deux photos vous seront communiquées. Ceci est un agrandissement du sabre qui a été utilisé dans le film. Nous recherchons cette arme ainsi que toutes informations nous permettant d'identifier sa catégorie, et sa provenance.

– Et à propos du milieu immigré ?

– Que voulez-vous dire ? demanda brusquement Wagner.

– Allez-vous mettre en place un renforcement de la sécurité ? Des patrouilles supplémentaires ? Des rondes de nuit ? Ce n'est un secret pour personne que cette affaire a semé la panique dans les banlieues.

– Je n'ai rien à dire à ce sujet. C'est du domaine de la police de sécurité, répondit Wagner au journaliste du *Politiken*.

Dicte observait le podium et les deux hommes qui s'y tenaient. Elle se sentit prise d'un sentiment de malaise. Qu'avait-elle déclenché ? Aurait-elle pu faire autrement ? La police en aurait-elle été capable ?

Elle songea à la couverture médiatique et au fait que depuis que la presse avait rendu le film public, le mot de terrorisme s'était retrouvé sur toutes les lèvres, tant à la télévision que dans les autres journaux. C'était comme une gifle à la face du milieu immigré, déjà préalablement ébranlé par l'affaire des caricatures du prophète Mahomet publiées par le *Jyllands-Post,* ainsi que par la découverte récente d'un site Internet politique aux propos et aux sous-entendus ouvertement racistes. Sans parler des kamikazes de Londres et de la représentation que l'on avait faite des terroristes, décrits comme des hommes jeunes, bien intégrés dans la société, originaires du Moyen-Orient. Dans le milieu, chacun se sentait suspecté. C'était bien sûr déraisonnable, mais à qui la faute, si faute il y avait eu ? La presse était libre, libre d'écrire des articles. Mais était-elle aussi libre de ne pas le faire ? Et devait-elle éviter de le faire ? La décision qu'avait prise Kaiser était-elle juste ? Ou bien, est-ce qu'ils auraient dû jeter leur bombe et voir l'effet qu'elle aurait ?

Était-ce de l'autocensure ? Était-ce une erreur d'estimation ?

Toutes ces élucubrations dansaient la farandole dans sa tête. Elle aussi avait le choix. Et la responsabilité qui allait avec, même si elle n'en voulait pas et n'avait rien demandé.

Elle se força à lever la main.

– Oui, Svendsen, dit Wagner d'un ton neutre.

– Existe-t-il un lien entre le meurtre de la femme âgée de Grønnegade et le fait que Husum habitait aussi à cet endroit ?

C'était une tentative pour détourner l'attention de la menace terrorisme. Wagner eut l'air d'apprécier et se lança dans de longues palabres à propos des recherches sur le premier meurtre et du lien possible avec l'homme de Samsø. Dicte ferma les yeux. Elle n'était pas consciente de ce qui se passait, mais elle entendit vaguement que Wagner et Hartvigsen mettaient brutalement fin à la conférence de presse, tandis que tous les journalistes et photographes se ruaient sur elle, pour la bombarder de questions qu'ils débitaient à la vitesse d'une mitraillette.

– Avez-vous reçu d'autres films par la poste ?

– Avez-vous eu un message de la part du criminel ?

– Pourquoi croyez-vous qu'on vous a choisie, vous ?

– Que pensez-vous des événements de Gjellerup et de Rosenhøj ?

– Vous sentez-vous responsable de la colère des immigrés ?

Elle aurait dû penser à ça, évidemment. Elle était un scoop à elle toute seule.

Elle se leva pour partir.

– Lâchez-moi, foutez-moi la paix.

Elle regretta ses paroles au moment même où elle les prononça. En une seconde, elle visualisa les gros titres du lendemain matin. Putain de merde. Pourquoi n'avait-elle pas poursuivi ses études de psychologie, qui lui auraient permis d'être bien tranquille au milieu de ses patients, loin du feu des médias.

– Viens par là.

Wagner était venu à son secours. Ça l'ennuyait d'accepter la main qu'il lui tendait, pour la mettre à l'abri des siens, mais elle n'avait pas d'autre choix.

21

– QUELLE BANDE de connards, cria Dicte en se laissant traîner dans un bureau. On devrait tous les décapiter !

Elle ressemblait à un chat qui viendrait juste de sortir d'une rixe et dont les griffes seraient encore saillantes et le poil hérissé. Elle balayait la pièce d'un regard furieux et tout son corps exprimait le combat.

– Tu es sous le coup du stress, dit-il. Assieds-toi un instant et respire calmement.

À contrecœur, elle suivit ses conseils. Puis, elle sortit de son sac une pochette en plastique, dans laquelle se trouvait une enveloppe, qu'elle posa sur le bureau.

– Une nouvelle carte de visite de notre ami de Samsø, annonça-t-elle.

Elle ferma les yeux un court instant, comme si elle faisait une brève prière.

– Et maintenant ? demanda-t-il.

– Ils veulent que soit rétablie la peine de mort.

Il sortit l'enveloppe avec précaution, en utilisant la pochette plastique comme une sorte de gant. Avec appréhension, il inséra le CD-ROM dans l'ordinateur. Après avoir vu le film, il était toujours aussi inquiet.

– Que du bonheur, dit-il. Qu'en pense ton patron, car j'imagine que tu lui en as parlé ?

Elle acquiesça. Bien sûr qu'elle l'avait fait.

– Il dit qu'il va organiser une réunion avec la PET à ce sujet et qu'il faut se comporter comme des gens responsables.

Elle récita sa tirade comme une petite souris que le gros chat aurait capturée. Il soupira. Il savait que c'était contraire à son instinct, et qu'elle allait sans doute le regretter.

– C'est une situation unique, hasarda-t-il. Nous n'avons jamais rien vu de semblable. Une fois que ce sera dans les manchettes, vous ne pourrez plus faire marche arrière. Vous ne savez pas quel démon vous allez libérer.

C'était au tour de Dicte de soupirer, mais elle ne répondit rien.

– Et qu'est donc devenu Bo Skytte ? demanda-t-il d'un ton dans lequel il entendit lui-même une pointe d'ironie. Mais cela lui était égal, car elle n'aurait pas dû venir seule. Elle ne devait plus se déplacer sans protection.

– Il était occupé à autre chose.

Il remarqua une certaine amertume dans sa voix.

– La prochaine fois, essayez d'envoyer quelqu'un d'autre. Tu aurais pu prévoir que tes collègues allaient exiger des réponses de ta part.

Il esquissa un petit sourire.

– Tu sais mieux que quiconque comment est la presse.

Dicte détourna la tête et regarda par la fenêtre, par laquelle on ne voyait rien d'autre que le parking extérieur, avec, un peu plus bas, les deux véhicules de secours, toujours prêts à intervenir en cas d'urgence.

– Toi aussi, tu es stressé, dit-elle.

– C'est mon travail.

– Qu'est-ce que tu vas faire ?

Elle le regardait fixement à présent. Ce fut comme si elle braquait une lumière à l'intérieur de lui et y voyait à quel point il jugeait la situation inextricable.

– Je vais élucider un meurtre, dit-il. Je laisse les autres s'occuper du reste.

– Tu crois à la peine de mort ? demanda-t-elle.

Il la regarda d'un air perplexe. Elle avait soudain l'air sonnée, comme quelqu'un qui se serait perdu et chercherait son chemin. Ses cheveux étaient décoiffés, et son maquillage était comme d'habitude incertain, lorsqu'elle en mettait. Il aurait aimé pouvoir l'aider, mais comme toujours, il se sentait indésirable en sa présence.

– Croire ! Il ne s'agit quand même pas d'une religion, finit-il par dire.

Elle reformula sa question :

– Es-tu pour la peine de mort ?

– Pour faire court ?

– Bien sûr.

Il inclina la tête.

– En théorie, oui.

– Pourquoi ?

– Parce que prétendre le contraire serait hypocrite.

– C'est-à-dire ?

Il pensa à Martin. Il pensa à Ida Marie et à ses autres enfants.

– Si quelqu'un tuait un de mes proches, je souhaiterais qu'il périsse d'une mort lente et douloureuse. Comme la plupart des gens. En théorie.

– Et en pratique ?

Il se pencha un peu. Qu'est-ce qu'elle avait en tête ? Il avait envie d'abréger les tours et détours que prenaient ses pensées.

– En pratique, ça ne me fait pas fantasmer. Entre autres choses parce que ce serait la légalisation du crime.

– Et que des innocents seraient peut-être exécutés.

Il approuva.

– Ou des personnes qui, au moment des faits, n'étaient plus en possession de leurs moyens.

Elle songea un instant à ce dont ils venaient de parler. C'est alors qu'il sembla se rappeler quelque chose.

– Tu vas sans doute dire non, mais je voudrais quand même te faire une proposition. Nous avons de bons psychologues à Falck. Tu pourrais peut-être essayer d'en rencontrer un ou deux ?

Elle fit semblant d'y réfléchir, mais il reconnut les signes précurseurs du refus à la façon dont elle se redressa en détournant son regard, comme si une porte venait de se fermer brutalement. Elle secoua la tête.

– Non merci. Je n'ai pas besoin d'aide.

C'était la pire des absurdités, qu'il laissa exprès en suspens, dans l'espoir qu'elle s'en rendît compte d'elle-même. Au lieu de cela elle ajouta :

– Ce Husum. Vous avez trouvé quelque chose de sérieux sur lui ? Pendant l'autopsie je veux dire ?

– Rien d'autre qu'un tatouage.

Ils n'avaient plus pensé que ce détail pourrait être utile à quelque chose. L'homme avait été identifié. Néanmoins, elle lui fit sentir qu'ils avaient commis une erreur en ne parlant pas de cela lors de la conférence de presse.

– Sur l'épaule droite. Une sorte de tour.

– Une tour comment ? Ronde ? Carrée ?

Sa voix avait pris un ton tranchant. Elle s'était levée d'un bond.

– Carrée. Comme ça, comme un château fort. Du Moyen Âge, précisa-t-il.

– Rien d'autre ?

Il secoua la tête. Elle le regardait d'un air grave, et il savait qu'elle allait lui demander quelque chose, avant même qu'elle ait ouvert la bouche.

– Je dois voir cette tour. Ça m'est égal de savoir comment, que ce soit en photo ou sur le bras du cadavre. Mais je dois la voir.

22

LES SOUVENIRS lui revenaient lentement, au fur et à mesure que le silence s'épaississait et que les courbes de l'espace se refermaient sur elle, comme sur la prisonnière d'une sorte de cloître médiéval.

Dicte ne parvenait pas à se rappeler depuis quand elle n'était pas entrée dans une église, elle qui avait rejeté depuis longtemps toutes formes de religion. Elle qui avait grandi dans la crainte de l'Armageddon, du fleuve de sang qui un jour séparerait le peuple élu des mécréants. Dans la foi en Jéhovah, qui promettait à ses enfants, et à eux seuls, un royaume de mille années.

Les églises ne valaient rien. La foi ne servait qu'à maintenir les gens au ras du sol pour les empêcher de vouloir s'élever trop haut ou d'entreprendre de belles choses. La religion engendrait la guerre et répandait la mort.

Et pourtant, c'était ici que ses jambes l'avaient conduite. Le long de la côte, où le bruit des voitures était pire qu'ailleurs, devant l'entrée de l'école de la cathédrale, pleine d'adolescents ricanants qui profitaient de leur quart d'heure de pause sur la place de Bispetorv, à l'embouchure de Strøget[1] où une foule de personnes déambulaient. Elle se sentait comme fugitive dans la fraîcheur de la chapelle, sous les voûtes de calcaire blanc qui se dressaient au-dessus de sa tête et lui donnaient l'impression d'être toute

1. « Strøget » (en français « le courant ») est la rue principale d'Århus, réservée aux piétons. Elle parcourt toute la ville. Une « Strøget » identique traverse également la capitale danoise, Copenhague. *(N.d.T.)*

petite. Un passé presque oublié lui revenait par vagues, image par image, pierre par pierre, et la faisait se souvenir.

Les notes de l'organiste en train de répéter résonnaient dans l'espace, quand elle s'assit sur la chaise la plus éloignée, toujours hésitante sur la question de savoir si elle avait le droit de trouver refuge dans cet endroit où elle ne pensait pas avoir sa place. Elle avait l'impression d'être une espionne, à la recherche d'une arme secrète, introuvable sur son propre territoire, mais qu'elle pouvait peut-être dérober derrière les lignes ennemies : la paix de l'âme.

Elle renversa la tête en arrière et observa les peintures rouges qui s'étendaient en fresques sur les murs blancs. On y discernait toute une série de diables dansants et de femmes vêtues de jupes amples qui serraient dans leurs bras des enfants, il y avait la tentation et le péché, l'amour et le pardon.

Elle ferma les yeux et un autre symbole apparut dans sa tête. La tour. Marquée par des milliers d'aiguilles dans chaque pore d'un bras blafard, injectant son encre bleue sous la peau.

Un quart d'heure plus tôt, chez Wagner, elle avait insisté pour la voir. Il avait d'abord hésité, mais finalement quelque chose avait fini par le décider, sans doute sa propre insistance, et il avait fait apporter les dossiers techniques, avec les photos prises sur le lieu du crime et lors de l'autopsie.

Elle n'eut pas le droit de consulter l'ensemble des documents, il lui indiqua immédiatement la page comportant les photos qu'elle désirait, celles où la caméra s'était approchée au plus près du tatouage. Un simple regard avait suffi à la renvoyer trente ans en arrière.

Elle entendit à nouveau la musique s'élever des tribunes, une cascade de notes s'échappait de l'orgue et vrombissait au dessus de sa tête. L'organiste était visiblement venu pour s'exercer. Les tuyaux de l'instrument composaient des enchaînements de gammes qui s'élevaient le long des murs, passant du pianissimo au forte. Les notes mirent en mouvement les images.

Elle n'avait que seize ans, et il était son professeur de seconde dans cette province un peu trop tranquille au milieu du Jutland. Elle rêvait d'être une élève brillante et de passer des concours afin d'être indépendante, mais ses parents utilisaient la religion comme argument et estimaient qu'elle servirait mieux Jéhovah en arrêtant l'école, en choisissant un travail simple et en étudiant la Bible.

L'orgue jouait avec amour *Jésus, que ma joie demeure.*

C'était la première fois qu'elle ressentait ce genre de sentiment envers quelqu'un. Il était l'homme le plus beau de la terre, il s'appelait Morten. Il lui était venu en aide. Il lui avait donné des livres et l'avait encouragée à continuer le lycée. Et il l'avait invitée chez lui, dans la communauté, et dans sa chambre, où ils avaient lu ensemble des poèmes en écoutant Miles Davis et Herbie Hancock, et où elle avait ressenti pour la première fois cette soif de liberté, cette chose à laquelle elle ne pouvait pas résister. Enivrée à la pensée d'une vie nouvelle, loin de Jéhovah et des exigences de ses parents, elle l'avait laissé faire ce dont ils avaient envie tous les deux.

Elle n'avait jamais regretté.

Les notes atteignirent la fin du morceau et le silence s'installa à nouveau. Il avait abusé de sa situation et il l'avait contrainte, mais cependant, elle n'avait pas regretté, pas une seconde. Pas l'amour, même si après, il n'avait plus voulu d'elle. Pas la grossesse. Pas non plus la rupture avec sa famille ni l'opinion qu'ils avaient eue d'elle.

La seule chose qu'elle regrettait, c'est d'avoir donné l'enfant à l'adoption. Ça l'avait laminée, comme sur ces représentations où l'on voit le diable qui déchire le dos courbé d'un homme déjà usé, sur les vieilles peintures faites à la chaux.

Et maintenant, le tatouage refaisait surface. La tour, sur le bras d'un homme qu'elle ne connaissait pas, ou tout du moins qu'elle ne reconnaissait pas. La tour, soudain liée à la terreur et à la mort, et qui la projetait dans une spirale où plus rien n'avait de sens.

L'orgue se remit à jouer. Les notes les plus basses faisaient trembler le sol et les fondations, tout l'instrument vibrait à l'intérieur de son corps. C'est ce qu'on devait ressentir lorsque la terre se mettait à trembler.

De retour à la rédaction, elle écrivit l'article à propos de la victime décapitée et essaya de trouver quelqu'un qui s'y connaîtrait en matière de sabres. Bo et Helle étaient sortis pour couvrir l'affaire des immigrés en colère du côté de Rosenhøj. Une bombe incendiaire avait été lancée à travers les vitres d'une crèche. Les habitants du quartier exprimaient leurs craintes, et les jeunes avaient déclaré la guerre aux forces de police. Pendant ce temps, dans les banlieues de Paris, d'autres jeunes brûlaient des voitures, dans leurs propres cités où ils vivaient entassés les uns sur les autres, sans espoir et sans travail. L'intégration avait été un échec en France, disait le correspondant du journal télévisé. On pouvait se demander où ce n'était pas le cas.

Avant de cliquer sur « envoyer » pour expédier son article, Dicte le relut une dernière fois et estima que ce n'était pas assez bon. Il manquait beaucoup trop de choses, une grande partie de l'histoire restait obscure. Avec cette tour noire au centre de ses pensées, elle mit de côté sa fierté et appela son ex-mari, à son bureau de l'université de Copenhague, où il enseignait la criminologie.

Elle commençait déjà à regretter sa décision lorsqu'il décrocha.

– Torsten Svendsen.

– Salut, comment vas-tu ?

Le silence était presque palpable. Puis, il se décida à parler, de sa voix empreinte de l'ironie distante qu'il utilisait toujours pour se défendre de toutes les erreurs du passé. Même de celles qu'il n'avait pas commises.

– Très bien. Et toi-même ? J'espère que tu prends bien garde à toi et que tu fermes soigneusement tes volets la nuit.

– Tu penses que je devrais ?

Il dut se rendre compte de sa nervosité, car il retrouva aussitôt un ton normal.

– Je n'en sais foutre rien. Sans doute pas. On n'assassine pas son messager, n'est-ce pas ?

– Tu es aussi au courant de ça ?

Il rit doucement.

– Évidemment que je suis au courant. Tout le monde est au courant. Tout le monde en parle. Est-ce que c'est pour ça que tu m'appelles, ou pour me raconter que notre fille s'est fait percer les oreilles et tatouer le nom de son chéri ?

Elle ne put s'empêcher de sourire. Torsten avait du mal à se faire à l'idée que Rose n'était plus une enfant, et qu'elle était en âge de prendre ses décisions toute seule.

– Et comment va l'amoureux pakistanais ?

Il venait d'appuyer sur un bouton qu'elle avait réussi à mettre provisoirement en stand-by. Et qui à présent revenait la déranger : la voix de Rose furieuse et les mots qu'elle avait prononcés à propos des musulmans, dont la signification ne laissait pas planer le moindre doute.

– Je crois qu'ils sont en train de se remettre ensemble. Ça m'inquiète.

Elle savait que le ton de sa voix sonnait exactement de la manière qu'elle ne voulait pas : celle d'une mère trop protectrice, bassement narcissique. Torsten sauta sur l'occasion.

– Je vois. Tu as peut-être peur qu'il décapite le fruit de nos entrailles et qu'il se fasse ensuite sauter le caisson, en emportant avec lui la moitié de la ville ?

Elle n'appréciait pas son humour, mais préféra laisser filer.

– On a découvert un corps dont la tête a été tranchée. Nous publierons l'histoire dans le journal de demain.

Elle pouvait presque percevoir la façon dont ses idées s'entrechoquaient.

– La victime s'appelle Kjeld Arne Husum. Ça n'a rien de secret, il a été identifié.

– Ce nom ne me dit rien, dit Torsten.

– À moi non plus. Mais pourtant ça devrait.

– Qu'est-ce que tu veux dire ?

Elle commença à tracer des lignes sur un morceau de papier.

– Tu te rappelles Morten ? Le père de mon fils ?

Il essaya de rire, mais ne réussit qu'à émettre un pauvre gargouillement.

– Je n'ai jamais eu le plaisir de le rencontrer. Mais tu m'as bien sûr parlé de lui.

Elle continuait de dessiner. Oui, elle lui avait raconté. Bien avant qu'ils ne tombent amoureux l'un de l'autre, ils s'étaient confiés au cours d'une thérapie organisée dans le cadre de leurs études. Son passé avait éclaté au grand jour, malgré ses efforts pour y résister. Peu après, elle avait arrêté ses études.

– Morten habitait dans une communauté qui s'appelait La Tour Noire. Elle tenait son nom d'un livre, si je me souviens bien.

– *Le Seigneur des Anneaux*, dit Torsten. La Tour Noire est la tour de Sauron à Mordor, dans le pays des ombres. On l'appelle aussi Barad-dûr.

– Je ne savais pas que tu étais expert en Tolkien. Qui est donc ce Sauron ?

Il y eu un silence dans le téléphone, avant qu'il ne réponde :

– Il symbolise le mal incarné. C'est lui qui créa l'anneau *pour les gouverner tous*, celui qui confère le pouvoir absolu, et la capacité de tout anéantir. Le vrai méchant, quoi.

Elle commença à colorier son dessin et vit qu'elle avait tracé la forme d'une tour, haute et menaçante. Freud devait jubiler dans sa tombe.

– Mais enfin, pourquoi ont-ils donné ce nom à leur communauté ? Est-ce qu'ils voulaient vraiment symboliser le mal ? demanda-t-elle.

Elle n'avait jamais accroché aux courants de mode liés à Tolkien, même quand le film était sorti.

– Si je me souviens bien, tous les membres de la communauté avaient cette tour tatouée sur le bras, dit-elle.

Torsten resta un long moment silencieux.

– C'était peut-être pour se marrer, hasarda-t-il. À cause de la référence à Tolkien, dont l'œuvre était pour nous une Bible en ce temps-là.

– Déjà à l'époque...

– Est-ce que tu es sûre que c'est exactement la même tour ? Ils n'ont jamais expliqué sa signification ? demanda Torsten.

– Non.

Ils échangèrent encore deux ou trois mots à ce sujet, avant de raccrocher. Ça aurait été si facile de chasser tout cela en se disant que ce n'était qu'un souvenir défaillant. Mais ça ne marchait pas. Elle avait vu ce tatouage sur le bras de Morten, et une copie similaire sur tous les autres membres de la communauté. Elle savait qu'elle était censée reconnaître ce Husum, et au plus profond de son esprit flottaient comme les morceaux de quelque chose qu'elle n'arrivait pas à distinguer. Il devait y avoir un rapport. Elle avait dû rencontrer un jour, même brièvement, la victime de Samsø.

23

– QU'EST-CE QUE nous savons sur lui ? Quel genre d'homme était-il ? Quelles étaient ses opinions politiques ? Sa famille, ses amis, ses voisins, ses collègues ?

Wagner brandissait la photo de Kjeld Arne Husum, celle qui avait été montrée à la presse. Elle avait été confiée à Kristian Hvidt et Jan Hansen par la mère de la victime, qui habitait dans un foyer d'Åbyhøj. Ils étaient allés la voir pour l'informer du décès de son fils, et elle avait insisté, avec l'aide de son plus jeune fils, pour venir identifier le corps à l'Institut médico-légal.

– Pourquoi devait-il mourir ? Et pourquoi précisément de cette façon-là ? Qu'est-ce qu'il avait bien pu faire pour pousser quelqu'un à lui couper la tête ?

Il fit une pause et les regarda. Ils avaient eu un peu de temps libre et avaient provisoirement arrêté de bourdonner dans toutes les directions. Non que l'affaire ne les occupât plus, mais ils avaient aussi besoin de s'intéresser à autre chose qu'à un corps sans tête. Parmi les sujets les plus brûlants du moment, on évoquait le souhait du gouvernement de prolonger la durée de service des agents, qui ne pourraient plus désormais prendre leur retraite à 63 ans. « La police en chaise roulante », comme disait Ivar K. Et puis, il y avait aussi le cousin d'Eriksen, dont la belle-mère était artiste peintre, et auprès de qui il était possible d'acquérir des toiles pour un prix abordable, à condition d'en acheter plusieurs. Petersen et Hansen étaient partants pour cette idée, et Kristian Hvidt y songeait aussi sérieusement car il venait, avec sa femme, d'acheter une vieille maison à Hinnerup.

– Qui a quelque chose à dire ?

Jan Hansen se racla la gorge et leva la main. Ivar K fit une bulle avec son chewing-gum qui éclata avec un bruit sec.

– Il avait été interpellé pour des actes de violence, dit tranquillement Hansen. Mais par la suite rien d'autre à signaler. Très peu d'arrêts maladie, son chef ne dit de lui que du bien.

– Chez *Ceres*, c'est ça ? demanda Wagner.

Hansen acquiesça.

– Et ses collègues ? Vous les avez interrogés ?

– Pas encore. Nous avons prévu de nous y rendre rapidement. J'ai eu le patron ce matin au téléphone.

– Parfait. Quoi d'autre ? continua Wagner. A-t-il été marié ? Des enfants ? De la famille ? En dehors de la mère et du jeune frère, comment s'appelle-t-il déjà ?

– Bent, renseigna Eriksen. Il y a une sœur, morte avec mari et enfants dans la catastrophe du tsunami. Une histoire tragique. Une autre sœur vit aux USA, mariée avec un dentiste.

– Un dentiste américain ?

Eriksen confirma d'un signe de tête.

– Ils habitent au Texas. La sœur, qui s'appelle Ina, est elle-même dentiste, ils ont un cabinet à Houston. La mère en est très fière. Notre victime a plutôt suivi les traces de son père, employé dans une brasserie.

– Et Bent ?

– Électricien. Il travaille chez Søften Elec.

Wagner nota l'information.

– La sœur est donc la seule à avoir fait des études. Le petit génie de la famille, n'est-ce pas comme ça qu'on dit ?

Eriksen posa son regard sur Ivar K et dit :

– On en a de bons exemples.

Quelques rires fusèrent. Personne n'ignorait que son père avait été éboueur et que celui d'Ivar K avait fait carrière dans l'administration des prisons, mais du mauvais côté des barreaux. Tout le monde savait aussi que Regnar Kristiansen avait jadis été un excellent cambrioleur.

– Parle pour toi, marmonna Ivar K dont le visage s'était empourpré. Et les témoins ? Est-ce qu'on doit retourner sur Samsø, on recommence pour le prince Knud[1] ?

– Le prince Knud ?

Le jeune Kristian Hvidt n'était visiblement pas très calé en histoire du Danemark.

– Le frère du roi Frederik IX. L'héritier, si tu préfères. Avec ses oreilles décollées, son grand nez et le dentier qui avait tendance à se faire la malle, dit gentiment Ivar K en observant Hivdt, qui aurait presque pu correspondre au signalement.

Kristian Hvidt gardait un air perplexe et se gratta l'oreille, comme pour essayer de faire entrer l'information dans son cerveau.

– Oublie, dit Ivar K en mâchouillant son chewing-gum. Et la vieille de Grønnegade ? Il faudra bien à un moment ou à un autre qu'on arrive à relier ensemble les deux affaires. Les témoins, les voisins, tout ça ?

Wagner s'assit sur le bureau et attrapa une bouteille d'eau.

– Il faut retourner à Grønnegade, dit-il. Il faut interroger les gens une nouvelle fois, pour savoir ce qu'ils ont à déclarer sur Husum. Quelles étaient ses habitudes ? Est-ce qu'il y avait du vacarme en provenance de chez lui, ou même des bruits bizarres ? Qui voyait-on aller et venir chez lui ? Quid de ses relations féminines ? Qui l'a vu ou

---

1. « En gang til for prins Knud » : Knud était le prince héritier du Danemark de 1947 à 1953. L'expression « on recommence pour le prince Knud » trouve sa source dans un fait survenu lors d'un spectacle de danse pendant lequel le prince demanda à ce qu'un ballet soit rejoué. Elle est utilisée depuis lorsque l'on estime son interlocuteur trop bête pour comprendre quelque chose du premier coup. *(N.d.T.)*

lui a parlé pour la dernière fois ? Avons-nous la moindre idée là-dessus ?

Hansen fit un signe de tête négatif.

– Peut-être sur l'île de Samsø, dit-il. Les voisins, avant qu'ils ne partent pour Copenhague.

Wagner hocha la tête en direction d'Ivar K et d'Eriksen.

– Vous partez pour Samsø et vous interrogez le voisinage.

Intérieurement, Wagner espérait que le ferry serait tellement secoué qu'Ivar K prendrait une bonne douche froide. Il soupira. Parfois, il avait l'impression de jouer un rôle d'éducateur dans un club pour ados.

– Est-ce que l'équipe technique s'est rendue dans l'appartement de Husum ?

Wagner acquiesça.

– Ce matin. Ils y sont peut-être encore. Je m'occupe de parler avec Haunstrup au sujet de Samsø.

– L'ex-femme de Husum habite sur l'île de Gedding, indiqua Hansen. Il a aussi une fille, qui vit avec la mère.

Il consulta ses notes.

– Elle a dix ans.

– Ils ont été mariés pendant combien de temps ? demanda Wagner.

– Trois ans. Ils ont divorcé il y a deux ans. Elle est partie avec la fille et il a conservé l'appartement.

Wagner acquiesça.

– Il faut l'interroger. On s'en charge tous les deux.

Il fit un signe en direction de Hansen puis tourna la tête vers Kristian Hvidt.

– Tu t'occupes du *Ceres* et de ses collègues.

Ivar K recula sa chaise, il enfila sa veste en donnant une claque dans le dos de son jeune collègue, qui émit un son creux.

– Tu devrais peut-être y aller en taxi, si ça se trouve, ils vont te payer une tournée.

– Et à propos de Dicte Svendsen ? demanda soudain Jan Hansen.

Wagner avait vu le film numéro 2. Une copie de l'original avait été confiée à l'Institut technologique ainsi qu'à la PET, et à présent toute une bande d'experts devaient être en train de scruter chaque pixel à la loupe. Il avait également décrit la façon dont Dicte Svendsen avait réagi par rapport au tatouage. Pour ensuite prétendre que cela n'avait pas d'importance.

– Qu'est-ce que tu veux dire par là ?

Il était sur la défensive, sans réellement s'en rendre compte. Hansen se leva à son tour. Il déposa sa tasse de café sur le plateau.

– Est-ce que quelqu'un se charge de la surveiller ?

Les mots restèrent un moment suspendus dans les airs. Était-il question de l'espionner ou de la protéger, c'était au choix.

– Pas que je sache. Et puis je pense qu'elle refuserait, dit Wagner.

– Parce que c'est à elle d'en décider ? demanda Ivar K. La PET n'a rien à dire là-dessus ?

Wagner haussa les épaules, une nonchalance feinte.

– Ils doivent sans doute y réfléchir.

Après la réunion, il resta seul assis à la fenêtre, à contempler la ville. À la périphérie, on pouvait voir la tour carrée de la mairie, ce qui lui rappela le tatouage sur l'épaule de Husum. Il avait observé Dicte pendant qu'elle regardait les photographies. Il avait vu la manière dont son corps s'était raidi, on aurait presque dit qu'elle avait disparu sous ses yeux, comme dans le film *Harry Potter* qu'il avait été voir avec Alexander, au moment où grâce à la magie on pouvait disparaître d'un endroit pour se matérialiser à un autre.

Il était évident que ce tatouage avait une signification. La question était de savoir pourquoi elle ne voulait pas en parler. La question était aussi de savoir ce qu'elle se préparait à faire.

Il s'arracha de sa chaise et prit l'ascenseur en direction du quatrième étage, où se trouvait le département technique de la police nationale. Lorsqu'il sonna à la porte, verrouillée en permanence, Haunstrup vint lui-même lui ouvrir.

– Vous avez quelque chose pour moi ?

L'autre fit un signe de tête en refermant derrière eux. Wagner suivit le rouquin le long du couloir menant à un petit bureau.

– Nous avons trouvé des empreintes digitales à Samsø, qui ne correspondent pas à celles d'Arne Husum, indiqua Haunstrup tout en marchant. Nous les vérifions auprès du Bureau central, mais vous savez comme moi quelles sont nos chances de les identifier.

– J'ai entendu dire qu'aux USA, les autorités souhaitent refuser les empreintes digitales comme pièces à conviction lors des procès, estimant que seules les analyses ADN devraient être recevables, dit Wagner.

Haunstrup émit un petit ricanement, qui exprimait clairement son manque de respect pour ses collègues américains.

– L'ADN n'est pas fiable à 100 %. Contrairement aux empreintes digitales, dit-il en cherchant quelque chose dans la cartothèque.

– Ils disent que trop d'erreurs ont été commises. Plus de 2 000 par an, continua Wagner.

Haunstrup leva les yeux au ciel.

– L'erreur humaine. Leur formation est trop succincte, trop courte. Je peux vous assurer que chez nous, la technique est parfaitement maîtrisée.

Il leva les yeux de la cartothèque.

– Si une erreur judiciaire était arrivée à cause du CFI, croyez-moi qu'ils auraient déjà fermé boutique.

Wagner approuva. Il le savait très bien. Les gens du CFI étaient ultradiplômés, et tous les dix avaient par ailleurs obtenu une certification de la Nordakt[2], ainsi

2. « Nordakt » ou « Nordact » est une conférence annuelle ayant pour fonction de rassembler des représentants de la Norvège, de la Suède et du Danemark. *(N.d.T.)*

qu'une formation dispensée par l'Union des polices scandinaves. Dans son ensemble, les techniques de la police étaient jugées de très haut niveau. C'était la raison pour laquelle il espérait que Haunstrup & Co avaient pu découvrir des traces utilisables, comme du sang, du sperme ou une empreinte digitale identifiable.

– Quoi d'autre ? demanda-t-il en s'asseyant en face de lui. Vous avez visité l'appartement de Grønnegade ?

Haunstrup regarda sa montre.

– Nous avons deux hommes sur place en ce moment même. Ils ne devraient plus tarder à rappliquer.

– Et Samsø ? Est-ce qu'on peut encore en tirer quelque chose ?

– La pluie a dû effacer toutes les pistes en extérieur. Nous n'avons rien trouvé dans la maison. Il reste bien sûr les traces de sang sur la souche de l'arbre, qui correspondent à celui de la victime, le lieu du crime ne fait donc aucun doute.

Haunstrup fronça les sourcils en continuant de fouiller dans sa cartothèque, dont il finit par extraire un petit sachet en plastique transparent. Il le posa sur la table devant Wagner, qui fixa son contenu. Ça ne ressemblait pas à grand-chose, un morceau de papier triangulaire auquel était fixé un mince cordon.

– Qu'est-ce que c'est ?

– Nous l'avons trouvé sur le sol de la salle de bains. Nous ne savions pas non plus ce que c'était. Je veux dire, nous les hommes ne connaissons pas ce genre de truc. C'est Susan qui nous a donné l'info.

Susan était une des femmes de l'équipe technique.

– Et donc ?

– C'est un morceau de Tampax.

– Tampax ? murmura Wagner. Les tampons ?

Haunstrup acquiesça.

– C'est la petite bande qu'on retire pour déballer l'objet.

– Il y avait autre chose avec ?

– Négatif. Tout avait été nettoyé et débarrassé. Rien dans la poubelle des toilettes, que quelqu'un avait d'ailleurs lessivée, on y a trouvé des traces de produits d'entretien.

– Donc uniquement ce machin.

Nouveau signe de tête.

– Il avait dû être retiré récemment, vu qu'il traînait sous l'évier à un endroit où on est obligé de se tenir pour se laver les mains. Et il est parfaitement propre. Personne n'a marché dessus. Mais nous avons aussi trouvé autre chose.

Wagner le regarda. Haunstrup avait l'air aussi excité qu'un enfant à qui on donne ses cadeaux de Noël.

– Quoi ? demanda Wagner, qui avait déjà deviné.

– Une empreinte de doigt, éructa Haunstrup, comme accompagné des coups de cymbale d'une fanfare imaginaire. Une partie du pouce, sans doute celui de la personne qui a ouvert et utilisé le tampon.

– Une femme, dit Wagner. Il y a eu une femme dans cette maison.

24

ROSE S'ACCROUPIT devant son vélo pour vérifier l'état des pneus, tous deux à plat. Dégonflés, conclut-elle en se sentant comme une gamine dont les garçons s'étaient vengés du fait qu'elle ne les aimait pas.

Elle commença à tirer son vélo tout en réfléchissant. Était-ce le hasard ? Ou bien est-ce que quelqu'un essayait de lui faire passer un message ?

C'est le hasard, se força-t-elle à penser. Le parc de l'Université est ouvert à tout le monde, même aux enfants qui viennent souvent y jouer pendant leurs temps libres. Ça pouvait être n'importe qui.

Elle traversa le parc en tirant son vélo, jusqu'à la ville, avec son Ipod dans la poche et le nouveau CD de Coldplay dans les oreilles, tandis que les derniers jours de sa vie défilaient dans sa tête comme une sorte de clip vidéo. Aziz lui manquait. Elle ressentait son absence dans chacun de ses muscles, dans ses os, dans sa peau. Mais il avait dû repartir pour Copenhague et elle ne le reverrait pas avant vendredi. Les adieux avaient été brefs. Il ne voulait pas de larmes. Pas de mots doux ni de longues embrassades. La dernière nuit qu'ils avaient passée ensemble restait gravée dans la tête d'Aziz et avait aussi amplifié sa méfiance. Il n'avait rien dit, mais elle était persuadée qu'il était sur le qui-vive, à cause des deux immigrés que Katrine avait ramenés chez elle. Elle avait essayé de le rassurer en lui disant que les chances qu'ils reconnaissent leur vieux copain étaient minimes, mais quelque chose de dur était apparu sur son visage, comme s'il avait enfilé un masque.

Elle avait douté de ses sentiments envers elle mais il l'avait convaincue en la tirant vers lui, juste une seconde, et en lui chuchotant à l'oreille :

– S'ils te font quoi que ce soit, je les tue. Fais attention à toi.

Puis il était sorti de l'appartement et elle avait entendu son pas de félin dans l'escalier.

Elle remonta la rue de Nørregade en traînant son vélo, passa le croisement de Paradisgade et continua vers Guldsmedegade. Ça sera toujours comme ça. Il sera avec elle pendant un moment et, la seconde d'après, il aura disparu.

Cette réalité lui martelait la tête au rythme de la musique et de la voix de Chris Martin. C'était exactement la même chose pour sa mère. Bo l'aimait énormément mais il ne pouvait pas s'empêcher de lui refaire sans cesse son petit numéro de prestidigitation et, abracadabra, il s'envolait d'un coup pour l'autre bout de la planète. Un jour il était là, le lendemain il n'y était plus. Peut-être que ce genre de truc était héréditaire, comme une forme d'indépendance qui, chez eux, se serait développée d'une manière bizarre.

Elle n'avait pas reparlé avec sa mère depuis qu'elle lui avait hurlé dessus au téléphone. Elle remarqua soudain que ses pas l'avaient conduite jusqu'à Immervad, d'où elle pouvait voir l'enseigne de la rédaction, au premier étage de l'immeuble tout en haut de la rue. Un peu plus bas, des passants s'amassaient sur la place Telefontorvet, devant les marchands de bijoux à la sauvette, où elle-même, quelques années plus tôt, avait acheté un piercing de narine, ce qui avait rendu sa mère furieuse et avait fait complètement flipper son père. Soudain, elle ne comprenait pas où avait filé le temps depuis ce jour-là. Elle était encore une enfant. À présent elle se sentait mature, ou en tout cas en bonne voie de l'être pour de bon. Elle aimait déjà une partie de sa vie d'adulte. Celle qui lui permettait de sortir avec Aziz et lui conférait une certaine indépendance. Par contre, elle craignait l'autre partie. Celle qui l'obligeait à prendre elle-même des décisions et qui lui donnait conscience que finalement elle était toute seule.

Un soudain désir d'enfance la poussa à s'approcher de l'immeuble, devant lequel elle attacha son vélo avant de se décider à monter l'escalier. Elle frappa à la porte puis entra dans les locaux de la rédaction. Sa mère avait sa veste sur le dos et son sac sur l'épaule. Rose eut alors l'impression de revivre une scène identique à celles qu'elle avait vues et revues au fil de ces années aujourd'hui disparues.

– Bonjour ma chérie. C'est bête, j'allais justement sortir.

– Tu vas où ?

– Bosser, je suis de garde.

– Toute seule ?

Sa mère la prit par le bras.

– Viens. On peut y aller ensemble. Je t'accompagne quelque part en voiture ?

– Quelqu'un a dégonflé mes pneus de vélo.

Elle se sentait comme une enfant qui aurait voulu qu'on fasse attention à elle. Elle parlait comme une petite fille.

– OK, on va mettre ton vélo dans le coffre. Pour le peu de chemin qu'on a à faire, ça ira.

Rose alla le chercher et le traîna jusqu'à la voiture. Elles le hissèrent dans le coffre, de telle sorte que seule la roue avant en dépasse. Sa mère regarda les pneus dégonflés, alors que la roue finissait de tourner sur elle-même.

– Tu sais qui a fait ça ?

Elle remarqua son inquiétude et se dit que l'état de son vélo n'était pas le fait du hasard.

– Non. Sûrement des gosses.

– Où était-il ? À l'université ?

Rose acquiesça en jetant sur la banquette arrière les journaux qui traînaient sur le siège avant, afin de s'y asseoir. Elle s'égratigna en essayant d'attraper la ceinture de sécurité, qui se détendit dans un claquement sec.

– Merde !

Les larmes lui montèrent aux yeux. Elle les essuya d'un geste qu'elle espérait discret.

– Du calme...

Sa mère démarra la voiture et la laissa au point mort.

– Respire un bon coup et raconte-moi ce qui s'est passé. C'est Aziz ?

– Ce n'est pas lui qui a dégonflé mes pneus.

Elle ne pouvait pas s'empêcher de s'énerver. Elle savait qu'elle était infantile, et qu'elle était précisément en train de recevoir l'attention qu'elle avait souhaitée, mais pas comme il fallait.

– Vous vous êtes vus où ?

Petit à petit, elle finit par raconter toute l'histoire. Elle n'arrivait pas à regarder la tête que faisait sa mère mais elle se doutait de ce que ça pouvait donner. Elle s'en rendait compte à sa voix, à son ton nerveux qu'elle essayait pourtant de rendre neutre.

– Ce sont tes affaires et je te soutiendrai quoi qu'il arrive. J'espère seulement que tu sais ce que tu fais.

Bien sûr, elle ne le savait pas ! Elles en étaient toutes les deux conscientes.

– Ça fait longtemps maintenant, dit Rose. Et il ne s'est rien passé de grave. On ne peut pas non plus passer sa vie à regarder par-dessus son épaule.

Elle fut soulagée que sa mère ne lui demande pas d'expliquer pourquoi, justement, on ne pourrait pas faire cela. Elle semblait accepter que les choses soient comme elles étaient. Qu'ils se fréquentent.

– Ça n'a rien de personnel, tu comprends ? Je veux dire, quand je suis inquiète.

Rose haussa les épaules. Dicte continua.

– Je suis certaine qu'Aziz t'aime, mais ça ne garantit pas qu'il puisse toujours être auprès de toi. Il n'est peut-être pas tout seul à en décider.

– Si, justement.

– C'est ce qu'il dit maintenant. Et peut-être que c'est vrai. Mais sa famille a sûrement son opinion là-dessus, et il ne faut pas t'attendre à ce qu'ils acceptent sans rechigner le fait qu'il ait une petite amie danoise. Tu ne peux pas le nier, souligna sa mère. Tu as déjà rencontré certains d'entre eux ?

– Non, mentit Rose en pensant à Nazleen, avec son foulard sur la tête.

– Qu'a dit Aziz à propos de l'article ?

– Ça l'a rendu furieux.

Sa mère acquiesça en passant la marche arrière.

– Évidemment. C'est plus facile comme ça.

– Ce qui veut dire ?

Dicte sortit du parking. Elles avaient déjà atteint le boulevard lorsqu'elle répondit.

– Aziz est susceptible. Il est musulman, et ses croyances n'ont pas vraiment bonne presse en ce moment. Ils se sentent tous suspectés de terrorisme, c'est compréhensible.

– Et alors ? demanda Rose.

– Et alors, il faut qu'il admette qu'il se passe des choses, des affaires que les médias ont le devoir de relater. Peut-être que ça fait mal et qu'ils en souffrent un peu trop. Mais ce n'est quand même pas nous qui foutons le bazar. Ce n'est pas nous qui filmons un mec en train de se faire décapiter et qui envoyons ensuite un film afin que tout le monde fasse un parallèle avec l'intégrisme musulman. Ce n'est pas non plus nous qui sommes à l'origine du 11-Septembre.

Rose vit que sa mère la regardait de biais. Un coup d'œil de journaliste. Celui qui se faisait l'avocat de la sacro-sainte liberté de la presse et de la démocratie, avec un grand D. Bien sûr que c'était important, elle n'avait aucun doute là-dessus.

– OK, il est possible que tout ça n'ait rien à voir avec les musulmans. Nous cherchons la vérité qui doit forcément se trouver quelque part. Quand nous l'aurons trouvée, nous l'écrirons, de la même façon.

Le journalisme. Toujours le journalisme. C'était devenu de pire en pire depuis ces dernières années. Sa mère était si débordée. Elle passait sa vie à s'enfoncer dans des histoires qui soudain devenaient plus importantes que tout le reste, elle courait tête baissée à travers les obstacles. Exactement comme Bo et Aziz. Parfois, elle disparaissait complètement de la vie de Rose. Comme par exemple maintenant, où dans sa tête elle était déjà partie vers son prochain boulot, quel qu'il fût.

Elles avaient atteint le boulevard Ingerslevs et quelques minutes plus tard la voiture s'arrêta devant l'appartement de Chr. Wærumsgade. Rose descendit et attrapa son sac. Elle aurait aimé recevoir un baiser, mais elle n'arrivait pas à se décider et opta finalement pour un signe de la main, une fois qu'elle eut récupéré son vélo.

Ensuite, elle l'amena chez un garagiste et fit un tour dans la galerie Bruun, pour y regarder les nouveaux vêtements qui lui faisaient envie, mais qu'elle n'avait absolument pas les moyens de se payer. Elle était en train de descendre l'escalator lorsqu'elle entendit un homme se plaindre dans son dos, et soudain, un petit groupe d'immigrés étaient rassemblés devant elle. Tout avait été tellement vite qu'elle n'avait pas eu le temps de réagir. Elle sentit une main l'attraper par l'entrejambe. Elle remarqua qu'un garçon, un peu plus loin, s'était retourné et était en train de se frayer un chemin jusqu'à elle. Il était si proche à présent qu'elle ne distinguait pas ses traits. Elle sentait son haleine contre sa joue. D'une voix enrouée et avec un fort accent, il chuchota :

– Dis à ton mec que nous l'avons à l'œil.

25

DICTE PASSA DEVANT la Marina et le café *Tang* avant de tourner sur la droite pour rouler le long de la côte en direction d'Odder. Dans sa tête, elle ressassait les paroles de Rose. Sa fille avait toujours été une personne futée mais à présent quelque chose de plus grave filtrait dans le son de sa voix. Aziz n'était pas qu'un copain de passage, comme elle l'aurait espéré, tout comme elle aurait aimé qu'ils se séparent pour de bon après ce qui était arrivé.

Tout en observant la route, elle tentait de faire honnêtement sa propre analyse.

Ce n'était pas à cause de la couleur de sa peau ni à cause de son passé. Elle n'avait rien contre ça. Ce n'était pas non plus lié au fait qu'il avait tué un homme, même si ce n'était pas négligeable, mais elle était mal placée pour le juger dans le cadre de cette histoire. Non, il s'agissait plutôt des conséquences que cette relation aurait nécessairement sur eux, les conflits de cultures, et aussi l'influence que la famille d'Aziz n'allait pas manquer d'exercer sur Rose. Allaient-ils la convaincre de se convertir à l'islam ? L'image de Rose coiffée d'un tchador lui retourna aussitôt l'estomac. Elle s'agrippa au volant.

– Tout doux.

Elle dit cela en regardant les essuie-glaces, qui balayaient la pluie de leur manière mécanique. Il fallait qu'elle arrête de voir des fantômes là où il n'y en avait sans doute pas. Elle devait faire confiance à Rose et supposer qu'elle ne se laisserait pas aussi facilement manipuler.

Mais elle songea à tout ce que l'amour pouvait faire faire, même à des personnes sensées. Elle devait résoudre ce problème avant qu'il ne la rende complètement folle. Elle-même avait été une adolescente amoureuse et le résultat avait été catastrophique. Elle ne valait pas beaucoup mieux mais la question n'était pas là.

Elle décida d'oublier ce sujet et introduisit un CD dans l'autoradio. Diana Krall se mit à chanter *I've got you under my skin.* Dans la peau, oui, c'est ça. Comme le poison d'un serpent bien planqué dans un endroit secret, d'où il pouvait s'attaquer aux muscles et aux os, une agression sournoise : en premier lieu Rose et Aziz, qui vivaient dans la crainte de la vengeance et de la terreur, suivis du film, du tatouage, de la constante impression qu'un lien existait entre l'homme décapité et son propre passé confus. Comment pouvait-elle s'en sortir ?

Elle se mit à penser à la rencontre vers laquelle elle se dirigeait.

Elle aurait pu imaginer qu'il n'habitait plus depuis longtemps à Ikast. Elle aurait également pu deviner qu'il avait emménagé dans la banlieue d'Århus. Århus avait toujours attiré les intellectuels de l'ouest du pays comme un aimant, en tout cas ceux qui n'avaient pas choisi d'aller vivre à Copenhague. Elle avait compris qu'il enseignait dans une des écoles d'Odder.

Il n'avait pas été très compliqué de mettre la main sur lui. Quelques coups de fil et une petite recherche dans l'annuaire avaient suffi. Elle aurait pu le retrouver à n'importe quel moment. Et elle aurait pu respirer. Et se venger ? Lui rendre la monnaie de sa pièce, pour le jour où, âgée de seize ans et enceinte de son enfant, elle était venue lui demander de l'aide et qu'il l'avait envoyée paître.

Pourquoi donc n'avait-elle jamais cherché à le revoir ?

Elle quitta Oddervej juste après la bifurcation de Næsen, en jetant un œil sur le siège du passager où elle avait posé une carte routière. Elle constata qu'il habitait dans un quartier résidentiel. Lui qui avait été tellement gauchiste et qui avait passé son temps à cracher son mépris contre les bourgeois. Lui qui rêvait d'être un oiseau libre – y compris pour ce qui concernait l'amour et le sexe – et jurait de ne jamais s'attacher, de ne jamais posséder de biens et surtout pas de voitures, parce qu'elles contribuaient à la pollution et à la dégradation de la planète.

Lorsqu'il avait été nommé professeur dans son école, il avait vingt-sept ans. À présent, il devait être dans la cinquantaine. Est-ce qu'ils arriveraient au moins à se reconnaître ?

Deux voitures étaient garées devant l'entrée, une Skoda et une Kia, ce qui l'ennuyait un peu. Sa femme devait être là, car en plus, il était sûrement marié. Elle posa les yeux sur des vélos posés devant la maison. Ils ont aussi des gamins, qu'il avait dû avoir sur le tard, puisqu'ils vivaient encore ici.

Elle resta un moment appuyée contre le volant. Était-ce bien pour lui ? Pour sa femme ? Pour ses enfants ? Et puis merde après tout, ils n'avaient pas besoin de savoir quoi que ce soit, à part qu'elle était une amie de son ancienne communauté d'étudiants, qui cherchait à rassembler ses vieux copains d'autrefois.

Elle ne lui avait jamais dit qu'elle était tombée enceinte. Mais il avait certainement dû l'apprendre. La rumeur s'était répandue avant qu'il ne quitte l'école, lui évitant ainsi d'avoir à poser les yeux sur son gros ventre. Quelqu'un avait dû se charger de lui annoncer qu'il avait, quelque part dans le monde, un fils.

Elle prit son courage à deux mains et avança jusqu'à la porte. Elle sonna. Un jeune homme, de l'âge de Rose, vint lui ouvrir. Il ressemblait à son père de manière étonnante, les cheveux blonds mi-longs, presque blancs, le visage épais, la même forme du cou.

– Ton père est là ?

Le garçon la regarda brièvement, avant de reculer d'un pas et d'appeler en direction du couloir :

– Pa-pa ! Quelqu'un pour toi.

– Qui est-ce ? cria-t-on en retour, en même temps que la voix se rapprochait.

– Qui... ?

Il se tint devant elle, vêtu d'un jean et d'un tee-shirt à manches courtes et, si le doute avait encore été possible, la tour tatouée sur son bras était là pour le dissiper. Il avait les cheveux coupés court, peut-être pour dissimuler qu'il ne lui en restait plus beaucoup. Le corps s'était alourdi de quelques kilos dans la région du ventre, mais les yeux étaient toujours d'un bleu aussi limpide et ils la regardaient avec curiosité.

– Salut Morten. Je ne sais pas si tu me reconnais.

Pour l'instant, ce n'était visiblement pas le cas, et elle finit par se demander si elle-même avait changé autant que lui. Puis il murmura presque :

– Benedicte. C'est toi ?

Il était mal à l'aise. Elle s'en rendit compte à la manière dont sa pomme d'Adam s'agitait, et au geste qu'il fit soudain de caresser les cheveux qu'il n'avait plus.

– Je viens discuter avec toi du bon vieux temps.

Dans un flash-back, elle se revit au sein de la communauté, puis elle fit un effort pour se ressaisir. Elle n'avait pas souvent pensé à lui depuis. À l'enfant, oui. Tous les jours. Mais pas à lui. Il ne signifiait rien, à part que son fils portait ses gènes et qu'à présent il pouvait lui être utile pour résoudre son enquête. L'amour était de l'ordre d'un passé très lointain.

– Entre.

Ce qui aurait dû ressembler à une proposition spontanée sonnait dans sa bouche comme une obligation. Sa femme sortit de la cuisine pour venir voir.

– Qui est-ce ?

– Astrid...

Il cherchait ses mots.

– Je m'appelle Dicte, dit Dicte en lui tendant la main. Je suis journaliste et je dois poser quelques questions à votre mari.

– À propos de quoi ?

Astrid était plus jeune que lui. Sans doute du même âge qu'elle, pensa Dicte. Elle était plutôt jolie, avec des longs cheveux bruns, une peau dorée et de grands yeux noirs. Elle ressemblait à Anisette[1].

– Rien d'important, quelque chose qui est arrivé à Ikast il y a des années de ça, dit Dicte d'un ton léger, tout en voyant la façon dont Morten s'agitait. C'est en rapport avec une affaire sur laquelle je travaille actuellement. J'écris un papier sur les communautés des années 70, mentit-elle.

– Je te propose de descendre dans mon bureau.

Il avait dit cela d'une voix tellement tendue que sa femme n'avait pu que s'en rendre compte. Mais elle ne fit aucune remarque et Dicte le suivit à l'intérieur.

– Qu'est-ce que tu cherches exactement ?

Il venait de refermer la porte derrière lui, il chuchotait presque. Si c'est de l'argent... ?

– De l'argent ?

Elle le regarda intensément.

– Et pourquoi est-ce que je viendrais te demander du fric ?

– Alors quoi ? Qu'est-ce que tu veux à la fin ?

Il s'était assis à son bureau. Elle était debout face à lui. Elle réalisa qu'il avait peur, ce qu'elle trouvait décevant, mais ce qui lui donnait aussi l'avantage d'un certain pouvoir.

– Ça n'a rien à voir avec nous.

Il se détendit un peu, mais une petite veine continuait de palpiter sur sa tempe.

– Qu'est-ce que tu veux alors ? Pourquoi viens-tu ici... (Il avait élevé la voix qui à présent atteignait presque les

---

1. Anisette Hansen est une chanteuse de rock née en 1948, rendue populaire à la fin des années soixante par sa manière, à l'époque choquante, de chanter pieds nus et vêtue comme une gitane. Dans les années 70, elle fut considérée comme une figure de l'émancipation féminine au Danemark. *(N.d.T.)*

aigus.) Ici où je vis avec ma famille. Ma femme et mes enfants...

– Épargne-moi ton hystérie, l'interrompit-elle. Ta famille ne m'intéresse pas. Je me fiche de constater que tu continues à baiser tes élèves, comme tu le faisais déjà à l'époque.

Il rougit. Il s'apprêta à dire quelque chose mais elle ne lui en laissa pas le temps.

– J'ai dit la vérité. Je dois trouver des renseignements sur la communauté où tu habitais. Comment vous l'appeliez déjà ? La Tour Noire ?

Il acquiesça et recouvra un peu son calme. Il fit passer sa langue sur ses lèvres.

– D'après Tolkien, dit-il.

– Le mal ? La tour de Sauron à Mordor. Pourquoi ?

Il haussa les épaules.

– C'était juste un nom. Ça avait de l'allure. C'était *in* à l'époque.

Elle s'assit sur le coin du bureau et se pencha vers lui. Il recula un peu.

– Un peu comme Mao et ce genre de trucs ? Comme le Front populaire et Ho Chi Minh et la fascination pour Pol Pot ?

Sa bouche se crispa.

– C'est facile d'en parler comme ça aujourd'hui. En ce temps-là, ça avait un autre sens.

– Bien sûr, dit-elle. Comme la liberté sexuelle, par exemple. C'était comme ça dans ta communauté, pas vrai ? Aucun complexe. Il fallait obéir à ses pulsions.

Elle se leva.

– Kjeld Arne Husum. Est-ce que tu te souviens de lui ?

Il regardait fixement devant lui, en tripotant fébrilement son stylo.

– C'était un ami de Kaspar.

– Kaspar ?

– Mon camarade de séminaire.

Elle ne se souvenait pas des noms des types de la communauté. Seulement de quelques visages.

– Ils avaient organisé pas mal de manifs, des trucs comme ça.

– Quels genres de manif ?

Il haussa les épaules. En ce temps-là, il y avait tout un tas de raisons de manifester.

– Contre la guerre du Vietnam, entre autres.

– Il était comment ?

– Qu'est-ce que tu veux dire ?

– Tu te souviens de quelque chose de spécial chez lui ? Comment était sa famille ? Ses amis ? Il avait des ennemis ?

– Des ennemis ?

– Est-ce qu'il y avait quelqu'un qui ne l'aimait pas ? Et toi, tu l'appréciais ?

Le stylo se brisa dans un craquement sec. Il se pencha pour ramasser nerveusement les morceaux, et aussi pour cacher son visage. Lorsqu'il se redressa, il avait repris un air neutre et tranquille.

– Bien sûr. Tout le monde aimait Kjeld Arne.

Dicte pouvait sentir le mensonge à plein nez.

– Il est resté combien de temps dans la communauté ?

Il réfléchit, en comptant sur ses doigts, avant de répondre :

– Environ deux ans, autant que je me souvienne.

– Tu as l'adresse de Kaspar ?

Il la lui donna, en espérant que comme ça elle finirait par partir. Mais elle ne s'en alla qu'une fois munie de la liste complète de tous les habitants de la communauté, pendant les années où lui-même y avait résidé.

– Et à propos de sa famille ? demanda-t-elle avant de le quitter. Où vivait-elle ? Lui rendait-elle parfois visite ?

Elle se rappela soudain le petit jeu du *tu chauffes, tu refroidis...* Il avait l'air tellement détaché que le feu qui brûlait à l'intérieur d'elle-même devait sembler flagrant.

– Je ne me souviens pas d'eux, dit-il en mentant une nouvelle fois effrontément.

26

QUELQU'UN AVAIT déposé une bougie. Du genre de celles utilisées dans les églises des pays catholiques. Elle était protégée par un ornement en métal, pour les temps de pluie.

Pour le moment, elle n'était pas allumée, car le vent soufflait trop violemment. Sa veste était fouettée par la bourrasque et la pluie ruisselait sur son visage. Elle était juste posée là, à côté de la pierre tombale, plantée dans le sol à l'aide d'un piquet, et cela le rendit furieux.

C'était peut-être une de ses copines qui l'avait apportée, ce qui la rendait inoffensive. Mais elle pouvait aussi venir de quelqu'un d'autre. D'un ancien amoureux. Ou encore, si on se mettait à penser de manière vraiment répugnante, de lui. Le meurtrier. Le dénommé Lars Emil Andersen. Peut-être qu'il croyait faire par là un pas vers le pardon, que c'était suffisant d'avoir apporté cette pourriture de bougie achetée pour cinq couronnes chez *Netto*[1].

– Lars Emil Andersen.

Il formula rageusement ces trois mots, qui s'enfuirent à travers le cimetière. Lars Emil Andersen. Dix-neuf ans et conducteur en état d'ivresse. Dans la Volvo empruntée à son père. Un fils à papa, putain de merde. La ville de Skåde Bakker. Six mois de prison et un an de retrait de permis de conduire. Ils l'avaient libéré au bout de quatre mois.

---

1. Netto est l'équivalent danois de nos supérettes de type « Ed ». *(N.d.T.)*

Ole Nyborg Madsen s'agenouilla devant l'urne. Il avait apporté un petit vase de couleur verte, de ceux que l'on pouvait planter dans le sol. Il l'avait rempli avec l'eau qu'on prenait aux robinets situés près du local à poubelles où se trouvaient également quelques outils de jardinage. Il regardait la bougie avec l'impression qu'il n'y avait pas de place à la fois pour elle et pour son bouquet. Elle était plantée précisément à l'endroit où il avait prévu de déposer ses fleurs.

Il arracha la bougie d'un geste brusque et la jeta furieusement au loin. Parfait. Ça leur apprendra. C'était sa fille qui reposait ici. Sa chair et son sang. À lui, et à personne d'autre.

– Tu étais la chérie de ton père, pas vrai ? dit-il à haute voix, en se rendant compte que ça sonnait à la fois comme quelque chose de malsain et d'interdit. On en était arrivé là, on ne pouvait même plus aimer ses propres enfants, ni leur dire des mots d'amour, sans qu'ils soient associés au viol ou à l'inceste. L'innocence avait disparu. Avec la mort de Nanna, elle avait été réduite en poussière.

– Je t'aime si fort. J'espère que tu le sais. Je n'ai simplement pas su le dire.

Il parlait tout seul. Il n'avait jamais été très doué pour formuler ce genre de choses, tout psychologue qu'il était. Lorsqu'on était originaire du Jutland de l'Ouest, avec un père poissonnier, on était peu enclin à ce type d'effusions. C'est dans le sang, pensa-t-il. Mais Nanna avait changé la donne. Elle avait toujours été particulière, la chaleur irradiait autour d'elle. Il suffisait d'embrasser Nanna pour passer ensuite une journée magnifique.

– Tu deviens trop gros, papa. Tu devrais perdre un peu de ventre, sinon maman va en avoir marre de toi, le taquinait-elle.

Il n'y avait que Nanna pour lui dire des choses comme ça. Elle seule pouvait lui sortir ce genre de bêtises. Il était allé en ville s'acheter des vêtements de sport et s'était mis au jogging, qu'il avait fini par pratiquer de manière acharnée, au point d'inquiéter Maibritt, qui avait appelé cela « l'âge de panique ». Nanna avait compris. Nanna l'avait félicité et encouragé en l'embrassant.

– Cinq kilos ! Bien joué, papa. Mais reste sur tes gardes, toutes tes patientes vont se jeter sur toi à présent.

Sa voix résonnait dans sa tête. Il pouvait la visualiser, debout et souriante, des étoiles plein les yeux, et le manque se fit sentir dans chaque parcelle de son corps, avant de lui envoyer un uppercut dans la poitrine. Morte. Tous les livres du monde traitant de la problématique du deuil n'avaient eu aucun effet sur lui. Les thérapies de groupe, avec d'autres gens qui, comme lui, avaient perdu un proche, ne l'avaient pas aidé à comprendre. Comment comprendre l'inexplicable ? Comment comprendre que ce qui était la moitié de vous ait soudain disparu à jamais ? La douleur des fantômes, pensa-t-il. C'est ce qu'ils devaient ressentir. Une jambe, un bras avait été arraché, et le reste du corps continuait à vivre, sans vraiment le vouloir et peut-être même sans y parvenir.

Comment se faisait-il qu'il se réveille en pleine nuit en entendant son rire ? Comment se pouvait-il qu'il arrive à la sentir physiquement dans ses bras, pour la consoler peut-être d'un chagrin d'amour, et que, soudain, elle ne fût plus là du tout ? Comment pouvait-il l'entendre crier son nom du fond du salon, comme si elle venait de passer la tête pour voir comment il allait, alors que, d'après toute vraisemblance, elle n'était pas dans la maison puisqu'elle n'existait plus ?

Elle n'existait plus.

Il se leva, frappé par l'idée que c'était parfaitement impossible. Nanna ne pouvait pas être supprimée, comme un symbole dans une formule de maths. Elle ne pouvait pas être annulée, comme une bouteille de vin qu'une caissière aurait par erreur enregistrée en double. Nanna *était*. Peu importe que ce ne soit plus ici ni dans une forme matérielle. Elle était dans l'air autour de lui et dans l'oxygène qu'il respirait. Elle était dans le merle qui chaque matin venait chanter sur le toit de la maison. Elle était dans les rayons du soleil, lorsqu'ils le réchauffaient. Elle était à l'intérieur de lui. Elle commandait la pompe qui permettait à son cœur de continuer de battre.

Mais ce n'était pas suffisant. Pas suffisant du tout Il demandait plus et il ne pouvait pas l'avoir.

Il brossa les traces de terre sur son pantalon et retourna à la voiture. Au moment précis où il mit le moteur en marche, une idée lui traversa l'esprit. Il essaya de la chasser mais elle continuait de cogner dans son cerveau, si bien qu'il finit par bifurquer pour descendre le long du port jusqu'à Kystvejen, en continuant en direction de Skåde.

Le quartier était composé d'une rangée de villas, alignées côte à côte, de style design, dont la hauteur des haies était proportionnelle aux revenus de leurs propriétaires. Maibritt et lui gagnaient correctement leur vie, ils n'avaient pas à se plaindre. Il savait que même s'ils avaient eu les moyens de ranger une BMW dans leur garage et de s'offrir une petite voiture toute ronde comme second véhicule, ils auraient plutôt choisi d'utiliser cet argent à quelques voyages exotiques pas trop chers ou à en faire don à des causes humanitaires, en Afrique par exemple. Ils étaient d'accord là-dessus. Mais surtout, ils l'auraient dépensé pour Nanna, leur seule enfant. Pour ses études, afin qu'elle n'ait pas de dettes à rembourser[2], et peut-être aussi pour lui payer un petit studio en ville. Certes, il avait d'abord protesté lorsque Maibritt avait émis l'idée d'engager une femme de ménage. Puis il s'était calmé. Pourquoi pas ? Ils travaillaient tous les deux, et ni lui ni elle n'étaient trop fans des travaux d'entretien, alors il avait réfléchi, mais ça n'avait rien à voir avec une voiture

---

2. Les étudiants danois reçoivent en général une bourse dans le cadre de leurs études. Néanmoins, lorsque la somme allouée n'est pas suffisante, ils peuvent souscrire un crédit qu'ils sont ensuite censés rembourser à l'État à la fin de leurs études. *(N.d.T.)*

de luxe ou un manoir trônant sur une des parcelles les plus coûteuses de la ville.

Il regardait les maisons et les merveilleuses voitures alignées dans leurs box, et il pensa à Lars Emil Andersen. Toutes ces richesses lui faisaient mal. C'était mauvais pour un enfant de naître avec une cuillère en argent dans la bouche. Ça ne pouvait rien apporter de bon.

– Sale petit merdeux.

Les mots fusèrent de sa mâchoire crispée, tandis qu'il conduisait le long des villas, baptisées chacune du nom d'un animal de la forêt. Tellement idyllique. Tellement complètement puant de bourgeoisie.

Il habitait évidemment toujours chez ses parents, ce jeune homme. Le prince de la famille, sans doute. Il ne pouvait rien faire de mal, et on avait trouvé tout plein d'excuses afin de justifier son comportement, quand le petit chéri avait renversé et tué Nanna. Il avait été déstabilisé. Sa fiancée venait de lui annoncer qu'elle le quittait. Ça l'avait blessé, ça l'avait rendu triste et furieux, il n'était plus lui-même.

Numéro cinq.

Il arrêta la voiture de façon à pouvoir regarder à travers la fenêtre de la cuisine, mais il n'y avait personne dans la maison. Pas de voiture dans le garage, pas de bicyclettes ni de vélomoteurs.

Il fut saisi d'une colère incontrôlable. Elle pouvait continuer à vivre bien tranquillement, cette famille, rassemblée autour de la table, à déguster une entrecôte ou des queues de langoustines, à bavarder et à se la couler douce, comme si rien ne s'était passé. Intacte. Comme dans une bulle de verre blindé.

Il sortit du véhicule. C'était si facile. Il y avait un caillou là, juste sous son nez, implorant presque pour qu'on le ramasse.

Il se pencha pour le prendre. Lorsqu'il l'envoya voler à travers la fenêtre, le bruit du verre qui explose provoqua en lui une satisfaction temporaire.

27

– NOUS AVONS de bonnes raisons de penser qu'une attaque terroriste de plus grande envergure menace actuellement l'Europe.

Kurt Strøm, des services de la police d'investigation, avait le don de tenir les propos les plus effrayants sur le même ton que s'il avait demandé à quelqu'un de lui passer un morceau de sucre.

– Il est donc d'une importance capitale que nous jouions tous cartes sur table.

Dicte croisa son regard. Elle avalait sa nervosité en même temps que le café noir de la cantine du poste de police, que Wagner et Jan Hanson avaient apporté pour cette réunion improvisée.

– Vous parlez des actes de ce soir ? demanda-t-elle.

Ils venaient d'apprendre que quatre jeunes hommes d'origine arabe avaient été appréhendés dans la grande banlieue de Copenhague et mis en détention, après perquisition de leur appartement. Ils tombaient tous les quatre sous le coup de la nouvelle loi antiterroriste. Le pays était sous le choc. Il était question ici de gamins qui avaient grandi au Danemark.

Strøm acquiesça d'un signe de tête.

– Comme vous le savez certainement, on a trouvé, en Bosnie, des explosifs et des armes chez deux hommes ayant des relations avec nos quatre jeunes. Nous enquêtons pour savoir si une tierce personne pourrait être derrière tout ça.

– Un instigateur, insinua Wagner. Ici, ou à l'étranger ?

Strøm leva ses mains en l'air, comme pour faire signe que ça pouvait se développer n'importe où. Le World Trade Center, Bali, Madrid, Londres. Tout le monde connaissait les antécédents.

– Le temps nous l'apprendra.

Il s'adressa à Dicte.

– Mais il y a des probabilités que cette nouvelle affaire soit en liaison avec votre décapitation.

– Ma décapitation ?

Elle porta involontairement une main à son cou.

– C'est une façon de parler, ajouta Strøm aimablement. Mais nous devons réfléchir aux meilleurs moyens d'assurer votre protection. Tout en résolvant cette affaire, bien sûr.

– Avez-vous des raisons spécifiques de penser qu'il y ait une relation, ou bien est-ce juste parce que cette théorie reste probable ?

La question était posée par Wagner. On sentait de la prudence dans sa voix. Il était question ici des frontières respectives de chaque corps de métier. Ils devaient se soutenir tout en se complétant. La PET n'était pas chargée des investigations ni en règle générale de résoudre des affaires, son rôle était de surveiller les groupes extrémistes ou toute autre organisation jugée suspecte. C'était aux forces de police de leur apporter matière à travailler, ce qui créait quelque part une forme de rivalité.

– Laissez-moi m'exprimer ainsi : la police de Glostrup est à l'instant même en train d'examiner les ordinateurs confisqués chez les quatre jeunes, dit Strøm en restant volontairement assez vague. Dès que nous aurons quelque chose de nouveau, il faudra être prêts à intervenir.

Wagner soupira discrètement. Hartvigsen regardait par la fenêtre, le soleil avait refait son apparition après plusieurs jours de pluie non stop. Il se servit une deuxième tasse de café.

Ils continuèrent à parler des événements de la soirée et du chef de la police de Glostrup qui, curieusement, avait organisé une conférence de presse très ouverte alors qu'il avait été lui-même sous-chef dans les services de la PET.

La séance avait été l'occasion de vives critiques à propos des dernières mesures envisagées par les partis politiques. Un nouveau plan antiterroriste avait soulevé pas mal d'indignation en raison de la menace qu'il représentait en terme de libertés individuelles. Le gouvernement avait en effet souhaité que la PET ait dorénavant accès aux listes de passagers des compagnies aériennes, sans avoir à en effectuer la demande préalable. Il était aussi prévu de leur permettre de procéder à toutes écoutes téléphoniques qu'ils jugeraient nécessaires, ainsi qu'à toutes investigations sur un tiers ayant eu des relations avec une personne mise sous surveillance, sans avoir à en avertir quiconque.

Dicte pensa à ses propres activités après la réception du premier film. Que savait la PET exactement ? Jusqu'à quel point souhaitait-elle les tenir informés ? Se pouvait-il qu'elle se retrouve elle-même dans le rôle de celle qu'on surveillait ?

Ils l'avaient invitée à cette réunion en ne lui laissant guère le choix de refuser. Elle faisait partie de l'affaire à présent, qu'elle le veuille ou non. Elle avait l'impression d'être une traîtresse. Elle n'avait pas sa place ici. Elle ne devait être ni victime ni partie prenante. Elle devait être à l'endroit que l'on appelait le quatrième pouvoir de l'État. Elle devait représenter la presse, dont la responsabilité était de tenir les gens informés, de leur assurer que les règles avaient été respectées, qu'il n'y avait pas eu d'abus de pouvoir, mais voilà qu'elle était assise ici, complètement impliquée, prise dans l'étau des considérations politiques, éthiques et morales. Elle se sentait diminuée, opprimée, comme si son jean et sa veste avaient rétréci au lavage.

– Je propose que nous mettions un homme en poste vingt-quatre heures sur vingt-quatre.

Elle leva la tête, une série d'idées défilaient dans son cerveau. Elle aurait voulu leur dire qu'elle avait suffisamment de problèmes comme ça avec l'homme qu'elle avait déjà sur le dos théoriquement en permanence. Théoriquement seulement, car Bo était rentré assez tard à la maison, sans donner d'explications.

– Merci bien, ce n'est pas nécessaire, dit-elle.

– Peut-être que vous devriez nous laisser décider de ce qui est nécessaire, remarqua Strøm. À moins qu'une autre raison ne vous empêche d'accepter notre proposition ?

Elle essaya de prendre un air indigné.

– Qu'est-ce que ça veut dire ?

Strøm ne la quittait pas des yeux.

– Ça veut dire ce que ça veut dire. Avez-vous une raison quelconque de vouloir continuer à travailler seule sur cette affaire ? Sans notre collaboration ? Car si c'était le cas, je vous prierais une nouvelle fois de bien vouloir y réfléchir. Il ne s'agit pas d'un jeu.

Elle regarda Wagner, dont les sourcils étaient levés, visiblement en attente, comme les autres, d'une réponse de sa part.

– Je ne comprends pas, dit-elle avec toute l'honnêteté dont elle était capable. Vous vous acharnez sur moi, mais ce n'est quand même pas sur moi qu'il faut vous défouler. Que faites-vous concrètement ? Vous avez l'intention de rester comme ça à attendre que je me comporte comme l'étoile du berger pour les trois Rois mages ?

– Les trois... ? demanda le chef de la police.

– La police, la PET et le ministère de la Justice, expliqua-t-elle. Je suis journaliste. Je ne suis pas médium, vous ne trouverez rien à travers moi.

Elle sentait qu'elle protestait un peu trop vivement. Ils avaient deviné quelque chose. Les arguments avaient été déposés sur la table, noir sur blanc, afin d'être discutés. Au final, il n'était question que de la convaincre, mais elle avait du mal à croire que quelqu'un puisse vouloir la tuer.

– En plus, on n'assassine pas son messager, ajouta-t-elle avec les mots de son ex-mari. S'ils m'ont vraiment choisie, ce serait le comble de l'idiotie de me supprimer.

Elle en avait fini avec sa tirade, elle se rassit, essoufflée. Qu'est-ce qu'elle pouvait bien dire de plus, au point où elle en était ? Si ça se trouve, ils la surveillaient déjà ? Son téléphone était sur écoute, ce genre de trucs ? Qu'est-ce qu'ils savaient de sa visite chez Morten à Odder ? Évidemment, elle aurait pu leur en parler, mais quelque chose l'en empêchait. Elle devait en apprendre davantage, obtenir au préalable quelques éclaircissements. Il fallait qu'elle en finisse avec le sentiment que quelqu'un de sa connaissance était impliqué, sinon elle ne pourrait pas les laisser s'aventurer plus avant.

Un téléphone mobile sonna dans l'assistance. Strøm et Hartvigsen se mirent tous deux à tapoter leurs poches de veste, et sortirent en même temps leurs appareils. Strøm porta l'écouteur à son oreille, tandis que le chef de la police resta un moment à interroger des yeux son téléphone, avant de le ranger dans sa poche.

Strøm écouta pendant un court instant, en prononçant quelques sons brefs. Au moment où il raccrocha, on vit qu'il était devenu terriblement pâle.

– Une décapitation a eu lieu quelque part en Grande-Bretagne. La même méthode que sur l'île de Samsø. Les mêmes revendications.

– Quand est-ce arrivé ? demanda Wagner.

– La police vient seulement d'en avoir connaissance, *via* la presse, le tabloïd *The Daily Mirror*. Mais un journal qui a décomposé les images démontre que les faits se sont produits en même temps que le meurtre de Samsø, ou en tout cas de manière très rapprochée.

– Merde, dit brusquement Dicte. Ils utilisent les méthodes d'Al-Qaïda.

– Peut-être qu'ils utilisent les méthodes d'Al-Qaïda parce qu'ils *sont* Al-Qaïda, dit Strøm.

Elle tourna les yeux vers Wagner, mais il ne la regardait pas.

28

– ELLE S'EST REMARIÉE et a eu un enfant avec son nouveau mari, indiqua Hansen tout en conduisant. Il travaille à Haselager dans la fabrique de Pita. Connie Husum vit des allocations. Qu'est-ce que tu penses de ce truc avec Svendsen ?

Il prononça ces derniers mots d'une voix si basse que Wagner les entendit à peine derrière le bruit du moteur.

Connie Husum et son nouveau mari habitaient dans la région de Gedding, près de Kasted, où Dicte vivait également. Il ne fut pas le moins du monde surpris lorsque Hansen décida de laisser la voiture au point mort devant la maison de Dicte, qui visiblement avait été construite en son temps pour faire fonction de dépendance de l'habitation voisine. Ida Marie avait raconté que la maison, il y avait quelques années de cela, avait été un repaire de motards, et que les propriétaires s'étaient protégés en se barricadant derrière des fils de fer barbelés. « Typique », avait dit Ida Marie. « Elle ne peut vraiment pas habiter comme tout le monde dans une maison normale. Tout doit avoir une histoire. »

Comme Dicte elle-même, pensa Wagner en observant les champs bruns qui s'étendaient aux alentours, jusqu'à Kasted Mose. Il inspira profondément et expira lentement, les vitres se couvrirent de buée. Lorsqu'il ouvrit la glace, une pluie fine l'aspergea, comme pulvérisée sur sa peau par l'un des flacons de parfum de la collection d'Ida Marie.

– Je ne crois pas à ce truc avec Al-Qaïda, dit-il en refermant la vitre. Je pense que la PET voit un peu trop le mal partout, ou en tout cas surinterprète.

Il soupira.

– Mais c'est aussi notre job.

– De surinterpréter ?

– D'être superprudent, corrigea Wagner. Il y a quand même quelque chose d'illogique. Al-Qaïda aurait plus volontiers parlé de charia plutôt que de réintroduire la peine de mort. À mon sens, ils auraient tenu des propos plus idéologiques et nettement plus religieux, en tout cas rien d'aussi concret que les sanctions pénales ou le président polonais.

– Mais ils parlent de justice, insista Hansen. Ils sont revêtus de costumes empruntés à la tradition arabe, ils décapitent des gens et ils évoquent Allah.

– Mais Al-Qaïda ne parle jamais de Dieu, dit Wagner. Ce serait en tout cas une nouveauté, mais qui ne colle pas complètement avec la rhétorique, tu ne trouves pas ?

Il mit fin à la conversation.

– Il faut voir ce qu'ils tireront de l'affaire en Angleterre. Dès qu'ils trouveront le cadavre, il faudra prendre contact avec la police locale et trouver celui qui a la charge du dossier. Pour le moment, ils n'ont visiblement qu'un film. Il faut évidemment qu'on le voie, mais la PET se chargera de nous le procurer.

Ils roulèrent un moment en silence. Wagner songea aux crimes et aux peines encourues, et à la manière dont tout était lié, dans ce monde global. Ce qui se passait dans un pays se reproduisait à une vitesse éclair dans un autre. Quelles seraient les réactions lorsque la nouvelle des deux décapitations et la revendication sur la peine de mort seraient rendues publiques au Danemark ? Est-ce que les musulmans descendraient dans la rue pour protester contre les suspicions dont ils estimeraient être victimes ? Est-ce que les Danois répliqueraient en considérant avec haine les musulmans de leur pays ? Il n'y avait pas de certitude, personne ne pouvait rien prévoir, mais en tout cas la voix du peuple ne tarderait sans doute pas à se faire entendre. Avaient-ils atteint un stade où les populaces allaient sérieusement reprendre le pouvoir, et où la démocratie finirait par s'écrouler sous le vacarme de la rue ? Il ne s'en fallait pas de beaucoup, ils en avaient été témoins lors des manifestations organisées par divers groupes au bord de l'explosion. On mettait en circulation quelques SMS, les gens se rassemblaient et devenaient incontrôlables.

– Je crois que c'est la maison rouge juste là en bas, dit Hansen en faisant un signe de tête vers un terrassement où s'alignait une rangée de petites maisons, dont les fenêtres en fer forgé auraient bien eu besoin d'un coup de peinture, et vers les murs de ciment, dont la crasse accumulée au fil des années aurait nécessité un sérieux lessivage. Ça avait l'air à la fois charmant et délabré, et Wagner devina qu'à l'origine ces habitations avaient été construites pour y héberger des paysans. Elles avaient dû être revendues au début du siècle dernier. Il y avait sans doute une grande ferme, quelque part dans les environs, qui à l'époque procurait du travail aux gens du coin.

À l'extérieur de la petite maison, des vêtements étaient accrochés à une vieille corde à linge. Des habits d'enfants de différentes tailles, remarqua Wagner. Il y avait également un tricycle rafistolé, des patins à roulettes couverts de rouille et un ballon de foot qui avait roulé sous les branches d'un sapin. Dans une remise, d'autres vélos étaient entreposés les uns sur les autres et une Lada de couleur beige, d'un modèle semblable à celui des années 80, trônait sur la place devant la maison. Devant la porte d'entrée, un gros chien attaché à une laisse, aux poils noirs et longs, les regardait, tandis qu'ils garaient leur véhicule. À l'instant précis où ils sortirent de la voiture, il se mit à aboyer comme un fou, tout le village devait l'entendre.

– Beau chien, bon chien de garde, siffla Hansen en gardant une certaine distance.

Le chien montra ses crocs et se mit à grogner. De la bave coulait de ses mâchoires.

– Efficace en tout cas, dit Wagner en avançant pour tirer la sonnette. Aucun son n'en sortit, il en conclut qu'elle ne fonctionnait pas. Il s'apprêtait à frapper à la porte lorsqu'une fille d'environ dix ans l'ouvrit d'un coup sec. Il évalua son âge en fonction de sa taille et de son allure, sans se fier à son visage qui avait l'air adulte, ni à son attitude qui était celle d'une femme, offerte aux regards. Son ventre nu apparaissait entre une minijupe, de couleur rose, et un petit haut beaucoup trop étroit. Ses petits seins étaient pointés vers lui.

– Qui êtes-vous ?

– Ta mère est là ?

La fille resta un moment plantée devant la porte, mâchouillant un chewing-gum en se balançant au son d'une musique qui provenait de la maison. Elle les regarda d'un air sceptique.

– Elle dort.

– Elle est malade ? demanda Hansen, qui venait de s'approcher.

Peut-être était-ce dû à l'effet que faisait invariablement Hansen sur les femmes, jeunes comme vieilles, mais cela donna un résultat. La fille se mit à sourire et eut l'air tout d'un coup beaucoup plus enfantine.

– Non, elle a mal à la tête.

Une voix rauque et féminine leur parvint du fond de la maison.

– Qui est-ce, Charlie ? Il y a quelqu'un ?

La voix se rapprochait.

– C'est Willer ? C'est toi, Willer ?

Elle fut soudain devant la porte. C'était une jolie femme, ou qui l'avait été jadis. Une chemise de nuit en soie était maintenue serrée contre son corps où ses seins et ses hanches formaient des courbes harmonieuses. Le visage était rond, la bouche sensuelle et ses cheveux épais étaient coiffés de façon désordonnée. Un cristal en forme de goutte pendait au bout d'une chaîne et semblait pointer de manière claire en direction de sa poitrine.

Elle ne semblait pas surprise de trouver deux inconnus devant sa porte.

– Que puis-je faire pour vous ?

Wagner ne manqua pas de remarquer un petit roucoulement dans sa voix qui était à la fois douce et profonde. Un léger parfum d'oreiller et d'eau de toilette flotta jusqu'à ses narines. Sa peau était soignée et très légèrement hâlée. Les sourcils étaient soigneusement épilés, comme ceux d'une présentatrice de télé italienne, et il y avait des traces de crayon à lèvres autour de sa bouche, comme si la nature s'était chargée de la tatouer.

Hansen avait un peu de mal à s'exprimer.

– C'est la police criminelle, madame. C'est à propos de votre ex-mari.

– Kjeld ? Le père de Charlie ?

Son ignorance ne faisait pas de doute. Wagner se dit qu'il s'agissait d'un foyer où les journaux et les nouvelles étaient rarement suivis. En tout cas pas depuis ces derniers jours.

– Kjeld Arne Husum, précisa Wagner.

– Qu'est-ce qu'il a encore fait, ce con ?

Elle dit cela en les regardant bien en face, sans cligner des yeux. Hansen désigna du menton l'intérieur de la maison.

– Pouvons-nous entrer ?

Elle soupira, pour leur faire comprendre que ça ne l'enchantait pas, mais elle ouvrit néanmoins la porte en leur adressant un petit signe de tête.

– C'est un peu le bazar, désolée, dit-elle d'un ton qui laissait entendre qu'elle s'en fichait éperdument. On a eu des amis à dîner hier soir.

Un dimanche soir, pensa Wagner, alors qu'on est censé travailler le lendemain ? Peut-être que c'était une autre sorte d'amis ?

Ce qu'elle avait dit sur le bazar était une sous-estimation de dimension cosmique. Des bouteilles de bière vides et des verres sales recouvraient toute la surface de la table basse, ainsi que des soucoupes pleines de mégots et une collection de briquets. Mais ce n'était pas la seule zone de turbulence. Le sol entier était couvert d'un fatras d'objets de toutes sortes, des machines à coudre, des pots à lait, un vieux landau et quelques lampes à pétrole. D'anciens ordinateurs s'étalaient également un peu partout, de même que deux ou trois imprimantes. Wagner ne put s'empêcher de chercher du regard une machine à pain, mais il n'en vit aucune.

– Je suis collectionneuse, dit Connie Husum. C'est ma grande faiblesse. Je ne peux pas passer devant un antiquaire sans repartir avec la moitié de la boutique.

Elle fouilla dans sa chemise de nuit et sortit un paquet de cigarettes du fond de sa poche. Elle en alluma une avec l'un des nombreux briquets qui traînaient sur la table. Elle se pencha pour le reposer au milieu du fatras, dans un geste lent et presque caressant, qui fit rouler les yeux de Hansen dans leurs orbites. Wagner ressentit, contre son gré, quelque chose s'éveiller en lui, dans un endroit qui n'avait rien à voir avec le cerveau.

Ils s'installèrent dans les fauteuils à moitié défoncés. La fillette de tout à l'heure avait disparu dans un coin quelconque de la maison. Connie Husum resserra sa chemise de nuit autour de sa poitrine, d'une manière qui donnait à penser qu'elle faisait exactement le contraire.

– Qu'avez-vous donc à me dire ? Qu'est-ce qui se passe avec Kjeld ?

Hansen prit un ton grave.

– Vous ne savez donc pas qu'il est décédé ?

Son visage perdit subitement toute couleur, on aurait dit que ses contours s'effaçaient et commençaient à se disloquer. Mais elle se reprit rapidement, remplaçant sa faiblesse d'une seconde par de la dureté.

– Je devrais m'en réjouir. Un problème de moins sur terre.

Elle recracha un grain de tabac entre ses deux doigts. Wagner remarqua qu'ils tremblaient un peu.

– De quoi est-il mort ? Le cœur ? Mais encore faudrait-il qu'il en ait eu un, ajouta-t-elle en enveloppant ses mots d'un ton acide.

– Il a été tué, dit Wagner en l'observant. Exécuté, plutôt.

Sa réaction sembla convaincante, elle se mit à inspirer si profondément qu'il sembla qu'elle inhalait d'un seul coup l'oxygène entier de la maison.

– Vous n'êtes pas en train de me dire que c'est lui... que le mec qu'on a décapité... que c'était Kjeld ?

Elle tira à nouveau d'une main sur sa chemise de nuit, tandis que l'autre, celle qui tenait la cigarette, s'agitait dans tous les sens, ce qui fit voltiger la cendre. Ses lèvres tremblaient.

Ils lui racontèrent ce qu'ils étaient convenus de dire au sujet de leur découverte sur l'île de Samsø. Wagner passa assez rapidement la parole à Hansen, qui s'exprima à contrecœur. Pendant ce temps, il se mit à chercher quelque chose, sans savoir exactement quoi. Un sentiment, une ambiance peut-être. Il tenta de se laisser pénétrer par l'atmosphère de la pièce. L'aménagement était négligé, mais pas dénué de goût. Il y avait des œuvres d'art aux murs, quelques lithographies, des peintures à l'huile et une ou deux aquarelles. Il reconnut le style de certains artistes. Ils n'étaient pas parmi les plus chers, mais ils valaient cependant un certain prix. Des couleurs douces, calmes, sensuelles, presque caressées par le pinceau. Des corps nus ou à moitié déshabillés se dessinaient sur des toiles. De la musique continuait à jouer dans un coin de la maison. Les sons un peu usés d'un vieux saxophone, il pouvait presque entendre l'aiguille d'un gramophone grincer contre le disque de vinyle.

Ils parvinrent à tirer d'elle un alibi, qui n'avait rien de particulièrement crédible, mais qui leur fut servi avec une naïveté tellement touchante que Wagner parvint presque à y croire. Elle expliqua qu'elle avait du mal à dormir depuis quelques semaines. Le médecin avait refusé de lui prescrire plus de pilules, et de ce fait elle ne fermait plus l'œil de la nuit, elle s'endormait seulement le jour, quand elle finissait par tomber d'épuisement. Willer, son mari, était compréhensif. Il s'occupait de la ménagerie le matin et conduisait les enfants à l'école. Elle se chargeait du service du soir.

Wagner l'observait. Ses lèvres, qui formaient les mots avec des mouvements élastiques avant de les libérer dans l'espace ; ses yeux, qui avaient l'éclat de l'innocence, que seule une bonne comédienne était capable de restituer. Il avait presque envie de prendre sa main et de la caresser doucement, d'y déposer un ou deux baisers pour ensuite faire remonter ses lèvres le long de son bras, de retirer la chemise de nuit comme on éplucherait une orange belle et juteuse. Elle avait parlé de son service du soir. Il était libre de penser qu'elle avait peut-être aussi des occupations durant la journée, sous forme de visites masculines, qui ne venaient pas toujours de la brigade criminelle.

– Comment caractériseriez-vous votre mariage avec Kjeld Arne Husum ? lui demanda Hansen.

– Je ne le caractériserais pas du tout, dit-elle avec dégoût. Ce salaud était déjà barré avant même que ça commence.

– Vous avez élevé votre enfant ensemble, demanda Wagner. Charlie ?

Elle acquiesça en recrachant la fumée vers le plafond, elle agita sa main pour dissiper les volutes et de la cendre se répandit un peu partout.

– C'était en tout cas prévu comme ça. Mais on se serait bien passés de la manière dont Kjeld s'occupait des enfants.

– Pourquoi cela ?

Elle ferma les yeux, comme si elle réfléchissait.

– J'aurais dû m'en douter, chuchota-t-elle comme pour elle-même. Je n'étais qu'une petite conne naïve, je croyais qu'il n'avait d'yeux que pour moi et pour mon corps.

– Il avait des liaisons ?

Son visage se referma, son regard était charmant, mais vide.

– Il y a tellement longtemps.

Wagner se pencha un peu, tandis que le saxophone s'insinuait dans ses oreilles. Son regard tomba involontairement sur l'endroit où le cristal touchait sa peau.

– C'est très important pour nous de découvrir si quelqu'un avait une raison de le tuer, insista-t-il en arrachant son regard du cristal, pour le poser sur sa bouche.

Elle remuait nerveusement, presque de manière incertaine, comme si elle murmurait en elle-même, tandis que ses yeux fixaient les profondeurs de la maison, d'où venait la musique, et où l'enfant avait disparu.

– Nous n'avons aucune information, le coupable peut recommencer son numéro n'importe quand, en tuant une nouvelle fois.

Elle releva les yeux sur lui, il y vit briller quelque chose de si intense qu'il put presque en ressentir la chaleur.

– Si c'est un mec du genre de Kjeld qu'il veut buter, alors pour moi, c'est sans problème.

– Qu'est-ce que vous entendez par « du genre de Kjeld », dit prudemment Hansen.

Elle ne répondit pas.

– Il vous maltraitait ? demanda Wagner, voyant qu'elle détournait la tête et prenant conscience qu'ils n'étaient pas sur le point de se rapprocher de sitôt.

– Est-ce que vous collectionnez aussi les vieilles machines à pain ? demanda soudain Hansen.

Elle haussa les épaules, totalement impassible.

– C'était le cas autrefois. Je les rafistolais et j'aurais bien voulu en vendre quelques-unes, mais je n'ai pas réussi à m'y décider.

– Quand êtes-vous allée pour la dernière fois dans la maison de Samsø ?

Elle recracha sa fumée.

– Vous me demandez ça, j'avais presque oublié qu'elle existait.

Elle plissa les yeux.

– Ça doit faire deux ans. Qu'est-ce qui se passe avec les machines à pain ? Elles sont encore là-bas ?

Hansen acquiesça lentement.

– On peut dire ça comme ça.

29

– C'EST EXACTEMENT ce que j'avais dit. On aurait dû foncer sur l'histoire dès le début. Maintenant, on se retrouve à la traîne comme des tocards de troisième catégorie.

Kaiser, dès le lendemain matin, était sur le pied de guerre, et Dicte avait l'impression que le téléphone qu'elle tenait dans la main s'était changé en bâton de dynamite. Sa propre décision de se conduire de manière responsable et d'éviter de faire le jeu du tueur : aux oubliettes. La décapitation d'Angleterre et l'exigence de voir rétablir la peine de mort avaient atteint les médias danois à vitesse grand V. Le papier du *Daily Mirror* était déjà repris dans le journal *Radioavisen* dont les journalistes ne s'étaient pas privés de malmener leur propre rédaction en affirmant que les deux affaires étaient liées et en démontrant qu'on avait délibérément choisi d'étouffer cette histoire. Internet, tout comme le téléphone et le télécopieur, était sur le point d'exploser sous les demandes des lecteurs. Le reste de la presse, de son côté, se plaignait d'avoir été laissée dans l'ignorance, ainsi que les lecteurs, tout cela parce qu'on s'était donné le droit de cacher des faits, de bafouer la liberté d'expression et le devoir de vérité envers les lecteurs, sur la simple demande d'un individu ou de la PET.

– Et demain on se fera encore démolir, à la fois par *Ekstra Bladet* et par le *Politiken*. Pour ne pas parler du *Jylland-Posten*, ajouta Kaiser d'une voix sinistre. Ils en ont eu de la veine, ceux-là, avec leurs caricatures de Mahomet.

Dicte accepta de prendre pour elle-même l'ensemble de ses reproches. C'était elle qui avait hésité, dès le début, et lui avait demandé d'attendre. C'était elle qui avait voulu cacher l'existence du film. Même si elle considérait toujours avoir fait le bon choix, elle comprenait quand même la frustration de Kaiser. Si ça pouvait le soulager de planter quelques épingles dans une poupée Svendsen, alors qu'il le fasse.

– *United Victims*, dit-elle en gribouillant sur une invitation aux soldes de chez Majeriet Arla, dont les dates étaient passées depuis longtemps. On aurait pu se douter que ce serait international. C'est toujours plus facile avec le recul, comme on dit.

Kaiser grogna de manière inaudible. Comment auraient-ils pu prévoir ? Comment pouvait-on avoir des idées aussi tordues que le meurtrier ?

– Qu'est-ce que tu attends de moi ? demanda-t-elle.

Elle savait qu'elle lui devait quelque chose. Ni elle ni le journal ne pouvaient rien gagner à voir la concurrence se jeter sur l'affaire. *Out* les égards envers la PET et peut-être même la sécurité du pays. *In* l'instinct journalistique et la prise de risques qui les obligeaient à présenter aux gens la vérité ou quelque chose d'approchant. Il fallait qu'il en soit ainsi, ici et maintenant. Ils auraient bien le temps de payer les pots cassés quand tout serait fini, quelle que soit la manière dont ça se terminerait. Il n'était plus possible d'attendre dans un coin en cachant ses informations.

– Tu écris toute l'histoire, de la façon dont tu l'as vécue, annonça Kaiser. De manière subjective. Avec des sentiments, de la peur, de la colère et *tutti quanti*. Ce que tu as ressenti pour toi-même et pour ta famille. Les épreuves que tu as traversées.

Elle faillit casser en deux son stylo. Elle se représenta le tableau : Bo et Rose exhibés en première page. Il y avait quand même des limites.

– On met une équipe sur le coup, poursuivit Kaiser du fond de la rédaction de Copenhague. Frandsen et Lise

Henningsen, et peut-être aussi un troisième. On se prend les services des meilleurs experts de la place. Il faut qu'on ait le recul nécessaire pour savoir s'il s'agit de musulmans ou pas. Tu gardes le contact avec la police et tu écris une pleine page sur l'affaire telle qu'elle se présente aujourd'hui : quels sont les liens entre le Danemark et l'Angleterre ? Est-ce que la police danoise a reçu une copie du film anglais ? Quels sont les points communs entre les actes d'ici et ceux commis là-bas ? Les revendications, est-ce qu'elles sont similaires, ou avons-nous affaire à des auteurs différents ?

Elle serrait sa tête dans ses mains tandis que Kaiser poursuivait son brainstorming. Une fois de plus, elle se demanda s'ils n'étaient pas en train de faire ce que le tueur attendait d'eux. En plaçant leur action à Londres, ils avaient remporté une victoire, à présent leur messager allait se mettre à parler. La presse anglaise n'aurait jamais publié les caricatures de Mahomet mais il suffisait qu'un événement ait un relent d'Al-Qaïda pour que plus rien ne les arrête, ce qui donnait par la même occasion à Kaiser et aux rédactions du monde entier un prétexte en or pour s'en donner à cœur joie à leur tour. On pourrait toujours rejeter la faute sur la presse anglaise.

– Et qu'est-ce qui s'est passé au juste à Rosenborg ? demanda soudain Kaiser.

– Le centre de Rosenhøj, dit-elle, en corrigeant le nom de la banlieue d'Århus où s'étaient déroulés les événements nocturnes avec les immigrés. Bo et Helle étaient sur place hier et avant-hier. Mais aujourd'hui, Helle a dit qu'elle était souffrante.

Une pointe de satisfaction perlait dans sa voix. La stagiaire avait laissé tomber dès le troisième jour. Kaiser renifla d'un air railleur.

– Il s'est passé que des jeunes immigrés ont foutu le feu en balançant des cailloux un peu partout, expliqua-t-elle. Ça ressemble plus à un problème d'ordre social.

– Certains appelleraient ça du terrorisme, souligna Kaiser.

– Les gens dans la rue, peut-être. Mais ce n'est quand même pas ce qu'on peut qualifier de terrorisme politique. Tu n'auras aucun spécialiste en la matière impliqué dans cette galère-là.

– Quand même, insista Kaiser qui adorait les enchaînements d'idées. Vous vous rendez encore sur place aujourd'hui et vous jetez un œil. Peut-être que vous tomberez sur quelque chose de nouveau.

– OK, dit-elle en essayant d'avoir l'air de lui donner raison, afin d'abréger. Il doit forcément y avoir un lien entre tout ça.

En disant cela, elle se demandait s'il ne s'agissait pas au fond d'un simple hasard. Mais c'était toujours une bonne idée d'avoir à sa disposition plusieurs accroches sur lesquelles appuyer son article, et elle se dit qu'elle pourrait au moins obtenir quelques interviews de l'autre côté de la frontière de Rosenhøj, suite à l'annonce d'une double décapitation.

Elle trouva Bo dans le local photo. Ils ne s'étaient pas tellement parlé ce matin-là, et la veille au soir, il était de nouveau rentré tard à la maison. Le sentiment de trahison suintait quelque part en elle et lui brûlait les lèvres, même si elle savait que c'était bête.

– Je ne m'appelle certes pas Helle, mais serais-tu quand même partant pour m'accompagner à Rosenhøj ?

Il la considéra un instant du regard, comme s'il cherchait quelque chose en elle, et elle se trouva soudain idiote et puérile.

– Mais bien sûr, dit-il avec une gentillesse appuyée. Tout de suite ?

Elle haussa les épaules. Plus vite ils auront bouclé cette affaire, plus vite elle sera de retour à la maison pour se mettre à la rédaction des desiderata de Kaiser.

Ils partirent dans la voiture de Bo, avec les caméras, les éclairages et les micros sur la banquette arrière. Elle avait envie de lui demander où il avait passé la soirée de la veille, et s'il s'était bien amusé en compagnie de Helle. Mais les mots restaient bloqués dans sa gorge tandis que le silence s'amplifiait entre eux.

En arrivant à Rosenhøj, elle était contente d'avoir des choses pratiques à accomplir. Même s'il n'y avait rien à rapporter concernant les décapitations, que personne n'avait envie de commenter. Ces gens ont pour le moment leurs propres problèmes, pensa-t-elle.

– Cinquante pour cent de mon chiffre d'affaires s'est envolé. Comment je vais payer mes traites à présent ?

On pouvait lire une réelle angoisse dans les yeux du commerçant. Lui-même d'origine étrangère. Ce qui n'avait pas empêché le troupeau de jeunes furieux de déchaîner sa rage à coups de cailloux à travers les vitrines de son magasin. Il les montra à Dicte. Ils formaient à présent un joli tas à la droite du comptoir.

– Qu'est-ce qui se passe là-dehors ? demanda le petit homme. Pourquoi est-ce qu'ils font des choses comme ça ?

Il secouait la tête, ce qui faisait danser ses mèches brunes. Dicte ne savait pas quoi répondre et se sentait bizarrement un peu coupable. Elle regarda autour d'elle. Des taches de suie sur le sol en béton révélaient les endroits où le feu avait été éteint, à quelques centimètres d'une pile de papiers. C'était la troisième fois qu'on brisait ses vitrines, mais cette fois-ci, on avait également mis le feu à l'intérieur de la boutique. L'escalade de la violence était évidente et l'atmosphère dans tout le centre de Rosenhøj était lourde de colères et de frustrations. Manifestement, personne ne voudrait faire de commentaires à propos des décapitations, et encore moins sur les caricatures de Mahomet. Elle ne pouvait cependant pas s'empêcher de penser que cette succession d'événements était en train de contribuer à une escalade de plus en plus haineuse.

– Pourquoi ?

Elle questionna Bo, une fois qu'ils furent sortis de la boutique, alors qu'ils se dirigeaient vers le commerce voisin, une pizzeria. Ici aussi, le propriétaire était un immigré. Ce qui, là encore, n'avait pas gêné les jeunes qui avaient pulvérisé cinq vitrines à coups de pierres pour ensuite proclamer que ce quartier était le leur, exigeant que la police reste à l'écart.

Bo haussa les épaules.

– Ils s'ennuient. Ils n'ont pas de boulot.

– Ça n'est pas une excuse pour tout détruire, ni pour mettre les autres dans la mouise en mettant le feu à leurs commerces.

Elle sentait de l'énervement dans sa propre voix. Les odeurs de fumée et la vision des dégradations aiguisaient ses sens et la mettaient en rogne. Qu'est-ce qui était en train de se passer dans cette société qui permettait ce type de comportements ? Qui était coupable ? Qui était responsable ? Les jeunes, bien sûr, mais seulement eux ? Est-ce que rien ne pouvait justifier leurs actes ?

Bo leva les mains en l'air.

– Je n'excuse personne, je te réponds simplement.

Ils firent un tour dans le centre-ville à moitié désert et passèrent devant plusieurs vitrines brisées. Elle se sentait comme un magnétophone qui tournait sur deux pistes différentes. Sur la première s'étalait l'histoire dans toute sa crudité. Sur la seconde surgissaient les fantômes de Helle et de Bo, ensemble dans son appartement en ville, qu'il s'obstinait à vouloir conserver. Elle se décida à lui poser la question.

– Qu'est-ce qui se passe avec Helle ? Elle ne supporte plus la fumée ?

C'était une image un peu idiote, elle en était consciente, et pas seulement à cause du décor qu'ils avaient sous les yeux au même moment. Elle suspectait aussi que Bo et Helle avaient partagé quelques joints après une longue journée de travail et que c'était pour ça qu'elle s'était fait porter malade.

Bo donna un coup de pied dans un bout de bois qui s'en alla voler quelques mètres plus loin sur le trottoir.

– Qu'est-ce que tu veux que j'en sache ?
– C'est quand même toi qui l'as vue en dernier.
– Ce n'est pas interdit d'être malade.
Elle entendit de l'agacement dans sa voix.
– Tout dépend du pourquoi.
Le visage de Bo s'empourpra.
– Qu'est-ce que tu entends par là ?
Elle se raidit. Leurs yeux se fixèrent, elle vit qu'elle avait touché un point sensible et le regretta aussitôt. Dans la courte seconde qui suivit, elle se mit à chercher de l'amour, qu'elle trouva peut-être quelque part dans la colère qui s'allumait en lui, dans sa main qui serrait fermement son bras, et dans les mots qu'à présent il crachait à ses oreilles.

– Qu'est-ce qui ne tourne pas rond chez toi ? D'un seul coup tu te mets à vadrouiller sans me prévenir de quoi que ce soit. Tu disparais sans explication. Tu dis que c'est moi qui me tiens en retrait alors qu'en vérité, c'est toi qui te fermes comme une huître.

– Qui parle de disparaître sans explication ? siffla-t-elle de son côté. Qui s'est mis aux abonnés absents du jour où une jeunesse a fait son apparition à la rédaction, une de celles qui demandent beaucoup d'attentions ? Tu n'étais plus là du tout ! En tout cas pas mentalement.

Elle secouait la tête en avançant vers la voiture.

– Je ne sais foutrement pas ce que tu es en train de manigancer.

L'ouverture centralisée des portes clignota à distance et ils s'installèrent dans le véhicule. Bo démarra aussitôt et recula si brusquement qu'il évita de justesse un cycliste, qui heureusement fit un écart.

– Tu es jalouse, dit-il.

– Oh que non ! J'ai d'autres chats à fouetter.

– Comme par exemple rendre visite à tes vieux amants ?

Il changea de vitesse en lui lançant un regard interrogateur. Elle regretta de lui avoir parlé de ça à toute allure après le petit déjeuner, au moment où ils partaient travailler chacun de leur côté.

– Qui parle de jalousie, dit-elle en regardant ailleurs, comme si elle s'adressait à un vélomoteur qui passait à côté d'eux.

– C'est quand même bizarre, ajouta Bo. Tu peux m'expliquer ?

Elle n'avait pas envie de lui en dire davantage. Il parvint cependant à lui tirer les vers du nez, et avant d'avoir atteint la rédaction il savait tout de la réunion avec la PET, de Morten et du tatouage.

Elle avait espéré un soutien, peut-être au moins de la compréhension de sa part, mais elle pouvait lire sur son visage que ce n'était pas prévu au programme de la journée. Sans doute aussi parce qu'elle lui avait avoué avoir téléphoné à Torsten, afin d'obtenir un bon conseil. Bo avait toujours été allergique à son ex-mari.

– Pourquoi quoi ?

Elle demanda ça alors qu'il se garait dans le parking derrière la rédaction. Elle sortit de la voiture en claquant la portière et ils avancèrent ensemble vers l'escalier situé à l'arrière du bâtiment.

– Pourquoi faut-il toujours que tu remues cette histoire, dit-il alors qu'ils grimpaient ensemble les marches, d'un pas lourd qui les faisait grincer de manière menaçante.

– Qu'est-ce que tu insinues par là ?

– L'éternel sujet. Ton fils. Il faut toujours que ça revienne sur lui, d'une façon ou d'une autre.

Elle s'arrêta au milieu de l'escalier et laissa le choc se répandre dans son corps. Elle avait l'impression d'avoir heurté une clôture électrique.

– Ça n'a strictement rien à voir avec lui.

– Bien sûr que si. Sinon, pourquoi est-ce que tu te comporterais de manière aussi stupide, par exemple en ne dévoilant pas certaines informations à la police et à la PET ? Tu veux garder ça pour toi. Tu considères que c'est ton jardin privé, juste parce qu'un jour tu as eu un bébé que tu as abandonné, et que cette affaire présente peut-être un lien avec la communauté où l'enfant a été conçu.

Sa voix s'était transformée. Il y avait tellement de nuances différentes à l'intérieur qu'elle ne savait pas comment les interpréter.

– Tu oublies juste qu'il est question de vie ou de mort, continua Bo. Tu poursuis ostensiblement ton égotrip, cracha-t-il alors qu'ils gravissaient la dernière marche. Sans penser une seule seconde à quel point ça peut être important que la police résolve son enquête et évite que se produisent d'autres exécutions du même type.

Elle ouvrit la porte de la rédaction, ils entrèrent.

– C'est quand même fou de voir comme ça a l'air de t'exciter que je sois devenue le petit toutou de la PET, dit-elle. Ça ne te ressemble pas.

Il haussa les épaules.

– Peut-être que je deviens adulte. Peut-être que je devine que ça va t'attirer des ennuis. Peut-être qu'en vérité je cherche juste à t'aider.

Elle tourna les talons et pénétra dans le local de la rédaction.

– C'est ça, fous-toi de moi.

Elle ignora les autres collègues et attrapa son calepin dans son sac, puis elle s'assit et se mit à rédiger l'article qui permettrait à Kaiser de fermer son clapet. Elle balança sa propre version de l'histoire, de manière tranchante, et se sentit satisfaite au moment de cliquer sur « envoyer ».

Plus tard, elle finirait l'article qu'elle aurait dû depuis longtemps rédiger, à propos des victimes du tsunami et de leurs traumatismes. Elle passa un coup de fil à sa correspondante, une psychologue, et lui demanda si elle pouvait être mise en relation avec un de ceux qui avaient survécu au raz de marée. La psychologue rappela dix minutes plus tard et l'informa qu'une rencontre était possible et qu'elle serait contactée dans l'après-midi. Cela signifiait qu'elle allait devoir repousser la visite prévue chez Kaspar

Friis, dont elle avait trouvé l'adresse dans la commune d'Ikast. Peut-être aussi qu'elle avait besoin de faire un tri dans ses idées, de reconsidérer les incriminations de Bo.

Avait-il raison ? Était-elle partie dans un délire égocentrique ?

Au fond, elle se demandait pourquoi elle n'avait pas tout raconté à Wagner, à propos du tatouage et de son propre passé, du lien avec la communauté d'Ikast dans les années soixante-dix. Quelle force l'empêchait si vigoureusement de partager une partie de ce passé ? La honte ? La culpabilité ?

Elle finit par se dire que ce n'était peut-être qu'une impression. Une sorte d'instinct. Plus elle essayait de lutter contre, et plus cet instinct lui faisait comprendre que Bo avait raison. Que ça avait à voir avec l'enfant. Sans pouvoir définir précisément de quelle manière, elle sentait que ce lien l'aspirait vers un gouffre, et que si elle ne faisait pas attention, il finirait par la détruire.

La sonnerie du téléphone heurta brusquement son système nerveux, et elle laissa tomber le combiné sur le bureau, avant de réussir à s'en saisir correctement.

C'était une femme, qui avait survécu au tsunami asiatique. Elle était d'accord pour la rencontrer et pour lui expliquer à quel point il était important pour elle de parler à d'autres rescapés. Elles convinrent de se voir le lendemain.

Lorsque la femme raccrocha, elle remarqua un petit crépitement dans l'écouteur. Elle était sûrement parano. Elle savait que le temps où on entendait ce genre de bruit était révolu. Elle n'eut néanmoins aucun doute sur le fait que la PET l'avait mise sur écoute.

30

LA SALLE D'ATTENTE du dispensaire d'Åbyhøj ressemblait à une succursale de l'aéroport du Caire.

Rose inclina son journal pour jeter un regard discret aux différents patients dont la moitié étaient d'origine étrangère. Il y avait trois femmes dont deux étaient visiblement aisées. Coiffées de foulards et vêtues de longs manteaux, elles portaient chacune un bébé dans leurs bras. La troisième était d'allure sophistiquée, la peau mate, habillée d'un ensemble en tweed, les ongles longs et laqués de rouge. Même sous son maquillage on devinait sa beauté, ses yeux brillants éclairaient son visage un peu allongé. Son nez, long et mince, lui conférait une aura de fierté et d'assurance que beaucoup de femmes danoises auraient pu lui envier.

Il y avait également trois hommes dont deux sans doute d'origine turque. La peau de leur visage était devenue grise à cause de l'abus de nicotine. L'un d'eux souffrait d'une mauvaise toux, presque aussi forte que les cigarettes qu'il devait fumer à raison de quatre-vingts par jour. L'autre, un petit homme rondouillard, vêtu d'un pantalon d'intérieur marron usé et d'un cardigan bon marché, avait un énorme bandage autour de l'index de la main gauche. Le troisième ne devait pas avoir plus de dix-huit ans. Il portait une tenue de jogging avec des bandes blanches sur le côté, une capuche et de grosses baskets. Il était assis penché en avant, les coudes posés sur ses jambes écartées, son regard balayant tour à tour l'assemblée et ses propres ongles, qu'il avait rongés jusqu'au sang.

Lorsque le regard du jeune homme se posa sur elle, Rose eut l'impression d'être épiée, et elle sentit la nervosité l'envahir. Immédiatement suivie par de la colère. Ça n'allait pas. Elle ne pouvait quand même pas se mettre à flipper devant chaque visage étranger de la ville.

Elle essayait de se calmer, sans trop y parvenir. Quelque chose la tracassait. Tout ce qu'elle avait jusqu'à maintenant tenté de considérer de manière raisonnable se retournait contre elle : est-ce que quelqu'un dans cette assistance était au courant de quelque chose ? Est-ce que l'un d'entre eux la connaissait, elle ou Aziz ? Cela lui semblait impossible, mais pas non plus complètement débile après l'expérience qu'elle avait vécue à la galerie Bruun. Elle savait à présent avec certitude qu'ils avaient des ennemis au sein de la communauté immigrée. Son bel espoir qu'ils puissent être désormais tranquilles, de ne plus avoir à se cacher, avait explosé comme un ballon au contact d'une bougie. Aziz avait vu juste.

Elle porta une main à sa bouche et mordilla l'ongle de son pouce, déjà en partie rongé. Elle ne lui avait pas parlé des menaces qu'elle avait reçues sur l'escalier mécanique. Elle n'avait pas réussi à trouver les mots justes, parce que les conséquences qui en auraient découlé avaient pris dans sa tête des proportions gigantesques. Elle venait de le reconquérir, elle ne pouvait imaginer ce que ce serait de devoir y renoncer à nouveau. Elle connaissait suffisamment Aziz. Il serait implacable. Il la chasserait de sa vie sur-le-champ, persuadé que c'était pour leur bien et pour sa sécurité à elle.

Elle avait trop chaud avec sa veste, elle la retira et la suspendit au dossier de sa chaise. Elle se replongea dans son journal. Tout le petit local sentait la transpiration et le parfum à bon marché, mélangé à l'odeur caractéristique du cabinet médical, faite d'alcool et d'iode. Son estomac était sur le point de se révolter et elle se força à se concentrer sur sa lecture, sans trouver de soutien au fil des différents articles. *Ekstra Bladet* avait rapporté une nouvelle histoire de décapitation, en Angleterre cette fois-ci, qui aurait eu lieu apparemment au même moment que celle de Samsø. Pour la première fois, on parlait de revendications qui exigeaient des punitions plus sévères envers les personnes reconnues coupables de meurtres. Ces mêmes bourreaux qui coupaient des têtes avec nonchalance, montraient du doigt le système judiciaire occidental, le taxant de laxiste et d'injuste. D'après eux, il fallait rétablir la peine de mort.

Rose se tortillait sur sa chaise, assez inconfortable. Qu'est-ce qui allait se passer ? Comment tout cela allait-il se terminer ?

Le médecin, une femme, apparut en compagnie d'un patient, à nouveau une dame avec un petit enfant.

– Rose Svendsen.

Elle se leva et entra dans le cabinet. Elles se serrèrent la main et s'assirent.

– Vous voulez donc que nous parlions de contraception, dit le médecin tout en consultant ses papiers. Elle leva les yeux sur Rose. Vous pensiez à quoi de particulier ?

Elle posa la question avec un petit sourire, comme s'il s'agissait d'un choix tout bête sur un rayonnage de supermarché. Rose était sur le point de demander quelle était la promotion du jour.

– La pilule, ou peut-être un stérilet.

Le médecin se lança alors dans un long discours sur les avantages et les inconvénients de l'une ou l'autre des deux méthodes. Les pensées de Rose volaient dans toutes les directions. Ils n'avaient pas utilisé de contraceptif. Ils avaient été complètement irresponsables, ils le savaient tous les deux. Ils n'avaient aucune excuse, à part le fait que ça s'était simplement passé comme ça, et qu'ils n'avaient rien pu faire pour l'empêcher. Mais elle ne pouvait pas non plus raconter ça au docteur.

Pour finir, elle quitta le cabinet avec une ordonnance pour une minipilule.

À la pharmacie, ce fut à nouveau le même tableau. Un mélange de personnes à la peau mate et de Danois au teint pâle. Comment distinguer les amis des ennemis ? Elle sentit la lourdeur de sa bombe à gaz dans le fond de sa poche et se trouva ridicule d'avoir été à ce point effrayée par quelques mamans avec leurs bébés et par un vieux bonhomme en pantoufles, occupé à faire glisser les grains d'un chapelet entre ses doigts osseux.

Ça n'allait pas. Elle ne pouvait pas continuer à vivre de cette manière-là, et Aziz non plus.

– Rose Svendsen.

Pour la deuxième fois de la journée, son nom était distinctement prononcé en public, et la panique la saisit à nouveau. Elle ne voulait pas passer toute sa vie comme ça. Si elle voulait rester avec Aziz et avoir avec lui une relation sans angoisse, il fallait trouver une solution.

Elle prit sa plaquette de pilules et paya. En marchant vers la sortie, elle s'imagina que tous les regards étaient fixés sur sa nuque, et elle se redressa afin de sortir la tête haute.

Peut-être que c'était à elle de résoudre le problème. Une malédiction planait sur la tête d'Aziz, et donc aussi sur la sienne. Il devait y avoir un moyen de la faire cesser.

31

KASPAR GEFION FRIIS vivait seul dans une petite ferme aux environs de Funder Bakke.

D'après ce que Dicte avait trouvé parmi les 145 propositions faites par Google, il était musicien. Il avait laissé tomber ses études pour rejoindre pendant quelque temps la scène rock politique, dans le courant des années soixante-dix. Au fil des ans, il avait fréquenté quelques groupes plus ou moins connus, dont les tendances affichaient une nette sympathie pour les mouvements gauchistes. D'après les dernières nouvelles, on pouvait penser que la politique avait été finalement reléguée au second plan. Elle avait pu comprendre que Kaspar Friis vivait à présent de la conception d'effets sonores un peu spéciaux, pour toutes formes de styles musicaux, allant de la pop au garage rock, en passant par le folk jusqu'aux nouveaux styles de musiques quasi symphoniques.

En faisant un effort de mémoire, elle se souvenait que l'un des habitants de la collectivité La Tour Noire possédait en effet une collection d'instruments assez particuliers. Bien qu'elle n'en eût jamais vu aucun, elle se rappelait avoir entendu parfois des sons étranges en provenance de la cave, comme si elle servait d'abri à une sorte de mystérieuse existence souterraine. Celle d'un être qui ne voyait jamais la lumière du jour, mais dont les mélodies accompagnaient ses rares mais intenses rencontres avec le sommier défoncé de Morten. Lorsque Morten lui-même ne montait pas le son de sa propre radio, ce qu'il faisait généralement.

La maison était située dans un renfoncement, plongée sous les ombres d'une petite forêt de hauts arbres, même à présent que les feuillages avaient à moitié disparu. Par les chaudes journées d'été, les gens trouvaient sans doute une douce fraîcheur à l'intérieur, mais durant l'automne la bâtisse donnait l'impression qu'une obscurité glaciale s'était approprié les lieux. Elle se dit qu'il devait faire froid et humide entre ces murs.

Elle gara sa voiture sous un hêtre et sortit du véhicule. Tandis qu'elle se dirigeait vers la porte d'entrée, des chats à demi sauvages l'observaient de leurs yeux jaunes. Ils disparurent en une seconde, l'un sous un tas de bois, un autre dans un bosquet et le dernier derrière un petit muret. Elle frappa contre la porte à l'aide d'un marteau de style ancien, en se disant qu'il n'en faudrait pas beaucoup pour que celle-ci s'arrache de ses gonds. Le bois avait l'air à moitié pourri, infesté de champignons, et la peinture grise était écaillée sur une grande longueur.

Elle dut frapper deux coups supplémentaires avant d'entendre quelqu'un bouger à l'intérieur. Malgré les informations glanées sur Internet, elle n'avait pas été préparée à l'apparition qui lui ouvrit la porte.

L'homme qui se tenait devant elle semblait surgir directement d'une époque révolue. Son visage était tout en longueur, creusé de profonds sillons et couvert de cicatrices, il avait des anneaux d'or aux oreilles et dans une narine, son corps était un peu voûté, comme s'il avait souffert prématurément d'une maladie des os. Il était maigre comme un toxico, il avait d'ailleurs l'air de quelqu'un qui, pendant longtemps, avait préféré certains produits plus grisants que cette cigarette qui pendait à ses lèvres, menaçant de s'écraser à tout moment sur le sol. On aurait dit qu'il avait acheté l'ensemble de sa tenue vestimentaire à un groupe de rock à la retraite : du cuir, du jean, des chaînes, des épingles à nourrice et des rivets en formaient les ingrédients de base, les finitions étant composées de bagues en forme de tête de mort, et de bracelets qui ressemblaient en tous points à des menottes.

– Oui ?

Il parla d'un ton nerveux, appuyé contre l'encadrement de la porte. Il avait du mal à fixer son regard, qui balayait la cour d'un endroit à un autre, revenait sur la maison et finit par dévisager Dicte des pieds à la tête, avant d'aller se fixer sur un point mystérieux, quelque part sur sa droite.

– J'étais en train de faire un truc. Entre et attends-moi un moment.

Il avait dit cela sans qu'elle ait eu le temps de répondre, ni d'arriver à faire remonter dans sa mémoire un quelconque souvenir de lui. Il avait quelque chose de familier, et en même temps pas vraiment.

Il s'éclipsa rapidement en la laissant plantée dans le froid ; elle finit par repousser la porte pour le suivre à l'intérieur, dans la pénombre.

Contrairement à ce qu'elle avait cru, il ne faisait pas froid, c'était même le contraire. Un poêle à bois brûlait dans la salle à manger et diffusait une chaleur d'enfer, identique à celle d'un sauna. À part le poêle, il n'y avait presque pas de meubles. La pièce était chichement garnie, une table basse, un canapé et un vieux fauteuil. Pas de télé, aucune radio, pas de bibliothèque ni de coussins ni rien d'un tant soit peu douillet.

Elle avança dans le couloir en se laissant guider par le son, puis descendit l'escalier. Encore une cave, se dit-elle non sans déplaisir, en s'aventurant dans les profondeurs de la maison, éclairées seulement par la pauvre lueur d'une ampoule électrique. Une lumière filtrait sous une porte, au bout d'un couloir obscur. Elle l'ouvrit lentement. Kaspar Friis était assis sur ce qui ressemblait à un tabouret de bar. Il avait un casque audio sur les oreilles et un instrument étrange entre les mains. De temps à autre, il frappait avec une sorte de baguette sur une chose inconnue, d'où sortait un tintement bref et métallique.

Elle vit qu'il prenait note de sa présence en faisant un léger mouvement de tête, avant de se volatiliser à nouveau dans son univers sonore. Elle marcha sur la pointe des pieds et s'installa prudemment sur le bord d'une chaise moelleuse. Cette cave était visiblement le vrai foyer de Kaspar Friis. Ici se trouvait tout ce dont elle n'avait pas vu trace à l'étage, il y avait même un lit. Il était installé dans un coin, recouvert d'une couverture en patchwork multicolore, non loin d'un petit sofa aux coussins d'aspect indien, des miroirs sur le mur et des photophores posés sur une table en guise de décoration. Les quelques mètres carrés qui constituaient cet espace étaient remplis d'instruments de toutes tailles et de toutes formes, en plus d'un poste de télé, d'une table de mixage et d'un amas de câbles et de caissons noirs, qui servaient sans doute à produire de la musique.

– Qui es-tu ?

Il demanda cela en ôtant ses écouteurs. Sa voix était éraillée, comme s'il avait chanté un peu trop de rythm'n blues à travers les micros.

Elle se présenta, et la main de l'homme agrippa soudain la sienne de façon inattendue. Dicte la fixa, au moment où il la retira, et vit que la pulpe de ses doigts était cornée, comme s'il souffrait de rhumatismes, mais les doigts étaient longs et fins et avaient peut-être été gracieux dans un passé lointain.

– Morten m'a donné ton adresse.

Il la regarda d'un air étonné.

– Morten qui ?

– Morten Agerbæk. De la communauté de La Tour Noire.

Il renifla, avec l'habitude de celui qui a déjà sniffé un peu trop de poudre blanche.

– Ce Morten-là.

Il dit cela comme s'il ne se souvenait ni de la communauté ni de ses membres.

– De quoi s'agit-il ?

– De Kjeld Arne Husum.

Elle lança ce nom et guetta sa réaction, qui fut minimale : un plissement de l'œil, une grimace de dégoût et un imperceptible recul face à la personne qui avait apporté ce nom dans sa maison.

– Qu'est-ce qu'il a fait ?

– Il est mort.

Il haussa les épaules.

– C'est ce qui nous attend tous. C'est peut-être mieux ainsi.

– Pourquoi est-ce que ce serait mieux ? Je croyais que vous étiez amis.

– Nous l'étions dans le temps.

Un soupçon s'insinua soudain dans sa voix.

– Pourquoi est-ce que tu te trimballes comme ça en demandant aux gens des trucs sur Kjeld Arne ?

– Je ne demande pas des trucs « aux gens ». Je questionne des personnes qui ont vécu avec lui dans la communauté. Tu ne t'en souviens pas, mais moi-même, adolescente, je suis venue à La Tour Noire. Pour voir Morten.

Il leva la tête d'un air entendu.

– Une d'entre elles.

Il dit cela sans plus d'explications et sans la moindre forme de nuance dans sa voix. Néanmoins, elle comprit qu'elle n'avait été qu'une fille parmi beaucoup d'autres. Pour le punir, elle lui raconta l'exécution. Pour la première fois, elle vit chez lui une réelle réaction, une angoisse indéniable transforma ses yeux en deux petites billes noires, comme s'il venait d'atterrir après un shoot à l'héroïne.

– *Shit man. Fucking shit*[1].

Il se mit soudain à trembler comme une feuille, sans pouvoir le cacher. Il murmura, entre deux claquements de dents :

1. « Putain, quelle merde. » En anglais dans le texte. *(N.d.T.)*

– Super froid. J'ai toujours super froid après. Jusque dans les os.

Dicte s'assit et attendit un moment, mais il continuait de frissonner.

– On tombe dedans un jour comme ça, murmura-t-il. La came, tous ces trucs. Et après ça se venge.

Elle le regardait d'un air interrogateur.

– La dépression, dit-il. Les tremblements, la sueur. La mémoire pleine de trous comme un condamné à mort devant le peloton d'exécution. Maintenant on nous décapite, ajouta-t-il avec un rire de squelette. C'est ce qui nous attend tous, répéta-t-il.

– Pas forcément de cette manière-là.

Il ne répondit pas.

Elle ne savait pas précisément dans quelle direction elle devait aller. Soudain, elle s'exprima sans détour.

– Je suis tombée enceinte de Morten. J'avais seize ans. L'enfant a été donné à l'adoption.

Était-ce une étincelle de compassion qui apparut dans son regard ? Elle n'en était pas sûre, mais sa voix sonnait à présent différemment, comme si quelqu'un avait baissé le volume.

– C'est ce que je me suis tué à leur dire. Le passé. À un moment où à un autre, il refait toujours surface.

– Et il réclame l'addition ?

Elle parvint à peine à saisir son imperceptible hochement de tête.

– Qu'est-ce qui s'est passé là-bas, Kaspar ? Qu'est-ce qui s'est passé dans cette communauté ? Toi-même, tu y as participé ? Ou alors est-ce que tu étais trop défoncé pour te rendre compte de ce qu'on y faisait ?

Il ferma les yeux, mais elle vit sa douleur.

– Le mal, murmura-t-il. Le mal surtout.

Elle n'était pas sûre de comprendre : est-ce que c'est lui qui avait mal, ou le mot définissait-il l'époque où il avait résidé dans La Tour Noire ?

– Si tu sais des choses illégales, tu as le devoir d'en parler, dit-elle. Juridiquement, mais avant tout moralement.

– La cave, dit-il dans un souffle en ouvrant les yeux, qui étaient trempés de larmes. La cave.

Soudain, il se détourna et attrapa son casque stéréo qu'il colla contre ses oreilles. Elle eut envie de le lui arracher mais se dit que, finalement, elle n'obtiendrait rien de plus de Kaspar Gefion Friis, qui s'était une fois de plus enfui dans son univers de musique. Elle prit son portefeuille dans son sac et en sortit une carte de visite qu'elle posa sur la table avant de s'en aller.

Elle n'avait rien prémédité, mais la ferme n'était qu'à cinq kilomètres de là, et on aurait dit que la voiture suivait automatiquement le chemin.

Le paysage était totalement plat, c'était sans doute la terre la mieux propice à l'élevage des moutons. Le vent fouettait la campagne, aucun surplomb ni aucune colline ne pouvant y mettre un frein. Elle se souvenait de cette sensation de fin du monde et se sentait vide à l'intérieur. Elle reconnaissait les parfums, les bruits aux alentours et l'absence d'âmes humaines. Elle se souvenait de la solitude.

Elle avait grandi ici. Elle avait été à l'école d'à côté. Et elle avait haï cet endroit et rêvé de voyager très loin, avant même de prendre conscience de ce rêve. Lentement, elle se rappelait tout, et l'angoisse montait en elle. Sa première impulsion fut de faire demi-tour et de repartir vers Århus, de retrouver Bo et sa vie là-bas. Dans quelques minutes, se promit-elle. Dans un instant.

Elle se gara et sortit de la voiture. Le bâtiment avait l'air refait à neuf, et elle devina que les propriétaires n'étaient plus les mêmes. À présent, les lieux devaient être habités par une famille pour laquelle la culture de la terre n'était qu'un loisir et qui avait sans doute un travail à Ikast ou à Herning. Elle sonna à la porte et une femme de son âge vint lui ouvrir.

– Oui ?

Dicte fit un geste d'excuse de la main.

– C'était juste une impulsion, dit-elle en souriant. J'ai habité ici autrefois. Dans une communauté. J'ai eu envie de voir de quoi ça avait l'air à présent.

La femme lui adressa un sourire.

– En effet, je me rappelle qu'une communauté s'était installée ici dans le temps. Il y a des années de ça.

Elle regarda Dicte et jugea qu'elle n'avait pas l'air dangereuse, aussi laissa-t-elle la porte grande ouverte en signe d'invitation.

– Vous avez envie de visiter l'intérieur ? Les enfants sont à l'école, et je n'ai travaillé qu'à mi-temps aujourd'hui.

– C'est gentil à vous.

Elle pénétra dans l'entrée. Il s'en dégageait une bonne odeur de parquets cirés et de pâtisserie.

– Mon Dieu ! Mes petits pains ! Une seconde.

La femme disparut en un éclair et Dicte la suivit vers une cuisine à l'américaine. Bien sûr. Un mur avait été abattu et un muret monté à la place. Elle pouvait à peine la reconnaître. L'ameublement était de style scandinave. Des tapis orientaux sur le parquet, un gros chat roux couché sur un plaid sur le canapé de cuir noir. Un panier rempli de bûches était posé à côté du poêle à bois.

– Ça sent merveilleusement bon.

Dicte regardait la femme qui, d'un geste assuré, sortait les petits pains du four et les déposait sur un plateau.

– Les enfants en raffolent. Ils ont douze et seize ans, et ils sont impossibles à rassasier. Parfois, j'ai l'impression de n'être qu'une énorme machine à pains.

Elle se tourna vers Dicte.

– Vous êtes de la région ? Nous avons peut-être été à l'école ensemble ?

Une désagréable sensation s'empara d'elle et la paralysa. Elle ne voulait pas se rappeler sa vie d'écolière qui n'avait rien eu d'heureuse. Quand on est enfant de témoins de Jéhovah, on est différent des autres. On se tient à l'écart de ses camarades, et si on ne le fait pas de soi-même, ces derniers s'en chargent tout naturellement.

Elle secoua la tête.

– Je n'ai habité ici que peu de temps.

La femme lui fit aimablement visiter une partie de la maison. Elle expliqua qu'elle venait d'être réaménagée et prenait visiblement plaisir à jouer le rôle de guide.

– Il y avait aussi une grande cave, n'est-ce pas ? L'un d'entre nous avait son studio de musique en bas.

Le visage de la femme s'illumina.

– C'est amusant que vous disiez cela. Les enfants adorent y descendre, et Victor menace de monter un groupe qui pourrait y répéter. On espère que ce sera suffisamment insonorisé.

– Ça le sera, promit Dicte en la suivant dans l'escalier. Elle se remémorait l'escalier de l'ancien temps comme d'une sorte d'échelle de poulailler, mais était-elle au moins descendue une seule fois ? Elle ne s'en souvenait pas.

– Nous y avons fait installer un bureau pour Jan, mon mari, dit la femme.

Les murs étaient peints en blanc et la pièce était éclairée par des petits halogènes incrustés dans le plafond, ce qui lui donnait un air clair et agréable. Il y avait d'épais tapis sur le sol, un grand bureau moderne, une chaise ergonomique et un ordinateur à écran plat.

Un autre monde, pensa Dicte en regardant autour d'elle. Un tout autre monde. Quoi qu'il se soit passé autrefois, il n'en restait aucune trace. Les murs avaient tout oublié. Les bruits et les voix avaient été aspirés dans les plafonds, jusque dans les toitures. Il n'y avait aucun fantôme ici.

– Et il y a aussi le cellier.

Elle ouvrit la porte sur un espace totalement différent. Des murs composés de cailloux et de ciment brut, un sol dur. Une ampoule nue pendait du plafond et éclairait faiblement une rangée de cordes à linge où des vêtements étaient accrochés, tels des restes de personnes qui, dans l'urgence, auraient oublié sur le fil un pantalon ou une chemise. La pièce était basse de plafond, comme si une force obscure cherchait à rabaisser les gens vers la terre.

– Nous n'utilisons plus la cuve, mais nous n'arrivons pas à nous en séparer.

Elle était posée dans un coin. Le cuivre était luisant. Bien qu'elle ne mesurât que cinquante centimètres de diamètre environ, elle était très profonde et pouvait contenir une grande quantité de linge. Dicte avança dans la pièce. Pendant un court instant, il lui sembla entendre une voix, qui disparut aussitôt. C'est seulement au moment où elle prenait congé en remerciant et qu'elle s'asseyait dans la voiture en mettant le moteur en marche, direction Århus, qu'elle réalisa ce qu'elle avait cru entendre : le cri d'un enfant, qui appelait à l'aide.

32

LES NOTES du saxophone vibraient dans l'air enfumé et s'enroulaient comme des guirlandes autour du cou de Wagner. La fille dansait pieds nus en face de lui et s'approchait lentement pour le séduire, telle une charmeuse de serpents au sommet de son art. Son minibustier cachait à peine ses petits seins. Son ventre plat et ferme ondulait au rythme de ses hanches, quasi inexistantes. À son nombril brillait un anneau doré, et c'était ça qui l'attirait, comme s'il était physiquement enchaîné à lui. Il avançait toujours plus près, même si tout son corps et toute son âme s'y refusaient.

« Viens, viens à moi », fredonnait une voix dont les mots s'adressaient directement à son cerveau, des mots prononcés par une bouche enfantine, couverte de rouge à lèvres.

– Non !

Il la repoussa de toutes ses forces et le charme se brisa immédiatement, il se réveilla.

– Mais enfin, qu'est-ce qui t'arrive ?

Ida Marie était assise au bord du lit. Ses longs cheveux couvraient ses épaules et sa poitrine. À la lumière du petit jour, il vit une sorte d'effroi dans ses yeux.

– Tu étais en train de me pousser hors du lit.

– Pardon. Un cauchemar, murmura-t-il.

Elle resta un moment plongée dans ses réflexions. L'angoisse fit alors place à de la tendresse, elle prit sa main et commença à caresser son bras. Il aurait aimé le retirer mais il n'en eut pas le courage.

– Tu veux me raconter ?

Il secoua la tête.

Il avait honte. Comment avait-il pu faire ce genre de rêve ? Comment son cerveau avait-il pu imaginer cette gamine de dix ans et la rendre séduisante, pour ne pas dire bandante ?

– Ça va, c'est bon.

La main d'Ida Marie continuait de le toucher. Elle caressait doucement ses doigts et son bras. Elle s'allongea sur le lit et câlina ses épaules, elle se blottit contre lui, de sorte qu'il lui fallut retenir son souffle pour parvenir à garder une certaine distance.

Il rejeta la couette dans un geste de panique.

– Il me faut un verre d'eau.

Il regarda le réveil. Il était cinq heures et demie.

– Rendors-toi, dit-il d'une voix froide qui le surprit lui-même. Il ne l'avait jamais repoussée de cette façon-là auparavant. Il n'avait jamais ressenti ce mélange d'envie et de répulsion.

Il s'assit dans le fauteuil du salon et écouta le silence qui lui semblait insupportable, car le saxophone continuait de s'y insinuer avec ténacité. Finalement, il se leva et inséra un CD des concertos brandebourgeois dans la chaîne hi-fi et s'immergea dans la musique à l'aide du casque stéréo.

Il ne pouvait pas s'empêcher de revenir à son rêve, dont des fragments persistaient à le hanter. La petite fille qui ondulait avec l'assurance d'une femme. Ses yeux qui le provoquaient, qui l'allumaient, comme s'il faisait une tournée dans le quartier aux néons rouges d'Amsterdam pour reluquer les femmes derrière les vitrines, avec leurs strings vermillon et leurs chaussures à talons hauts.

Il fallait reconnaître que les enfants d'aujourd'hui étaient plus au fait des mystères de la vie que du temps de sa propre jeunesse. Mais quand même. Il n'y avait pas eu que le comportement physique. Il y avait aussi les yeux. Le regard qui ne cachait rien de l'expérience acquise dans des domaines qu'aucune fille de dix ans n'était censée connaître.

De l'inceste ? Cette idée ne lui semblait pas étrangère, elle avait depuis toujours sommeillé sous la surface. De la part d'un beau-père ? Du père biologique ? De la mère ? Est-ce que ce genre d'attitude était un signe ? Peut-être qu'il devrait demander l'avis d'un psychologue.

Il se souvenait de la visite qu'il avait rendue avec Hansen à la famille de Geding, mais à ce moment-là, il avait été difficile de mettre le doigt sur une gêne précise, à part le fait que quelque chose ne tournait visiblement pas rond.

L'inceste ?

Ses pensées allaient et venaient au rythme des trompettes et des basses qui s'enchaînaient dans le concerto de Bach.

Si Kjeld Arne Husum avait abusé sexuellement de sa fille, la mère de l'enfant avait de bonnes raisons de vouloir le tuer.

Elle-même avait avoué être allée dans la maison de Samsø, même si elle prétendait ne pas y avoir mis les pieds depuis deux ans. Les machines à pain étaient les siennes. En était-il de même pour le cordon de Tampax que l'équipe technique avait trouvé ?

Tandis que la pureté des cordes prenait possession de son cerveau et traversait son système nerveux, il se mit à cogiter. Il revoyait Connie Husum dans sa chemise de nuit en soie et il n'arrivait pas à se la représenter en train de manier un sabre et de s'en servir pour frapper la nuque de son ex-mari. Même si la colère qu'elle éprouvait envers ce dernier avait été visible. C'était comme s'il y avait quelque chose d'autre. Mais quoi ? Est-ce que c'était lui qui était un peu vieux jeu et qui avait du mal à envisager une femme dans le rôle d'un bourreau ? Et dans le cas contraire ? Son instinct persistait à lui dire que Connie Husum n'avait ni la dureté ni le sang-froid nécessaires pour tuer un homme de cette façon-là.

La matière rugueuse du fauteuil lui grattait la peau alors qu'il s'appuyait contre le repose-tête. Ida Marie détestait ce meuble qu'on leur avait offert pour leur premier anniversaire de mariage. Lui-même adorait le sentiment de sécurité que lui procurait le creux familier du fauteuil, la possibilité d'y disparaître et de s'enfermer dans son monde de musique.

Il se remémorait l'image de Connie Husum. Ses formes douces et sa bouche sensuelle. Ses seins lourds enveloppés de soie. Aucun argument ne pouvait le dissuader d'en faire la coupable idéale, à part une conception machiste qu'il n'aurait osé défendre devant quiconque. En attendant, les motifs de Connie Husum étaient plus logiques que tous ceux des autres personnes qu'il avait jusqu'alors rencontrées.

Après le briefing de 10 heures, il roula jusqu'à l'Institut médico-légal pour rendre visite à Gormsen. Comme d'habitude, il n'y avait pas moyen de trouver une place pour se garer, et il dut se résoudre à laisser sa voiture devant le département de pneumologie et à marcher vers l'Institut qui se trouvait de l'autre côté de la rue.

Gormsen, entouré de son équipe, se rendait à une autopsie, il avait déjà revêtu sa blouse blanche et son pantalon vert.

– Sur le pied de guerre de bon matin ?

Gormsen hocha la tête sans avoir l'air pour le moins du monde stressé. Il souriait. Voilà un homme qui aimait son travail et en avait fait une passion.

– C'est en partie à cause de la police, dit-il. Vous avez demandé trois autopsies, et l'instruction judiciaire de son côté nous a livré huit cadavres au cours de la journée, sans compter ceux qui nous restent à examiner. Assieds-toi un instant.

Il fit un signe de tête en direction d'un banc, sur lequel un grand nombre d'étudiants en médecine avaient probablement déjà trouvé refuge pour fuir la panique des autopsies et éviter l'évanouissement en respirant un peu d'air frais. Wagner s'assit.

– Tu as l'air pâlot. Ça va ?

Sans trop hésiter, il lui raconta son rêve. Gormsen hocha la tête. En tant que spécialiste dans des affaires de viol et d'inceste, Wagner savait qu'il avait de l'expérience sur la question.

– Ton histoire présente en effet tous les signes d'abus sur enfants, ton intuition me paraît bonne. Un gamin maltraité apprend très vite comment exciter l'attention des adultes.

– Ce qui donne donc un mobile à Connie Husum, dit Wagner.

Gormsen acquiesça.

– Mais elle n'est pas la seule dans ce cas-là, poursuivit Wagner en sortant une enveloppe de sa poche intérieure.

Gormsen prit connaissance de la réponse que le département de génétique de Copenhague avait expédiée le matin même. Wagner commenta :

– Une analyse ADN récente démontre que le sperme que nous avons trouvé chez Johanne Jespersen appartient à Kjeld Arne Husum.

Wagner fixait le rapport et crut soudain sentir une odeur de viande pourrie en provenance de la salle d'autopsie.

– Avait-elle des proches ? demanda prudemment Gormsen.

Wagner soupira.

– Un neveu.

– Alors ça te fait encore un suspect en perspective, indiqua Gormsen.

Il suivit cette piste un peu plus tard dans la journée, lorsque qu'il eut fait passer les restes du rêve avec une tasse de café bien serré.

– Jens Jespersen, dit Eriksen. Oui, c'est le nom du neveu de Johanne Jespersen. J'ai eu l'occasion de parler avec lui au début de l'enquête.

Il feuilleta son calepin.

– Il habite à Skødstrup et travaille comme steward chez Sterling Airways. Des documents attestent bien qu'il a passé un moment à l'hôpital de Skejby, et qu'à cause de cela il n'a pas pu rendre visite à sa tante pendant au moins deux semaines. C'est sans doute pour ça qu'elle est restée à moisir aussi longtemps.

– Jens Jespersen, dis-tu ? Il me semble que j'ai déjà entendu ce nom-là quelque part.

Hansen posa son attaché-case flambant neuf sur la table. Il étincelait sous la laque.

– Qu'est-ce que c'est que cette horreur ? demanda Ivar K avec dégoût en observant le porte-documents. Tu t'es changé en directeur d'école ?

– Un cadeau d'anniversaire. De ma femme, dit Hansen avec une pointe d'amour dans la voix.

– Avec ça tu vas avoir l'air d'un con de banquier, ricana Ivar K, qui lui-même n'avait jamais eu qu'un simple bloc-notes enfoncé dans une poche et un Bic accroché au revers de sa veste, ou au col de son tee-shirt.

– Puisqu'on parle de banque, dit doucement Hansen en sortant une feuille de format A4. Voici l'extrait de compte de Kjeld Arne Husum ouvert à la Banque des Travailleurs agricoles.

Il l'examina un moment puis le tendit à Wagner.

– Je pense que tu vas trouver cette lecture intéressante.

Wagner aurait préféré une explication orale mais il reconnaissait là le besoin qu'avait Hansen de jouir du moment où les pièces du puzzle allaient se mettre en place. Ce qui ne tarda pas.

– Oh, putain !

– Quoi ? demanda fébrilement Ivar K. Le mec a fait un détournement de fonds ?

Wagner posa le papier devant lui et désigna certaines lignes.

– Le compte de Husum a été crédité d'un virement mensuel, en tout cas au cours de l'année passée. Mille cinq cents couronnes tous les mois.

– Les fonds ont été déposés par Jens Jespersen, demeurant au n° 431 de Grenåvej à Skødstrup, précisa Eriksen.

33

C'ÉTAIT PEUT-ÊTRE le hasard. Le tatouage. La communauté. Tout ça.

Dicte fit une courte prière, tandis qu'elle entreprenait de mettre de l'ordre dans le réfrigérateur. Qu'il en soit ainsi. Le hasard. Rien à voir avec moi.

Elle sortit un sac en plastique qu'elle inspecta. Un vieux reste de chou rouge, qui avait connu des jours meilleurs. Poubelle.

Elle dressait dans sa tête la liste des membres de la communauté. Au cours de la journée, elle s'était procuré les derniers noms qui lui manquaient dans les registres de la ville. Morten avait oublié de lui préciser que sa nouvelle épouse y avait également vécu quelque temps. De même que trois autres, qu'il s'était gardé de mentionner. Deux d'entre eux lui rappelaient vaguement quelque chose. Est-ce qu'ils se souviendraient de Kjeld Arne Husum ? Et si oui, pour quelle raison ?

Elle avait passé deux heures à ces recherches, avant d'obtenir enfin tous les noms. Bien qu'ils se soient évidemment répartis un peu partout dans le pays, une majorité étaient quand même restés dans le Jutland. Des hommes pour la plupart, et heureusement, car ils avaient conservé leur nom de famille. Ce qui avait rendu les choses plus faciles. La difficulté était pour elle d'éviter d'utiliser son téléphone, puisqu'elle se doutait que la PET l'avait mise sur écoute. Elle était devenue très douée pour inventer toutes sortes de prétextes afin d'emprunter celui des autres. Non qu'elle tînt absolument à se la jouer solo, se disait-elle. Elle cherchait simplement à savoir jusqu'où allait la mener cette histoire de communauté. Elle voulait d'abord être sûre qu'il y avait de la matière avant d'inciter d'autres personnes à pénétrer dans un passé où elle-même avait tenu un rôle peu reluisant. En plus, s'il n'existait aucun lien, il n'y avait pas de raison de leur faire perdre leur temps.

Une pensée restait en suspens dans son cerveau, tandis qu'elle se débarrassait d'un filet de poisson un peu trop ancien en le jetant aux ordures en compagnie d'une paire de citrons moisis. Des mots comme «plan tordu» et «conséquences» s'entrechoquaient dans sa tête, mais elle refusa d'en tenir compte. À chacun sa façon de trouver des solutions. La police poursuivait son travail et avait sûrement déjà contacté les forces de l'ordre métropolitaines de Londres, tout en continuant à enquêter sur le meurtre de Samsø selon ses bonnes vieilles méthodes. La PET avait analysé le film, certainement avec l'aide de l'Institut de technologie et du Centre national d'investigations. Ils avaient peut-être aussi utilisé les services d'experts étrangers, sans doute du FBI. D'après ce qu'elle savait, ils concentraient principalement leurs recherches sur la surveillance de jeunes présumés impliqués dans des affaires de terrorisme. Ils cherchaient des liens avec la décapitation à travers divers ordinateurs et *via* des enregistrements téléphoniques. Dans ce contexte, sa propre surveillance n'était qu'une simple formalité, comparable à la vérification des phares des cyclistes ou à l'emplacement stratégique des radars sur l'autoroute. Rien d'important. Un contrôle de routine, comme on dit dans le jargon policier.

Et elle dans tout ça? Elle avait agi comme n'importe quel journaliste l'aurait fait à sa place: en essayant de trouver quelle était sa vraie fonction dans cette histoire, en jouant son propre rôle et peut-être, grâce à ça, en dénichant quelques vérités.

La vérité.

Le mot flotta un instant dans les airs avant d'être dissous par le froid du frigidaire. L'image du bourreau coiffé d'un foulard apparut dans son esprit, tandis que des odeurs incertaines la mettaient sur la piste de restes de nourriture dont les dates de péremption étaient depuis longtemps dépassées. Qui se cachait sous le foulard ? Un homme ou une femme ? Un musulman ou un chrétien, ou rien de tout cela ? Et que venait faire la communauté de La Tour Noire dans cette affaire ?

Un vieux pot de yaourt atterrit à son tour dans la poubelle, à côté d'un paquet de fromage râpé qui, en théorie, aurait dû servir à une pizza. Mais Rose ne venait plus jamais faire de pizza à la maison. En fait, elle ne venait plus que très rarement. Bo pensait qu'elle cherchait à éviter le scepticisme de Dicte à propos de sa liaison avec Aziz. Bo pensait tellement de choses.

Elle essaya de chasser cette idée mais le petit mot « vérité » continuait de faire son chemin. Y avait-il un angle mort quelque part ? Est-ce que c'était seulement le fait qu'Aziz soit musulman qui la rendait nerveuse, ou était-ce plutôt parce qu'il avait pendant un temps appartenu au milieu criminel de Gjellerup ? Finalement, quelle était sa position à elle par rapport au problème des immigrés et des musulmans qui avaient choisi de vivre au Danemark ?

La question tourbillonna un moment dans l'espace qu'elle réservait habituellement aux affaires non résolues. Ce n'était pas la première fois qu'elle renonçait face à la complexité. Les médias les bombardaient quotidiennement de nouveaux chiffres et de statistiques, de sorte que tout cet amalgame finissait par tourner en spirale comme dans une centrifugeuse. Elle avait été parfois indignée devant certaines magouilles politiques ou face à des diffamations sans fondement qui semblaient ramener les esprits en plein cœur des années trente en Allemagne. D'autres fois, c'était les déclarations d'obscurs imams qui lui faisaient dresser les cheveux sur la tête. Cependant, au milieu de tout ça, il devait y avoir un nombre important de musulmans et de Danois qui désiraient simplement être tranquilles et avoir le droit de vivre en paix, selon leurs convictions. Dommage pour eux. La colombe avait pris du plomb dans l'aile. Les mots et les accusations, tels des cailloux pointus, avaient été jetés entre les différents partis, par-dessus la tête des minorités silencieuses.

Elle reconnaissait volontiers que ces jeunes filles coiffées d'un foulard l'avaient énervée. Mais fallait-il pour autant l'interdire à l'école, comme on l'avait fait en France et depuis longtemps en Turquie ? Est-ce qu'il fallait tolérer la pratique de la prière dans les lycées, au risque d'une récupération par les fanatiques islamistes ? Est-ce qu'on devait autoriser que des enfants soient envoyés au pays pour y apprendre leurs racines ?

Cela faisait beaucoup de questions auxquelles elle n'avait pas les réponses. Elle prit un dernier petit tas dans le frigo et le mit dans la poubelle sans trop regarder de quoi il s'agissait. De la cuisine, elle jeta un œil vers le salon où Bo était occupé à des travaux d'écriture, tandis que la télévision diffusait les nouvelles du jour. Elle entendit que les Suédois s'en prenaient aux Danois dans le cadre du débat sur l'immigration. Les dirigeants de l'Union européenne furent également interrogés à propos de la politique étrangère du Danemark, à qui on rappela les droits de l'homme en évoquant le climat politique du pays, visiblement plus rude que dans d'autres pays d'Europe qui, pourtant, avaient exactement les mêmes problèmes au sujet de l'intégration, sinon pires. Les porte-parole du gouvernement danois balayèrent les critiques d'un revers de manche en indiquant que leurs confrères devraient se préoccuper un peu plus de leurs propres concitoyens.

– Qu'est-ce que tu en penses ? Tu crois qu'il a raison ?

Bo la regarda avec un air de doute.

– Sur quoi ?

– Le débat sur l'immigration. Le climat politique.

– Le climat.

Il savourait le mot.

– Peut-être, dit-il l'air peu intéressé. C'est bien la question, non ? Il ne suffit pas qu'on arrête de parler des problèmes pour qu'ils disparaissent. Certaines réactions ne sont pas très jolies à voir ni à entendre.

– Il y a des images fortes là-dedans, dit-elle d'un ton cassant qu'elle remarqua elle-même. Les foulards. Les doigts tendus. Les familles malheureuses qu'on a condamnées à l'ignorance.

Il haussa les épaules, impassible.

– Évidemment.

Il la regarda d'un air innocent et l'aida lui-même à compléter le tableau :

– Le choc des cultures, les couples interraciaux, les grappes de filles avec un tchador sur la tête, des babouches aux pieds et des armes planquées dans leur Coran.

Elle frissonna en pensant à Rose et à Aziz. Elle s'assit sur le rebord d'un fauteuil.

– À quoi ressemble sa famille, à ton avis ?

– À qui ?

– À Aziz.

Bo plongea son nez dans ses papiers. Il agitait son stylo qui dansait entre les doigts de sa main droite. Puis il posa son regard au-dessus du visage de Dicte, avec une expression indéterminée, comme s'il avait envie de la tester.

– Ils sont sans doute habitués à dormir sous un bivouac, à chier dans un trou creusé à même le sol et à se torcher le cul d'une main en bouffant du riz avec l'autre. Mais à part ça, ce sont des gens charmants.

Elle remercia le Ciel qu'il n'y ait personne d'autre dans la pièce. C'était typiquement le genre de remarques qu'il était capable de balancer en public, histoire de déclencher une réaction.

– Et il ne faut pas non plus oublier le facteur X, murmura-t-il dans son stylo, qu'il avait posé contre ses lèvres.

– Quel facteur X ?

Il leva la tête. Quelque part, au fond de son regard, il y avait de la tendresse.

– L'amour, dit-il.

Ce n'est pas le mot en soi qui produisit un effet, mais la façon dont il le prononça. Si elle avait été musicienne, ou même chanteuse, elle aurait souhaité pouvoir se l'approprier : la tonalité et les sous-entendus qui l'enrobaient, et qui lui conféraient la double sonorité d'une chose à la fois dure et douce.

– L'amour, répéta-t-elle. Et alors ?

Il écrivit quelques lignes sur ses papiers. Elle vit qu'il s'agissait de ces maudits formulaires de la Sécurité sociale.

– N'est-ce pas lui qui doit sauver le monde ? demanda-t-il.

– Tu y crois ?

Il rassembla ses feuillets et jeta le stylo sur la table.

– Pas toi ?

Elle fut soulagée d'être interrompue par la sonnerie du téléphone. Elle s'en approcha d'un pas rapide, l'attrapa et appuya sur la touche verte.

– Dicte.

– Maman ! Viens m'aider !

La voix de Rose semblait à bout de souffle.

– Ils me courent après.

– Qui ? Où ? Rose. Dis quelque chose. Rose ?

Elle ne s'était pas rendu compte qu'elle avait crié. Les bruits dans l'appareil montaient et descendaient. Elle entendait quelqu'un qui courait, et d'autres voix indistinctes dans le lointain.

Puis ce fut le silence.

34

LE COUP FIT voler le téléphone de la main de Rose, hors de sa portée.

De toutes ses forces, elle parvint à mettre un peu de distance avec ses poursuivants. Le bruit de ses semelles contre la terre nue résonnait dans ses oreilles. Son rythme cardiaque et les battements de son pouls grimpèrent à la vitesse supérieure.

– Viens par là, grosse pute danoise !

Les injures la heurtaient à toute volée. Elle n'arrivait presque plus à courir et ne sentait plus ses jambes, excepté le bruit de leur cadence : *gadunk, gadunk*. Si seulement elle n'était pas allée à cette soirée du ciné-club étudiant. Si seulement elle n'avait pas traversé seule le parc de l'Université.

– Espèce de chienne !

Ses idées explosèrent dans sa tête, en une bouillie incompréhensible dont le seul message un peu clair était la survie.

À présent, elle sentait qu'ils s'étaient rapprochés. Elle zigzaguait sur le petit sentier, en repoussant un bras qui une fois de plus avait tenté de l'agripper. C'est maintenant, se dit-elle. C'est l'heure de payer. Le moment est venu. Tout en pensant à cela, elle savait qu'elle n'avait fait qu'attendre. À travers elle, c'était Aziz qu'ils voulaient atteindre.

– Viens là. Tu en as envie, hein ? Toutes les salopes en ont envie.

Des mains avides attrapaient ses vêtements, elle fut jetée à même le sol, le monde se mit à tournoyer devant ses yeux. Elle aurait voulu se saisir de son pistolet à gaz, mais elle n'avait aucune chance. L'herbe mouillée diffusait une odeur entêtante.

« Survis », chuchotaient les mots dans sa tête. « Survis. »

Elle était couchée sans bouger. Seule sa poitrine haletante montait et descendait. Tout ce qu'elle avait appris avait été effacé dans la seconde où elle avait croisé leurs regards. Ils étaient si jeunes, pensa-t-elle. Quinze ou seize ans, peut-être. Plus jeunes même. Assez jeunes en tout cas pour que quelqu'un leur ait demandé de s'occuper d'elle.

– Tuez-moi, si vous l'osez, les défia-t-elle. Vous avez vraiment envie de croupir en prison avec Eihan ?

Ne pas les provoquer, avait dit son prof. Ne pas les regarder dans les yeux. Mais elle ne pouvait pas s'empêcher de s'imprégner de leurs visages. Leurs nez tordus, leurs sourcils épais, les ombres noires au-dessus de leurs lèvres supérieures et leurs cheveux qui dégoulinaient de sueur. Elle se racla la gorge et envoya un crachat sur la joue de l'un d'eux.

La fureur jaillit sur leurs visages, comme si elle les avait giflés tour à tour. Leur stupéfaction était visible, et son cerveau profita de cette courte pause pour diffuser un courant dans tout son corps, elle plia soudain ses genoux et lança un coup de pied brutal dans l'entrejambe d'un des garçons.

Il hurla comme un porc. Elle appela au secours, mais personne ne s'approcha, alors qu'elle savait qu'il y avait des gens dans le parc. Puis le corps numéro deux la pressa contre le sol. Elle vit l'éclat d'une lame de couteau dans la pénombre lorsqu'ils se mirent à lacérer ses vêtements. La terre l'aspirait, le ciel pesait sur elle de toutes ses forces. Elle tâtonna aveuglément sur le côté et posa la main sur un morceau de tissu qu'elle tira vers elle. Elle ne savait pas combien de temps cela avait duré, curieusement, elle était incapable de dire si elle avait été violée ou pas. Elle ne ressentait rien, mais elle réalisa que ses doigts avaient frôlé quelque chose de dur, de lourd et de froid.

Miraculeusement, elle fut soudain repoussée un peu à l'écart. Suffisamment pour sortir l'arme de ses deux mains tremblantes. Le coup partit furieusement du pistolet à gaz, dont le recul la projeta encore davantage en arrière. Les deux immigrés poussèrent un braillement sinistre lorsque le gaz atteignit leurs yeux. Elle entendit leurs exclamations, leurs cris et le bruit de leur course, alors qu'ils fuyaient la police qui approchait.

35

– QU'EST-CE qui te fait penser qu'il s'agit du parc de l'Université ?

– Le ciné-club. C'est toujours le jeudi soir.

Bo grommela une ou deux choses incompréhensibles en faisant démarrer la voiture à toute vitesse. Les virages de la route de Sejby défilèrent sur les chapeaux de roues.

– Ce sont eux, murmura-t-elle en maudissant les environs de Gjellerup ainsi que tous ses habitants. C'est leur vengeance.

Bo ne disait rien. Il se contentait de manœuvrer de manière nerveuse et efficace au milieu du trafic de Randersvej, doublant systématiquement chaque véhicule.

– Si tu dis vrai, nous ne devrions pas tarder à entendre la police, dit-il. Ils peuvent se rendre sur place beaucoup plus vite que nous.

Elle n'avait pas appelé le 112, à la place elle avait directement téléphoné à Wagner. Tandis que Bo dépassait toutes les limites de vitesse autorisées, elle repassait dans sa tête le court dialogue.

C'était Ida Marie qui avait répondu au téléphone.

– Est-ce qu'il est là ?

Le court silence qui suivit fut à peine perceptible.

– Dicte ? Qu'est-ce qui ne va pas ?

– C'est Rose...

Ida Marie comprit immédiatement.

– Je vais le chercher.

Il ne se passa pas une éternité avant que Wagner s'empare de l'appareil et l'interroge sans prendre de gants :

– Où est-elle ?

– Dans le parc de l'Université, je crois. Elle a appelé de son mobile... C'était elle... et puis la conversation a été interrompue.

Elle sentait la colère dans sa propre voix.

– Tu as d'autres infos ?

– Non.

– Je me procure une voiture et je t'appelle dès que je sais quelque chose.

– Sur mon portable. Nous partons tout de suite.

– C'est d'accord.

Son téléphone sonna alors qu'ils atteignaient le château d'eau.

– Ils l'ont trouvée, dit Wagner.

– Elle va bien ?

Aux bruits des grésillements émis par la radio de police, elle devinait que lui aussi était en train de conduire.

– Elle s'est bel et bien fait agresser. Elle est assez choquée.

Le mot de viol restait bloqué dans la bouche de Dicte, sa langue n'arrivait pas à le prononcer. Elle y parvint finalement :

– Elle s'est fait violer ?

Le silence était palpable. Wagner soupira.

– Nous ne savons pas. Elle refuse d'aller se faire examiner au centre antiviol, du coup ils l'emmènent directement au poste. Je m'y rends également.

Elle savait qu'il n'était pas obligé de faire ça, elle eut envie de lui dire merci mais il avait déjà raccroché.

– Au commissariat, murmura-t-elle à Bo, tout en rejetant une foule d'images qui surgissaient dans sa tête. Elle s'est fait agresser.

Il acquiesça et, pour la première fois, elle remarqua son inquiétude, matérialisée par une ride profonde au-dessus de l'arête du nez et par la façon dont son corps s'était contracté. On sentait planer comme un champ magnétique au-dessus du siège du passager.

Il la regarda brièvement tout en faisant une queue-de-poisson à un taxi.

– On n'est pas sortis pour admirer tes phares ! cria-t-il, tout en appuyant instinctivement une main contre le tableau de bord.

Elle l'observa. Son regard était complètement différent, elle se dit qu'il devait être comme cela lorsqu'il travaillait dans une de ses zones en guerre. C'était comme si un autre Bo s'était matérialisé à sa place.

– Quoi ? demanda-t-il.

– Qu'est-ce qui se passe dans ta tête ?

Il serrait à tel point le volant que les jointures de ses doigts étaient devenues blanches.

– Je pense à ce que je serais capable de leur faire, à ceux qui ont fait ça.

Rose avait été conduite dans le petit local qui servait aux interrogatoires. Ils lui avaient donné une couverture à mettre autour de ses épaules ainsi qu'une tasse de thé qu'elle serrait entre ses deux mains. Elle se balançait d'avant en arrière sur sa chaise, aussi blanche et fragile qu'un flocon de neige. Ses cheveux avaient l'air plus sombres qu'ils ne l'avaient jamais été. Dicte vit qu'ils étaient couverts de boue. Il y avait également des traces de terre sur l'une de ses joues.

– Bonjour, ma chérie.

Elle aurait tellement voulu la toucher, poser un bras sur ses fines épaules et embrasser ses joues d'enfant, mais quelque chose l'en empêchait. Leurs regards se croisèrent mais c'était comme si Rose ne comprenait rien à ce qui se passait. On aurait dit qu'un être venu d'une galaxie lointaine avait atterri dans la petite pièce et s'était effondré dans un coin, épuisé par son voyage.

– Wagner a dit que tu voulais bien de moi comme conseillère, dit Dicte en cherchant à garder une voix calme.

Rose la regarda vaguement.

– Ils sont obligés de te poser des questions. Ils auraient préféré t'emmener à l'hôpital d'Århus.

Elle ne voulait pas utiliser le terme de «centre anti-viol». Mais Wagner lui avait rapidement expliqué que ça aurait été pourtant une bonne idée, ne serait-ce que pour avoir des preuves. Rose avait refusé. À la question de savoir si elle pensait avoir été violée, elle avait répondu qu'elle n'en savait rien et qu'elle s'en fichait.

La porte s'ouvrit et Wagner entra dans la pièce. Dicte lui fut reconnaissante d'avoir tenu à venir en personne l'interroger.

Il fit un signe de tête à Rose qui le regardait avec de grands yeux.

– Salut, Rose. Tu sais que nous nous connaissons bien.

Il ne lui tendit pas la main. C'était comme s'il cherchait à éviter de l'effrayer par des gestes trop directs.

Rose acquiesça, mais il n'y avait aucun signe de reconnaissance dans ses yeux. Wagner lança un bref regard en direction de Dicte et elle comprit. Il avait parlé de choc. Il allait falloir user de patience et l'aide d'un psychologue n'aurait pas été de trop, mais ça aussi, Rose l'avait refusé.

Il installa un petit magnétophone au centre du bureau. Rose recula un peu.

– Ne t'inquiète pas. C'est juste pour que je me souvienne de ce que nous allons nous dire, expliqua Wagner. Il faut qu'on attrape celui ou ceux qui t'ont fait du mal.

Rose ne fit pas même un signe de tête. Une fois de plus, Dicte capta comme un message crypté de la part de Wagner. Ça n'allait pas être facile. S'il s'agissait d'un moyen de défense, il ne fallait pas aller contre. Le mieux était d'avancer avec prudence.

Wagner s'assit doucement et ne dit rien pendant quelques secondes. Rose s'agitait un peu sur son siège en serrant la couverture contre ses épaules.

– Tu grelottes, dit Wagner. Bois du thé, ça va te réchauffer.

Rose but bruyamment. Wagner commença à parler d'un ton neutre.

– Nous aimerions que tu nous racontes depuis le début. Ta mère dit que tu étais au ciné-club de l'Université. C'est exact ?

Rose eut l'air un instant désorientée. Finalement, ses lèvres acceptèrent de former des mots.

– *Le Troisième Homme.*

– Avec Orson Welles ?

Rose fit signe que oui.

– Et la fameuse musique à la cithare ?

Un autre signe de tête.

– Ça t'a plu ?

Rose but une gorgée de thé. Une petite lueur était apparue dans son regard, comme un soupçon d'intérêt.

– Il y avait de belles photos de Vienne, en noir et blanc. L'atmosphère était bien décrite. Après la guerre, je veux dire.

– L'après-guerre, oui, dit Wagner également intéressé. C'était quoi, l'histoire déjà ? Quelque chose avec un gars qui s'appelle Harry Lime ?

Rose hésita un moment avant de se mettre à raconter, au grand étonnement de Dicte. D'abord de façon vague, puis par des associations de phrases de plus en plus précises. Wagner suivait tout ce qu'elle disait et posait çà et là quelques questions. Dicte se sentait comme une figurante dans une pièce de théâtre surréaliste. Sous la couverture en laine, que Rose ne cessait de serrer sur ses épaules, elle apercevait des trous et des déchirures dans son vêtement, comme si quelqu'un l'avait découpé avec des ciseaux.

– Qu'est-ce que tu as fait lorsque le film s'est terminé ? demanda finalement Wagner.

Rose fixait le bureau en silence.

– J'ai marché à travers le parc pour aller prendre mon bus, dit-elle. Mon vélo est en réparation.

– Et que s'est-il passé alors ?

– Je les ai entendus, eux. Leurs pas et puis leurs voix.

– Eux ? Combien étaient-ils ?

– Deux. Ils ont commencé à courir, et alors j'ai fait pareil.

Elle regarda Dicte.

– J'avais mon téléphone dans la poche de ma veste. J'ai appuyé sur le 1 pour appeler Kasted.

– Tu dis que tu entendais leurs voix ? demanda Wagner. Tu as entendu ce qu'ils disaient ?

Rose chuchota quelques mots, comme si elle s'adressait à la table.

Wagner se racla la gorge.

– Je crois que l'enregistreur n'a pas bien saisi. Tu veux répéter ?

Rose leva la tête. Ses lèvres tremblèrent un instant avant qu'un son ne s'en échappe.

– Grosse pute danoise.

Dicte poussa un petit cri. Wagner lui lança un regard d'avertissement.

– Eux-mêmes n'étaient pas danois ?

Rose haussa les épaules.

– C'est la deuz gen'.

– Les immigrés de la deuxième génération, précisa Wagner.

Rose acquiesça. Dicte se promit de se venger, de les faire payer tous autant qu'ils étaient. Ça suffisait, les bons sentiments, se disait-elle. Elle se voyait parfaitement armée d'une mitraillette, en train de les dégommer.

– Rose, ceci est important, dit Wagner. Est-ce que tu connaissais l'un d'entre eux ?

– Non.

– Tu pourrais les reconnaître ?

Rose secoua la tête.

– Qu'est-ce qu'ils ont dit d'autre ? Est-ce qu'ils t'ont dit pourquoi ils faisaient ça ?

– Non, dit Rose en pinçant ses lèvres qui ne formèrent plus qu'un seul trait.

Après un long moment, Rose finit par accepter d'être conduite à l'Institut médico-légal, équipé pour effectuer des analyses suite à une agression. Poul Gormsen était prêt à la recevoir.

Wagner entraîna Dicte et Bo à l'écart.

– Nous ne serons malheureusement pas plus fixés concernant les possibilités d'un viol, puisqu'elle refuse d'être vue par un spécialiste. Mais c'est mieux que rien. Gormsen s'occupera de tout ce qui concerne les violences physiques visibles, comme les marques de coups et les bleus, ce genre de choses, mais il ne fera pas d'examens plus poussés. Nous ne pouvons pas obliger Rose à s'y soumettre.

Il se racla la gorge.

– Est-ce que vous savez pourquoi elle ne veut pas ? Elle n'est pas non plus très explicite concernant ses agresseurs.

Dicte se dit que ce n'était pas le moment de faire dans les sentiments, aussi les balaya-t-elle. Elle chassa de sa conscience le fait qu'elle était en train de discuter du viol probable de sa fille et essaya de considérer cela comme l'une des discussions qu'elle avait au quotidien, une de celles qu'elle rapportait parfois dans son journal.

– Elle s'est remise à fréquenter Aziz, dit-elle d'une voix morne. Est-ce que ça pourrait avoir un rapport ?

Wagner hocha la tête, il y eut comme un déclic dans son regard.

– Ça peut tout à fait avoir un rapport. Je suggère que vous la gardiez à l'œil dans les prochains jours. Vous l'emmenez bien chez vous ?

Dicte acquiesça.

– Si encore elle accepte.

– À quoi penses-tu ? demanda Bo. Pourquoi est-ce qu'il faudrait la surveiller ?

Wagner soupira. Quelqu'un cria alors son nom et il se retourna.

– Pour rien de spécial, dit-il en s'éloignant. Gardez-la simplement à l'œil.

Poul Gormsen n'avait pas pu convaincre Rose de se plier à des examens plus intimes, mais il ne croyait pas qu'il y ait eu viol.

– Nous allons à présent envoyer ses vêtements au centre de recherches techniques et nous verrons ce qu'ils en disent. Je parierais volontiers pour une simple agression avec violences, dit-il comme pour les tranquilliser, comme si ses mots pouvaient avoir le même effet que du Valium ou du Tranxène.

En sortant de l'Institut, Rose accepta à contrecœur de les suivre à la maison, après qu'ils furent passés prendre des vêtements propres dans son appartement de Chr. Wærumsgade. Elle était assise en silence sur la banquette arrière de la voiture de Bo. Il ne restait aucune trace de la complaisance qu'elle avait manifestée envers Wagner.

Ils atteignaient Skejby lorsque le téléphone de Dicte sonna, annonçant l'arrivée d'un SMS. Elle le sortit de son sac et appuya sur la touche de réception.

Le message disait : « Je suis l'enfant que tu aurais dû entendre. Je suis l'enfant que tu aurais dû défendre. »

Il était envoyé d'un numéro masqué.

36

ON AURAIT DIT que la nouvelle aide-ménagère s'était nourrie toute sa vie d'épinards et de viande rouge. Des muscles fins et réguliers saillaient sous son tee-shirt, elle avait l'air tout à fait capable de porter d'une main un lourd seau d'eau tout en astiquant la poussière de l'autre.

La nouvelle trouvaille de Maibritt s'appelait Kisser Jensen, et elle était censée leur faciliter le quotidien afin qu'ils aient plus de temps à se consacrer l'un à l'autre. Bien sûr, il l'avait vue venir de loin : elle voulait surtout avoir du temps pour mieux le surveiller, lui. Il n'était pas psychologue pour rien.

– Je peux faire cette pièce ?

Elle avait certainement remarqué qu'il était sur le point de sortir. Ole Nyborg acquiesça brièvement en fourrant quelques papiers dans un tiroir, qu'il verrouilla. Le plus sensible était rangé sous clef, et dans l'ordinateur, mais on n'était jamais trop prudent. Comme à présent avec les documents qu'il venait d'imprimer, ceux relatant le procès de l'assassin de Nanna. Ça ne regardait aucune aide-ménagère. D'une manière générale, ça ne regardait personne qu'il ait commencé à penser à ça, à une sorte de meurtre prémédité. Que le besoin de se venger se soit petit à petit imposé. Un peu comme cette histoire de décapitation, qui avait fait son chemin dans son esprit et qui refusait de le laisser tranquille, même la nuit.

– J'y vais à présent. J'ai un rendez-vous en ville.

Il fut immédiatement en colère après lui-même. Il n'avait pas de comptes à rendre, il n'avait pas à se justifier de quitter son bureau à 3 heures de l'après-midi. Et même s'il avait eu pour projet d'aller faire un tour dans les bars à putes avant de claquer son fric au casino, ce qui d'ailleurs ne lui déplairait pas, ça n'était pas ses oignons. C'est en tout cas ce qu'il se dit en lui-même. En réalité, il n'avait jamais vraiment eu envie de fréquenter un autre sexe que celui qu'il avait trouvé dans son mariage.

Il était convenu avec Morten de se retrouver au café *Casablanca* qui à cette heure-là était à moitié vide, attendant tranquillement que les gars viennent y passer leur soirée. Il s'assit sur l'un des canapés marron qui ressemblaient aux banquettes des trains d'autrefois. Il y traînait un journal que quelqu'un avait oublié de remettre à sa place et il jeta un œil sur les titres qui parlaient de peur et d'insécurité face au terrorisme, avec un sondage qui indiquait combien de personnes étaient favorables à la peine de mort, et aussi les opinions de quidams à propos des caricatures du Prophète qui étaient devenues une véritable affaire d'État. Pendant un instant, il se demanda ce que penserait un étranger arrivant pour la première fois au Danemark, à la lecture de ces gros titres. Peut-être s'imaginerait-il qu'une guerre civile venait d'éclater, à moins qu'il ne songe à une guerre de religion ? Peut-être qu'il se demanderait quelle était la cause de toute cette agitation dans un pays où les gens ne manquaient visiblement de rien.

La serveuse arriva pour prendre la commande et il demanda une bouteille de vin rouge avec deux verres. Nom de Dieu, s'il se souvenait bien de Morten, ils pourraient facilement se la vider à deux et puis, ils ne s'étaient pas revus depuis tellement d'années, il fallait fêter ça.

Il se demandait à quoi Morten pouvait bien ressembler à présent mais il n'eut pas besoin d'exercer bien longtemps son imagination car ce dernier pénétra au même moment dans le café, un peu plus dégarni et enrobé que dans ses souvenirs. Mais néanmoins tellement Morten, dont la silhouette occupait immédiatement tout l'espace, avec son rire inégalable et son regard qui avait toujours le chic pour se poser sur une jolie paire de jambes ou sur un cou gracieux.

– Salut, Ole. C'est bon de te revoir. Mais dis-moi, elle est passée où, ta perruque ?

– Sans doute partie avec la tienne, si tu vois ce que je veux dire, fit Ole en jetant un œil sur la calvitie de l'autre.

Il se leva. Les deux hommes se serrèrent dans leurs bras, comme des frères, et à cet instant, c'est aussi comme ça qu'ils se ressentaient. *Partners in crime*, n'était-ce pas là leur expression ? Ils en avaient tombé des filles ensemble, en s'aidant mutuellement. Enfin, surtout grâce à Morten. Les femmes, les combats politiques faciles, avec quelques pétards pour faire passer tout ça. La gueule de bois était arrivée plus tard, lorsque l'ivresse des joints s'était dissipée et que la *Røde Mor*[1] avait fini par raccrocher son tablier.

– Tu sais ce qu'on dit, annonça Morten en passant une main dans ses cheveux courts, si blonds qu'ils auraient pu être l'œuvre d'un coiffeur habile. Il y a un rapport entre la chute des cheveux et les capacités sexuelles d'un mec.

Ole rit.

– Ouais, en tout cas ça n'a jamais trompé personne. Du vin rouge ?

Morten se laissa glisser sur la banquette et se pencha en avant, en approuvant d'un signe de tête.

– Pourquoi pas, je n'ai pas pris la voiture.

– Tu vas rentrer à vélo ? demanda Ole, qui se rappelait toutes les fois où ils avaient pédalé de travers sur les sentiers d'Århus pour rentrer chez eux après des fêtes.

– Astrid m'a accompagné.

– Tu viens directement du boulot ?

Morten acquiesça.

---

1. « Den Røde Mor », la Mère Rouge, était une communauté d'artistes engagés, principalement des musiciens, entre 1969 et 1978. *(N.d.T.)*

– Prof de danois. Les trois quarts de mes élèves sont des filles.

– Il y en a qui ont de la chance.

Il avait dit cela parce qu'il sentait que c'était ce qu'on attendait de lui. Parce qu'il voyait au regard de Morten que la petite étincelle était toujours là, le goût des femmes de toutes origines et de tous âges. Comment faisait-il pour conserver cette curiosité ? Où trouvait-il l'énergie nécessaire ?

Il lui revint à l'esprit que Morten avait toujours eu cette forme d'énergie d'adolescent. Peut-être que c'était simplement dans ses gènes.

Le regard de Morten scannait la salle et finit par atterrir sur le journal posé sur la table. Par la suite, Ole pensa que sa réaction avait été bizarre. Ce fut comme si un hoquet de surprise était sorti de lui, et il montrait le journal de ses deux mains.

– Il faut que je regarde ça.

Il feuilleta en marmonnant. Ole constata que son visage perdait petit à petit toute couleur. On aurait dit qu'il devenait plus vieux, à moins qu'en vérité il ne fît qu'afficher l'âge réel de l'homme qu'il était.

– Quelque chose qui cloche ?

Morten secoua la tête en froissant le journal. Puis, il fit un effort sur lui-même et montra à Ole un article au bas duquel on voyait la photo d'une femme. Le cliché semblait tout droit sorti des années quarante. Elle avait un air un peu particulier, les cheveux épais et décoiffés et quelque chose qui ressemblait à une petite cicatrice sur le bord des lèvres, qui lui donnait un sourire grave.

– On les retrouve les unes après les autres, un peu partout, les anciennes maîtresses, souffla Morten avec une nonchalance appuyée. Les anciennes maîtresses, mon vieux, ça peut devenir un vrai problème.

Ole parcourut l'article. C'était la journaliste qui avait reçu le film de la décapitation. Sa première réaction avait été la compassion. Suivie ensuite d'une sorte d'empathie.

– Une ancienne maîtresse, dis-tu ? D'il y a longtemps ?

– Plusieurs époques glaciaires, dit Morten d'une voix aussi froide.

– Tu l'as connue où ?

Morten balaya l'air d'un geste de la main, comme s'il chassait de la fumée.

– Oh ! là, là ! ça se perd presque dans les brumes de la préhistoire. Un moment dans les années soixante-dix.

Ole regarda à nouveau la photo. Il essaya de lui retirer une trentaine d'années, mais ce qu'il voyait était en tous points un visage assurément forgé par les expériences. L'innocence et la fragile beauté se cachaient sans doute quelque part sous la surface, c'était comme regarder une peinture maintes fois reprises par l'artiste, insistant à chaque fois pour y laisser un détail supplémentaire.

– Elle devait être très jeune, conclut-il.

Morten acquiesça.

– Quinze-seize ans.

Il pensa à Nanna, lorsqu'elle avait cet âge. Une enfant. Ni plus ni moins. Il aurait voulu lui dire que ça frôlait la pédophilie, mais il avait le sentiment que Morten n'aurait pas compris.

– Tu étais son prof ? demanda-t-il prudemment.

Morten le regarda. Pour sa défense, il était visible qu'il se sentait idiot.

– Ce n'est pas un truc dont je suis trop fier.

Mais quelque part, pourtant, c'était le cas, se dit Ole. La virginité était une denrée rare, même en ce temps-là. Pour Morten, ça avait été comme d'obtenir un scalp de plus à accrocher à sa ceinture. Il aurait payé cher pour ce scalp, on pouvait d'ailleurs se demander quel en avait été le prix.

Tandis que Morten relisait un passage du journal, Ole se demandait comment cette Dicte Svendsen encaissait cette situation, à propos de la décapitation. De quelle manière cela avait-il touché sa vie de famille ? Est-ce qu'elle arrivait encore à dormir la nuit ? Ou bien restait-elle éveillée, comme lui, à chercher des échappatoires à quelque chose qui avait pris racine au plus profond d'elle-même ? Avait-elle peur qu'il n'arrive un malheur à ses proches ? À elle-même ? Avait-elle aussi envie d'y mettre un terme en allant fouiller en plein cœur du mal ?

– Bon, mais on était partis pour parler du jubilé, dit Morten d'une voix enjouée, comme si tout allait pour le mieux dans le monde.

Les noms tombèrent sur la table. Morten en avait dressé la liste après avoir fait quelques recherches. Il y avait aussi une série de numéros de téléphone et ils se mirent d'accord pour se partager les appels.

– Où est-ce qu'on va faire ça ? demanda Ole.

– Qu'est-ce que tu penses de la salle à l'étage chez *Jacob's* sur Vestergade ? Si elle existe encore.

– Je peux me renseigner, proposa Ole. Peut-être que d'autres voudront se joindre à notre petite fête. Quelques filles ?

Ils parlèrent comme ça un bon moment, tout en faisant couler le vin. Leur vieille confiance respective avait refait surface, petit à petit. *Partners in crime*, pensa à nouveau Ole, et quelque chose en lui se cristallisa une fois de plus sur le meurtrier de Nanna.

– Ça doit être dur, dit soudain Morten.

– Quoi ?

– De savoir que le responsable de la mort de ta fille court les rues en liberté.

Ole était persuadé que le mot « mort » n'avait été prononcé que sous l'influence du vin rouge. Néanmoins, il était quelque part satisfait que Morten ait fini par cracher le morceau.

– C'est insupportable, avoua-t-il, en se faisant violence pour ne pas en rajouter. Peut-être que c'était toujours comme ça avec les vieux copains, même si les années avaient passé et que les illusions s'étaient envolées. Une sorte de réflexe, comme de ne pas pouvoir s'empêcher de battre du pied à l'écoute du *Satisfaction* des Rolling Stones.

– Est-ce que tu peux encore faire quelque chose ? demanda Morten. On peut rouvrir l'affaire ? Six mois, c'est pas bien long pour avoir ôté une vie.

– Quatre, dit Ole. Il est sorti au bout de quatre mois.

Ils restèrent un moment silencieux. Puis Morten se leva et avança vers le bar. Il en revint avec une nouvelle bouteille de vin, dont il remplit les verres.

– Je suis allé à leur maison à Højbjerg, dit Ole après avoir bu une première gorgée.

Morten attendait la suite, en faisant tourner le vin dans son verre qu'il maintenait devant la lumière. Ils n'étaient pas comme ça dans le temps, pensa rapidement Ole. À l'époque, ils s'enfilaient n'importe quoi à toute vitesse jusqu'au verre suivant.

– J'ai balancé un pavé dans leur fenêtre.

Il n'avait encore raconté ça à personne. Ça lui faisait du bien de partager.

– Ça t'a soulagé ?

– Un peu, peut-être.

– Mais pas assez, constata Morten.

Ole secoua la tête.

– Qu'est-ce qui pourrait me soulager, à ton avis ? Œil pour œil ? Dent pour dent ?

Était-ce le diable lui-même qui était assis en face de lui et qui le tentait ? Il y avait un éclat particulier dans le regard de Morten qui le fixait à travers une sorte de brouillard.

Ole but une longue gorgée de vin. La chaleur de l'alcool se mélangeait à son sang et lui montait à la tête. Le café avait commencé à bourdonner et à vibrer d'une énergie qui se propageait. À cet instant, il sut que tout ce truc de psychologue sur la nécessité de canaliser ses sentiments de manière rationnelle n'était qu'un vernis minable pour cacher un instinct plus puissant que la sexualité. Il regarda Morten qui, bien sûr, savait déjà tout de cela.

– La vie contre la vie, dit-il sans sourciller.

37

LES OMBRES de la nuit projetaient un ballet étrange à travers les lames des persiennes. Les phares d'une voiture se reflétaient d'un mur à l'autre, traversaient le dessus-de-lit, glissaient sur le sol pour finir par s'engouffrer dans la commode où les ténèbres les dévoraient.

Dicte écoutait le bruit du véhicule, dehors, ainsi que la multitude des bruissements qui foisonnaient dans la maison. Des voix faibles et l'aboiement d'un chien dans le lointain se superposaient au frottement d'une branche contre la gouttière et au cliquetis des griffes de Svendsen sur le carrelage du rez-de-chaussée. L'obscurité avait sa propre mélodie et son propre rythme. Qu'est-ce qui l'attendait dans tout ce noir ? Quelles anciennes affaires, non résolues, abandonnées, pouvaient encore s'y cacher ? Toutes ces choses qui ne cessaient de la tourmenter comme l'attirance fatale de Rose vers Aziz, qui avait marqué un tournant dans sa vie et qu'elle n'avait pas les moyens de maîtriser. On s'attache aux autres, se dit-elle en écoutant la respiration calme et régulière de Bo à dix centimètres de son oreille. On partage leur vie, on leur donne de l'amour et parfois aussi l'inverse. On dépose des petits navires sur une rivière, qui s'en vont voguer toutes voiles dehors, jusqu'au jour où ils reviennent et réclament une place le long du port, ou tout au moins un endroit pour jeter l'ancre, avec leurs cales chargées de frustrations et d'espoirs désenchantés. Ils attendent de nous des réponses que nous ne pouvons pas donner, exigent une énergie que nous n'avons pas. Ce sont surtout les proches qui en demandent le plus. On ne peut pas nier qu'ils sont une partie de nous-mêmes, et que s'il leur prenait l'envie d'aller se jeter sous un pont, alors on ferait la même chose.

Elle suivait du regard un nouveau faisceau lumineux qui dansait sur les murs, en écoutant le vrombissement de la voiture en bas dans le carrefour. L'impuissance s'insinua dans la brèche ouverte par la lumière des phares. Que pouvait-elle donc faire ? Sa fille dormait dans sa chambre d'enfant, bourrée de tranquillisants, des cicatrices sur le corps et des bleus à l'âme, des plaies qu'elle aurait tellement aimé prendre pour elle. Comment Rose allait-elle envisager le monde à présent ? Qu'allait-elle devenir ?

Depuis cette agression, la colère n'avait cessé de gronder dans son esprit, mais à quoi pouvait-elle bien lui servir ? Contre son gré, elle sentait monter en elle une haine envers les immigrés de tout poil, principalement envers les jeunes et la façon dont ils manquaient de respect aux filles danoises. Et quelque part, dehors, une corde invisible se resserrait autour de son cou, comme un nœud coulant. Quelqu'un cherchait à l'attirer dans ses filets. Quelqu'un la tenait et voulait lui faire du mal, en sachant exactement de quelle manière il fallait frapper pour causer un maximum de dégâts. Elle repensa au SMS.

Même sous la chaleur de la couette, elle frissonnait. Elle se recroquevilla davantage contre Bo qui, dans son sommeil, l'avait prise entre ses bras. Elle n'avait pas eu le courage de lui parler de cela. Elle n'osait pas lui dire que ce qu'elle craignait le plus au monde était peut-être en train de se produire. « Je suis l'enfant que tu aurais dû entendre. » Les mots tournaient en boucle dans sa tête, comme les gros titres sur les panneaux lumineux de la place de la mairie. « Je suis l'enfant que tu aurais dû protéger. »

Elle se serra contre Bo qui grogna en posant une main sur sa hanche. Il n'y avait que dans le sommeil qu'elle parvenait à se blottir ainsi contre lui. Lentement, elle sentit avec surprise une chaleur se répandre contre ses reins. Il y avait si longtemps qu'elle n'avait pas été choyée de cette manière-là qu'elle s'y accrocha, parce que cela pouvait balayer tout le reste et que ce feu lui avait tellement manqué.

Il se réveilla. Dans le noir, elle pouvait deviner son étonnement et son regard empreint de sommeil et de désir.

– Et alors, baby ?

Sa voix était encore lourde du pays des rêves, elle semblait venir tout droit de cette contrée virile où se dressaient les érections involontaires et où la testostérone cherchait une cible sur laquelle lancer ses projectiles. L'odeur de son corps devint pour elle une urgence, elle avait le besoin vital de ressentir sa peau et sa bouche.

– Tu ne dors pas ?

Il murmura doucement ces quatre petits mots, à la fois innocents et chargés de signification. Ses lèvres au goût salé parcouraient sa peau en la picorant. Leurs langues s'enroulèrent dans un ballet intime.

C'était ce qu'elles faisaient de mieux, plus besoin de paroles, ensemble elles abolissaient les reproches et les jalousies de la journée qui trop souvent changeaient les sentiments en incompréhension.

Il l'ouvrit, avec la précision d'un chirurgien, s'attardant aux endroits où l'envie était la plus pressante et le besoin le plus violent. Il n'usait d'aucun calcul, tout était dans l'instinct et le désir brutal d'une puissance motrice, dont le seul but était d'étancher cette soif qui la faisait souffrir. Cependant, à travers les remous qui traversaient son corps, Dicte ne pouvait s'empêcher de se demander si, de son côté, elle avait su le satisfaire.

– Il ne doit rien savoir.

Le regard de Rose était aiguisé comme un rayon laser qui déchirait tout, à commencer par les objections de sa mère.

– Oui, mais enfin, Aziz fait quand même partie de cette histoire, protesta Dicte en lâchant la chienne qui se mit à galoper à travers les champs.

Celle-ci, ravie, courut après une bande de corbeaux qui s'envolèrent en poussant de grands cris.

– Je peux régler ça toute seule, murmura Rose.

Comme pour souligner ses dires, elle passa son bras sous celui de Dicte en avançant sur le sentier qui descendait vers Kasted Mose. Le soleil automnal brillait dans un ciel dégagé, l'air était frais avec un fond froid en provenance de l'est, les champs bruns et récemment labourés s'étendaient tout au long de la rivière, sur laquelle nageaient des cygnes, aux allures d'origamis de papier blanc.

Dicte respira profondément. En faisant abstraction des événements de ces derniers jours, il lui était presque possible d'éprouver une sorte de bonheur, surtout après l'amour de cette nuit. À présent, elle marchait au bras de sa ravissante fille, en ce beau matin d'automne, et le soleil leur réchauffait le dos, jusque sous les manteaux. Elle avait un chien, une maison, un homme, une famille et un travail, beaucoup pouvaient l'envier. *Come on, Dicte*, pensa-t-elle. Ça ne pouvait pas être aussi grave que ça.

Mais bien sûr que si, ça le pouvait. En à peine un mois, le monde s'était brutalement transformé. La journée de la veille avait fini de clouer définitivement un voile noir sur sa vie, ainsi que sur celle de Rose.

– Qu'est-ce que tu entends par régler ça toute seule ? demanda-t-elle. Qu'est-ce que tu veux régler, au juste, sans qu'Aziz y soit impliqué ?

Elle s'arrêta au milieu du sentier et tenta d'obtenir un contact visuel avec Rose, dont le regard la fuyait, occupé à suivre la chienne en train de poursuivre les corbeaux.

– Je ne sais pas exactement, murmura sa fille. Mais Aziz ne doit pas être mêlé à ça.

Dicte passa un bras sur ses épaules frêles et blessées ainsi que tout le reste de son corps. Elle la secoua néanmoins.

– Mais enfin, qu'est-ce que tu mijotes ? Tu n'as quand même pas dans l'idée d'aller enquêter dans le milieu ?

Elle se rendait compte de sa propre frayeur mais elle ne cherchait pas à la dissimuler.

– Comment peux-tu penser être capable de résoudre quoi que ce soit, alors que tout tourne autour d'Aziz ? Tu ne connais même pas ces gens. En plus, ils sont dangereux.

Rose se contenta de hausser les épaules.

– Ils ont été amis un jour. Aziz, Mustafa et Eihan.

– Mais maintenant, ils sont ennemis, dit Dicte. Et la haine, dans ce milieu-là, est une affaire très grave, avec laquelle on ne plaisante pas.

– Je ne plaisante pas, dit Rose. Arrête de t'inquiéter.

La répétition rendait les choses encore plus inquiétantes.

– Peut-être que vous devriez faire une pause, suggéra Dicte, tout en devinant par avance quelle serait la réponse.

– Nous avons déjà fait une pause pendant un an, et ça n'a servi à rien. Il est temps de trouver autre chose.

Elle chercha à imaginer quoi, mais ses idées tournaient dans le vide. Comment pouvait-on abolir, dans l'intelligence et le respect de l'autre, la haine et la soif de vengeance ? Comment Rose pourrait-elle y parvenir ?

Dicte ne savait pas comment l'aider, ni quels conseils lui donner. Pas plus qu'elle n'avait les moyens de l'empêcher de prendre les choses en main. Si elle contactait Aziz, Rose ne le lui pardonnerait jamais, et de toute façon, la police n'interviendrait pas avant que le pire ne soit arrivé. Elle repensait aux petits navires sur la rivière, et au SMS dont elle n'avait pas osé parler. Qui sait s'il n'avait pas été émis par l'un d'entre eux, un qu'elle avait elle-même déposé sur le rivage, il y avait des années de cela, sans se douter qu'un jour il reviendrait naviguer sur ses eaux et exiger quelque chose en retour. Elle avait la sensation d'une mécanique d'horloge qu'elle ne comprenait pas, lorsqu'une pensée la traversa : depuis toujours, on était prêt à mourir pour ses enfants, mais cela ne suffisait pourtant jamais à les sauver. Pour Rose, elle se sentait capable de tout, sauf que dans l'immédiat elle était incapable de l'aider. Et l'autre enfant ? Celui qui, d'après Bo, finissait invariablement par refaire surface aux pires moments de sa vie ? Un fils, mis au monde par une mère bien trop jeune, et confié à des mains inconnues. Ce navire-là était-il revenu vers la rive, et le cas échéant, que transportait-il au fond de ses cales ? La haine, la terreur, la mort ? Avait-il hissé, au bout d'un mât brisé, un drapeau noir sur lequel flottaient un crâne et des ossements ?

Elle laissa lentement Rose et la chienne la guider vers la maison, tandis que le texte du SMS tournait dans sa tête, comme les sous-titres d'un film dans lequel un sabre n'en finissait plus de trancher la tête d'un homme.

Qui était cet enfant dont il était question dans le message, s'il ne s'agissait pas du sien ?

38

– ON L'ABORDE de quelle manière ?

Ivar K posa la question tout en conduisant à travers le trafic chargé de Grenåvej, comme au volant d'une voiture téléguidée, shootée aux amphétamines. Une fois encore, Wagner aurait préféré la compagnie plus calme de Jan Hansen, mais ce dernier était en mission dans un autre secteur et il ne fallait pas non plus faire de favoritisme.

– Avec prudence, dit Wagner en fermant les yeux lorsqu'il vit se rapprocher la voie ferrée.

Il pria pour que la chance soit avec eux. Les journaux ne cessaient de relater des histoires de feux de signalisation et de barrières automatiques qui se mettaient à disjoncter, pile au moment où des trains déboulaient à fond la caisse en traversant le pays.

– On ne parle pas immédiatement du compte en banque. Je voudrais d'abord me faire une impression sur l'homme et sur sa relation avec sa tante.

– Heureusement que nous avons les notes d'Eriksen, reconnut Ivar K.

Wagner approuva volontiers. Eriksen était un bon flic, même si on ne pouvait pas vanter ses talents de psychologue.

– C'est quand même mieux de se faire sa propre opinion, dit-il. Alors on va commencer par le début.

Il saisit le regard d'Ivar K, qui passait de l'extérieur à l'intérieur du véhicule, en faisant un tour sur le rétroviseur, avant de se fixer à nouveau sur la route pour doubler une brave Fiat Punto. Il roula ensuite à cinq millimètres de distance du coffre d'une Volvo flambant neuve.

– Et on évite de le menacer de représailles ou de torgnoles, dit Wagner en faisant allusion aux quelques interrogatoires musclés où l'autre avait un peu trop donné libre cours à son tempérament.

– Qui ça, moi ? demanda Ivar K d'une voix offensée. Ce n'est pas mon genre.

Durant la dernière partie de la route en direction du lotissement de Skødstrup où vivait Jens Jespersen, Wagner laissa dériver ses pensées vers le drame survenu la veille, concernant Rose. Peut-être qu'il n'aurait pas dû s'en mêler. C'était toujours doublement difficile lorsqu'il s'agissait de personnes que l'on connaissait et ça pouvait devenir encore plus compliqué si l'affaire se mettait à prendre une nouvelle tournure, ce qui dans le cas présent était tout à fait possible. Rose avait visiblement hérité de la méfiance de sa mère envers les autorités. À voir la façon douce et innocente dont elle s'était comportée, il semblait évident qu'elle avait dissimulé des choses.

Il frissonna à l'idée qu'elle avait pu être violée, tout de même impressionné par le sang-froid de la jeune fille. Il y avait forcément un loup derrière tout ça. Quelque chose se préparait et en attendant, ils ne pouvaient que se tourner les pouces car Rose, si jeune fût-elle, conservait pour elle le fin mot de l'affaire. Il espérait simplement que sa mère aurait la force de la garder à l'œil et que son amour pour Aziz ne la jetterait pas dans une situation qu'elle ne pourrait plus maîtriser.

Cela ne dura qu'une seconde, pas plus, au moment où Ivar K trouva finalement le rythme qui convenait à une conduite dans Grenøvej. Pendant cette seconde-là, il s'était revu dans le poste de police, face au regard de Dicte au moment où elle était entrée accompagnée de Bo Skytte. Il s'était attendu à de la peur, à de la panique ou tout au moins à de l'inquiétude. À tout, sauf à cette brûlure au fond de ses yeux, qui l'avait marqué de l'intérieur. C'est cela qui l'avait décidé à se charger en personne de l'interrogatoire de Rose. Il fallait qu'il aille au fond des choses.

On pouvait faire subir toutes sortes de sévices à une personne, pensa-t-il, sans qu'elle se révolte, se laissant peut-être intimider. Mais il arrivait toujours un moment, chez une victime, où la colère parvenait à prendre le dessus et où une juste indignation finissait par la faire réagir. On pouvait aussi, comme le disait l'expression, choisir de laisser pisser pendant un bon moment, avant de réagir. Et Dicte avait laissé pisser. Elle s'était fait balader par un bourreau fou qui lui avait envoyé des films révoltants et des messages, faisant d'elle une sorte de victime, et tout le monde, y compris ses collègues, se jetait à présent sur elle. Maintenant, sa fille aussi était touchée et même si les deux événements n'avaient pas de liens directs, ils devaient quand même être ressentis comme une seule et même menace dans la tête de Dicte.

Il ne savait pas contre qui elle allait projeter sa colère désormais. Mais son instinct lui disait qu'elle finirait par l'utiliser, d'une manière ou d'une autre.

– J'étais hospitalisé. Vous pouvez vérifier auprès de l'hôpital de Skejby.

Wagner observait l'homme, assis sur le bord de sa chaise, les jambes jointes de façon symétrique, pendant qu'Ivar K lui posait des questions. Il avait la quarantaine et était vêtu d'un jean et d'une chemise blanche qu'il portait ouverte, exhibant une poitrine étonnamment velue sur laquelle pendait une chaîne en or. Ses cheveux étaient d'un blond clair où quelques cheveux gris passaient inaperçus, ce qui lui donnait l'air d'être plus jeune que son âge. La peau de son visage ovale avait l'air saine, mais ses yeux restaient sur la défensive, pleins de méfiance, comme chez quelqu'un qui était habitué à l'humiliation et qui préférait se cacher sous les couvertures le temps que l'orage se calme. Sa bouche affichait une moue un peu tendre, comme s'il était sujet aux crises de larmes.

– À quelle date êtes-vous entré à l'hôpital et quand en êtes-vous sorti ? demanda Ivar K d'une voix inutilement basse, comme s'il craignait d'effrayer Jens Jespersen.

L'homme se racla la gorge en tripotant un bouton de sa chemise. La nervosité était palpable dans la pièce où flottait l'odeur d'un freesia posé sur une petite table basse. Néanmoins, Wagner savait d'expérience que la nervosité en soi ne voulait pas dire grand-chose. Il était fréquent que la simple présence de la police rende les gens anxieux et Ivar K avait le don de faire trembler les êtres les plus flegmatiques.

– Je ne vois pas en quoi ça peut vous intéresser, mais il faut que je vérifie dans mon agenda, dit Jens Jespersen. Le week-end dont vous parlez, j'étais en tout cas à l'hôpital parce que j'ai été opéré le jeudi.

Il se leva en dépliant sa grande silhouette. Tout chez lui avait l'air long et un peu gauche : ses bras qui dépassaient de ses manches trop courtes, ses pieds dans des petites chaussures en toile, ses mains et ses doigts qui ne cessaient de papillonner inutilement autour de lui.

Pour Wagner, il semblait évident que Jens Jespersen était homosexuel, mais Ivar K de son côté avait dû louper un épisode, car il poussa un hoquet de surprise lorsque Jespersen se retourna, son agenda à la main, confirmant les dates.

– Je suis séropositif, vous comprenez, murmura-t-il avec un *if* presque suraigu. Les traitements me maintiennent en vie, mais il y a parfois des complications.

Ivar K était bouche bée, et Wagner n'avait pas prévu de questions, aussi le silence s'installa pendant quelques secondes avant que Jens Jespersen ne demande, non sans un certain désespoir :

– Mais de quoi s'agit-il au fond ? On dirait que vous me soupçonnez de quelque chose, mais elle est morte de mort naturelle, n'est-ce pas ?

Il y avait de l'espoir dans sa voix. C'est la règle, pensa brièvement Wagner. Le meurtre, qu'il soit commis par accident ou qu'il soit l'œuvre d'un malfaisant, ne laisse aucune place aux sentiments. Ni à la police ni à ceux qui ont côtoyé la victime, de près ou de loin. Les proches étant bien sûr les plus exposés. Il est d'ailleurs prouvé que les pires violences arrivent souvent dans le cercle familial. Sa vie privée ainsi que la découverte du nom de Kjeld Arne Husum dans l'extrait de compte de Jens Jespersen étaient de bons motifs de le considérer comme suspect, non du meurtre de sa tante, mais de l'exécution de Kjeld Arne Husum.

– Nous avons certaines raisons de penser que Johanne Jespersen est décédée des suites d'une agression, dit-il prudemment. Mais comme vous avez pu le comprendre, les dates qui nous intéressent n'ont pas de rapport avec sa mort. On l'avait déjà découverte à ce moment-là.

– Une agression ? Quel genre d'agression ?

Ivar K s'était penché en avant sur son siège.

– Quelle était votre relation avec Johanne Jespersen ? Vous étiez son seul parent. À quel point la connaissiez-vous ? Vous habitiez à une demi-heure de chez elle. À quelle fréquence lui rendiez-vous visite ?

Ce fut comme si Jens Jespersen se refermait sur lui-même sous cette avalanche de questions. Pendant un instant, on l'aurait cru perdu, puis il finit par parler.

– J'ai déjà répondu à tout cela. Et qu'est-ce que c'est que cette histoire d'agression ? Je n'y comprends rien. Pourquoi est-ce qu'on m'a dit que ma tante était morte de vieillesse pour me sortir maintenant qu'en réalité elle a subi une agression ?

Ses mains s'agitaient autour de lui.

– Je sais très bien qu'elle est restée longtemps sans qu'on s'en inquiète, mais il ne faut pas se tromper pour autant... je veux dire, ce n'est pas une raison pour chercher des causes bizarres à son décès. Ou bien quoi ?

Il les regardait l'air paniqué. Comme personne ne lui répondait assez vite, sa bouche sembla se mettre à parler d'elle-même, tandis que ses yeux passaient hâtivement de l'un à l'autre.

– On ne se voyait pas très souvent. J'ai mon boulot et je voyage pas mal. Je suis steward chez Sterling, dit-il en confirmant une information qu'ils avaient déjà. Mais j'essayais de lui rendre visite au moins une fois par mois, ajouta-t-il rapidement. Comme ça je m'assurais qu'elle recevait toute l'aide dont elle avait besoin, ce dont la commune aurait pu aussi se préoccuper, mais passons.

Il agita sa main une fois de plus autour de lui, ses longs doigts dessinant dans l'espace une sorte de forme qui fit penser à Wagner à une fleur invisible.

– J'ai peur qu'elle n'ait été terriblement seule, ajouta-t-il avec un long soupir. Mais c'était une dame en bonne santé qui suivait l'actualité. Elle s'occupait d'un journal, le *Stiften*[1]. Elle était au courant des nouvelles du quartier.

– Vous faisait-elle des confidences ? demanda Ivar K, tandis que Wagner observait les réactions de l'homme. Il semblait évident qu'il y avait quelque chose à en tirer, mais à quel point était-ce important ? Peut-être Jens Jespersen n'était-il au fond qu'une personne un peu trop sensible, capable de se mettre à pleurer devant une émission de télé sur les chiens perdus ou les enfants maltraités. Pouvait-il être aussi un assassin ? Avait-il pu revêtir un costume musulman et décapiter un homme, plus grand et deux fois plus fort que lui ? Était-il capable d'envoyer le genre de revendication que Dicte Svendsen avait reçue ? Tout bien considéré, cet homme pouvait-il être favorable à la peine de mort, alors qu'il avait l'air incapable de faire du mal à une mouche sans éclater en sanglots ?

Jens Jespersen s'agitait sur sa chaise, croisant et décroisant ses longues jambes en commençant à taper du pied par terre. Ivar K le regardait d'un air irrité, et la tension se propagea dans la pièce.

1. Le Clou. *(N.d.T.)*

– J'étais son seul parent, dit Jespersen avec une émotion visible dans la voix. Ce qui signifie également qu'elle était ma seule famille. À part une autre tante du côté paternel qui habite à Rødovre mais que je ne vois jamais.

Son regard scrutait chaque angle de la pièce. Wagner essaya de le suivre. La rangée de maisons sur Skødstrup venait tout juste d'être construite et les pelouses n'avaient pas encore poussé, aussi voyait-on de la baie vitrée une terrasse suivie de quelque chose qui ressemblait à un champ. À l'extérieur, une main habile avait repeint les meubles de jardin en jaune et bleu. D'énormes chandeliers antiques en or et un napperon cousu à la main trônaient au centre de la table, ainsi qu'un large choix de fleurs et de plantes exotiques qui dénotaient un sens certain pour l'aménagement d'intérieur.

– Elle était la seule qui me comprenait.

Cette précision lui échappa et resta suspendue dans la pièce où elle se mit à prendre toutes sortes de significations. Elle avait été prononcée avec un reniflement silencieux et des gestes désordonnés qui balayaient une larme tout en tripotant à nouveau un bouton de chemise. Wagner chassa toute sympathie de son esprit.

– Qui comprenait quoi ?

Jens Jespersen les regardait, comme s'il s'agissait d'une évidence, ce qui quelque part en était une.

– Ma sexualité, dit-il alors. Je suis gay, vous l'aviez tout de même deviné ?

Ivar K murmura quelque chose d'inaudible, d'une voix virile. Son homophobie chronique amusait toujours un peu Wagner, comme s'il avait peur que ce ne soit contagieux.

– Vous pouviez donc parler ensemble de choses très personnelles, constata Wagner.

Jens Jespersen acquiesça.

– Mes parents n'ont jamais réussi à comprendre. Johanne me protégeait. Elle a passé des heures à essayer de leur faire accepter. Des années, ajouta-t-il d'un ton où, pour la première fois, perçait une pointe d'amertume.

Mais ils ne m'ont jamais pardonné, et je ne leur ai jamais parlé de la maladie.

Ivar K dit alors d'une voix inutilement grave et virile :

– Quand sont-ils morts ?

– L'un après l'autre au printemps 1998. Le cancer, dit-il laconiquement. À présent, pourriez-vous m'expliquer cette histoire d'agression ?

Ivar K choisit ce moment-là pour commencer le combat.

– Quelle était votre relation avec Kjeld Arne Husum ?

– Ma relation ?

Jens Jespersen tenta d'avaler sa salive, sa pomme d'Adam fit un aller-retour dans son gosier.

– Oui, votre relation.

Il secouait la tête, visiblement confus.

– Nous n'avions pas de relation.

– Vous ne le connaissiez sans doute pas du tout ? demanda Wagner.

L'homme étudiait ses ongles, qu'il avait longs, avec une profonde attention.

– Eh bien, si, je le connaissais. Il était d'une certaine façon le voisin de ma tante. Ils se voyaient...

– Ils se voyaient ?

Ivar K glissa une main dans la poche de sa veste et en sortit une copie de l'extrait de compte bancaire.

– Ceci démontre que, pendant deux ans, le premier de chaque mois, vous avez déposé une somme de mille cinq cents couronnes sur le compte de Kjeld Arne Husum, ouvert à la Banque des Travailleurs agricoles. Qu'est-ce que vous lui rémunériez ?

Sa voix était presque inaudible, lorsque les mots furent enfin pressés hors de ses lèvres.

– Ses services...

– À caractère sexuel ? demanda Ivar K avec un dégoût visible.

Ce fut le silence total. Jens Jespersen regardait vaguement à travers la pièce, puis une larme coula sur sa joue. Il acquiesça.

– Mon Dieu, qu'est-ce qu'il ne faut pas entendre, murmura Ivar K, tandis que Wagner se demandait si le moment n'était pas venu de poser une main sur son bras et de lui demander de se calmer.

Jens Jespersen les dévisageait l'un après l'autre de son regard confus.

– Mais pas comme ça, parvint-il à dire. Pas comme vous l'imaginez.

– Et qu'est-ce que vous pensez que nous imaginons ? siffla Ivar K.

Jens Jespersen piqua du nez en fixant ses genoux. Il tenait ses jambes serrées l'une contre l'autre, cuisse contre cuisse. Il se tordait les mains.

– Est-ce qu'on n'a pas le droit à une vie privée, même dans la mort ?

La question les surprit tous les deux. Wagner se racla discrètement la gorge.

– Les morts violentes exigent malheureusement des réponses. C'est notre travail, et nous sommes dépendants de la collaboration des proches des victimes. En dernier lieu, il s'agit de donner des informations à propos d'un meurtre, votre silence pourrait donc être considéré comme de la complicité, ce qui est passible de poursuites.

Les lèvres de Jens Jespersen se mirent à trembler, d'abord sans faire de bruit, puis en prononçant des mots.

– C'était un cadeau de ma part, expliqua-t-il. Ma façon de la remercier pour toutes ces années où elle avait pris mon parti.

Il les regardait.

– Elle avait été une femme plutôt jolie dans le temps. Elle avait perdu son mari très tôt. Ensuite elle avait eu des amants. Mais elle devenait vieille et la source des hommes s'était tarie.

– Alors ? demanda Ivar K avec curiosité.

Jens Jespersen passa une main dans ses cheveux, qu'il posa ensuite sur son genou. Il les étudiait du regard, comme s'ils étaient complètement étrangers à lui-même.

– Alors j'ai pensé que je pouvais la divertir un peu. L'érotisme a toujours été important pour elle, aussi j'ai décidé de lui donner un amant. J'ai eu cette idée à New York, où j'ai habité pendant six mois. J'avais entendu une vieille dame riche, dans un foyer, qui disait qu'elle se payait des hommes qui venaient lui rendre visite et qui...

– Vous lui avez donc acheté du sexe ?

Wagner entendit le son de sa propre voix et en eut un peu honte parce qu'il n'arrivait pas à se représenter la sexualité d'une dame âgée. Des hommes, oui. Mais des femmes ? Peut-être que, finalement, il n'était vraiment qu'un vieux flic borné, exactement comme Eriksen et Petersen.

– Et donc vous êtes convenu avec Kjeld Arne Husum de services sexuels pour votre tante ?

Ce fut Ivar K qui, le premier, posa des mots précis sur la situation. Jens Jespersen se contenta d'acquiescer.

– Ça avait l'air de fonctionner, dit-il. Kjeld Arne était ce genre de type. Il en était capable et il aimait l'argent, même si ce n'était pas des fortunes. Ils habitaient au même étage et ils se connaissaient. C'était un bon arrangement, elle en était contente.

Il les regarda à nouveau. Il ne le savait pas, pensa Wagner avec lassitude. Il ne pouvait pas savoir qu'il venait juste de les réexpédier au point de départ. Jens Jespersen avait sans doute eu un motif pour tuer Kjeld Arne Husum, mais cela lui semblait de moins en moins plausible.

Il se leva. Il sentait une lourdeur dans toutes ses articulations, comme si quelqu'un avait injecté du plomb dans ses membres.

– Nous aurons évidemment besoin de votre déposition, dit-il en lui tournant le dos.

39

LES RÉACTIONS furent à la hauteur de ses attentes.

Dicte constatait qu'un nombre incalculable de gens avaient déjà appelé pour se plaindre, ou pour les soutenir, avaient écrit des lettres, envoyé des mails ou des fax, au point que le télécopieur de la rédaction était à deux doigts d'imploser. Tout ce pataquès faisait suite aux articles parus sur elle-même et sur la fameuse revendication que Kaiser avait décidé de publier dans son intégralité, en l'illustrant d'une photo assez glauque de la décapitation. L'article s'intitulait : « Les terroristes réclament le rétablissement de la peine de mort. » À cela s'ajoutaient l'exécution commise en Angleterre et les récentes spéculations de différents experts qui assimilaient les faits à un choc des civilisations. Le tout avait eu l'effet d'une bombe. C'est merveilleux, pensa-t-elle. Vraiment merveilleux.

La police, de son côté, avait signalé plusieurs mouvements de protestation qu'il fallait évidemment couvrir. Un certain nombre d'organisations musulmanes menaçaient de descendre dans les rues pour manifester contre l'état d'esprit des Danois. Ils se considéraient comme des boucs émissaires que l'on montrait du doigt alors que rien, pour le moment, ne prouvait de manière certaine l'identité de ceux qui se cachaient derrière ces actes. Un autre groupe, sur l'initiative d'un chauffeur de taxi de Harlev, avait prévu d'entreprendre une longue retraite aux flambeaux à travers Strøget, afin d'appeler au calme et à l'union, exhortant les chrétiens et les musulmans à garder la tête froide et à ne pas céder à la violence. Les SMS anonymes se succédaient, incitant tantôt à la guerre tantôt à la réconciliation. Et puis, il y avait eu aussi les réactions de diverses personnalités. Les imams d'ici ou de là-bas avaient levé la tête pour s'exprimer, avec de ronflantes rhétoriques qui avaient l'air tout droit sorties d'une autre planète, à l'attention d'un pays dont ils ne comprenaient ni la logique ni le mode de vie. Sans oublier les musulmans et les non-musulmans plus modérés qui donnaient raison à la presse, au nom de la liberté d'expression.

– La vache, souffla Davidsen, occupé justement à rédiger un article sur les limites de la liberté d'expression. C'est dingue, ce truc.

– Dingue ? Dans le bon ou dans le mauvais sens du terme ? demanda Bo, qui grignotait une pomme, à moitié avachi sur le canapé.

– Le temps nous le dira, proféra Davidsen. Peut-être qu'il s'agit de la naissance de quelque chose de plus global, dit-il d'un air songeur. Une lutte de valeurs entre les différentes cultures.

– Les valeurs, dit Bo d'une voix lasse en crachant un pépin dans ses mains. Les valeurs ceci et les valeurs cela. Est-ce qu'il ne serait pas temps de mettre un terme à ces conneries ?

Il se redressa pour lancer son trognon de pomme dans la corbeille à papier, à trois mètres de distance.

– C'est hallucinant de voir à quel point on est devenu cérémonieux, tout ça parce qu'un taré a l'impression d'avoir trouvé la bonne méthode pour sauver le monde, en zigouillant des gens. C'est quand même pas la première fois que ça arrive ?

– De cette façon-là, peut-être que si, avança Helle d'une voix hésitante. Elle venait de reprendre le travail après son arrêt maladie.

– C'est du déjà-vu, insista Bo. Rien de nouveau sous le soleil.

– Tu oublies l'Angleterre, dit Dicte. Tu oublies qu'à présent, ça a pris des proportions internationales et que la même chose peut se reproduire n'importe où dans le monde.

– Un plus deux égale tout de suite international. On ne s'affole pas un peu vite, là ? Si on se calmait un instant, on se dirait peut-être qu'il s'agit d'un meurtre comme un autre, sans rapport avec le terrorisme et sans idéologie politique.

Bo se leva, il traversa la pièce et s'assit sur le bord du bureau de Dicte. Sans lui demander son avis, il se pencha en avant, l'attrapa par la nuque et la tira vers lui.

Avant qu'elle ait eu le temps de réagir, il l'embrassa, s'imprégnant de son parfum en souvenir de la nuit qu'ils venaient de passer. Puis il la lâcha, descendit du bureau et traversa le local sans prêter attention aux autres.

Helle était stupéfaite. Dicte lui adressa son plus joli sourire.

– C'est formidable de voir que tu vas mieux. Il me semble que nous allons avoir besoin de toutes nos ressources.

Helle balbutia une ou deux choses, qui furent aussitôt couvertes par la sonnerie du téléphone. Dicte prit l'appel.

– Dicte Svendsen.

– Allô, dit une voix hésitante. Je suis Astrid Agerbæk. Nous nous sommes rencontrées l'autre jour... chez nous, à Odder.

– Astrid, bonjour, dit-elle prudemment, tandis que les pensées se bousculaient dans sa tête. Qu'est-ce que je peux faire pour vous ?

Elle se demandait si elle ne venait pas de s'exprimer de manière un peu trop sèche. Comme un boucher s'apprêtant à servir sa prochaine cliente... Mais comment diable fallait-il s'adresser à l'épouse de l'homme dont on avait eu un fils ?

Il y eut une courte pause, puis Astrid Agerbæk murmura d'une voix incertaine :

– Je me demandais si vous auriez un peu de temps à me consacrer ? Il y a quelque chose dont j'aimerais bien vous parler.

40

– JE SUIS DÉSOLÉ pour ce week-end. On se voit vendredi ?

La voix d'Aziz ne faisait que renforcer sa douleur. Par chance, il avait dû rester à Copenhague le week-end dernier pour passer un examen, mais une nouvelle menace se profilait. Elle aurait aimé lui répondre du tac au tac, mais sa bouche était sèche et sa langue était comme soudée à son palais.

– Rose ? Quelque chose ne va pas ? demanda-il dans le téléphone.

– Absolument rien, finit-elle par répondre. Insouciante et joyeuse, disait le mantra. Insouciante et joyeuse, comme ça il ne remarquerait rien.

– Tu me manques, répéta-t-il. Je pense à toi tout le temps.

Elle dut s'asseoir et presser un coussin contre son ventre pour ne pas se mettre à hurler. Elle avait mal partout. Mais le pire, c'était les bleus. Il serait obligé de les voir. Non, le pire, c'était le contact des mains des autres sur son corps, de leurs lèvres. Elle se sentait conforme à ce dont ils l'avaient traitée.

– Je suis tombée, dit-elle impulsivement.

– Tombée ? Comment ?

– Dans l'escalier.

Un court silence. Il est en train de réfléchir, pensa-t-elle. À présent il va me harceler. Il va me mettre la pression pour obtenir tous les détails.

Elle devinait ses réflexions et son angoisse. Quelque part, elle comprenait aussi qu'il hésite à formuler les choses de manière trop précise, même en lui-même.

– Ça va ? demanda-t-il.

– Je suis couverte de bleus. C'est tout.

À présent, il a tout compris, se dit-elle pendant le silence qui venait de s'installer. Il doit être en train de se représenter la chose. Il voit leurs mains sur mon corps. Il voit comment ils s'acharnent sur mes vêtements en les déchirant en petits morceaux. Il voit leurs corps sur le mien, dans ce parc boueux. Il entend les mots, crachés à travers leurs mâchoires serrées, pendant qu'ils ouvrent leurs braguettes et font sauter les boutons-pressions comme du pop-corn.

– J'aurais dû être là, dit-il. Je devrais toujours être avec toi.

Elle sentit l'émotion serrer sa gorge.

– Tu as tes études. C'est important. Ça va aller, dit-elle d'une voix qu'elle ne reconnaissait plus.

– Je peux sécher les cours de vendredi et arriver jeudi soir, proposa-t-il.

Il veut me voir, se dit Rose. Il veut me mettre devant une lampe et examiner les contusions, en me regardant ensuite dans les yeux pour exiger que je lui dise la vérité.

Elle frissonna. Elle remonta ses genoux et serra davantage le coussin contre son ventre. Elle aurait donné n'importe quoi pour être près de lui, et en même temps, elle ne le voulait pas. Comment pourrait-elle être à lui à présent ? Est-ce que ce serait de nouveau possible un jour ?

– Ça ne m'arrange pas trop, se força-t-elle à dire. Je suis à la bourre sur mon programme, il faut que je révise.

– Alors, vendredi, insista-t-il.

– Vendredi, OK. Vendredi, ça marche.

Parce que, dans le cas contraire, il aurait vraiment des raisons d'être suspicieux, pensa-t-elle. Elle pouvait sûrement camoufler les égratignures. D'ici-là, elle arriverait certainement à cacher le plus gros.

Subitement, une idée lui vint à l'esprit.

– Ta sœur ? Nazleen. J'aimerais bien la revoir.

– Pourquoi ? demanda-t-il d'un ton méfiant.

– J'ai juste envie de faire un peu mieux sa connaissance. Je sais qu'elle n'approuve pas trop notre relation, mais elle t'aime, non ? Ce serait peut-être une bonne chose qu'on se rencontre.

Elle devinait son hésitation à travers le silence.

– Je ne sais pas, dit-il finalement. À mon avis ça ne va pas l'intéresser. Elle est plutôt du genre têtu.

Il dit ces derniers mots avec un sourire dans la voix.

– Mais peut-être que ça ne l'empêche pas d'être curieuse. Tu pourrais me donner son numéro, elle doit bien avoir un portable ? Libre à elle de refuser.

Il lui donna le numéro, un peu à contrecœur, puis ils raccrochèrent.

Elle resta un long moment à observer les chiffres. Quelque part, il devait y avoir une lumière, une porte de secours, mais elle ne distinguait plus rien, hormis la douleur et la honte, et le sentiment d'être sale, même si elle venait de prendre un bain et de changer de vêtements. Ils étaient tous si attentionnés, sa mère, Bo, John Wagner et même ce toubib de l'Institut médico-légal. Mais ils ne pouvaient pas l'aider. Personne ne pouvait rien pour elle, même pas Aziz. Surtout pas Aziz.

Elle froissa le billet sur lequel elle avait noté le numéro et le jeta à travers la pièce. Il atterrit quelque part dans la bibliothèque et tomba derrière le meuble en rebondissant. Ça n'avait pas d'importance.

41

IL Y AVAIT UNE FRONTIÈRE, et de l'autre côté, se trouvait un autre monde.

Pendant de longues années, elle s'en était tenue éloignée, en se demandant s'il fallait la franchir. Elle avait préféré s'en abstenir. En tout cas jusqu'à aujourd'hui. Le passé était le passé, il valait mieux le laisser dormir en paix, surtout lorsqu'il faisait si mal.

Dicte descendit l'escalier de la rédaction et sortit dans la rue, heureuse de respirer un peu d'air frais et de mettre de la distance avec Bo qui, par son baiser, lui avait donné envie d'en raconter un peu trop. Elle avait évité de lui en parler. Elle ne lui avait même pas dit que ses prévisions finissaient par s'avérer fondées.

Un jour, il y avait eu un petit enfant mais maintenant l'enfant avait depuis longtemps disparu, remplacé par un jeune homme qui n'était pas à elle, sauf qu'il possédait ses gènes. Elle n'avait eu aucune influence sur lui, pas plus que ses parents, fort heureusement. Elle ne l'avait jamais soutenu ni félicité, elle ne lui avait pas appris à lutter pour ses convictions. Elle ne lui avait rien donné, à part la vie. Pourquoi est-ce qu'elle n'arrivait pas à s'en défaire ? Pourquoi est-ce qu'il ne la laissait jamais tranquille ?

Ses talons claquaient contre le trottoir, alors qu'elle descendait la rue de Frederiksgade en direction de Pustervig, en passant devant *Magasin*[1]. D'une certaine

1. « Magasin » est une enseigne du type « Galeries Lafayette ». *(N.d.T.)*

manière, l'appel téléphonique d'Astrid Agerbæk était venu à son secours, précipitant sa décision d'ouvrir la porte, de traverser la frontière et d'avancer dans cet espace qu'elle n'avait jamais visité.

«Je suis l'enfant que tu aurais dû protéger.»

Et si c'était lui ? C'était facile de le penser, peut-être même un peu trop. Qu'est-ce qui lui disait que quelqu'un d'autre, quelque part, qui connaissait son passé, n'était pas en train de s'en servir, afin de la précipiter vers le feu ?

Elle n'eut aucun mal à reconnaître Astrid Agerbæk, même si ses cheveux à la Anisette étaient aujourd'hui attachés sous un large foulard rouge et noir, utilisé comme un serre-tête. Elle était assise à la terrasse du café Carlton. Son visage était d'un style classique, avec des pommettes saillantes, des sourcils hauts et réguliers, un nez droit et une bouche aux lèvres maquillées. Dans un plus petit format, elle aurait pu être gracieuse, voire très jolie. Mais elle n'avait rien d'une petite femme, et s'il fallait la comparer à une œuvre d'art, elle tenait plus de l'opéra lyrique que du ballet.

Astrid Agerbæk se leva à moitié et lui serra vivement la main. L'insécurité qu'elle avait évoquée au téléphone avait complètement disparu.

– Je suis contente que vous ayez pu vous libérer aussi vite. Vous voulez un café ?

Dicte acquiesça en s'asseyant face à elle.

– Oui, merci. Un macchiato.

Astrid se leva pour aller passer commande au bar. Dicte la suivait des yeux. Sa tenue accentuait son apparence de manière assez dramatique, une longue jupe d'une matière qui ressemblait aux tissus batiks des années soixante-dix, mais qui revenait à la mode, avec par-dessus une tunique brodée, également dans les tons rouges et noirs. On appelait ça le style «hippie chic» qui faisait penser aux Indiens ou aux gourous des mouvements spiritualistes.

– Voilà. Du sucre ?

Astrid posa les deux tasses sur la table. Dicte secoua la tête.

– Non, merci.

Elles restèrent un moment à déguster leur café. Celui de Dicte était fort et crémeux, il lui donna aussitôt de l'énergie.

– J'en sais plus que ce que vous croyez, dit soudain Astrid Agerbæk. Et même plus que ce que Morten s'imagine.

Dicte pensa rapidement à Wagner et à ses techniques d'interrogatoire. L'ouverture était venue d'Astrid elle-même. Il ne fallait pas l'interrompre, aussi se contenta-t-elle de lui adresser un signe de tête, dans l'espoir qu'elle le prendrait comme un encouragement à continuer.

– Je savais qui vous étiez, lorsque vous êtes arrivée, avant d'aller vous enfermer avec Morten dans son bureau. Je l'ai toujours su. J'ai emménagé dans La Tour Noire peu de temps après que vous avez cessé d'y venir. Il y avait des bruits qui y couraient. Kjeld Arne m'a raconté le reste. Je veux dire, à propos de votre grossesse.

Et si c'était elle ? Dicte faisait glisser la petite tasse entre ses doigts.

– Je ne suis pas restée très longtemps là-bas, continua Astrid. Morten et moi avons déménagé un mois plus tard. On voulait avoir notre propre logement, et en plus, la communauté...

Elle cherchait ses mots, tout en soufflant sur son café qui, pourtant, devait être déjà froid.

– ... il y avait quelque chose dans cet endroit, que je pouvais sentir, expliqua-t-elle. Quelque chose de dangereux...

Elle regarda Dicte comme pour s'assurer qu'elle avait utilisé les mots justes. Elle fit une nouvelle tentative.

– C'était comme un courant qui passait sous toute la maison. Il montait le long des murs, dans les pierres, il s'infiltrait dans les meubles et dans les tapis, jusque dans les habitants. Tout semblait bizarrement glacial.

Elle but une petite gorgée de café, puis reposa la tasse sur la soucoupe.

– J'ai insisté pour qu'on s'en aille, dit-elle pour conclure.

Dicte se remémora sa visite dans l'ancienne communauté et la cave qui à présent avait été refaite à neuf. Elle revoyait le cellier, l'évier et les cordes à linge sur lesquelles étaient suspendus des vêtements qui lui avaient fait penser à des lambeaux de personnes.

– Qu'est-ce qui s'est passé dans la cave ? demanda-t-elle. Qu'est-ce qui se trafiquait là en-bas ?

Astrid secoua la tête.

– Rien. Je ne sais pas. Rien, en tout cas tant que j'y habitais.

– Mais avant ?

– Avant, oui. C'est une bonne question. Que j'ai également posée, mais à laquelle je n'ai jamais obtenu de réponse. Kaspar avait bien ses instruments en bas. Mais la plupart du temps il était complètement défoncé. À moins...

– À moins ?

– À moins qu'il n'y ait rien eu du tout. Mais je sais aussi autre chose.

Astrid Agerbæk regarda autour d'elle dans le café. Beaucoup de monde était arrivé et le serveur était débordé. Le vacarme était plus intense que dix minutes auparavant, mais sa voix se faisait aisément entendre en se posant à un niveau bien supérieur au bruit des couverts et aux conversations voisines.

– Kjeld Arne était mêlé à un chantage, j'en suis certaine.

– De l'argent ?

– Je ne crois pas qu'il ait été question de fric.

– À propos de quoi, alors ?

Le regard d'Astrid se fixa sur elle.

– À propos de vous, entre autres.

– De moi ! ?

Dicte dut cligner des yeux pour continuer à soutenir son regard.

– J'ai été témoin d'une conversation, précisa Astrid. Entre Morten et Kjeld Arne qui menaçait de prévenir le directeur du lycée à propos de sa relation avec vous et de la grossesse. Il est évident qu'il se serait fait virer et que ça aurait sonné le glas de sa carrière de prof.

Dicte but une autre gorgée de café. Elle n'avait jamais dit à personne qui était le père de l'enfant. Tout le monde l'avait harcelée à ce sujet : ses parents, l'hôpital, le médecin, mais elle avait gardé son secret en partant vivre à Århus. Et pourtant, il y avait eu des fuites.

Elle utilisa la force brutale du café pour poser encore une question.

– Et qu'est-ce que Morten était censé donner en échange, pour que Kjeld Arne la ferme, si ce n'était pas de l'argent ?

Astrid haussa lentement les épaules.

– Il y avait bien des trucs, que Morten savait sur Kjeld Arne, mais qu'il pouvait aussi garder pour lui. Que sais-je ?

Elle se pencha en avant. Elle ouvrit grands ses yeux qu'elle approcha au maximum, écarquillés de telle sorte que le brun et le noir se mélangeaient à leur surface.

– Kjeld Arne était comme ça, dit Astrid. On aurait dit qu'il savait des choses sur chacun d'entre eux. Je pense que c'est lui qui procurait de la came à Kaspar. Et puis il y avait aussi un cinquième type, Dion Henriksen, vous vous souvenez de lui ?

Un visage vide se dessina dans la tête de Dicte, sur lequel apparurent progressivement des yeux, un nez et une bouche. Ce nom figurait sur la liste des habitants de la communauté que Morten lui avait donnée à contrecœur. Dion Henriksen avait été un garçon plutôt effacé qui se baladait toujours en chaussettes, cuisinait ses propres petits pains et cherchait des enseignements spirituels dans une pile d'albums de *Tintin*. Elle se souvenait de lui comme d'un éternel errant, une sorte de fantôme maigre qui surgissait toujours au moment où on s'y attendait le moins.

– Qu'est-ce qu'il vient faire là-dedans, celui-là ? demanda-t-elle. Si Morten pouvait continuer à fréquenter impunément ses élèves et si Kaspar avait sa dose, que pouvait bien leur faire Dion ?

Astrid se redressa à nouveau sur son siège.

– Je ne sais pas, dit-elle. Mais il a forcément dû se passer un truc.

Elle se tourna et regarda Dicte.

– Est-ce que nous n'avons pas tous des points sensibles que nous préférons garder secrets ? Des zones d'ombre qui font de nous des victimes potentielles.

Dicte but le reste de son café. Le sentiment de mal-être ne l'avait pas quittée, et à présent il se propageait sous sa peau qu'elle avait envie de gratter jusqu'au sang. Astrid Agerbæk en savait davantage que ce qu'elle avait osé s'imaginer. Et elle était prête à aller plus loin que ce à quoi on pouvait raisonnablement s'attendre. Si tout le monde avait un point sensible, chacun devait également avoir sa propre morale.

– Pourquoi est-ce que vous me dites tout ça ? demanda-t-elle en commençant à enfiler son manteau.

Astrid se leva à son tour en jetant un poncho noir sur ses épaules.

– Il y avait des ombres, dit-elle. Pendant toutes ces années il y avait des ombres qui dansaient sur les murs. Vous êtes l'une d'entre elles et vous êtes si seule au milieu de votre bataille. Je connais Morten, je le connais à fond, je sais de quoi il est capable. Il n'est pas sans taches et il a depuis longtemps laissé les ombres du passé s'installer dans notre relation.

Elle se pencha pour prendre son sac qu'elle balança sur son épaule.

– Lorsque je vous ai vue, j'ai su que le temps était venu de nettoyer les murs. Une fois pour toutes.

Dicte boutonna son manteau et remonta son col. Dehors, le vent s'était déchaîné et des feuilles mortes volaient dans tous les sens sur Pustervig.

– Et si ça devait lui apporter des ennuis ? demanda-t-elle.

Astrid se tenait debout, son sac sur l'épaule, jouant distraitement avec la bandoulière.

– Vous le connaissez. Croyez-moi, il n'a pas changé. D'autres femmes. Des jeunes filles.

Elle regarda Dicte.

– Des élèves naïves, faciles à manipuler.

Dicte se sentit rougir.

– J'espère qu'il ne se passera rien de fâcheux. Mais quoi qu'il arrive, il l'aura mérité.

42

– ENCORE ÇA ?

Maibritt était couchée dans le lit, calée contre des coussins. Il ne pouvait pas voir son visage, caché par le livre qu'elle était en train de lire. *Da Vinci Code.* Il était sur tous les murs de la ville et voilà qu'il s'était également approprié leur chambre à coucher.

Elle abaissa l'ouvrage et le regarda par-dessus ses lunettes. Ses yeux étaient tendres mais il n'y voyait que des points d'interrogation, comme s'il était un des petits lecteurs de ses livres pour enfants dont une histoire lui serait restée en travers de la gorge.

– Il faut bien faire quelque chose, quand on n'arrive pas à dormir, dit-elle.

Sa remarque vacilla un moment dans les airs. Il en saisit parfaitement le message, mais n'en fut que plus énervé. Comme s'il pouvait être question de s'envoyer en l'air, alors qu'il venait de perdre sa fille. Comment pouvait-on penser à des choses pareilles ? Comment en était-elle capable ?

Il s'assit sur le lit et commença à se déshabiller. D'abord les chaussures. La chemise passée par-dessus la tête, la plupart des boutons non détachés. Il fit glisser son pantalon en se soulevant un peu et les chaussettes s'en allèrent dans le même mouvement. Il se rendait compte qu'il était devenu paresseux. Tout devait procéder de la manière la plus simple et s'il se trouvait une barrière plus basse que les autres, on pouvait être sûr que ce serait celle-là qu'il choisirait de sauter.

Il était obligé de reconnaître que cela était également valable pour ses patients. Il leur accordait un minimum d'attention, le strict nécessaire de ce qu'il lui semblait obligatoire de donner pour de ne pas tomber dans le dégoût de lui-même. Et puis il y avait Maibritt.

– As-tu pensé à prendre les pilules que le médecin t'a prescrites ? Les calmants ?

Elle s'adressait à son dos, puisqu'il était toujours assis sur le rebord du lit. Oh non, elle n'allait pas remettre ça. Il en avait plus qu'assez de tous ces sous-entendus, comme quoi il était un homme au bord du gouffre. Ils ne voyaient donc pas, tous, qu'il avait déjà sauté dans le trou, qu'il gisait tout au fond ? Lui, ce qu'il ne comprenait pas, c'est qu'ils ne l'aient pas rejoint. Car c'était eux qui avaient tort, Maibritt, sa mère, sa sœur, le médecin, et tous les autres qui se figuraient avoir une idée de son état actuel. C'était eux qui avaient un peu trop vite oublié comment Nanna avait été un joli caillou posé sur une plage, un petit joyau qui après l'orage avait été enseveli sous le sable. On aurait dit que tous autant qu'ils étaient avaient suivi des cours de psychologie, alors qu'en réalité ils s'étaient contentés de pêcher leur pseudo-science dans des articles pour bonnes femmes où tout le monde étalait volontiers son savoir. Tout le monde sauf lui, bien sûr. Il fallait avant tout être une femme. Les psychologues hommes n'étaient pas très prisés des médias, mais il s'en fichait royalement et n'avait rien demandé.

– Ole ?

Sa voix résonnait dans sa tête, comme un disque rayé.

– Je n'ai pas besoin de pilules, dit-il d'un ton qui n'admettait aucune réplique.

Elle soupira, tout en faisant un effort pour qu'il ne l'entende pas.

– Peut-être que ça pourrait quand même te faire du bien.

– Je vais parfaitement bien, merci.

Il releva la couette et se glissa sur le matelas, en souhaitant qu'il puisse y avoir un mur entre leurs deux lits.

Elle se réinstalla dans les coussins et poursuivit sa lecture, mais ça aussi, ça l'énervait.

– Je vais bien, dit-il. Merveilleusement bien.

Il entendait le son de sa propre voix, qui sonnait comme celle d'un gamin boudeur. Il aurait préféré la boucler, et fermer les yeux pour faire semblant de dormir. Maibritt ne répondit pas, ce qui, d'une certaine façon, rendait les choses encore plus pénibles.

– Pourquoi est-ce que vous êtes tous si persuadés que j'ai touché le fond ?

Il comprit qu'elle avait posé son livre au bruit que firent les pages sur le duvet. Dans les yeux cernés qui l'observaient, il déchiffra sa détresse.

– Elle me manque aussi, dit Maibritt d'un ton paisible. Nous ne faisons pas un concours. Tu n'as pas le monopole de la peine, Ole.

Ses mots le frappaient. Monopole, concours, où avait-elle été chercher tout ça ? Sûrement dans un de ces articles puérils à propos du deuil ? C'était devenu à la mode, ces derniers temps, il avait pu lui-même le constater. Plus un numéro sans une fausse couche ou un chien écrasé. Tout était mis sur le même plan et il fallait se montrer si compréhensif lorsque quelqu'un était en *deuil*. Si on était en *deuil*, alors on obtenait illico un certain statut. Un peu comme si une aura soudaine s'était éclairée autour de la tête du bonhomme, et alors on vous montrait un profond respect parce qu'on n'osait plus rien donner d'autre. La compréhension, c'était autre chose. De savoir ce qui se passait vraiment à l'intérieur de quelqu'un, ce n'était pas prévu parmi toutes ces foutaises.

Il grogna quelques mots en lui tournant le dos, à elle et à son putain de livre. Mais soudain, elle tendit une main et se mit à le caresser, et il dut reconnaître que c'était courageux de sa part, pour ne pas dire suicidaire. Elle aurait pu prévoir que ça se terminerait en catastrophe. Elle aurait pu sentir à quel point l'air était pollué par ses sentiments contradictoires et que son contact lui donnait envie de vomir, en même temps qu'il réveillait en lui le besoin d'être rassuré.

– Je lui parle, dit Maibritt doucement, d'une voix un peu tremblante. Nous avons de longues conversations, et je lui dis que tu t'es perdu, Ole. Je lui raconte que le chagrin est en train de te fendre en deux.

– Et qu'est-ce qu'elle te répond ? demanda-t-il avec une pointe de mépris dans la voix, pour ne pas qu'elle perçoive sa curiosité.

– Elle dit que c'est ta façon de dire au revoir. Elle dit que c'est dans ta nature, que tu dois aller au fond des choses.

Au fond de quoi ? Il aurait aimé le savoir. Et où est-ce que ça s'arrêterait ? Mais il ne dit rien, car c'était comme si la caresse persistante de sa main faisait circuler le liquide de son corps à travers tout son organisme, à travers l'estomac et la gorge et jusque là-haut dans la tête où tout se rassemblait et mettait chacun de ses sens en alerte ; les yeux lui faisaient mal, le larynx le démangeait, les oreilles étaient frappées de bourdonnements venus d'une mer profonde et agitée. Il aurait voulu lui demander d'arrêter, mais il n'avait plus de voix, son corps l'avait avalée. C'était peut-être à cause de cela qu'il entendait comme des cris sous son plexus solaire. Il lui fallut une éternité pour accepter sa peine et un sanglot sec et âpre s'achemina lentement à travers ses veines, se glissa dans le canal lacrymal et se hâta vers la sortie.

Heureusement, elle ne dit rien, à moins qu'il ne fût pas en état de l'entendre. Il n'y avait plus que les mouvements de sa main, en gestes circulaires, comme si elle était devenue une sorte de chaman concentré à chasser le mal hors de son corps. Et puis soudain, il sentit le souffle frais de la couette qu'elle avait tirée sur le côté pour se faire une place au creux de lui, telles deux cuillères emboîtées l'une contre l'autre. L'orage passa et se changea en une brise légère, mais elle continuait de le toucher, la main tournait toujours, à présent sur son bras et son épaule, puis sur sa poitrine. Il voulait la repousser, mais il n'en trouvait pas la force, et il s'endormit ainsi.

Lorsqu'il se réveilla, il était trois heures moins cinq. Il grelottait. Maibritt s'était recouchée dans son propre lit, et le vide s'effondra sur lui. Il pensa à la réveiller, puis se sentit comme un avorton incapable d'entreprendre quoi que ce soit tout seul. Pourquoi est-ce qu'elle y arrivait, et pas lui ? Il ne comprenait pas, mais il réfléchit à ce qu'avait répondu Nanna depuis son autre monde. Au fond des choses, avait-elle dit. Mais jusqu'où ?

Il repoussa le duvet et se leva en enfilant quelques vêtements. Un vieux sweat-shirt et un pantalon de jogging, du temps où il faisait du sport. Il sortit en fermant la porte de la chambre derrière lui puis il descendit dans son bureau où il alluma son ordinateur. N'importe quoi, du moment que ça pouvait l'empêcher de penser. Peut-être un jeu, les échecs ou un mah-jong, un truc qui lui occuperait l'esprit, même si en réalité il avait peut-être besoin précisément du contraire.

Il vit un message clignoter dans sa boîte de réception. L'expéditeur se nommait « Justitia », ce qui lui fit penser à un pseudonyme de film américain. Il l'ouvrit, le lut, et s'imagina entendre une voix qui le touchait jusque dans son inconscient et qui comprenait ce que les autres ne pouvaient pas saisir :

« La justice est la seule chose capable d'apporter le repos de l'âme. Toi-même, tu le sais. Tu sais aussi ce que tu dois faire. Aide-nous à faire de ce monde un endroit meilleur et tue celui qui t'a pris l'être que tu chérissais le plus. Nous nous appelons *United Victims.* Ensemble, nous changerons le monde. »

Ole Nyborg Madsen se pencha pour relire une nouvelle fois le message.

43

– C'EST FORT POSSIBLE que j'aie l'air de parler comme dans un débat sur DR2[1], mais tu ne peux quand même pas tous les mettre dans le même panier.

– Ce n'est pas non plus ce que je fais, dit-elle en picorant dans son assiette. Elle aurait dû commander quelque chose de moins lourd que ce burger.

– Si, c'est ce que tu fais. Un peu.

Il avait pourtant raison. Front contre front. Violence contre violence, n'était-ce pas ça, l'astuce ? C'est ainsi que se déclaraient les guerres, simplement à plus grande échelle. Certains se sentaient offusqués, les victimes exigeaient un coupable et unissaient leurs forces dans une même cause, désignant l'ennemi commun. Et elle aussi avait envie de tous les désigner.

– OK, un peu. Très peu, admit-elle.

Bo se pencha au-dessus de la petite table du café *Englen*, il gardait un œil fixé sur elle tout en continuant de manger. Dans son regard, elle pouvait lire du respect pour l'aveu qu'elle venait de lui faire. Elle repensa à la nuit qu'ils avaient passée et elle avait envie d'être à nouveau près de lui. Il y avait tant de choses qui pouvaient la mettre en colère, mais la désapprobation de Bo était dure à digérer. De plus, ce maudit SMS continuait de la ronger. Elle savait qu'elle devait lui en parler, même si elle s'était convaincue du contraire. Elle but une goutte de vin et tenta de se raisonner.

1. DR2 est la seconde chaîne nationale danoise. *(N.d.T.)*

En réalité, elle aurait préféré rester à la maison, cachée du public, mais il avait insisté pour sortir. Pour dire les choses de manière plus exacte : en réalité, elle aurait préféré rester avec Rose et s'assurer qu'elle allait bien, mais Rose ne voulait plus jouer le jeu. Elle était rentrée chez elle en décrétant qu'elle passerait la soirée avec Katrine.

– Il y a deux meurtriers, dit finalement Bo, après une courte bagarre avec le jarret d'agneau qu'il avait commandé. Sans doute davantage. Et certainement un homme derrière tout ça, qui leur a donné des consignes.

Il planta sa fourchette dans sa semoule. Un parfum de cannelle monta aux narines de Dicte.

– Tu ne peux pas en vouloir à tous les musulmans. Même pas à tous les hommes et garçons musulmans. Ni à ceux qui habitent à Århus ni même encore pire, je vais être très brutal : à ceux de Gjellerup. Il y a des coupables, et des innocents. Basta.

– Et leur point de vue sur le sexe féminin, tu en fais quoi ? demanda-t-elle, un peu mal à l'aise, parce qu'elle n'aimait pas être taxée d'intolérance alors que c'était justement ce qu'elle leur reprochait, à eux.

– Leur manque de respect envers les femmes qui ne portent pas le voile ? Ce genre de choses.

Il haussa les épaules en actionnant sa fourchette.

– Bien sûr que ça peut être un problème. Mais tu dois raisonner au cas par cas, sinon ça devient trop schématique. Regarde Aziz, dit-il en mâchant sa viande. Il mourrait pour Rose, qu'est-ce que tu attends de plus d'un héros ?

Que pouvait-elle bien attendre de plus, honnêtement ? Peut-être un jeune homme avec un passé moins trouble ? Mais elle était mal placée pour parler de ça, elle qui était experte dans le choix des amants à problèmes.

– Elle ne veut rien lui raconter, dit Dicte. J'ai l'impression qu'elle a peur qu'il soit dégoûté et qu'il la quitte.

Bo lui lança un regard sceptique et but un grand verre d'eau.

– Elle a peut-être une autre raison.

Elle finit par se décider à boire un peu de vin rouge. Ça avait fait partie de leurs négociations : s'il promettait de rentrer directement à la maison après, elle sortirait dîner en ville avec lui, pour achever cette dure journée à la rédaction où elle s'était sentie constamment stressée, à la fois par Kaiser, par l'attente des lecteurs et par elle-même. Pour ne pas parler des autres médias et des collègues qui faisaient la queue pour balancer leurs commentaires. Sans alcool, c'était difficile de ne pas prêter attention aux regards des gens, même si personne ne disait rien. Tout le monde savait. Tout le monde avait lu les journaux ou écouté les nouvelles. Elle était devenue « celle de la décapitation », et Bo avait utilisé tous ses talents de persuasion pour la pousser à sortir.

« Tu ne peux pas te laisser effrayer par ce genre de choses », avait-il dit pour vaincre son obstination. Il avait raison. Elle ne devait pas se laisser montrer du doigt de cette façon-là. Les lecteurs devaient pouvoir se reconnaître quelque part en elle, dans son histoire, et dans les sentiments qu'elle éprouvait.

Elle regardait Bo, en train de se débattre avec les derniers morceaux de son jarret d'agneau. Quelque chose s'était produit entre eux au cours des deux derniers jours. C'était comme si la colle qui les unissait s'était remise à prendre et elle se doutait que ça avait un rapport avec l'agression de Rose. Elle avait vu sa réaction, sa rage et sa frustration qui avaient été comme la renaissance soudaine de quelque chose qu'au fond, elle connaissait très bien, mais qu'elle avait oublié au milieu de leurs divergences. Au sujet de l'affaire et sur sa manière à elle de résoudre les problèmes. Elle était capable de tellement douter de lui. De sa constance et de son soutien dans les moments difficiles, de sa présence, car il n'était pas forcément toujours à portée de main, par exemple si son ex-épouse ou les enfants le réclamaient ou s'il partait en reportage. Mais elle ne pouvait pas douter de son amour ni de son honnêteté. Elle se répéta cela comme un mantra. Elle devait s'en souvenir quand elle était totalement stressée, comme c'était le cas maintenant où elle s'apprêtait à lui avouer quelque chose qui allait peut-être mettre sa loyauté à l'épreuve.

Elle commença par l'histoire avec Astrid Agerbæk et lorsqu'ils eurent vidé la bouteille de vin, elle avait tout raconté.

Il resta un long moment à la regarder, tandis qu'elle tentait de déchiffrer ses pensées. Elle s'était attendue à de la colère, mais il avait simplement l'air ennuyé.

– Alors ? demanda-t-elle finalement. Tu en dis quoi ? Dis-le, que je suis folle et que je me torture toute seule avec mes vieux fantômes du passé. Dis-le, que ça ne va me mener nulle part.

Il plissa les paupières.

– Qu'est-ce que tu attends de moi ? demanda-t-il. Ma bénédiction ? Je ne suis pas ton père, ni un foutu prêtre. Si c'est ce chemin-là que tu veux prendre, alors vas-y. Mais est-ce que tu l'oses ?

Pas sans toi, pensa-t-elle en silence.

– Bien sûr que je vais oser. Il faut que je comprenne de quoi il retourne.

– Et qu'est-ce que tu feras, si ça concerne ton propre fils ?

– Peut-être que ce n'est pas le cas, dit-elle.

– Mais c'est bien ça que tu crains, n'est-ce pas ?

– C'est peut-être ça que quelqu'un cherche à me faire craindre.

La main de Bo hésitait entre le verre de vin, le verre d'eau et la main de Dicte, qui s'agitait sur la table en froissant une serviette. Il l'effleura, puis finit par saisir le verre de vin, dont il fit tourner le pied entre ses doigts.

– Je répète, dit-il froidement. Qu'attends-tu de moi ?

– Je veux que tu me dises que tu es avec moi.

– Et si ce n'était pas le cas ?

Alors tu serais contre moi, pensa-t-elle.

– Je veux juste être fixée, finit-elle par dire.

Le silence entre eux était coupé par le vacarme de la porte battante qui ne cessait de fonctionner, par la musique et le bruit des conversations autour d'eux, des autres gens occupés à manger et à boire. Elle voyait qu'il était en train de rassembler ses munitions pour se préparer à refuser, ce qui rendit son acceptation encore plus angoissante.

– Bien sûr que je suis avec toi, si c'est ça que tu veux, dit-il. Je t'ai déjà demandé plusieurs fois pourquoi tu ne cherchais pas à savoir où il était, et qui il était, histoire d'avoir enfin la paix. Ce n'est pas ça qui m'inquiète. C'est plutôt le chemin qui t'y conduit.

Il écarta une main de son verre et l'agita dans les airs.

– Les déceptions, les non-dits et la distance que ça va apporter. Tout ce qui ne manquera pas de surgir et dont tu refuseras de parler, avant qu'il ne soit trop tard.

Il se pencha en avant.

– Parce que tu es comme ça. Tu crois que nous sommes deux, mais en réalité, il n'est question que de toi. De ta vie. De ton enfant. Je ne suis qu'un spectateur.

Il y avait de la tristesse dans ses yeux. Elle savait qu'il avait raison. Les non-dits pesaient déjà le poids d'un colosse, à elle de se débrouiller avec. Helle aurait la voie libre, mais il ne s'agissait pas de Helle pour le moment. Il s'agissait d'une chose à laquelle elle était obligée de se confronter, en elle-même, quitte à ce que ça remette leur amour en question.

Sans en avoir vraiment décidé, la conversation avec Astrid Agerbæk lui revint à l'esprit. Elle repensa au chantage dont elle lui avait parlé, et qui la concernait. C'était comme si elle apparaissait un peu partout, comme une ombre qu'elle-même ne supportait pas. Qu'avait donc pu faire cette ombre ? Qu'avait-elle entendu ou vu, qui serait resté enfoui à barboter dans son inconscient ? Elle avait mis au monde un enfant, oui. Peut-être que cet enfant était à présent de retour, mais il y avait aussi elle-même. Son propre rôle. Qui était cette Dicte qui, à une époque, avait ses entrées au sein de la communauté ? Avait-elle autre chose sur la conscience que son propre fils ?

Bo se leva pour aller aux toilettes et elle observa son dos qui disparaissait dans l'espace réservé aux hommes. Elle refoula son envie de courir vers lui, parce qu'elle savait que ça ne servirait à rien.

44

– C'EST TOUT pour aujourd'hui.

Le professeur tournait le dos aux étudiants le temps d'éteindre le rétroprojecteur, en retirant maladroitement les papiers qui y étaient restés collés. Le cours avait duré longtemps et tout le monde avait eu le regard rivé sur la pendule, avait rangé ses affaires dans son sac à dos en lançant des regards d'envie par les fenêtres.

Avant même que l'un d'eux ait pu atteindre la porte, celle-ci s'ouvrit violemment. De la dernière rangée où elle était assise, Rose vit se dérouler la scène. Un jeune homme à la peau sombre, vêtu d'un jean et d'un blouson en cuir, se tenait à l'entrée de la salle, sous le regard de tous. Peut-être était-ce dû au fait que personne n'était encore habitué à la présence d'un étranger dans la si conservatrice faculté de droit. À moins que leur attention n'ait été attirée par l'espèce de rayonnement qui brillait autour de lui. Il était grand, mince et ressemblait à un de ces acteurs des films de Bollywood, mais là n'était pas non plus la raison. Il y avait quelque chose de profond chez lui, comme des sentiments et des pensées qu'il ne pouvait pas exprimer. À longues enjambées, il se fraya un chemin à travers les étudiants. Les filles se retournaient pour le regarder, mais il ne faisait pas attention à elles.

Les mains de Rose s'étaient figées dans leur mouvement. Son sac à dos était posé sur la table, ouvert, dans l'attente des derniers livres qui ne venaient pas. Elle aurait voulu prononcer son nom, mais elle n'y parvint pas, pas plus qu'elle ne pouvait reprendre son souffle alors qu'il se tenait à présent devant elle, les narines frémissantes et la poitrine haletante que l'on sentait vibrer sous son blouson. Par réflexe, elle recula, mais en une microseconde il lui avait saisi le poignet.

– Comment as-tu pu croire que je resterais tranquillement là-bas ?

Sa voix était rauque, comme usée par des cris de rage, et peut-être aussi par des larmes de frustration. Elle s'enfonçait dans la conscience de Rose.

– Tu pensais que je n'avais rien compris en t'écoutant ?

Il chuchotait maintenant, de manière presque inaudible. Il prit son autre poignet et la tira davantage vers lui, puis il posa les bras de Rose autour de son cou.

Elle résistait, en essayant de tenir la promesse qu'elle s'était faite. Mais il avait lu en elle comme dans un livre ouvert.

– Et tu veux garder ça pour toi, dit-il, et cette phrase fit bourdonner en elle les sentiments des quelques jours qui venaient de s'écouler : la solitude et la distance avec les autres, la sensation d'être marquée à vie, la peur qu'il ne la repousse.

– Rose, Rose, Rose.

Il répétait son nom, murmuré avec une infinité de nuances qu'elle n'avait jamais entendues auparavant, chargées de désirs impossibles. Elle s'effondra. Elle ne pouvait plus retenir ses larmes qui se mirent à couler silencieusement sur ses joues, dans sa bouche et contre son blouson et son cou.

– Les bâtards. Les sales petits enculés. Qu'est-ce qu'ils t'ont fait ?

Il parlait à travers ses mâchoires serrées, mais ses gestes étaient doux lorsqu'il caressait ses cheveux en l'embrassant, là où même le maquillage ne parvenait pas à couvrir complètement les dégâts.

– Ça va, murmura-t-elle. C'est OK. Je vais bien.

– Non, c'est carrément pas OK.

Sous sa douceur, elle sentait poindre autre chose.

– Ne fais rien, Aziz. C'est exactement ce qu'ils attendent.

Il ne répondit pas, mais entreprit de ranger ses livres dans le sac. Il le passa sur son épaule et la prit par le coude.

– Viens.

Elle sentait le regard des autres derrière son dos et entendait le murmure des filles tandis qu'il la conduisait hors de l'amphithéâtre. Le professeur était resté à sa place, un gros dossier sous son bras. Aziz s'arrêta un instant et lui fit un signe poli.

– Pardon pour le dérangement.

Ils sortirent, le soleil brillait contre son visage et elle savait que, dans la lumière brutale, il allait voir l'ensemble de ses marques. Mais il ne fit aucun commentaire. Ils allèrent chercher son vélo, qu'elle avait récupéré le matin même au garage, et se mirent en marche vers l'appartement.

Elle aurait aimé marcher tout seule mais son bras ne lâchait pas sa taille, tandis qu'il maintenait le vélo de son autre main. Elle continuait de sentir à proximité l'odeur de l'herbe dans laquelle elle avait été couchée sous le poids des autres. Elle se souvenait de la façon dont ses doigts s'étaient plantés dans la terre humide. Son corps se rappelait leurs mains et la fouille de quelque chose de très privé et tout en elle se contracta, comme si quelqu'un venait de faire grincer cinq ongles sur la surface d'un tableau noir.

– Attends.

Il avait dû percevoir son désespoir car il s'arrêta au milieu du sentier et dégagea doucement son bras de ses hanches. Il fallait qu'elle s'éloigne de lui, qu'elle marche sur l'herbe jusque derrière un buisson, tandis que les odeurs et les bruits s'incrustaient en elle et provoquaient des convulsions dans son ventre. Elle parvint de justesse à maintenir ses cheveux d'une main, avant de se mettre à vomir. Après cela, elle recula un peu et tomba à genoux, en entendant ses propres gémissements qu'elle ne pouvait plus stopper.

Il s'accroupit à côté d'elle.

– Tiens.

Il lui tendit un mouchoir en papier qu'il avait sorti de son sac, elle le prit en le remerciant et s'essuya la bouche, mais un goût amer de vomi restait dans le fond de sa gorge.

– Ça s'est passé ici, dit-elle en levant la tête. Plus bas vers la rivière.

La voix chargée d'émotion, elle lui raconta tout, en se haïssant de ne plus pouvoir s'arrêter. Ils restèrent longtemps assis dans l'herbe. Elle se sentait fatiguée et incapable de se relever. Elle n'avait plus de forces, ses bras et ses jambes lui semblaient étrangers.

Il secoua la tête.

– On aurait dû garder nos distances. Tout ça ne serait pas arrivé.

– Arrête.

Ça l'énervait de l'entendre dire précisément ce qu'elle avait pensé qu'il dirait.

– Il doit bien y avoir une solution, dit-elle. Quelque part, il y en a forcément une. Mais il faut y réfléchir, Aziz. Ça ne sert à rien de foncer dans le tas et de s'en prendre à n'importe qui au hasard.

– Au hasard ?

Elle haussa les épaules.

– Tu ne peux pas commencer à te venger.

– Attends, tu es en train de m'expliquer qu'il faut qu'on se montre gentils et sympas avec eux, dit-il, et elle sentait qu'il faisait de son mieux pour ne pas avoir l'air trop sarcastique. Mustafa...

Sa voix se brisa.

Elle se leva. L'herbe était devenue froide, et son ventre vide gargouillait, bien qu'elle n'eût pas faim.

– Il faut réfléchir, dit-elle d'un ton vague, sans idée précise. En tout cas, il faut éviter de réagir comme ils s'y attendent. Il faut qu'on continue de se voir, et il faut qu'on mette au point une stratégie.

Il lui adressa un demi-sourire, en brossant des brindilles qui étaient restées sur son pantalon.

– On croirait entendre Egon Olsen[1].

Elle le regarda et ne put s'empêcher de sourire face à ce prince exotique qui avait un faible pour les archétypes danois les plus pacifistes, alors qu'en même temps son sang bouillonnait du désir de se venger. Elle se redressa et se serra contre lui, en cherchant à capter son regard, qu'elle aimait et craignait à la fois.

– Il n'y a pas eu viol, Aziz, murmura-t-elle sans qu'il lui ait posé la question. La police est arrivée à temps. Il n'y a pas eu viol.

Elle vit du soulagement dans ses yeux et évita de lui dire que ça aurait pu tout aussi bien être le cas.

Peu à peu, elle parvint à désamorcer la haine et la dureté qui grondaient au fond de lui, jusqu'à ce qu'il n'en reste plus que l'essence qui consistait principalement en une forme d'impuissance. Elle n'aurait jamais pensé utiliser son sexe de cette manière-là, sa féminité qu'à présent elle souhaitait justement cacher le plus possible. Mais c'était tout ce qu'elle avait et il réagissait comme un homme devait se comporter face aux blessures d'une femme, même si elle n'avait pas beaucoup d'expérience en la matière. Il s'adoucit, et le chagrin refit surface. C'était comme tailler dans du silex avec des ciseaux pointus.

– Il faut que tu retournes à ton école, dit-elle, après qu'ils eurent fait l'amour avec infiniment de tendresse et qu'elle se fut totalement donnée à lui, à son grand étonnement. Il faut qu'on réfléchisse à tout ça et qu'on trouve le meilleur moyen de s'en sortir.

Sa voix, durant une seconde, fut à nouveau brutale.

---

1. Egon Olsen est le héros de la série criminelle danoise *Olsen-banden (La Bande à Olsen)* diffusée entre 1968 et 1998. La principale qualité de cet Egon Olsen était d'élaborer constamment des plans géniaux, permettant à sa bande de se tirer des pires situations. *(N.d.T.)*

– À quoi bon continuer cette école ? Alors que je suis incapable de servir à quoi que ce soit ?

– Mais si, tu en es capable, insista-t-elle. Tu le sais aussi bien que moi. Les problèmes personnels, c'est autre chose, et tu ne suis pas ces cours juste pour apprendre à casser la gueule à tes anciens copains, si ?

Il soupira. Ils étaient allongés sur le lit, et il venait de se lever pour enfiler rapidement ses vêtements.

– Bien sûr que non.

Il la regarda tout en boutonnant sa chemise. Il y avait de la tristesse dans ses yeux.

– Dans le train, en venant, il y avait une femme qui a eu peur de moi, parce que j'avais un sac à dos, alors elle a essayé de trouver un autre endroit où s'asseoir. Dans un autre wagon.

– Oh, Aziz.

Il avait un caractère fier et elle savait qu'il se sentait humilié, à la fois par les siens et à présent aussi par les Danois.

– Personne n'a rien dit ? Personne n'a réagi ?

Il détourna son regard.

– Moi, j'ai réagi.

– Comment ?

Il s'assit sur le lit et entreprit de lacer ses chaussures. Il haussa les épaules.

– J'ai changé de place, c'était pas compliqué. Elle avait peur, non ? Elle ne pouvait pas s'en empêcher. Elle n'était pas non plus très jeune.

Cela l'étonnait toujours que personne ne perçoive cela en lui et qu'on le prenne pour ce qu'il n'était pas. Elle posa prudemment ses bras sur ses épaules. Comme elle ne trouvait pas les mots justes, elle embrassa sa nuque, à l'endroit où ses cheveux noirs rejoignaient sa peau brune et tout ce qui était lui.

Ils se séparèrent une demi-heure plus tard. Elle espérait avoir pu le convaincre de retourner dans son école, mais même s'il le lui avait promis, l'incertitude continuait de planer dans sa tête. Est-ce qu'il n'allait pas plutôt rendre une petite visite à Mustafa, à Gjellerup ? Qu'est-ce qui résulterait d'une rencontre entre les deux hommes ?

Elle n'osait pas penser à ça, à la haine entre eux, à cette soif de vengeance qui semblait inexorable. Il fallait qu'elle trouve une solution, quelle qu'elle soit. Pourquoi pas en demandant de l'aide à l'extérieur ?

De retour dans l'appartement, elle s'agenouilla près de la bibliothèque et finit par mettre la main sur ce qu'elle cherchait : le petit bout de papier avec le numéro de téléphone de Nazleen, qu'elle avait d'abord jeté dans un geste d'impuissance.

45

ÇA N'ÉTAIT plus tenable.

Dicte cherchait à se concentrer au milieu du boucan de la rédaction. Les téléphones qui ne cessaient de sonner, les discussions menées à haute voix à travers le local, tandis qu'un nombre incalculable de grains de café étaient versés dans la cafetière de la cuisine, où le sac de petits pains et de chouquettes avait depuis longtemps subi une véritable razzia, tel un paquet de secours d'urgence jeté d'un avion sur un village africain. Elle était loin, l'époque paisible et son train-train quotidien où les jours se succédaient sans heurts d'aucune sorte, des jours dont elle avait la nostalgie. À présent, tout était traité dans le stress. Kaiser envoyait des ordres et des contrordres, avec la précision et l'urgence de missiles américains. L'équipe des faits-divers était priée de couvrir les événements sportifs, les journalistes de la rubrique emploi avaient pour mission de s'occuper des problèmes d'immigration et la stagiaire avait reçu la responsabilité de l'édition, c'est en tout cas comme ça qu'elle le ressentait. Davidsen s'était donné pour vocation de défendre la liberté d'expression en se lançant dans une série d'articles et d'interviews dans lesquels on retrouvait toujours les mêmes protagonistes, si bien que les nouvelles étaient les mêmes partout. Mais ne fallait-il pas coûte que coûte remplir les colonnes des journaux ? Holger Søborg avait remis à l'ordre du jour le vieux sujet traitant de la répartition des enfants des ghettos dans les écoles où le pourcentage desdits « bilingues » était au-dessous de vingt. Les politiciens de la droite centriste soutenaient ce projet comme un seul homme, tandis que ceux de gauche, avec leur pruderie habituelle, pensaient que tout cela était la faute du gouvernement et de la société. Chacun avait son mot à dire qui, en définitive, allait plus loin que ce qu'on leur demandait. Tout ce qui avait trait aux immigrés et aux réfugiés était subitement devenu du plus grand intérêt et si on se fiait à ces lectures, on aurait pu croire que le pays était composé de quatre-vingts pour cent de musulmans, pendant qu'une pauvre sous-minorité de chrétiens cherchait désespérément à protéger le royaume de l'abîme. Les conflits persistaient à Rosenhøj et Kaiser prévoyait d'en faire la une. Par contre, la nouvelle d'une meilleure maîtrise de la criminalité à Gjellerup n'avait droit qu'à un encart en page sept.

Comme d'habitude, Bo s'était volatilisé dans le néant. Mais pas avant de lui avoir fait subir un interrogatoire en bonne et due forme.

– Alors ? Quel est ton plan ?

Cinq minutes plus tôt, il s'était assis sur son bureau, avec un pied sur le radiateur et une tasse de café ultranoir à la main.

– Qu'est-ce que tu as décidé ?

– Qu'est-ce que tu veux dire par là ?

Elle posait la question histoire de gagner du temps. Elle venait d'avoir Kaiser au téléphone et elle ne supportait plus qu'on lui dicte ce qu'elle devait ou ne devait pas faire de sa vie ni comment régler ses problèmes qui, à ce stade, étaient également devenus ceux de la rédaction.

– Tu devrais peut-être commencer par ta mère, conseilla Bo. Est-ce qu'au moins tu lui as déjà demandé où on avait emmené ton gamin ? Qui s'est occupé d'établir des contacts, tout ça ?

Il la regarda et perçut son scepticisme.

– C'est juste un conseil, dit-il. Tu en fais ce que tu veux.

– Si Kaiser voulait bien me lâcher une seconde, il y a quelqu'un d'autre avec qui je voudrais discuter, dit-elle. Un ancien de la communauté.

Il secoua la tête.

– La communauté, toujours cette merde préhistorique. Tu crois vraiment que tu trouveras des réponses là-bas ?

Sur ces bons mots, il se laissa glisser de son bureau, non sans lui avoir au préalable lancé un baiser du bout des doigts en lui ébouriffant les cheveux d'un geste qu'elle espérait chargé de tendresse. Elle le regarda s'éloigner.

– Je pars pour le pôle Nord, si quelqu'un me cherche, dit-il à la cantonade en attrapant en chemin la dernière chouquette. Ils disent qu'ils ont des problèmes d'intégration là-haut.

– L'intégration de qui ? demanda Holger, le combiné du téléphone coincé sous le menton, agitant sa souris sur son écran.

– Des lièvres bleus des neiges, lança Bo avant de disparaître.

Dicte posa le casque audio sur ses oreilles pour tenter de se protéger du vacarme. Avec l'idée de se constituer une vue d'ensemble, elle ouvrit un fichier et entreprit d'y écrire quelques mots clefs.

Un par un, elle nota les événements de ces dernières semaines. Le premier point était le film avec l'exécution, qui n'avait été envoyé qu'à elle. Elle posa un gros point d'interrogation à côté car le mystère restait entier : pourquoi justement à elle ? Il y avait ensuite ce lien possible avec les musulmans à cause du vêtement que portait le bourreau dans le film et aussi, peut-être, l'arme du crime sur laquelle ils n'avaient encore trouvé aucune information. Elle nota qu'il lui faudrait interroger Wagner à ce sujet. Il avait bien dû finir par dégoter un expert pour l'étudier sous tous les angles et lui révéler l'endroit d'où elle pouvait provenir.

La revendication faisait l'objet d'un deuxième point. Les noms de Dieu et d'Allah étaient également suivis d'un point d'interrogation. « La charia », écrivit-elle en guise de commentaire, en prenant le temps de faire tourner le mot dans sa tête. La peine de mort faisait partie de cette fameuse loi de la charia dont elle n'était cependant pas experte. Œil pour œil, dent pour dent. Mais il n'était pas non plus difficile de trouver tout un tas de bons Danois qui pensaient que c'était juste de prendre une vie pour une vie et vu sous cet angle, le bourreau pouvait tout aussi bien venir de Tølløse ou de Støvelbæk.

Elle tapotait le tapis de souris tout en réfléchissant.

Le tatouage et la personnalité de Kjeld Arne Husum étaient ce qui l'inquiétait le plus. C'était là, entre la victime et son passé, qu'elle-même avait eu un rôle à jouer. Ça ne pouvait pas être le hasard. Quelqu'un l'avait choisie parce qu'elle avait un lien avec la victime. Cette personne savait qu'elle avait été enceinte à l'âge de seize ans mais peut-être que n'importe qui pouvait savoir cela, en relisant diverses interviews ou en fouillant sur Internet. Son propre fils ? Elle se força à penser de manière neutre. C'était une possibilité, mais une chose en tout cas était certaine : la communauté, avec son dogme des années soixante-dix, et quoi qu'il ait pu s'y passer à cette époque, n'avait rien à voir avec les problèmes d'intégration ou d'islam. D'ailleurs, à quel moment avait commencé l'immigration ? À la fin des années soixante, au début des années soixante-dix ? En tout cas, ce n'était pas ce qui avait marqué le plus cette période-là. Elle n'avait pas souvenir de s'être jamais liée d'amitié avec le moindre Turc durant son enfance ou sa jeunesse, à Bording ou Ikast. Elle ne se souvenait pas non plus de femmes portant le tchador ou d'hommes à moustache. Si seulement cela avait pu être le cas... Mais tout n'avait été qu'ennui et uniformité dans le plat et sinistre Jutland du centre.

Elle s'adossa à sa chaise en observant l'écran, tandis que ses pensées remontaient dans le temps. Dans sa mémoire, tout était calme et paisible mais peut-être que, sous la surface, quelque chose bougeait qu'elle n'avait pas remarqué. Un peu comme on s'imagine le loch Ness : un lac glacé, profond comme un puits, avec à l'intérieur, quelque part au fond des eaux, un monstre marin.

Il devait forcément y avoir quelque chose, mais quoi ? Morten, Kaspar Friis, Kjeld Arne. Quelle alliance les avait unis ? Quelles informations avaient circulé entre eux pour se terminer en chantages ? Elle pensa à la description qu'avait faite Astrid Agerbæk de la communauté. Glaciale, avait-elle dit. Comme si un courant traversait toute la maison. Un courant, pensa Dicte, ou bien un lac profond dans lequel évolue un monstre.

Elle attrapa l'annuaire téléphonique, persuadée d'avoir été dans le vrai à propos de la remarque qu'elle avait faite à Bo. Il en restait un, qui peut-être pouvait lui apporter une réponse, si elle ne voulait pas tout recommencer depuis le début et retourner voir les autres. Dion Henriksen était l'homme avec qui elle devait s'entretenir.

Il était 5 heures, ce même après-midi, lorsque, après avoir conduit sous une pluie battante, elle se gara à quelques mètres de l'école maternelle où Dion Henriksen occupait le poste de directeur. Il lui revint à l'esprit que Dion, à l'époque déjà, avait travaillé comme assistant pédagogue.

Il avait été facile de trouver son nom dans l'annuaire et sa femme l'avait gentiment renseignée lorsque Dicte s'était présentée comme une ancienne camarade de classe qui cherchait à rassembler ses vieux copains.

– En principe, il rentre par le bus de cinq heures et demie, avait dit Henriette Henriksen.

– Où est située l'école ? demanda Dicte.

– À Viby.

La femme lui dicta l'adresse.

– Je vais essayer de le trouver là-bas, dit Dicte. Je suis actuellement sur la place Harald Jensen, vraiment tout près donc.

– Je peux l'appeler pour le prévenir, proposa Henriette Henriksen.

Dicte prit sa plus jolie voix.

– Ça serait plus drôle si je lui faisais la surprise, vous ne pensez pas ? J'ai vraiment envie de voir la tête qu'il fera en me voyant. Si du moins il se souvient de moi.

Elle était restée à une certaine distance et observait les enfants que des parents pressés venaient chercher en vélo, en voiture ou à pied. Les petits êtres grouillaient à la sortie du bâtiment, vêtus d'anoraks de toutes les couleurs. À travers sa vitre ouverte, elle entendait leurs petites voix, comme les cris d'une troupe de moineaux un après-midi de printemps. Les parents se saluaient en faisant grimper les enfants dans les voitures ou sur le porte-bagages des bicyclettes.

Ce n'est que par sa taille qu'elle parvint à reconnaître Dion et aussi parce qu'il sortit le dernier, une fois que tous les enfants furent partis.

Elle ouvrit sa portière, sortit de la voiture et avança vers lui en ignorant la pluie qui tombait dru et formait des petites rivières dans les caniveaux.

– Dion, appela-t-elle. Dion Henriksen ?

Il se retourna. Jamais elle n'aurait pu prévoir sa réaction lorsqu'il posa les yeux sur elle avant de regarder autour de lui d'un air affolé. Soudain, comme mues d'une impulsion subite, ses longues jambes se mirent en mouvement et il dévala la rue en courant sous la pluie, loin d'elle, comme s'il avait vu un monstre.

46

– LES SUSPECTS ?

Wagner observait son équipe, rassemblée dans la salle de réunion.

– Il y a toujours Jens Jespersen, soutenait Ivar K. Nous n'avons rien d'autre que sa parole, quand il dit que l'argent qu'il déposait sur le compte de Husum servait à rémunérer des services sexuels pour Johanne Jespersen.

Le langage raffiné d'Ivar K impressionnait secrètement Wagner. Ça ne lui ressemblait pas beaucoup d'utiliser des termes comme « services sexuels », il était en effet étonnant qu'il n'emploie pas plutôt un vocabulaire plus typiquement *ivarien*, tel que « baiser sa tante » ou « pute mâle ». Mais peut-être que la sexualité de Jens Jespersen l'avait tellement effrayé qu'elle avait réussi à effacer de son disque dur une partie de son dictionnaire personnel.

– L'argent pouvait aussi bien payer des services pour lui-même. Et si Husum, un jour, avait décidé d'arrêter de donner de sa personne, ça aurait pu provoquer un déclic dans la tête de Jespersen, insistait Ivar K.

Wagner dut lui donner raison. Il se pouvait que Jens Jespersen ait eu un motif pour tuer Kjeld Arne Husum. Et Johanne Jespersen était peut-être morte des suites d'un viol, même si le corps était resté oublié si longtemps qu'il était impossible d'y déceler des traces de violence. En définitive, trop d'interrogations restaient toujours en suspens, et ça ne lui plaisait pas. Ils auraient dû avancer plus vite. La frustration était palpable dans l'assistance.

– Est-ce qu'on le garde comme suspect ?

L'équipe était assise à portée de main d'une Thermos de café, d'un tas de blocs-notes et de dossiers plus ou moins épais.

– À mon avis, Jespersen n'a pas vraiment le profil du parfait bourreau.

Ivar K le regarda d'un air obstiné :

– Beaucoup de tueurs en série sont en apparence des gens tranquilles et respectables, que personne n'aurait jamais soupçonnés. On ne peut pas rayer un gars de la liste des suspects juste parce qu'il n'a pas le physique d'Hannibal Lecter[1].

– Lui-même avait d'ailleurs l'air très respectable, indiqua Eriksen qui quelque part lui ressemblait un peu, en plus épais.

– Mais il y a aussi le morceau de Tampax, ajouta Hansen. Nous savons qu'une femme est entrée dans la maison de Samsø. Ce qui ne semble pas pointer en direction de Jens Jespersen.

– Il a peut-être subi une opération pour changer de sexe en secret, siffla Ivar K à travers ses mâchoires serrées, et Wagner le reconnut bien là.

Hensen fut immédiatement sur l'offensive.

– Je considère toujours Connie Husum comme meurtrier possible... au féminin.

Wagner soupira. Un homo et une femme. Est-ce qu'ils ne pouvaient vraiment pas trouver un candidat un peu plus vraisemblable pour le boulot de manieur de sabre ?

– À propos de Connie Husum, dit Eriksen en regardant sa montre, elle ne devrait pas tarder à montrer son nez d'ici peu.

---

1. Hannibal Lecter, surnommé « Hannibal le Cannibale » est un tueur en série né de l'imagination de l'écrivain Thomas Harris. Ce personnage fut interprété au cinéma par Anthony Hopkins, notamment dans *Le Silence des agneaux. (N.d.T.)*

– Qu'avons-nous de plus à son sujet ? demanda Wagner. Est-ce qu'on a fini par mettre la main sur son mari ?

Eriksen acquiesça.

– Il confirme sa version des faits. Elle a pris des pilules et a dormi tout l'après-midi. Il s'est occupé des enfants et les a conduits à l'école. Son médecin certifie également lui avoir prescrit des somnifères, mais ça ne prouve évidemment rien.

Non, bien sûr, pensa Wagner. Néanmoins, il avait également du mal à soupçonner Connie Husum et, une fois de plus, il se demanda pourquoi. Ça ne devrait rien avoir à faire avec le fait que, pour dire les choses comme elles étaient, il avait lui-même ressenti une forte sympathie pour elle. Aidé sans doute par un coup d'œil dans son décolleté et sur le bijou en cristal qui pendait entre ses seins ? Sans oublier sa voix sexy et la mélodie traînante du saxophone dans la maison.

Il respira profondément. Il fallait le reconnaître, il n'était qu'un homme, mais cela ne l'empêcha pas de se décevoir lui-même.

Comme prévu, on frappa à la porte et un jeune agent passa une tête dans la salle.

– Vous avez la visite d'une dame, dit-il, les joues enflammées, si bien que Wagner se demanda si Connie était venue habillée de sa fameuse chemise de nuit, celle de leur première rencontre.

Il rassembla ses documents, se leva et fit un signe de tête à Jan Hansen, qui rangea également ses affaires. Ivar K regardait Hansen d'un air envieux alors qu'il sortait en suivant Wagner.

– Pourquoi est-ce que c'est toujours lui qui a droit aux femmes ? bougonna-t-il.

Connie Husum en était déjà à sa deuxième cigarette. La première avait fini écrasée dans le fond du cendrier posé sur la table, fumée jusqu'au filtre, qui portait la marque de son rouge à lèvres. Elle était assise, enfoncée dans son siège, comme si c'était un profond tabouret du café *Rick's* de Casablanca et qu'elle-même fût une figurante dans le film du même nom. Elle n'était pas vêtue de son déshabillé de soie mais portait une robe portefeuille à pois, assez serrée sur la poitrine. Une tasse de café était posée devant elle.

Lorsque Wagner et Hansen entrèrent dans la pièce, elle leur lança un de ses regards sensuels, et un sourire naquit sur son visage.

– Comme nous nous retrouvons, dit-elle, et Wagner l'imagina en train d'approcher un micro de ses lèvres pour entamer une chanson cynique, à propos d'un amour impossible.

– Il y a quelques détails que nous souhaiterions clarifier, expliqua Hansen d'un ton neutre en s'asseyant en face d'elle.

Elle leva les sourcils d'un air interrogateur en rejetant la tête en arrière. Ce geste eut pour effet de faire tomber ses cheveux soyeux contre sa nuque. Hansen déglutit et poursuivit.

– Il s'agit de la relation entre Kjeld Arne et Charlie, votre fille.

– Ma fille, à moi uniquement, corrigea Connie Husum. Kjeld Arne n'a jamais été foutu d'être un père.

– Mais il était bien le père biologique de Charlie ? demanda Wagner.

Elle acquiesça en rejetant la fumée de sa cigarette, qu'elle chassa aussitôt d'un geste de la main.

– Pour autant que je sache. Est-ce important ?

– Non.

Hansen regardait la table. Wagner se décida à aller droit au but.

– Abusait-il de sa fille ?

Elle détourna les yeux qui se fixèrent tantôt sur les murs, tantôt sur le plafond, tantôt sur tous les endroits où un regard pouvait se poser pour trouver la paix. Elle avait l'air bouleversée, comme au bord des larmes, ce que Wagner se refusait à considérer.

– Laissez-moi m'exprimer ainsi, dit-elle alors : pour Charlie, le seul fait que Kjeld Arne existe dans sa vie était déjà en soi une forme de maltraitance.

Wagner s'éclaircit la voix.

– Pourquoi le haïssez-vous à ce point ?

Un soupçon d'étonnement se dessina sur son visage et il comprit qu'elle ne s'attendait pas à cette question. Une bribe de quelque chose de blessé apparut sur ses traits, rapidement effacé par un mouvement de paupières et une nouvelle bouffée de sa cigarette.

– Peut-être parce que je n'ai jamais eu le courage de faire ce qu'un autre connard a eu le cran de mettre en application.

Elle plissait ses yeux, comme si la lumière lui faisait mal.

– Kjeld Arne abusait de tout le monde, d'une façon ou d'une autre. Mais oui... Charlie était une de ses victimes, et j'en étais une autre. L'âge n'était pas un facteur susceptible de l'arrêter.

– Saviez-vous qu'il vendait ses services sexuels à une vieille dame de son voisinage, Johanne Jespersen ?

Elle secoua la tête, sans avoir l'air le moins du monde surprise.

– Non. Ça devait être après mon époque.

– Donc, il abusait sexuellement de Charlie ?

Hansen posa la question sans cacher son dégoût ni son mépris.

Elle haussa les épaules.

– Il y a des choses bien pires que le contact physique.

– Vous pouvez précisez ? demanda Wagner.

– C'était un bel homme, Kjeld Arne, lorsque je l'ai rencontré. Il était viril. Tout chez lui explosait de testostérone : la manière dont il bougeait, dont il parlait, dont il...

Elle s'arrêta. Son regard examinait ses ongles qui étaient rouges et longs, sans doute artificiels.

– Le sexe, souffla Hansen. C'était ça, l'essentiel ?

– Pour lui, oui.

– Et pour vous ? Pour Charlie ? demanda Wagner. S'il était question d'abus sexuel, pourquoi ne pas l'avoir dénoncé ?

Les yeux de Connie Husum scrutaient à nouveau la pièce à la recherche d'un point où se fixer. Lorsqu'ils se posèrent finalement sur Wagner, son regard était devenu triste et profond.

– Je ne sais pas si ces quatre murs ont déjà entendu parler de ça, dit-elle dans un souffle. Je ne sais pas si c'est un élément qui a un sens dans un endroit comme celui-ci. Mais il existe une force, tellement impossible à expliquer... Elle circule dans les airs, libre, elle vit de rien, elle ne survit que par défi.

Elle souriait tristement.

– Malheureusement, elle ne figurait pas parmi les talents de Kjeld Arne.

– Vous l'aimiez, dit-il. Malgré ce qu'il faisait à votre fille.

Elle se mit en colère. Cela se voyait à la dureté qui s'étirait sur son visage, glissée entre sa peau et la couche de maquillage.

– Dès que je m'en suis rendu compte, j'ai mis aussitôt Charlie à l'abri, dit-elle. Il était clair que je ne pouvais pas continuer à vivre avec un homme qui détruisait sa propre fille.

– Mais vous avez continué de l'aimer, insista Wagner. Vous l'aimez toujours.

Elle fit un signe négatif de la tête, mais ses yeux exprimaient autre chose.

– Assez pour l'assassiner ? demanda Hansen, qui comme tout policier savait que la haine et l'amour étaient les deux côtés d'une même pièce de monnaie. Assez pour scénariser cet acte spectaculaire, cette exécution ?

Une larme coulait à présent sur sa joue. Elle écrasa sa cigarette dans le cendrier.

– Si j'avais dû tuer quelqu'un, j'aurais commencé par moi-même.

– Pourquoi ? demanda Hansen.

– Parce que j'ai été aveugle. Parce que je me suis aperçue de cela alors que c'était...

– Trop tard ? dit Hansen.

Elle attrapa son paquet et prit une nouvelle cigarette. Hansen tendit son briquet pour la lui allumer, elle inspira profondément la fumée.

– Charlie, dit-elle en cherchant ses mots. Elle secoua vivement la tête. On peut sans doute dire qu'elle est précoce pour son âge, qu'elle ne devrait pas avoir ce type de comportement.

Elle tenait sa cigarette entre deux doigts et, tout en se massant la tempe avec son pouce, elle regardait en l'air.

Des dommages irréparables, pensa Wagner, pas surpris de constater que ce type de dégâts était le plus souvent causé par des proches. Il fit un signe en direction de Hansen. Ils pensaient la même chose. Ils tenaient là une suspecte. Ils ne croyaient peut-être pas vraiment à sa culpabilité, mais ses motifs étaient en béton.

Plus tard, alors qu'il était assis à son bureau, un agent de la PET frappa à la porte et entra.

– Occupé ? demanda Kurt Strøm en s'asseyant sans demander d'autorisation, le visage plein de gravité.

Wagner haussa les épaules. En réalité, il était en train de penser à Connie Husum, en se demandant s'il en avait assez sur elle pour l'inculper devant un tribunal. En ce moment même, l'équipe technique était en train d'examiner sa tasse de café et de comparer ses empreintes digitales avec celles trouvées sur le cordon du Tampax. Ils seraient rapidement fixés, et si les deux correspondaient, ils auraient en tout cas une piste à laquelle s'accrocher. Il expliqua cela à Strøm qui semblait se moquer complètement d'une suspecte sans aucun lien avec un mouvement terroriste ou qui n'aurait pas été au moins surprise en train de trafiquer avec un poseur de bombes.

– Sinon, quoi de neuf ? demanda Wagner à Strøm, qui était accoudé à son bureau.

– Le nom de Mustafa Pinar vous dit quelque chose ?

Wagner acquiesça.

– Il était soupçonné du meurtre de cette femme sur le port, l'été dernier. Un fanatique religieux, manifestement. Il a disparu du pays avant qu'on ait pu l'interroger. Pourquoi ?

Strøm l'observait d'un air méfiant, comme s'il le suspectait de lui cacher volontairement des informations.

– Il a disparu pour aller où ?

– D'après ce que nous savons, en Irak. Comme guerrier de la Foi, comme on dit. Vous l'avez retrouvé ? Parce que si c'est le cas, nous serions ravis de lui poser une ou deux questions.

Il aurait dû, bien sûr, deviner que Mustafa Pinar était impliqué dans quelque chose de beaucoup trop important pour que la brigade criminelle soit autorisée à lui poser la moindre question à propos d'une autre affaire. Néanmoins, cela l'énerva d'entendre Strøm dire :

– Il y a eu des contacts entre lui et les quatre terroristes de Glostrup. Nous sommes actuellement sur cette piste, mais ce n'est plus qu'une question de temps. Nous allons mettre la main sur lui.

– Quel genre de contacts ?

– Sur Internet, dit Strøm. Des e-mails.

Wagner pensa à Aziz et à Rose. Mustafa avait été le meilleur ami d'Aziz pendant leur jeunesse mais à présent, ils étaient ennemis jurés. Même s'il était sûr que cela n'avait pas de rapport direct avec l'affaire, il se sentit obligé d'en toucher un mot à Strøm, qui sembla intéressé.

– Et vous dites que Rose est la fille de Dicte Svendsen ?

Wagner acquiesça et raconta l'agression dont elle avait été victime.

– Elle est donc vraiment partout, cette Svendsen, murmura Strøm. Parfois je me demande de quel côté elle se trouve en réalité.

Wagner le regarda.

– Elle est journaliste. Elle est de son propre côté.

Strøm soupira.

– C'est bien ça qui m'effraie.

Wagner perçut un brin de raillerie dans sa phrase et eut soudain envie de la défendre, mais en vérité, qui cherchait-il vraiment à convaincre ?

Il chassa Dicte de ses pensées et indiqua à la place :

– Toute la famille de Mustafa est très affectée. Ils habitent à Gjellerup. Jan Hansen les connaît depuis l'époque où il travaillait dans la police de proximité, peut-être que vous devriez discuter un peu avec lui pour en savoir davantage sur leurs antécédents.

Strøm approuva et se leva. Wagner se sentait satisfait. En tout cas, il avait trouvé le moyen de lui fournir un os à ronger.

– Très bien, bonne chance pour la suite, dit-il en regardant Kurt Strøm sortir de la pièce.

Il n'avait pas fait trois pas dans le couloir qu'il se retourna et, levant une main, dit :

– Nous devrions avoir une nouvelle discussion avec Dicte Svendsen, histoire de la briefer un peu. Maintenant qu'il y a un lien probable entre un réseau terroriste et la destinataire du film. Vous pouvez vous en occuper ?

Wagner ferma les yeux un court instant. Il ne pouvait pas s'en défaire, ni de son regard intense ni de sa recherche constante de la vérité, même si ça devait la conduire à sa perte. Strøm avait raison. Elle était vraiment partout.

– J'essaierai de la joindre dans la journée, dit-il, en regardant Strøm s'éloigner pour la seconde fois.

Ses pensées se trouvaient au croisement des mondes. Lui-même vivait dans son petit univers criminel. Il recherchait des meurtriers, ou des meurtrières, et il venait enfin de trouver quelqu'un avec un mobile. C'était simple. Pas de grands discours politiques dans cette affaire-là, même si l'exécution en Angleterre soulevait bien sûr chez lui quelques interrogations. Mais peut-être que Connie Husum avait également un comparse là-bas, avec qui elle aurait eu des contacts. Peut-être que ce n'était rien d'autre que deux personnes parties dans un délire de vengeance et pas du tout, comme le présumait Strøm, une conspiration politique fanatique contre la société. Ça, c'était le monde de Strøm. C'était la vision qu'il en avait à travers ses lunettes.

Wagner se leva et se dirigea vers la cantine. Il se demanda si ses propres lunettes étaient bien ajustées.

47

– MUSTAFA PINAR. Est-ce que ça ne va pas un peu loin ? Je ne l'ai jamais rencontré, je n'ai même pas vu la moindre photo de lui.

Le regard de Dicte passait de Strøm à Wagner, qui l'évitait. Kurt Strøm donnait l'impression d'en avoir vraiment assez d'elle. Tout dans son comportement et dans ses expressions exprimait son antipathie, à commencer par la manière dont il croisait les bras sur sa poitrine et les mouvements nerveux de ses pieds, alors qu'ils s'étaient tous les trois installés dans le bureau de Wagner pour une réunion improvisée. Hartvigsen était aussi censé être présent mais il avait dû se rendre à une séance de travail à Copenhague.

– Nous cherchons juste à bien vous faire comprendre la situation, dit Strøm. Vous êtes le point central de toute cette affaire, il faut donc que vous sachiez qui il est, au cas où il s'aviserait de vous contacter. En personne, ou *via* un intermédiaire.

– Et pourquoi est-ce que ce Mustafa me contacterait ? Comme je viens de vous le dire, nous ne nous connaissons pas.

Strøm haussa les épaules.

– Vous avez bien été contactée auparavant. Je suppose que vous ne l'avez pas oublié. D'après ce que j'ai pu comprendre, il y aurait également un lien entre lui, votre fille et son petit ami.

– Rose n'a rien à voir dans tout ça.

Elle soupira en se rongeant un ongle. Ils voyaient vraiment des terroristes partout. Une pointe de doute s'insinua dans son esprit et elle s'en voulut d'y avoir cédé.

– Il s'agit de quelque chose de complètement différent, essaya-t-elle d'expliquer.

– Et d'où tenez-vous cette science ? demanda Strøm. Comment pouvez-vous savoir que Pinar n'est pas notre homme, sous une capuche, un sabre à la main ? Ce qui s'accorderait d'ailleurs plutôt bien avec sa sympathie pour Al-Qaïda et son voyage en Irak. Et puis il ne faut pas ignorer son lien périphérique avec vous, *via* Rose et Aziz.

Elle regarda une nouvelle fois Wagner et il lui sembla percevoir un faible signal. Il prenait peut-être cela au sérieux uniquement parce qu'il y était obligé. Les missions d'espionnage, ce n'était pas sa tasse de thé. Lui, il travaillait sur une affaire de meurtre, et il laissait bien volontiers à d'autres le soin de s'infiltrer dans les milieux terroristes.

Dicte cherchait à relier les pièces du puzzle.

– J'imagine que cela veut dire que vous avez trouvé un rapport entre la décapitation et les menaces terroristes de Glostrup, conclut-elle. Parce que si c'est le cas, ça change tout. Mais sinon, ça ne reste que des spéculations.

Strøm n'avait pas l'air d'apprécier sa manière de décrire le travail de la PET. Il fronça les sourcils, à tel point que plusieurs rides se formèrent au-dessus de son nez.

– Donc, vous n'avez eu aucun contact avec Pinar ?

– Non.

– Et avec d'autres de ses relations ? Dans le milieu immigré ?

Elle secoua la tête.

– Même pas après l'agression de votre fille ?

– Surtout pas après cela.

Strøm était sur le point d'exploser, il la regardait avec une envie non dissimulée de lui arracher sa cuirasse et d'aller chercher de force les informations que tous deux savaient qu'elle leur dissimulait.

– Et alors, qu'avez-vous donc fait ?

Il demanda cela d'une voix innocente, tout en brossant d'un geste de la main une poussière invisible sur son pantalon noir.

– À part arroser le pays d'articles propres à effrayer la population, ajouta-t-il.

Elle ne se sentait pas le courage de défendre les choix éditoriaux de Kaiser, ni ses décisions commerciales, mais c'était pourtant ce qu'elle ne cessait de faire. Même son coiffeur iranien lui avait demandé des explications. Certes, il l'avait fait avec un gentil sourire et une tasse de thé à la menthe.

– Nous n'avons pas le choix, dit-elle. Nous nous sommes tenus à l'écart comme c'était prévu. Mais après l'exécution en Angleterre, on ne pouvait plus laisser les choses en l'état, vous le savez aussi bien que moi. Si vous voulez plus d'informations, il faut en référer à mon rédacteur en chef.

En disant cela, elle pensa qu'ils ne l'avaient peut-être finalement pas mise sur écoute, comme elle le craignait. N'importe qui d'autre, oui, mais une journaliste ? Ce serait difficile à défendre, si ça se savait.

– Merci, mais j'ai déjà eu ce plaisir, murmura Strøm en se levant.

– J'imagine.

– Vous n'avez pas répondu à mes questions.

Elle savait qu'elle atteignait une limite en répondant à son tour par une question, ce que lui confirma la réaction de Wagner qui poussa un léger soupir.

– Et à propos du film ? Vous l'avez fait analyser ? Il y a quelque chose de nouveau à en tirer ?

Elle se tourna vers Wagner.

– Et l'arme du crime ? Un expert s'est bien chargé de l'étudier ? D'où vient-elle ? De quel pays ? De quelle époque ?

Wagner ne répondait pas. Strøm la regardait gravement puis il secoua la tête en prenant un air consterné.

– J'espère que vous êtes consciente de ce que vous faites, Dicte Svendsen. Vous avez vous-même refusé d'avoir une protection. Mais vous devez savoir que nous prenons votre cas très au sérieux. Plus encore que vous ne pensez.

Était-ce une forme de menace ? Ou bien était-il vraiment inquiet pour sa vie ?

– Il me semble que vous savez des choses que j'ignore, dit-elle.

Il s'en alla, mais se retourna une dernière fois pour leur lancer par-dessus son épaule :

– Je l'espère également, parce que sinon je pourrais aussi bien commencer à me chercher un nouveau job.

La pièce parut curieusement vide après le départ de Strøm, et il se passa un petit moment avant que l'un d'eux ne trouvât quelque chose à dire. Elle regardait Wagner, qui aussitôt tourna son profil d'aigle pour regarder dans la rue.

– Le sabre semble dater de la guerre de Crimée, dit-il soudain, toujours sans la regarder. Notre expert de Copenhague pense qu'elle est turque.

Il se tourna vers elle.

– Tu ne rends pas les choses plus faciles.

Elle perçut dans sa voix toutes les questions qu'il ne posait pas, et dut se faire violence pour ne pas vider son sac et lui donner les informations qu'elle avait, en lui demandant de l'aide. Mais il était policier et elle journaliste, et elle n'avait aucune garantie qu'il ne se sentirait pas obligé de tout rapporter à Strøm qui ensuite se ferait un malin plaisir d'aller fouiller dans son passé, pour en faire peut-être resurgir des faits qu'il valait mieux garder profondément ensevelis.

Elle rencontra son regard et eut l'impression d'y déceler à la fois du chagrin et de l'inquiétude. C'était tentant de le mettre dans la confidence et d'espérer qu'il serait de son côté. Au lieu de cela, elle finit par dire :

– Sinon, comment ça se passe avec l'enquête ?

À présent, c'était à son tour de se forcer à parler. Elle le constata à sa manière de serrer son nœud de cravate et à son attitude légèrement résignée, tandis qu'il fixait son regard sur une série de livres rangés en haut de la bibliothèque. Avec difficulté, elle en distingua les titres : *Les Reportages criminels nordiques.* Elle se rendit compte qu'elle devenait presbyte.

– Ça reste entre nous ?

Elle acquiesça. C'était mieux que rien.

– Nous venons juste de mettre fin à une piste. Deux empreintes digitales qui ne concordent pas.

Il eut soudain l'air fatigué, elle regarda son visage et, pour la première fois, elle remarqua réellement son âge. Il avait une bonne cinquantaine, mais il y avait des jours, comme aujourd'hui, où il faisait dix ans de plus. Des jours usants, où les morts violentes et les événements extrêmes prenaient soudain le dessus sur les travaux méthodiques et réfléchis. Elle pensa à Ida Marie qui avait treize ans de moins que lui, et elle espérait qu'elle serait patiente.

– Vous n'avez donc aucun suspect ?

Il haussa les épaules. Leurs quelques secondes de complicité étaient passées. Il se mit à fouiller dans les papiers entassés sur son bureau et jeta vers elle une feuille à laquelle une photo était agrafée.

– Peut-être que tu pourras en faire quelque chose. Sa femme l'a déclaré disparu avant-hier. Nous serions contents d'avoir de ses nouvelles.

Elle regarda la photo qui représentait un homme mince, répondant parfaitement à la description : « de constitution banale » et « d'apparence quelconque ». Pas de cicatrice particulière, rien de spécial dans sa coupe de cheveux, ni dans la couleur de ses yeux, rien qui permette *a priori* de se souvenir de lui.

– Qui est-ce ?

– Il s'appelle Anders Nikolajsen. Demeurant à Lystrup. Incarcéré pendant neuf mois et remis en liberté il y a une semaine.

– De quoi était-il inculpé ?

Wagner observait à nouveau *Les Reportages criminels nordiques*, comme si la réponse se trouvait dans les livres.

– Il s'était livré à des attouchements sur sa fille, alors âgée de huit ans.

48

LE PETIT MATIN était humide et luisant, tandis qu'Ole Nyborg Madsen suivait les feux arrière d'une Volvo noire.

Ils avaient pris la route de Højbjerg en passant par l'extérieur de Ringvej, en direction de Randersvej, jusqu'à Lisbjerg. À présent, l'autre voiture avait mis son clignotant pour indiquer qu'elle allait tourner à gauche vers la déchetterie d'Århus. Ole Nyborg Madsen en fit de même. Elle bifurqua ensuite sur la droite, cette fois-ci sans prévenir, et les deux véhicules pénétrèrent dans les lieux où deux camions gigantesques, chargés de conteneurs, étaient en cours de pesée.

Ils roulèrent à travers la station de recyclage, passèrent sous un panneau indiquant « aucune pesée » et poursuivirent leur progression. Sur leur droite se dressait le centre d'incinération, une bâtisse terne, de couleur vert pâle, qui avait l'air entièrement fabriquée en plexiglas. Son toit, surplombé d'une cheminée colossale, déchirait le ciel de ses dents acérées, telle une tour de Gotham City[1] dressée à travers la grisaille du matin, rendue encore plus sombre par la fumée qu'expulsait le bâtiment.

La Volvo pénétra dans la station de recyclage et s'arrêta. Ole Nyborg Madsen freina également. Qu'est-ce qu'ils étaient venus faire ici ? Se débarrasser de leurs déchets encombrants ? Il imaginait mal le coffre de la

---

1. Gotham City est la ville tentaculaire créée par Alan Moore, dans laquelle évolue, entre autres, Batman. *(N.d.T.)*

rutilante Volvo remplie de déchets. Il pensa au sac plein de bouteilles vides qui traînait depuis quelques jours dans son propre coffre. Le genre de choses qui collait parfaitement avec sa vieille Ford. En plus, ce sac pourrait lui fournir un alibi, si cela s'avérait nécessaire, afin d'expliquer sa présence ici dès le petit jour.

Il avait décommandé un ou deux patients pour obéir à une de ses pulsions. Quelque part, il savait que c'était mal, mais l'envie avait été tellement lancinante qu'il avait dû y céder et voir jusqu'où elle allait le mener. C'était sa conclusion. Nanna aurait compris. C'était tout ce qui comptait.

Il repensa à l'e-mail et à ce qu'il avait ressenti en le lisant. C'était comme être ramené à la raison après une forte crise de fièvre. Être soudain capable de voir de manière si claire, de savoir enfin ce qu'il fallait faire, et ce que devait être le sens de sa vie.

Voilà pourquoi il se retrouvait là. Voilà pourquoi il avait attendu, en face de la villa de Højbjerg, pour finir par voir papa jouer au chauffeur pour son fiston qui n'avait toujours pas l'autorisation de reprendre le volant. Le fiston, c'était le meurtrier de Nanna. Lars Emil Andersen.

Il gara la voiture sur une place de parking à côté d'une petite remise où les gens pouvaient déposer leurs déchets électroniques. Un peu plus loin, un panneau indiquait « aérosols » et un autre « batteries de voitures ». Finalement tout était en ordre. Peut-être qu'on pouvait transposer le principe dans sa propre vie et la répartir en différents conteneurs, afin que chaque composant puisse être recyclé : l'amertume dans une boîte, les déceptions dans une autre, l'agitation dans une troisième, les regrets dans une quatrième. Avec aussi des conteneurs sécurisés pour les produits dangereux : la haine dans un emballage sous vide. L'irresponsabilité derrière du verre antiballes. La soif de vengeance scellée dans un cercueil en zinc, comme le corps d'un soldat tombé au champ de bataille.

Parce que tout cela était dangereux, il ne le savait que trop bien.

Il attendait. Quelques instants plus tard, la portière côté passager de la Volvo s'ouvrit et un jeune homme aux cheveux blonds en sortit, avec à l'épaule une sacoche bleue. Il se pencha à l'intérieur et échangea quelques mots avec le conducteur, puis il claqua la portière et s'en alla vers la cabane en bois réservée au personnel.

La Volvo repartit. Ole Nyborg Madsen resta un moment assis. Peu après, le jeune homme blond ressortit de la cabane, vêtu d'un costume en nylon bleu sombre, les bras et les jambes recouverts d'un tissu réflecteur, comme s'il n'avait jamais quitté cet endroit que les gens fréquentent afin de se débarrasser de leurs vieilles saloperies.

Il bénéficie sûrement d'un emploi prioritaire, proposé par la commune, pensa Ole que l'indignation commençait à gagner. C'était typique. On vient volontiers en aide à ceux qui se bourrent la gueule et tuent les filles des autres. Logique.

Il resta un moment assis, la radio allumée, tandis que la colère se propageait dans tout son corps, jusque dans son cerveau où elle se transforma en éclairs blancs qui clignotaient furieusement derrière ses paupières, au rythme de la musique.

Lars Emil Andersen s'était approché d'un des conteneurs. Il y était écrit « petits combustibles » et, entre parenthèses, on pouvait lire que *petits* signifiait exactement *moins d'un mètre.* À présent, il accrochait un panneau indiquant « fermé ». Il s'avança ensuite vers l'endroit prévu pour le dépôt des « détritus dangereux » où il s'occupa à trier des pots de peinture.

Ole Nyborg Madsen avait besoin de prendre l'air. Il éteignit la radio et sortit de la voiture en remontant son col de veste. Non pas qu'il craignît que le type le reconnaisse. Il n'avait regardé personne pendant le procès, et surtout pas les parents de sa victime.

Il trouva le sac de bouteilles vides dans son coffre. Il avait été négligent et avait oublié de le fermer, si bien que des bouteilles s'en étaient échappées et qu'à présent ça sentait la vinasse. Putain. Il eut envie de mettre un coup de poing sur le toit de la voiture, mais la pensée de ce que Maibritt dirait l'en retint. Au point où ils en étaient, elle se contenterait sûrement de renifler et de l'accuser d'avoir sombré dans l'alcool. Comme si ce n'était pas déjà assez difficile comme ça.

Il rassembla les bouteilles et s'avança en direction du conteneur hexagonal prévu pour le verre. Beaucoup de gens étaient déjà passés avant lui et un homme était justement en train de balancer des bouteilles dans le ventre de l'engin. Ole se plaça de l'autre côté et commença à jeter les siennes à travers le trou, les entendant une par une se fracasser en tombant.

– C'est pratique ce genre de station de recyclage, dit l'homme. C'est bien de faire attention à l'environnement.

Ole le fixa sans répondre. Les éclairs dans son cerveau cessèrent subitement de clignoter et il se retrouva soudain dans son ancienne existence, celle d'un psychologue d'âge moyen, avec son sac de bouteilles vides et sa petite vie prévisible. Il voyait le ciel gris, les nombreux conteneurs avec les ordures ménagères et, de l'autre côté, les déchets de jardin, les branches d'arbres, les brindilles et les monceaux de feuilles à moitié décomposées qui empestaient l'air d'une odeur affreuse. Partir en pourriture, exactement comme ses rêves d'un avenir heureux. « Fais-moi sortir », hurlait une voix en lui. « Fais-moi sortir de cette vie de merde. »

Il retourna à sa voiture et mit le moteur en marche. Il se promit de ne jamais revenir, tout en sachant qu'au fond, c'était comme une de ces résolutions prises les lendemains de cuite, et qu'après quelque temps, le besoin s'en ferait de nouveau sentir.

49

DICTE ÉTAIT l'une des dernières à attendre à l'arrêt de Skanderborgvej.

Elle suivit le courant qui s'engouffrait dans le ventre du bus, tout en gardant un œil sur l'homme vêtu d'un imperméable jaune, qu'elle vit s'asseoir près d'une fenêtre. Une femme s'installa hâtivement à côté de lui. Dicte trouva un siège un peu plus loin à l'arrière, espérant que la chance serait avec elle.

Ce fut le cas, lorsque la femme se leva pour descendre à la station de Rosenvangs Alle. Dicte se précipita pour prendre sa place.

– Bonjour, Dion.

L'homme sursauta, et deux yeux désemparés la dévisagèrent. Son regard chercha un instant une issue à travers le bus qui était plein à craquer. Puis, ce fut comme s'il reconnaissait son échec. Il soupira en murmurant face à la vitre embuée :

– Qu'est-ce que vous voulez ?

– Allons, tu me reconnais, n'est-ce pas ? demanda-t-elle. Même après toutes ces années.

Il ne répondit pas, et continua de regarder par la fenêtre.

– Qui t'a prévenu ? Kaspar ? Morten ? Par contre, ta femme n'avait pas l'air d'être au courant.

– Laisse Henriette en dehors de ça.

Son ton avait soudain l'air désespéré, presque implorant. Elle avait touché un point sensible. Elle allait l'utiliser.

– Pourquoi tu t'es sauvé ?

Il soupira une fois de plus, ce qui forma une nouvelle couche de buée sur la vitre, un petit cercle opaque qui, en disparaissant, révéla comme un trou sur le monde extérieur, dans lequel une flopée de vélos et de voitures conduisaient les gens à leur travail.

– Ça ne te regarde pas.

– Qu'est-ce que Kjeld Arne savait sur vous ? Avec quoi est-ce qu'il vous tenait ?

– Qui te dit qu'il nous tenait avec quelque chose ? Tu ne sais foutrement rien.

Il parlait maintenant d'une voix cassante et méprisante qui correspondait assez mal à celle du doux pédagogue qu'il était censé être. Elle pensa à Astrid Agerbæk et se dit que celle-ci avait raison. Quelque chose s'était passé au sein de la communauté, quelque chose d'angoissant. Elle-même avait été trop amoureuse et trop naïve pour y prêter attention. Mais ça avait été là et chaque habitant l'avait ensuite traîné dans sa vie, comme une sorte d'héritage d'une époque obscure où il fallait se protéger les uns les autres au nom de la solidarité. Ou pour une autre raison.

– On t'a demandé de la boucler, à propos de quoi, Dion ? Qu'est-ce qui était si important pour Kjeld Arne, au point qu'il en était arrivé à faire chanter ses amis ?

– Je n'ai jamais été son ami.

– Qu'est-ce que tu étais alors ? Qu'est-ce que tu faisais dans cette communauté ?

Il haussa les épaules sans répondre.

– J'ai discuté avec Henriette au téléphone, dit-elle. Elle s'est montrée très compréhensive.

Il se tourna soudain vers elle, et elle vit que chaque muscle de son corps était tendu dans sa direction, dans le peu d'espace qui les séparait. Elle sentait l'odeur du plastique de son imperméable et pouvait entendre les petits crissements du tissu à chacun de ses mouvements.

– Maintenant, tu vas la fermer avec Henriette. Elle n'a rien à voir là-dedans. Elle est beaucoup plus jeune que moi. Elle est...

– Innocente, souffla Dicte.

Il resta un moment sans parler, ouvrant et refermant la bouche comme un poisson, avant d'être à nouveau capable de former une phrase.

– Kaspar m'a appelé pour me prévenir que tu finirais par te pointer.

– Et qu'est-ce que ça a de si horrible ? Pourquoi refuses-tu de me parler ?

Il s'enfonça dans son siège.

– Pas ici. Je dois descendre au prochain arrêt.

Son désespoir était flagrant. Elle laissa passer un moment pendant lequel elle l'entendit à nouveau pousser un long soupir. Finalement, il s'adressa à elle à contrecœur.

– OK, dit-il. À 5 heures. Retrouve-moi devant l'école.

Elle se leva pour le laisser passer.

– À plus tard, Dion.

Une centaine d'idées se bousculaient dans sa tête alors qu'elle se garait devant les locaux de la rédaction. Elle ne s'attendait pas à ce que Dion se montre coopératif. Il semblait évident qu'il y avait quelque chose qu'il n'était pas prêt à lui révéler. Néanmoins, elle sentait que leur rencontre pourrait s'avérer intéressante, elle en avait le pressentiment. D'expérience, elle savait que les intuitions pouvaient vous conduire assez loin. Elles avaient toujours le pouvoir de vous hisser jusqu'à l'étape suivante.

Ses pensées allèrent ensuite à sa rencontre avec Wagner et Strøm. Ce dernier se fiait également à ses intuitions et elle savait que ça la concernait directement. Il ne lui accordait pas la moindre confiance. Il mettait en doute ses motifs ainsi que son honnêteté. Ce qu'elle méritait, admit-elle. Mais alors, pourquoi n'arrivait-elle donc pas à l'accepter ?

Tout en montant l'escalier de service à grandes enjambées, elle en conclut que le scepticisme de Strøm à son égard la tracassait surtout parce que Wagner avait été présent dans la pièce. Même s'il n'avait rien dit, il n'en pensait pas moins et elle se demandait si, à compter de maintenant, elle n'allait pas perdre pour de bon toute la confiance qu'il avait en elle et en son jugement.

À ce moment de la journée, la rédaction ressemblait comme d'habitude à un quai de gare aux heures de pointe. Helle sortait avec un nouveau photographe free lance qui lui correspondait parfaitement par son âge et son physique de play-boy et dont le sourire ultra-bright ferait rêver n'importe quelle belle-mère. Davidsen était en train de brailler dans son magnétophone, lâchant çà et là des grands mots tels que « liberté d'expression », « tolérance » et « droits de l'homme ». Holger était assis les pieds sur son bureau, tapotant à deux doigts sur le clavier qu'il avait posé sur ses genoux, une tasse de café à portée de main. Un lecteur se tenait au milieu de tout ça, l'air un peu perdu, avec son manteau en loden et ses chaussures de marche, une feuille de papier à la main, cherchant visiblement l'interlocuteur *ad hoc* à qui la confier. Au même moment, Bo fit son apparition, muni d'un sac plein de pâtisseries.

– C'est servi. Viennoiseries pour tout le monde !

– Excusez-moi...

Le lecteur s'était adressé à Dicte, comme si elle représentait pour lui le seul repère fiable au cœur d'un océan déchaîné. Quelque part, il n'avait pas complètement tort, pensa-t-elle.

– Oui ? Je peux vous aider ?

Les gens se trompaient tout le temps, quasiment tous les jours.

– Je voudrais résilier mon abonnement. J'ai l'impression que l'esprit du journal est en train de...

– Il faut écrire au service des abonnements.

Elle dit cela d'un ton un peu rude, conforme aux critiques de Strøm à son sujet.

– Nous ne sommes que des journalistes rédacteurs ici. Et des photographes, ajouta-t-elle au moment où Bo passait devant eux avec son plateau de pâtisseries.

Le lecteur avait l'air désemparé. Elle sentait qu'elle aurait dû le rassurer, et lui dire qu'elle comprenait parfaitement sa décision. Elle-même aurait volontiers envoyé quelques courriers pour être débarrassée à tout jamais des journaux, de tous les journaux, mais ça n'aurait servi à rien. Elle trouvait qu'il avait de la chance de pouvoir exclure la presse de sa vie, en ne déboursant que la modique somme de 4,75 couronnes pour le prix du timbre.

– Je peux vous donner l'adresse, mais elle figure dans le journal.

Elle lui donna un exemplaire gratuit sur lequel elle avait entouré les coordonnées. Elle ne pouvait rien faire de plus pour lui. Il la remercia d'un petit sourire. Elle le regarda sortir en se disant qu'il changerait d'avis, persuadée qu'il ne posterait jamais sa lettre. En effet, pour beaucoup de gens, le journal faisait partie d'une tradition et il avait l'air d'un homme dont la famille avait de tout temps été fidèle au même canard.

– Et alors ? Tu as fini par le trouver, ton pédagogue ?

Bo s'assit sur son bureau, en posant comme d'habitude son pied sur le radiateur.

Elle hocha la tête en allumant son ordinateur. Il souleva de lui-même une fesse afin de la laisser prendre le courrier du jour. Elle entreprit de le feuilleter tout en lui racontant sa rencontre dans le bus.

– Quel gros con, murmura Bo la bouche pleine de gâteau. Hein ? Qu'est-ce que c'est que ça ?

Sa voix semblait soudain venir de très loin, comme étouffée. Dicte fixa l'enveloppe qu'il tenait à la main.

– Merde ! s'écria Bo. Ça recommence.

Elle savait qu'ils devaient immédiatement la confier à Wagner et à Strøm, mais ses mains agissaient indépendamment de son cerveau et, avant d'avoir eu le temps d'y réfléchir, le CD tournait déjà dans l'ordinateur.

L'homme était assis face à un mur, les mains liées derrière le dos. Un journal était fixé sur sa poitrine. La silhouette enturbannée se tenait debout à côté de lui, aussi muette qu'une statue. Puis, la voix trafiquée se fit de nouveau entendre :

« Vous avez 48 heures. Si d'ici là vous n'avez pas donné suite à nos revendications concernant l'alourdissement des sanctions pénales et le rétablissement de la peine de mort, nous ferons justice nous-mêmes une nouvelle fois. »

Dicte observait l'homme et reconnut Anders Nikolajsen, le pédophile pour lequel le journal venait justement de publier un avis de recherche.

50

LES DEUX TÉLÉVISEURS suspendus au plafond diffusaient simultanément les résultats du Keno du jour et les nouvelles sous format télétexte. De l'autre côté de la vitre, une multitude de gens passaient dans la rue, poussant devant eux des landaus ou traînant des caddies, cachés de temps à autre lorsqu'ils passaient devant le panneau lumineux qui s'étendait sur toute la largeur de la vitrine et sur lequel scintillait le mot « Bistro » en lettres orange.

– Autant que tu sois fixée tout de suite. Je porte le tchador parce que ça me plaît. Mes parents n'apprécient pas plus que ça.

Nazleen lança à Rose un regard provocant, sans se laisser troubler par le cliquetis des tasses et des soucoupes de la table d'à côté qu'une serveuse était en train de débarrasser, vêtue d'une blouse bleue, de la même couleur que la table et les chaises en plastique. Elles étaient assises dans le bistro du centre commercial de Veri. C'était Nazleen qui avait choisi l'endroit.

– Ça me donne une liberté que tu ne connais pas, continua l'avocate du foulard. Ça donne une indépendance par rapport au sexe opposé, ça permet de discuter ensemble sans être dérangés.

Rose ne savait pas exactement ce qu'il convenait de dire. Quelque part, elle aurait voulu protester et arguer du fait que ce qu'elle disait était, en soi, une contradiction. De devoir se couvrir pour avoir le sentiment d'être libre. Mais ça n'aurait sûrement servi à rien, et surtout pas à atteindre son but et, du coup, elle se contenta d'acquiescer, tout en tournant le sucre dans son café et en grignotant un morceau de macaron.

– Aziz n'aime pas trop ça non plus, ajouta Nazleen.

Il y avait une petite nuance dans le ton de sa voix, soudain rendue plus tendre, et ses yeux étaient plus brillants. Seule sa bouche refusait toujours de sourire, en tout cas pas de manière franche.

– Il se comporte sans doute un peu trop comme un grand frère, hasarda Rose. C'est ce que j'imagine.

À présent, un petit sourire s'était dessiné sur son visage, le rendant plus amical.

– Il est très protecteur, dit Nazleen. Il se sent responsable de moi.

– Il t'adore, dit Rose en se décidant à tenter sa chance. Il dit aussi que tu es têtue, et que tu bavardes beaucoup trop.

Pendant une seconde, on aurait dit que le visage de Nazleen ne pouvait se décider à aucune réaction. Un petit trait au coin de l'œil laissait présager de la colère mais finalement sa bouche commença à frémir et elle poussa un grand rire qui s'ajouta aux cris d'un bébé installé à une autre table.

– Ah ouais, il dit ça ? Qu'est-ce qu'il t'a dit d'autre ?

– Il dit que ça ne te plaît pas qu'il sorte avec moi.

Le rire cessa aussitôt. Quelque chose se chiffonna sur son visage qui était entouré d'un foulard blanc, ce qui lui donnait presque une apparence de bonne sœur. C'était comme si l'expression de ses traits était encore plus lisible avec ça, pensa Rose. Il n'y avait rien d'autre à voir que ses yeux, son nez et sa bouche, et l'ensemble donnait une impression de souffrance.

– Ne prends pas ça pour toi. Je ne te connais pas du tout.

– Ça finira peut-être par arriver.

Ses yeux sombres détaillaient attentivement la salle où divers panneaux proposaient des côtes de porc, des fricadelles et des menus complets pour 90 couronnes. Quelque chose de froid se glissa sur le visage de Nazleen, peut-être à cause des plats proposés, pensa Rose, craignant plutôt qu'il ne s'agisse de jalousie.

– Au fait, pourquoi voulais-tu qu'on se rencontre ? Aziz est au courant ? demanda Nazleen.

Rose repoussa son assiette avec sa pâtisserie. Elle secoua la tête.

– Il ne doit rien savoir.

La réaction de Nazleen fut immédiate. Elle se leva en ajustant rapidement ses vêtements.

– Je ne fais rien derrière le dos de mon frère. Je pense qu'on va s'arrêter là.

Rose se leva à son tour. Elle tendit la main avec l'intention d'attraper le long manteau de Nazleen, mais n'osa pas aller jusqu'au bout de son geste.

– Je vais t'expliquer.

– Il n'y a rien à expliquer.

– Mais bien sûr que si. Donne-moi juste deux minutes.

Nazleen repoussa sa chaise sous la table et se détourna pour partir.

– Je me suis fait agresser, dit enfin Rose. Par des potes à Mustafa. Toute cette histoire est en train d'aller trop loin.

La silhouette dans le long manteau resta un moment immobile, le dos tourné, comme si le panneau indiquant « merci de votre visite » avait réellement capté son intérêt.

– Il faut que je trouve une solution, avant qu'Aziz ne fasse quelque chose d'irréversible.

Nazleen se retourna et la regarda droit dans les yeux. Sa bouche formait des mots qui ne sortaient pas. Des sentiments contradictoires se lisaient sur son visage.

– Je veux annuler la malédiction, dit Rose. Il doit y avoir un moyen et j'ai pensé que les femmes peuvent peut-être le trouver, si les hommes n'en sont pas capables.

Le temps sembla durer une éternité. Elles se tenaient debout l'une en face de l'autre. Nazleen la regardait d'un air interrogateur, et Rose comprit qu'elle venait seulement de remarquer les traces de bleus sous son maquillage, et le petit gonflement au-dessus de sa lèvre. Elle vit aussi la question muette dans les yeux de Nazleen, mais n'eut pas le courage de lui répondre si oui ou non elle avait été violée.

– Aziz n'aurait pas dû être au courant, mais il a bien sûr deviné.

– Bien sûr, dit Nazleen en tirant sa chaise et en s'asseyant. Qu'est-ce que tu attends de moi ?

Rose saisit sa chance.

– Tu dois avoir des contacts à Gjellerup... des copines. En plus, tu y as habité.

Elle agita sa main.

– Je cherche un endroit par où commencer. Je voudrais trouver par quel moyen la situation pourrait être désamorcée.

– Désamorcée, dit Nazleen en ayant l'air de savourer ce mot. Comme une bombe, tu veux dire ?

Rose haussa les épaules.

– On peut voir ça comme ça. Tout est si tendu. J'avais pensé qu'ensemble on pourrait arriver à instaurer un cessez-le-feu.

– On n'est pas en Israël, ni en Palestine, siffla Nazleen avec un petit rictus au coin des lèvres, qui valait quand même mieux que la colère.

Rose observait la manière dont trois mères d'origine étrangère étaient entrées dans le bistro, en poussant chacune leur landau, comme une colonne de chars d'assaut, et elle s'imagina le chaos que laissaient certaines personnes derrière elles lorsqu'elles arrivaient dans le pacifique Danemark.

– On le croirait presque, dit-elle. Et je pense qu'un médiateur serait le bienvenu.

Nazleen but une gorgée de son Fanta.

– Je connais bien la famille de Mustafa, dit-elle. Il a une sœur qui s'appelle Ayse. Elle travaille comme caissière au *Fakta* et elle est mariée avec un cousin éloigné de Turquie. On a été à l'école ensemble.

– Je voudrais bien la rencontrer, dit Rose.

Nazleen l'évaluait du regard.

– Qu'est-ce que tu t'imagines ? Qu'est-ce qui te fait croire qu'elle pourrait avoir de l'influence sur Mustafa ?

Rose haussa les épaules.

– Je débute, tu vois. Je me dis simplement que si on tend une main, il est possible que ce soit le commencement de quelque chose.

– Tendre la main vers ceux que tu considères comme des fondamentalistes ? Tu ne la tends pas un peu loin ?

Ses mots mettaient l'accent sur le clivage entre les cultures et sur ce qui les éloignerait toujours l'une de l'autre.

Rose inspira profondément.

– Tu penses que c'est inutile ? Tu crois que ça ne sera pas possible ?

Nazleen ne répondit pas. Rose se pencha vers elle et essaya de capter son regard, qui de nouveau la fuyait.

– Mustafa a la haine contre Aziz. Un Danois pourrait aussi se mettre en rogne, mais la plupart des Danois ne réagiraient pas en se vengeant ou en proférant des menaces de mort. Et si tu faisais comme si on t'avait donné un exercice à résoudre, dit-elle à Nazleen. Si tu devais désamorcer un conflit en train de s'envenimer, tu commencerais par quoi ?

Nazleen froissa sa serviette. Rose observa la façon dont ses petits doigts potelés disparaissaient dans le papier.

– Par le respect, dit-elle alors. Je commencerais par montrer du respect.

Ces paroles lui firent un mal absolu. La souffrance était toujours présente en elle, comme le souvenir de ce qui s'était passé dans le parc. Ils l'avaient menacée, ils avaient même fait pire, et à présent elle devait leur montrer du respect ?

– Le respect.

Elle retournait le mot dans sa bouche. Il sonnait mal, et creux, mais elle ajouta tout de même :

– Alors, commençons par là.

51

– IL NE MANQUAIT plus que ça.

Le découragement avait sa propre sonorité aigre-douce chez Wagner. Le commandant de la brigade criminelle Hartvigsen soupira bruyamment. Le commissaire principal, Hans Erik Dagø, retira ses lunettes et pressa fortement deux doigts contre l'arête de son nez tout en fermant les yeux, comme si ce geste pouvait tout effacer. Seul Kurt Strøm avait l'air en forme. Dicte l'observait discrètement, assise dans un coin du bureau de Wagner.

– On le regarde à nouveau, commanda Strøm pour la deuxième fois.

Wagner eut une réaction de protestation. Elle s'en aperçut à la façon dont ses épaules s'étaient tendues, et à ses omoplates qui saillaient sous sa chemise, révélant qu'il aurait préféré rassembler son équipe et poursuivre son enquête afin d'y mettre un terme.

Il remit néanmoins le film en route et ils se retrouvèrent à nouveau devant le mur en béton, face à l'otage dont les yeux étaient écarquillés par l'angoisse. La voix monotone et synthétique exigeait encore une fois une initiative de la justice et démarrait son ultimatum.

– Nous devons faire vite, murmura Wagner. Deux jours ce n'est rien.

– C'est toujours mieux que 24 heures, dit Dagø, et Dicte pensa qu'il devait être fan de la série américaine du même nom.

On aurait dit qu'ils avaient oublié qu'elle se trouvait là. Elle avait vite téléphoné à Wagner après avoir visionné le film, et lorsqu'elle était arrivée à la brigade, ils étaient déjà rassemblés à l'attendre, en tirant des mines sinistres.

– Il faut évidemment que des experts se mettent dessus, dit Strøm. Mais où cela peut-il bien se passer ? Est-ce que quelqu'un a une idée de la localité ?

– L'éclairage a l'air artificiel, souffla Wagner. Il n'y a pas trace de lumière naturelle.

C'était exact. Une lumière froide tombait d'un endroit situé sur l'arrière gauche supérieur du film. Ce qui faisait que l'homme au journal projetait une ombre sur le mur, qui avait l'air à la fois brut et humide.

– Il y a quelque chose avec la lumière, chuchota Strøm. Quelque chose qui ne colle pas.

– Et à propos du son ? demanda Hartvigsen.

– Nous allons y appliquer des filtres, dit Wagner. Ça prendra très peu de temps.

– Et vous dites qu'il s'agit d'une femme, dit Strøm à Wagner d'un ton sceptique.

– Il paraît. Un témoin s'est manifesté ce matin sur Samsø, dit Wagner. Elle dit avoir vu une femme s'enfermer à clef dans la maison, pendant la période qui nous intéresse. Ce qui correspondrait aux autres traces que nous avons relevées sur place.

Strøm secoua la tête, sa peau tremblotait.

– Qui dira après cela qu'il n'y a pas d'égalité entre les sexes.

En prononçant ces derniers mot, il se rappela soudain la présence de Dicte. Son regard se posa sur elle et elle se sentit à la fois mesurée, pesée et peut-être même soupesée en qualité de suspecte, pour la simple raison que son sexe correspondait au signalement.

– Et vous, qu'allez-vous en faire ? Que dit votre rédacteur en chef ?

Dicte soupira, écartelée entre la sécurité de l'État et le bon vieux *je-ferai-comme-tu-voudras.* Kaiser avait senti l'odeur du sang et lui avait demandé d'écrire un article pour la une du lendemain, mais elle l'avait senti nerveux.

D'un autre côté, ne pas rendre publique l'histoire l'aurait rendu également nerveux.

– Nous allons en parler, dit-elle. À moins que vous n'obteniez un arrêt judiciaire et une interdiction ferme et définitive. C'est à vous de voir.

Strøm acquiesça, à sa grande surprise.

– Je pense que vous devez en parler. Je crois aussi que vous devez montrer une image du film. D'une part, parce que ça sera un signe que nous obéissons au souhait des terroristes, et d'autre part, parce que ça peut nous apporter des informations sur l'endroit où ils se trouvent. Vous en avez bien fait une copie ?

Elle acquiesça. Évidement qu'elle l'avait fait.

Qu'est-ce qui est juste, et qu'est-ce qui est mal ? À quel moment est-ce qu'on fait le petit pas de trop, celui qui porte à conséquence ? La vie d'un otage ne tenait plus qu'à un fil. Était-ce une erreur de publier son article ? Était-ce une erreur de raconter que quelqu'un avait réussi à concocter un mélange d'autojustice et de terrorisme, une mixture détonante qu'il finirait peut-être par communiquer à d'autres ?

En arrivant à la rédaction, après avoir promis qu'elle resterait joignable jour et nuit et qu'elle ne chercherait pas à quitter le pays, elle se demandait si le fait que l'otage ait été condamné pour pédophilie faisait une différence. Si c'était le cas, elle savait que c'était mal. Cependant, elle ne pouvait pas s'empêcher de se demander si elle n'aurait pas été encore plus choquée si l'homme avait été un innocent.

L'absence d'Anne la saisit, comme une bouffée de vide. Anne n'aurait eu aucun doute. L'homme avait purgé sa peine. Bien sûr qu'il fallait lui venir en aide, et tout faire pour le sauver, en usant exactement des mêmes moyens que s'il s'était agi de la petite fille de huit ans dont il avait abusé. Non ?

52

C'ÉTAIT UNE pause-cigarette sans cigarette, qui n'avait duré que dix minutes, mais qui s'était avérée nécessaire.

Wagner était sorti respirer l'air plus ou moins frais sur le parking, après leur réunion suite au kidnapping. Il regarda sa montre. L'équipe devait à nouveau se réunir à 11 heures, avec des renforts externes, le grand jeu. Il allait falloir qu'il assure et qu'il les motive. C'était son rôle, en plus bien sûr d'avoir l'obligation de fournir un résultat. D'une manière ou d'une autre, il devait les convaincre que le sort d'un pédophile était aussi important que celui de n'importe quel individu en détresse.

Il remonta Ridderstræde en direction du Bureau de l'Immigration, seulement couvert de sa veste en tweed qui laissait le vent froid s'engouffrer sous sa chemise. Le sentiment d'impuissance qu'il avait ressenti et le fait que la vie d'un homme dépendait de son intelligence et de ses décisions, l'incitaient comme toujours à se mettre au travail, et c'était aussi pour lui l'occasion d'une introspection.

Il pensa à Ida Marie et à sa croisade contre cet assistant maternel qui, peut-être, peut-être pas, s'intéressait d'un peu trop près aux petits garçons. Ses mots, lorsqu'elle lui avait dit qu'il n'était pas le père de Martin, et qu'elle en avait conclu que c'était pour cela qu'il n'éprouvait aucun sentiment fort envers le garçon, continuaient de l'inquiéter. Si seulement ils en avaient parlé. Si seulement elle s'était excusée. Mais ce qui était dit ne pouvait plus être effacé, ils le savaient tous les deux et, dans la situation où il se trouvait, il se demandait si, honnêtement, elle n'avait pas eu raison. Une vie n'était qu'une vie. Mais certaines vies avaient plus de valeur que d'autres. Toutes les civilisations étaient fondées sur l'idée que la vie des enfants est plus importante que celle des adultes et celle des femmes plus importante que celle des hommes. C'était les hommes qui mouraient à la guerre. C'était les hommes qu'on utilisait comme chair à canon.

Se pouvait-il que Martin compte plus pour Ida Marie qu'il ne comptait pour lui-même ? Probablement, conclut-il. Elle est la mère. Martin est son unique enfant. De son côté, il avait eu sa propre descendance après avoir épousé Nina. Il se rendait compte qu'il était vieux jeu. Mais en fin de compte, les liens du sang n'étaient-ils pas les plus puissants ? Et l'amour d'une mère pour son enfant le plus fort au monde ?

Il avait déjà atteint une partie de Sønder Alle. De fines gouttes de pluie commencèrent à tomber, le ciel s'obscurcissait. Il fit demi-tour avec dans le corps un désir soudain pour Ida Marie qu'il avait depuis longtemps négligée, ils en étaient tous les deux conscients. Elle avait eu raison, voilà ce qu'il avait envie de lui dire. Il aimait Martin mais pas avec la même intensité qu'elle, car rien ne l'y obligeait. Son amour à elle devait briller comme un joyau dans la vie de Martin et le sien, en comparaison, n'était qu'une faible lanterne. Ça ne devait pas être autrement parce que sinon, il n'y aurait plus rien eu de sacré et tout aurait été égal.

Or, rien n'était d'égale valeur, conclut-il en passant devant la porte de l'Arche de Dynk qui, à sa grande irritation, avait été déplacée de Ridderstræde pendant les grands travaux. Certaines amours étaient plus grandes que d'autres. Certaines vies avaient plus de prix que d'autres. C'était comme ça, ça restait sans doute discutable mais il était un professionnel avec un travail à terminer et il y avait des lois et des principes qu'il respectait absolument. Un homme, quelque part, devait être trouvé et secouru, c'était sur ça qu'ils devaient se concentrer. Ce n'était pas leur rôle de le juger parce que sinon, ils ne vaudraient pas mieux que la ou les personnes qui le gardaient en otage.

Il eut un peu honte de sa nervosité face à son équipe. Même Ivar K gardait pour lui ses commentaires acerbes. C'était comme si quelqu'un les avait tous dépouillés de leurs carapaces et qu'il ne restât plus d'eux qu'une meute de loups, fonctionnant à l'instinct, programmés pour chercher et trouver. On avait préparé du café et des viennoiseries que personne n'avait touchés. Aucun d'entre eux ne semblait intéressé par autre chose que l'enquête.

Il leur montra le film, ou plutôt une copie. L'original avait depuis longtemps été envoyé pour analyse aux experts de la PET.

– Putain de merde, dit Ivar K. Et tu dis que c'est une femme ?

Wagner fit un signe de tête en direction de Hansen qui répéta devant ses collègues ce qu'il lui avait raconté au téléphone le matin même.

– Le témoin s'appelle Dagny Henriksen, elle et son mari sont les voisins de la maison de Toftebjerg. Elle a quatre-vingt-trois ans mais est vive comme un gardon. Elle ne s'est pas manifestée plus tôt parce qu'elle s'était trompée de date.

– Elle s'était trompée ? dit Hansen non sans sarcasme. Comment est-ce qu'on peut se tromper de date ?

Eriksen soupira.

– Elle souffre d'insomnie et cette nuit-là, elle avait fait des mots croisés quand soudain, elle a aperçu une silhouette féminine en train de s'enfermer dans la maison d'à côté. Ensuite, elle a tout oublié et a confondu les dates, jusqu'au moment où elle a remis la main sur les fameux mots croisés. Elle s'en souvenait parfaitement parce qu'ils contenaient une définition qui continuait de la titiller. C'est alors qu'elle a vu que la date du journal correspondait à la période où nous pensons que le meurtre a eu lieu.

Wagner résuma.

– Donc, nous avons à présent un signalement. Et encore mieux : nous savons que l'assassin est selon toute vraisemblance une femme. Ce qui colle avec le morceau de Tampax, et aussi avec la tenue musulmane.

– Mais est-ce que ça colle avec le crime ? demanda Pedersen, qui avait toujours été un gentleman et qui avait encore plus de mal que Wagner à imaginer un représentant du sexe présumé faible en train de manier un sabre.

Ivar K acquiesça.

– Ça reste possible. Gormsen le dit lui-même. Mais peut-être qu'elle a commencé en utilisant une autre arme. Un pistolet, sans doute, dont elle aurait menacé Kjeld Arne Husum. Ou bien un couteau.

Il se pencha en avant, une lueur de zèle brillait dans ses yeux, comme dans ceux d'un chien de chasse.

– Imaginez la scène. Elle pénètre dans la maison de Samsø et le surprend en pleine nuit. Elle le menace avec un pistolet et le ligote. Tout ça se passe à l'intérieur de la maison. Ensuite, elle s'affaire dans le jardin, cachée par les buissons et les branches, elle plante des piquets de chaque côté de la souche d'arbre. Elle le conduit jusque-là en pressant une arme dans le creux de ses reins, elle lui attache solidement les mains, contre l'herbe, en le forçant à poser sa tête sur le billot. Et alors...

– OK, merci, dit Wagner. On imagine très bien la suite. Mais si le témoin dit qu'elle s'est enfermée à l'intérieur, ça veut donc dire qu'elle avait les clefs ?

Il y eut un court silence. Eriksen se décida à prendre le plateau sur lequel étaient posés le café et les pâtisseries, qu'il fit ensuite tourner. Wagner se leva et s'avança vers le *paperboard*, tourna les feuilles jusqu'à en trouver une vierge et décapsula un marqueur noir.

– Qui pourrait avoir eu la clef ?

– Connie Husum, proposa Hansen. Elle était déjà venue dans la maison. Elle pourrait en avoir conservé un exemplaire, ou bien s'en être procuré une copie.

Wagner écrivit.

– Qui d'autre ?

– La famille de Kjeld Arne Husum, ses amis, dit Ivar K. Le voisin, peut-être aussi.

– Tous les voisins ont un alibi en béton, lui rappela Wagner. Et nous avons nous-mêmes déjà éliminé Connie Husum et Jens Jespersen. Est-ce qu'on doit les interroger à nouveau, ou devons-nous chercher ailleurs ?

Kristian Hvidt leva le doigt, comme un écolier. Wagner hocha la tête.

– Kristian ?

– J'ai parlé avec un psychologue, comme vous l'aviez conseillé. Kjeld Arne avait un casier judiciaire vierge, excepté cette vieille affaire de violence. Mais nous savons de source quasi sûre qu'il avait abusé de sa fille. Nous savons aussi, d'après Connie Husum, que c'était un homme pourvu d'impérieux besoins sexuels. Nous sommes également au courant que lui-même se prostituait, visiblement sans la moindre honte ni culpabilité.

Wagner acquiesça en l'encourageant à poursuivre, alors que Hvidt commençait à chercher ses mots.

– C'est juste une supposition, mais le psychologue pense qu'il peut y avoir quelque chose d'autre dans son passé, que nous ignorons. Un crime à caractère sexuel, qui répondrait à son profil de « sexual predator », comme on dit en anglais.

Hvidt tripotait son stylo dont il tapotait nerveusement le bord de la table, peu habitué à tenir un si long discours, mais il avait sans aucun doute une piste.

– S'il s'agit d'un ancien crime resté impuni, il peut aussi se trouver quelqu'un qui soit au courant. Cette personne-là pourrait être notre ange de la vengeance.

– Donc pas un terroriste, dit Hansen. Dommage pour la PET et pour Strøm, ça met un terme à leur fantasme de démantèlement de réseaux.

Wagner écrivit quelques notes sur le tableau.

– Ça peut être n'importe quoi, qui se serait développé comme une sorte d'idéologie, mais dont les racines seraient personnelles. La théorie de Kristian a l'air plutôt pas mal. Je la retiens.

Son regard fit le tour de l'assemblée. Les autres acquiescèrent d'un air entendu.

– Très bien. Il ne nous reste plus qu'à fouiller dans le passé de Husum, de manière purement géographique, dit Wagner. Où a-t-il eu l'occasion de séjourner au cours de sa vie ? Où a-t-il habité ? Où a-t-il travaillé ? On compare tous ces lieux avec d'éventuels crimes à caractère sexuel non élucidés dans les environs, durant les périodes équivalentes, OK ?

Ils burent rapidement leur café, et lorsqu'ils se dispersèrent pour aller chacun vers leurs tâches, les viennoiseries étaient toujours dans leurs sachets.

53

– OÙ VA-T-ON ?

Dion haussa les épaules en s'installant sur le siège du passager, dépliant son long corps dans la Fiat de Dicte.

– Vers le centre, dit-il d'un ton revêche.

Dicte ignora son humeur et s'engagea sur un chemin de traverse. Elle ne lui faisait pas confiance, elle aurait aimé qu'il soit assis en face d'elle afin de pouvoir le regarder droit dans les yeux. Mais il n'y avait aucun lieu adéquat dans les environs, alors le centre-ville semblait encore la meilleure solution.

– On trouvera un coin sur place, dit-elle. J'ai envie d'une bière.

Il s'abstint de parler mais exprima son mépris en soufflant par ses narines.

– Je veux que tu saches de quoi il retourne, dit-elle en roulant tranquillement dans le sillage d'un camion. Kjeld Arne Husum est l'homme qui a été assassiné sur l'île de Samsø. Kaspar a dû évidemment t'en parler.

Elle perçut le vague signe de tête qu'il consentit à faire, et poursuivit.

– Ce qu'il ne t'a pas dit, parce que bien sûr il l'ignore, c'est que j'ai reçu un autre film aujourd'hui même. Un homme, qui avait été condamné pour pédophilie, vient d'être kidnappé. Le preneur d'otage a posé un ultimatum : 48 heures, après quoi il l'exécutera de la même manière que Kjeld Arne.

Dion ne disait rien.

– As-tu déjà vu quelqu'un se faire décapiter ? demanda Dicte.

Il secoua la tête.

– Ça n'a rien de joli, dit-elle sur le ton de la conversation, en doublant finalement le camion. Ça n'est pas aussi simple qu'on l'imagine. Il peut y avoir des complications. Tu vois, c'est difficile de trancher proprement. Le corps commence à s'agiter...

– Ta gueule !

Sa voix était rauque. Elle continua.

– Quelqu'un savait quelque chose sur Husum. Et Husum, de son côté, savait quelque chose sur vous. Sur Morten et sur Kaspar.

Son regard quitta un instant la route et se fixa sur son profil, on aurait dit qu'il était en train de craquer.

– Et sur toi !

Il ne répondit pas. Durant tout le chemin vers la ville, il resta prostré à fixer son regard droit devant lui. Elle trouva une place où stationner à côté du cimetière de la place Saint-Paul, et le traîna quasiment jusque dans un café dont elle n'avait jamais entendu parler et où elle n'aurait sans doute jamais l'occasion de revenir. Mais il était parfait. Sombre et presque vide, il sentait le tabac et l'alcool. Derrière le comptoir, une fille anorexique mâchait un chewing-gum en les regardant d'un œil vide. Dicte commanda deux bières et s'installa à une table loin de la fenêtre.

– Elle a l'air sympa, ta femme, dit-elle en aspirant sa mousse. Vous avez des enfants ?

Dion était sur le point d'exploser. Le sang lui était monté au visage, et il cracha ses mots en même temps que sa bière.

– Arrête, nom de Dieu ! Laisse ma famille en dehors de ça.

– Alors, raconte-moi ce qui s'est passé, dit-elle. Éclaire-moi.

Il but la moitié de sa bière et s'essuya la bouche d'un revers de main. C'était comme si la boisson lui avait redonné des forces, car soudain il dit :

– J'avais... j'ai... une ancienne condamnation. Je veux dire, à cette époque, elle n'était pas si ancienne que ça. J'étais très jeune. J'avais travaillé dans une école maternelle à Århus...

Elle savait ce qu'il allait dire. C'était tout d'un coup évident.

– Pédophilie, dit-elle d'une voix neutre, comme si elle parlait d'un petit chapardage ou d'un chien qu'on n'aurait pas tenu en laisse.

Il vida son verre.

– J'avais vingt ans. C'était mon premier job. Je ne savais pas ce qui était bien ou mal... Enfin si, bien sûr que je savais que c'était mal, mais... Ce n'est pas quelque chose que j'ai en moi, en tout cas plus depuis cette époque, j'ai moi-même eu deux enfants.

– Mais Kjeld Arne le savait.

Il acquiesça en baissant son nez sur son verre vide.

– Il avait travaillé pendant un temps dans la même école. Alors oui, il ne pouvait pas l'ignorer.

– Et lorsque tu es allé t'installer dans la communauté, tu as trouvé un nouveau boulot dans un jardin d'enfants. Ils ne se sont pas renseignés sur toi ?

Il secoua la tête.

– On ne le faisait pas en ce temps-là. Mais même maintenant, je ne suis pas sûr que ça fonctionne si bien que ça. Si on veut tricher, on peut toujours se débrouiller.

Il la regarda.

– J'aime les enfants. Je ne suis pas pédophile, et je n'ai plus jamais touché personne. Je n'en rêve même pas.

– Mais à l'époque, tu en rêvais.

Il haussa les épaules.

– Je ne veux pas revenir sur le passé.

– Et Henriette est au courant ?

La panique apparut dans ses yeux et elle eut honte d'elle-même. C'était si simple. Elle tenait le destin d'un homme entre ses mains et elle aimait cette sensation de puissance facile. À cet instant précis, peu importait la manière dont elle s'en servirait, ni la justesse de sa cause.

– Non, balbutia-t-il. Elle ne sait rien, et elle ne doit jamais rien savoir.

Elle interrompit la conversation, comme l'aurait fait un policier qui sortirait un moment se dégourdir les jambes pendant un interrogatoire. Elle lui rapporta une deuxième bière et un café pour elle. Puis elle s'assit à nouveau à la table en bois sur laquelle les années pouvaient se compter par les nombreuses traces circulaires de tailles différentes laissées par les verres au fil du temps.

– Toi-même, tu savais quelque chose que Kjeld Arne voulait garder secret, devina-t-elle. Et tu l'as menacé de tout raconter s'il parlait de ton ancienne condamnation. Si ton employeur avait appris la vérité, c'était fini pour toi, là-bas ?

Il acquiesça, en buvant sa nouvelle bière, visiblement plus détendu. Son problème, ce n'était pas tellement ce que Husum avait fait, mais ce que lui-même avait fait. À présent qu'il avait avoué, il ne lui restait plus qu'à parler de l'autre.

Elle attendait. Elle pensait aux paroles d'Astrid Agerbæk, qui disait qu'on avait tous quelque chose à cacher, à un moment ou à un autre. Des relations, qui un jour se retournaient contre vous, vous décortiquaient et vous jugeaient. Pour être honnête, n'était-ce pas plutôt elle qui, à présent, fouillait dans la vie des autres et jouait les détectives ? Parce que quelque chose était là, à portée de sa main, et la tourmentait.

« La vérité », aurait dit Anne, et elle pouvait presque entendre sa voix depuis le Groenland. « La vérité est toujours la meilleure option. »

Elle but son café qui était tiède et insipide. Elle n'était pas Anne et elle n'était pas si sûre de son coup. Parfois, elle avait l'impression que la valeur de la vérité ne méritait pas sa réputation. En tout cas pour le moment, dans cette affaire, l'écart entre l'offre et la demande était disproportionné et le prix de la vérité lui semblait un peu trop élevé.

– Kjeld Arne avait une petite sœur, dit Dion. Un jour, elle a disparu. Presque tout le pays s'est mis à sa recherche, en vain. Et puis soudain, elle a réapparu, quatorze jours plus tard, sur une aire de jeux près de leur maison.

– Indemne ?

– Il y avait des signes de maltraitance. De viol.

Il hésita à prononcer ces derniers mots. Dicte essayait de se souvenir. Quelque chose qu'elle n'arrivait pas à préciser refaisait surface. En tant que témoin de Jéhovah, on ne faisait pas attention aux faits divers. On lisait *La Tour de garde* et *Réveillez-vous !* en s'imaginant être dans le vrai.

– Quand est-ce arrivé ?

– En juin 1977.

Elle n'avait même pas besoin de calculer. Cet été-là restait brûlant dans sa mémoire. L'été qu'elle avait passé avec Morten.

– Est-ce qu'on a découvert où elle était ?

Dion secoua la tête.

– Elle n'avait que trois ou quatre ans. Et d'après les médias, elle était tellement choquée qu'elle ne pouvait plus parler. À moins qu'elle n'ait pas voulu, ou pas osé.

Il tourna son regard vers la fille maigre derrière le comptoir qui, à présent, était occupée à servir des supporters de foot, avec toute leur panoplie de banderoles et de chapeaux.

– Tu sais ce qui s'est passé ?

Il resta un long moment les yeux tournés vers le bar, comme s'il ne l'avait pas entendue.

– Dion ?

Un mouvement de son cou exprimait sa nervosité. Finalement, il confirma.

– Je sais parfaitement ce qui s'est passé.

54

– JE SENTAIS qu'il allait me tuer. Ça se voyait dans ses yeux.

La victime du viol avait enfin atteint le stade où elle parvenait à poser des mots sur ce qui lui était arrivé.

Ole Nyborg Madsen l'écoutait attentivement. La fille continua.

– Il n'était plus du tout comme dans le café. D'un seul coup, il était devenu quelqu'un d'autre. Dès qu'on est montés dans l'appartement, son attitude a changé brutalement.

Elle était maigre, et toute son attitude exprimait la réserve. Il était un peu surpris que quelqu'un ait pu la repérer, mais il ne fallait pas oublier qu'ils s'étaient rencontrés sur Internet. Sur le Net, on peut être qui on veut et faire croire aux autres n'importe quoi.

– Il a commencé à me tripoter, alors qu'on n'était même pas encore à l'intérieur, continua-t-elle, à présent d'une voix tremblante. J'ai essayé de le repousser, mais ça n'a fait qu'empirer les choses. Il avait verrouillé la porte, alors ça a été facile pour lui de me coincer au moment où j'ai essayé de me sauver.

Elle ajouta, d'une voix confuse :

– En plus, j'avais un peu bu.

– Vous ne pouviez pas savoir qu'il allait vous violer, fit remarquer Ole.

Elle secoua la tête.

– Ben non.

– Que s'est-il passé ensuite ?

– Ensuite, il m'a traînée jusque dans la chambre et il m'a jetée sur le lit. Et alors il a commencé.

Ole Nyborg étudiait sa patiente du regard. Elle n'était pas spécialement vigoureuse, elle avait dû certainement être une proie facile. Elle ne donnait aucun signe d'assurance, même si personne, dans sa situation actuelle, n'en aurait eu à revendre. Elle était une victime idéale. Un cas d'école, le type même de la fille que les violeurs recherchent. Force physique quasi inexistante, très peu de volonté et estime de soi proche du zéro. Juste une petite fille qui avait eu besoin d'amour, et d'un peu d'aventure.

– Vous vous êtes défendue ?

– Un peu.

Elle secoua néanmoins la tête.

– J'avais trop peur. Je sentais qu'il allait me tuer si je ne faisais pas ce qu'il disait.

– De quelle manière ?

Elle l'observa avec des yeux ronds, comme si subitement les faits lui revenaient.

– Je crois qu'il m'aurait étranglée.

Elle se mit à lui raconter les détails et il posait parfois des questions afin de lui faire préciser ses propos pour qu'elle déballe tout une fois pour toutes, comme on extirpe une dent pourrie.

Mais en parallèle, ses pensées partaient dans d'autres directions. Il y avait différents moyens de tuer un homme et il devait trouver celui qui était à la fois le plus efficace et le plus satisfaisant pour lui. Ce qui comptait, c'était de voir ses yeux et il fallait qu'on y lise une forme de compréhension. Ça ne suffisait pas de juste le tuer, de tout faire sauter et de penser que ça y était. Il fallait qu'il y ait d'abord confrontation, il en était persuadé. Le meurtrier de Nanna devrait éprouver de l'angoisse. Il fallait qu'il ait bien le temps de comprendre qu'il s'agissait d'une punition et qu'il ne pourrait en aucune façon y échapper. La strangulation, pourquoi pas. C'était une possibilité et la proximité physique l'attirait. Sentir sa peau sous ses mains et ses pulsations qui lentement ralentiraient. Le regarder dans les yeux, voir la vie s'en échapper. La proximité.

– ... « sale garce »... c'est comme ça qu'il m'a appelée.

Son petit corps était secoué de sanglots qui s'infiltraient dans le cerveau d'Ole et ruinaient son rêve éveillé. Il lui tendit un paquet de Kleenex, tout en se sentant un peu minable. Elle venait de lui exposer toute son âme et il n'avait même pas fait l'effort de suivre jusqu'au bout.

– Quelque part, ça m'allait, renifla-t-elle, et il sut qu'ils atteignaient maintenant le cœur du problème. Le sentiment de culpabilité qui venait toujours après. L'impression d'être sale et devenue quantité négligeable.

– Qu'est-ce qui vous fait dire cela ? demanda-t-il.

Elle le fixait de ses grands yeux.

– J'étais consentante. Quelque part, je le voulais aussi.

– Vous ne vouliez pas être violée. Vous ne vouliez pas que ça fasse mal.

– Mais le sexe. Je voulais bien.

– Qu'y a-t-il de mal à ça ?

Elle haussa les épaules.

– Peut-être que je n'ai eu que ce que je méritais.

Petite idiote. Elle l'énervait, mais il continua néanmoins à la faire parler, jusqu'à ce que l'heure se soit écoulée. Bête à manger du foin. Elle avait raison. Parfois on pourrait presque croire qu'elles le méritaient et que lui, il perdait son temps à essayer de construire quelque chose chez des gens qui n'en avaient pas le potentiel. Certes, ce n'était pas sa faute si elle s'était fait violer. Mais elle pouvait au moins montrer un soupçon de colère, une soif de revanche, qu'on voie en elle une personne de chair et de sang et pas cette poupée gonflable anémique qui laisse le premier venu la traiter comme bon lui semble.

On frappa à la porte et Maibritt entra.

– Tu as lu le journal ?

Il secoua la tête. Elle le colla sous son nez.

– C'est horrible. À présent ils ont kidnappé un pédophile, il venait juste de purger sa peine.

Il lut l'article et observa la photo. Elle avait visiblement été extraite d'une vidéo. La qualité était mauvaise, l'image était floue, les couleurs trop pâles. Mais on voyait parfaitement la peur dans les yeux de l'homme. C'était ça ! C'était exactement comme ça que ça devait être.

– Le pauvre, dit Maibritt.

– Tu crois ?

Elle le regarda d'un air perplexe.

– Personne ne mérite ce genre de choses, dit-elle. Être retenu comme ça en otage, et ne pas savoir si on va vivre ou mourir. C'est de la folie. Comment peux-tu en douter ?

Il sourit, pour lui ôter l'épine qu'il venait de planter.

– Oui, bien sûr. Tu as raison. Mais il n'est pas non plus complètement innocent, ce type, ajouta-t-il sans pouvoir s'en empêcher. Il continua de lire l'article. L'homme avait abusé de sa propre fille. Il espérait que le ravisseur n'oublierait pas de lui couper les couilles.

– Oui, mais il a purgé sa peine, répéta Maibritt.

Il continuait de lire.

– Neuf mois. Pour avoir bousillé la vie de sa fille.

Elle le regarda d'un air consterné, puis tourna les talons et sortit. À son attitude, il pouvait voir à quel point elle était inquiète pour lui.

Lui-même l'était aussi.

55

COMME D'HABITUDE, il était impossible de se garer devant le poste de police, aussi décida-t-elle de rouler jusqu'au port où elle finit par trouver une place. Lorsqu'elle sortit de la voiture, son visage fut fouetté par le vent d'automne. Elle remonta sa capuche tout en appréciant d'être ainsi chahutée par les éléments et de pouvoir respirer un peu d'air frais, après le moment qu'elle venait de passer dans l'atmosphère confinée du bar et la rapide visite qu'elle avait faite à la rédaction.

Elle regarda sa montre. Il était cinq heures et demie, la journée avait été longue mais l'adrénaline avait mélangé en elle la fatigue et l'énergie. Seulement quelques minutes, pensa-t-elle en marchant dans le sens opposé à la ville, vers les hautes grues et les cargos, de l'autre côté des voies ferrées. Juste un instant, histoire de rassembler ses idées et d'assimiler ce qu'elle venait d'apprendre, et ce que cela signifiait.

C'était comme un monstre, en train de se dessiner de plus en plus nettement, mais qui, pour le moment, n'était encore qu'à l'état d'ébauche. Si ça avait été la représentation d'un homme ou d'une femme, il ne lui aurait peut-être manqué qu'un œil, ou le nez, et les contours du corps seraient toujours imprécis. Mais l'image était bien présente. Dont une partie était comme un cliché de son propre passé.

Dicte descendit jusqu'au bout du quai et fit le tour du bassin. Les travailleurs avaient terminé leur journée et le port était calme. L'eau était comme un miroir tranquille dont la surface était balayée par le vent, et des mouettes, au loin, s'affairaient autour des déchets des bateaux. Elle pensa à nouveau à Anne et se demanda où elle était à cette seconde précise et si elle pouvait ressentir le contact entre elles. Devinait-elle sa fébrilité, ses doutes et son combat pour trouver la vérité ? Entendait-elle la façon dont son cœur s'était mis à battre à toute vitesse à la pensée des responsabilités qui en découleraient, et l'intensité avec laquelle elle se cassait la tête pour trouver une solution ?

Le mot « famille » avait soudain pris un sens complètement nouveau. Elle repensa à la rubrique laissée vide dans le questionnaire de la Sécurité sociale de Bo. La famille n'était pas une garantie. Les liens du sang pouvaient prendre différentes formes et cesser d'être un noyau solide pour devenir le contraire absolu. Les liens familiaux, qu'ils passent par les gènes ou par l'amour, étaient une force fragile.

Et elle dans tout ça ? Est-ce qu'elle aurait pu faire quelque chose à ce moment-là, des années plus tôt ? Aurait-elle pu sauver une jeune vie, étranglée par les liens du sang ?

Elle laissa sa voiture sur place et remonta par Kystevejen en direction des énormes murs de pierres de la brigade criminelle. Là aussi, la journée de travail était finie, et la plupart des fenêtres ne montraient qu'obscurité et froideur. Les représentants des forces de l'ordre étaient rentrés chez eux rejoindre leurs épouses, leurs amies et leurs enfants, et n'avaient laissé au front qu'un service minimum pour défendre le bastion. Un bureau restait cependant éclairé. Wagner et son équipe étaient encore au travail, elle en était certaine, tout comme elle savait que les prochains jours allaient être longs pour chacun d'entre eux.

Ce fut un Wagner fatigué qui descendit la rejoindre à l'accueil.

– Je n'ai rien à te donner, dit-il. Je sais parfaitement que tu es mêlée à cette affaire, mais l'enquête est un territoire secret.

Elle vit, à sa tenue et à son visage grisâtre, que la journée n'avait pas été fructueuse. On aurait dit qu'il vacillait un peu, il se frottait les yeux d'une main en se tenant au bureau d'accueil de l'autre.

– Je ne te demande rien, dit-elle. Au contraire.

Il n'y avait aucune trace de triomphe dans sa voix. Elle réussit néanmoins à faire naître un pauvre sourire sur sa figure et il leva un bras devant lui, comme pour se protéger.

– Ne me dis pas que tu as quelque chose pour moi. La dernière fois, ça nous a bien plongés dans la mélasse.

Elle ouvrit son sac et en sortit le dossier contenant les documents qu'elle était parvenue à collecter. Des vieilles coupures de presse, faxées par un archiviste de la rédaction centrale qu'elle avait littéralement harcelé.

– Qu'est-ce que c'est ?

Il demanda cela en pénétrant dans l'ascenseur.

– L'été 1977. Husum vivait dans une communauté de la banlieue d'Ikast. Ses parents habitaient à Herning.

– Et alors ?

Ils sortirent de l'ascenseur et avancèrent dans le couloir qui menait à la salle de réunion où l'équipe était rassemblée.

Tous les regards se braquèrent sur elle et elle y décela un mélange de scepticisme et d'espoir, mêlé à de la frustration et à la volonté farouche d'obtenir un résultat. Ivar K était assis sur le rebord d'une fenêtre, les pieds sur une chaise, il parlait au téléphone. Hansen était en pleine discussion avec Kristian Hvidt. Eriksen gribouillait dans son bloc tandis que Pedersen était plongé dans un document qui ressemblait à un rapport du médecin légiste. D'autres, qu'elle ne connaissait pas, étudiaient des articles en prenant des notes.

– Où ça ? demanda Ivar K en sortant son stylo de sa poche de chemise. Il écrivit un mémo sur sa main. OK. Vous vous souvenez de la période où ça s'est passé ?

Wagner lui fit signe qu'elle pouvait prendre une chaise et s'y asseoir. Elle voyait dans ses yeux qu'elle pouvait aussi bien s'installer sur une table ou par terre, qu'il s'en fichait complètement.

– L'été 77, lui rappela-t-il. Et alors ?

Ivar K raccrocha le téléphone. Peu à peu, c'était comme si une force magnétique les attirait tous auprès d'elle et de Wagner. Elle avait capté leur attention, lorsqu'elle lui tendit son dossier.

– Il s'est passé quelque chose cet été là, dit-elle. Une petite fille de quatre ans a été portée disparue, dans la ville d'Ikast. On a passé tout le secteur au peigne fin pour la retrouver, mais sans succès. Finalement, l'enfant réapparut quatorze jours plus tard. Tout semblait indiquer qu'elle avait été violée. Mais la gamine était choquée et ne voulait pas parler, ni de son expérience ni de quoi que ce soit d'autre. On n'a jamais retrouvé le coupable.

Wagner regarda autour de lui.

– A-t-on quelque chose à propos de cette histoire ? demanda-t-il aux agents.

– On l'aurait sûrement appris demain, dit Ivar K. Je viens de parler avec le frère de Husum, Bent. Kjeld Arne a habité dans une communauté d'Ikast, pendant deux ans et demi, à compter de 1976. J'avais prévu de me rendre sur place demain, afin de savoir si des affaires de ce genre avaient été signalées à l'époque à la police locale.

Wagner acquiesça.

– Nous venons d'économiser une journée. Dans la situation où nous sommes, ça n'est pas négligeable.

Il regardait Dicte, et elle comprit que c'était sa façon de la remercier.

– Quoi d'autre ?

Car, bien sûr, il se doutait qu'il y avait autre chose. Elle était persuadée qu'il pouvait lire en elle.

– Le nom de la fille était Kirsten Husum. Il s'agit de la sœur de Kjeld Arne.

– J'y crois pas ! s'écria Hansen. D'où savez-vous ça ?

– Celle-là même qui vit aux USA ? demanda Wagner en ignorant l'interruption de Hansen. Qu'est-ce qu'on sait sur elle ?

Il posait la question à l'assemblée. Jan Hansen attrapa un dossier et le feuilleta rapidement.

– L'Américaine ne s'appelle pas Kirsten, dit-il alors. Elle s'appelle Ina, et elle est dentiste à Houston.

– Il y a plusieurs sœurs ? demanda Wagner.

Hansen continuait de lire.

– Il y a celle qui a disparu dans le tsunami avec son mari et leur enfant.

Il leva la tête.

– La petite dernière. Née en 1973. Qui s'appelle Kirsten.

Après une courte seconde pendant laquelle une alarme s'était déclenchée dans tous les cerveaux, la voix de Wagner se fit cinglante.

– Que sait-on sur elle ? A-t-elle été identifiée ou est-elle portée disparue ? Que sait-on de son passé ? Avec qui était-elle mariée ?

Hansen replongea le nez dans son dossier.

– Rien. On n'a rien sur elle, excepté le fait que toute la famille a péri pendant un voyage en Thaïlande l'année dernière.

– Lequel d'entre vous avait ces informations ?

La voix de Wagner était presque tombée au niveau du grondement. Dicte pensa qu'elle n'aurait pas aimé se trouver dans les souliers du policier en question lorsqu'elle vit Eriksen lever timidement la main.

– Il reste de la pizza, maman. Je peux te la faire réchauffer si tu veux.

Une pâle et maigre Rose était venue passer la soirée à Kasted, Dicte la serra avec précaution dans ses bras.

C'était comme serrer un cure-dents doué de la parole, pensa-t-elle, préférant ne pas aborder le sujet dans l'immédiat. Bo était installé devant la télé, il ressemblait à un gros matou satisfait qui vient de mettre la patte sur une arête de poisson qu'il se prépare à déguster.

– Salut, baby. Quoi de neuf ?

Elle se blottit contre lui sur le sofa, respirant son parfum en écoutant les battements de son cœur. Elle posa sa tête contre son cou, remontant ses jambes qu'elle couvrit d'une couverture.

– Je vais la manger froide, merci, dit-elle à Rose. Avec du vin rouge, tu seras mignonne.

Bo lui caressait la nuque. Rose apporta le vin et la pizza. Tout lui semblait idyllique, alors que quelque part, dans un lieu froid et humide, un homme était retenu prisonnier et craignait pour sa vie.

– À présent, ils parlent sérieusement de terrorisme, dit Bo.

Elle hocha la tête en prenant l'assiette que Rose lui tendait.

– Strøm est surexcité.

Bo lui fit un clin d'œil.

– Tant qu'il ne se pisse pas dessus de joie, dit-il, ça reste maîtrisable.

Elle mordit dans sa pizza que Rose avait quand même passée rapidement au micro-ondes, si bien que le fromage et les oignons embaumaient à ses narines.

– Tu sais ce que j'en pense. Il est persuadé que tout ça a un lien avec les quatre gars de Glostrup et Mustafa Pinar qui, pour une raison que j'ignore, est apparu dans un de leurs e-mails.

– Ils ont mis la main sur lui ?

Elle secoua la tête tout en mordant dans sa pizza, si bien qu'elle renversa de la crème un peu partout. Elle nettoya son pantalon avec sa main, ainsi que le tapis. Elle voulut donner une pichenette à Bo, qui lui retint la main.

– Ils savent où il est. Je suis sûr qu'ils l'ont à l'œil et qu'ils attendent qu'il commette un faux pas. À un moment ou à un autre, ils lui mettront le grappin dessus.

Bo caressait sa main. Il avait posé son bras sur le dos du canapé, elle y appuya sa tête. Rose s'affairait dans la cuisine.

– Il ne s'est rien passé de spécial à la maison ? demanda Dicte.

– Anne a téléphoné.

Quelque chose s'alluma en elle.

– Qu'a-t-elle dit ?

– Ah oui, ce qu'elle a dit ? Bla, bla-bla...

Il l'attira d'avantage vers lui, elle sentait son haleine contre sa peau, et aussi presque ses lèvres.

– Qu'est-ce qu'on dit en général quand on appelle de Nuuk *via* un satellite ? Allô ? Ça va, mec ? Tu veux pas acheter une glace ?

– Bo !

– Ce n'était pas à moi qu'elle voulait parler.

La pizza de Rose avait été comme d'habitude excellente. Plus tard dans la soirée, Bo la reconduisit chez elle, laissant Dicte étendue sur le sofa à regarder un programme sans intérêt qui la plongea rapidement dans le sommeil.

Après le retour de Bo, et alors qu'ils avaient fini la bouteille de vin, elle reparla d'Anne.

– À quelle heure a-t-elle appelé ?

– Vers six heures et demie. Je venais de rentrer.

– Six heures et demie ?

Six heures et demie. Précisément l'heure ou elle s'était trouvée sur le port, en pensant à Anne et en se demandant si elle aussi pouvait sentir un contact. Elle fut frappée de constater que celle-ci, d'une manière ou d'une autre, était au courant de tout. Peut-être pas dans les détails, mais elle devinait l'essentiel.

– Il n'est pas trop tard pour l'appeler, proposa Bo.

– Pas maintenant.

Elle pouvait attendre. Elle ne se sentait pas prête à une confrontation avec Nuuk, parce qu'elle savait qu'elle aurait fini par tout raconter et qu'Anne n'aurait pas manqué de lui demander si elle avait bien dit à Wagner toute la vérité.

Une conversation avec Anne demandait toujours une certaine préparation. En elle-même, elle pouvait se débrouiller pour enjoliver un peu les faits, mais il était impossible de mentir à Anne.

56

MUSTAFA PINAR.

Rose ne cessait de retourner ce nom dans sa tête. Il n'y avait qu'un seul Mustafa Pinar. Un seul qui signifiât quelque chose.

À peine rentrée chez elle, elle était allée se laver. C'était devenu un rituel dont elle ne pouvait plus se passer. Elle s'enfermait dans la salle de bains, se déshabillait en posant méticuleusement ses vêtements sur la cuvette des toilettes. Elle se regardait pendant un instant dans la glace fixée derrière la porte. Elle n'avait presque plus de formes, même si elle n'avait jamais été bien en chair. Des seins hauts et de petite taille. Des clavicules saillantes sous la peau blanche et elle n'avait plus du tout de ventre. Des hanches maigres pointaient de chaque côté de son corps. Même ses cheveux semblaient moins soyeux. Ils étaient ternes et pendaient sur ses épaules, tirant son visage vers le bas. De ses yeux sombres, elle suivait ses contours, sans reconnaître cette étrangère dans le miroir.

Elle tendit la main et caressa la surface froide de la glace, laissant un doigt glisser autour de sa gorge et au-dessus de ses épaules.

– Qui es-tu ?

Elle murmura ces mots en regardant ses lèvres bouger, mais elle ne ressentait rien.

Mustafa Pinar.

Elle tourna le robinet de douche, l'eau se mit à couler violemment, projetée dans toutes les directions, parce que quelqu'un avait oublié de régler correctement le pommeau. Elle se plaça néanmoins en dessous et tira le rideau. L'eau jaillissait sur sa peau et formait comme un épiderme supplémentaire qu'elle se mit à arracher, elle poussa un hurlement à travers la baignoire.

Du calme.

Elle pencha sa tête en arrière et laissa l'eau couler sur elle. Elle augmenta la température au maximum, mais ça ne changeait rien. Elle continuait de grelotter, en se disant que c'était dû au fait qu'il ne restait plus grand-chose d'elle-même.

Elle avait passé une soirée agréable. Elle avait apprécié d'être à nouveau à Kasted et de préparer une pizza, en s'inspirant de l'ambiance tranquille de la maison. Tout s'était passé le mieux du monde et avait parfaitement correspondu à ce dont elle avait besoin, jusqu'à ce que le nom soit prononcé, pendant qu'elle était en train de faire la vaisselle, un verre dans la main et un torchon dans l'autre. Sa mère et Bo discutaient dans le salon, heureux, même s'il y avait eu ce kidnapping dont ils avaient également parlé, ainsi que du fait qu'il puisse s'agir de terrorisme. Elle avait l'habitude de ce genre de conversation et ce n'était pas tellement le sujet mais plutôt leur ton qui l'intéressait. Cette ambiance qui lui indiquait qu'à présent tout était OK, que la maison était pleine d'amour et qu'elle pouvait s'y sentir en confiance.

Elle avait une famille. D'une manière bizarre, ils appartenaient les uns aux autres, liés ensemble par le sang, mais aussi par le temps et l'amour. Au début, elle avait eu des doutes concernant Bo mais, à présent, il était devenu une partie de ce grand tout et elle ne pouvait plus s'imaginer Kasted sans lui et sans la façon dont il s'occupait de sa mère. Et il y avait aussi Anne, d'une certaine manière. Mais Anne était loin désormais, ce qui rendait la présence de Bo encore plus indispensable.

Et puis elle avait soudain entendu parler de Mustafa Pinar.

Elle arrêta la douche, tendit la main vers une serviette et commença à s'essuyer. Le nom avait pulvérisé la douce idylle. Il s'était fiché dans son cerveau où une idée avait pris forme et avec elle également, une montagne de conséquences.

La PET avait trouvé un lien, avait dit sa mère. Entre les suspects de Glostrup et le fameux Mustafa. Leurs ennemis du moment et l'homme qui se tenait peut-être derrière tout ça, et qui, elle en était sûre, était aussi à l'origine de son agression.

Tout lui revenait. L'odeur de l'herbe mouillée et la boue du parc, leurs voix, leurs gestes, et la panique dans tout son corps, alors qu'elle gisait sous leur poids et qu'ils lacéraient ses vêtements avec un couteau.

– Non !

Elle voulait chasser ces pensées. Son corps était agité de mouvements brusques, la serviette plaquée comme un bouclier rouge contre sa peau. Le miroir renvoyait son reflet, à travers la buée. Il fallait exorciser ce qui s'était passé, depuis le commencement. Il y avait un espoir, et elle l'avait trouvé, mais oserait-elle aller jusqu'au bout ?

Soudain, une autre Rose fit son apparition dans la glace. Son expression était différente. Les yeux n'étaient plus tristes ni inquiets et le corps ne donnait plus cette impression de profonde détresse.

Elle savait que ce serait un pacte avec le diable. Que ça viendrait se glisser entre eux et que leur amour ne serait plus jamais comme avant, parce qu'elle non plus ne serait plus la même. Elle se sentait prête à aller loin. Jusqu'à maintenant, elle ne s'était simplement jamais demandé jusqu'où. Aussi loin que nécessaire ?

Elle pensa à Aziz et se dit qu'elle ne pouvait pas se passer de lui. Elle ferma les yeux et se rappela ses mains sur son corps, ses lèvres sur les siennes, sa voix, ses mots, son parfum et le goût salé de sa peau. Sans lui, elle serait comme une ombre qui flotterait sans but. Elle ne voulait pas que ça arrive.

Elle se redressa. Ses yeux brillèrent en rencontrant leur reflet, au moment où elle prit sa décision.

57

DICTE VOYAIT bien qu'il était en train de chercher un moyen de s'enfuir. Son regard scrutait tous les recoins par où il aurait pu s'éclipser, mais soudain, il fut comme porté à travers le couloir par un flot d'adolescents, jusque devant elle.

– Salut, Morten.

Il la regarda froidement, tandis que la sonnerie continuait de retentir dans leurs oreilles.

– C'est la pause-déjeuner, dit-elle. Ça nous laisse un peu de temps. Vingt minutes, c'est ça ?

Il la regardait avec un profond mépris mais aussi avec quelque chose d'autre dans le fond des yeux. Comme de la peur et elle ne put s'empêcher de s'en réjouir.

– Qu'est-ce que tu veux ?

– Juste discuter un peu, dit-elle. On va où ?

Il regardait autour de lui d'un air énervé et il faillit lui tomber dessus, bousculé par un troupeau de garçons.

– Vous ne pouvez pas faire un peu attention, leur cria-t-il, et elle vit à leurs mines effrayées qu'il était un professeur respecté qu'on ne voulait pas se mettre à dos.

Il fit un signe de tête dans la direction d'où elle venait.

– Pas ici. On peut sortir, si tu y tiens absolument.

Dehors, un vent frais balayait les feuilles dans la cour de récréation, les bruits et les odeurs lui rappelaient une époque si lointaine que les images en étaient confuses.

– Kirsten Husum, dit-elle en l'observant. Qu'est-ce que tu sais sur elle ?

Pendant une milliseconde, sa bouche et ses yeux se contractèrent. Puis sa voix se fit dure et elle eut du mal à la reconnaître.

– Et qu'est-ce que je devrais savoir sur elle, d'après toi ?

– Tu peux m'épargner la grande scène de l'acte II. J'ai parlé avec Dion.

Il pencha la tête en arrière et resta un moment à observer les nuages qui flottaient dans le ciel, créant des jeux d'ombre et de lumière.

– Et alors ?

– Alors, je sais à peu près ce qui s'est passé.

Il se laissa tomber sur un banc. Comme il ne disait rien, elle s'assit à côté de lui et l'observa, en se demandant comment elle avait pu craquer pour cet homme-là, et se figurer qu'il pourrait être pour elle un billet vers une autre vie. Il l'avait utilisée mais elle devait reconnaître qu'elle en avait fait de même.

– Eh bien, tu n'as pas besoin de moi, dit-il. Tu te débrouilles très bien toute seule, on dirait. La brillante Dicte que tu as toujours été. Douée et volontaire, ajouta-t-il. Mais cela ne la blessa en aucune façon, au contraire.

– J'avais seize ans. Je sortais de mon cocon ultraprotégé, et tu le savais. Tu étais mon prof, c'était toi, l'adulte.

Elle n'avait même pas besoin de prendre un ton accusateur. Les faits en eux-mêmes étaient suffisamment graves, et il rougit. Pour la deuxième fois en quelques jours, elle mesurait le pouvoir dont elle disposait. Elle en éprouvait à la fois de la joie et du dégoût mais elle avait bien l'intention de s'en servir.

– Nous avons eu un enfant ensemble, tu dois être au courant.

Elle n'attendit pas de voir sa réaction.

– Je me suis débrouillée toute seule. Je n'avais personne à qui en parler. Tu étais l'adulte responsable et tu m'évitais à chaque fois que je venais chercher de l'aide et du réconfort. J'ai accouché toute seule. D'un petit garçon.

Sa voix était chargée d'émotion. Contre son gré, elle se retrouvait touchée par ses propres mots et les larmes se pressaient contre ses paupières.

– Il est quelque part dans le monde. Je l'ai donné à l'adoption et je n'ai jamais cessé de le regretter. Pendant un moment j'ai pensé que c'était lui.

Elle avait imaginé utiliser cela comme un moyen de pression mais c'était en train de la dépasser.

– Lui quoi ? Qu'est-ce que tu veux dire par là ?

– J'ai reçu un SMS. J'ai cru que ça venait de lui, répéta-t-elle. C'était en tout cas ce qu'on voulait me faire croire. La décapitation... le film...

Morten fixait l'horizon. Peut-être qu'il était touché, c'était difficile d'en juger, mais elle avait d'autres munitions dans sa besace et pour en finir avec ce qu'elle venait de dire, elle lui envoya une première salve.

– Tu savais que Kjeld Arne avait amené Kirsten dans la communauté. Tu savais qu'il l'avait enfermée dans le cellier, pendant deux semaines, alors que la police la cherchait partout et que ses parents étaient au bord du désespoir. Tu savais ce qui se passait, là en bas, et que lui et Dion avaient un goût certain pour les enfants.

Elle crachait ses mots un par un sur lui.

– Elle avait quatre ans. Tu savais qu'elle se faisait violer, sous tes pieds, par son propre frère. Mais tu faisais comme si de rien n'était. Tu m'enfermais dans ta chambre, montais le son de la musique et poussais même le vice jusqu'à me baiser, pendant qu'une petite fille se faisait torturer dans une cave juste en dessous de ton lit.

Elle s'avança tout près de lui. Si près qu'elle aurait pu l'embrasser, ou le mordre. Tellement près qu'elle pouvait voir les pores de sa peau et quelques taches de sauce sur sa joue. Elle planta son regard dans ses yeux à la Paul Newman, qui l'avaient rendue folle autrefois mais qui, à présent, lui semblaient dénués d'âme. Kirsten Husum n'avait été ni sa chair ni son sang, elle ne l'avait même pas connue. Mais à cet instant, elle avait envie de tuer.

– Qu'est-ce que tu es comme être humain, Morten ? Quelles sont les limites de ta décence ? Peut-être que tu te figurais que ce n'était pas tes oignons ?

Il resta un long moment sans dire un mot, regardant fixement ses mains, serrées l'une dans l'autre, comme s'il cherchait par ce moyen un peu de soutien ou, peut-être, une forme de pardon.

– Elle a survécu, finit-il par dire. On a réussi à le convaincre de la laisser partir. Si nous n'avions pas été là...

Au ton de sa voix, elle comprenait qu'il avait fini par se persuader lui-même de sa bonté.

– Quel héroïsme, dit-elle.

Elle continuait de l'observer, en se demandant si elle pourrait en tirer davantage. Puis la cloche sonna et toute l'école reprit vie, les jeunes déboulaient de partout et se précipitaient vers les salles de classe.

Elle se leva. Elle ne savait pas comment il fallait dire au revoir à une partie de sa propre vie, elle se dit finalement que ce n'était pas utile.

– Tu auras sans doute prochainement affaire à la police, dit-elle en partant.

Était-ce vraisemblable ? Est-ce que ça se pouvait ? Est-ce que Kirsten Husum avait réellement été victime du tsunami, avec son mari et leur enfant, ou bien avait-elle réussi à s'en sortir et à se transformer en une sorte d'âme vengeresse et sans pitié ? Et si c'était le cas, pourquoi seulement maintenant ? Après tant d'années ? Pourquoi n'avait-elle jamais parlé de ces jours qu'elle avait passés dans la cave ? Pourquoi avait-elle vécu toute sa vie sans jamais accuser son frère ?

La chair et le sang, pensa-t-elle tout en roulant vers la rédaction. C'était peut-être ça leur pouvoir. Une forme de loyauté envers les liens du sang ? On pouvait toujours s'en éloigner, on pouvait même les exclure de sa vie. Mais entre s'éloigner et accuser, il y avait un pas. Elle se demandait si quelqu'un, ou quelque chose, avait encouragé Kirsten Husum à faire ce pas-là.

À la rédaction, Davidsen était en pleine conversation téléphonique avec un lecteur mécontent, tandis que Holger et Helle, assis dans un coin, discutaient de l'édition du jour. Bo était parti en mission, couvrir un match quelconque.

Afin de trouver par où commencer, elle se mit à la recherche des notes qu'elle avait prises dans le cadre de son article sur les victimes du tsunami. Elle retrouva également le nom et le numéro de téléphone de la psychologue qui s'était occupée des personnes ayant survécu à la catastrophe. Elle l'appela et laissa un message sur son répondeur. Elle crut que c'était elle qui rappelait lorsque le téléphone sonna quelques minutes plus tard.

– Dicte Svendsen.

– Comment vas-tu ?

La voix d'Anne depuis Nuuk était inquiète et, malgré le bourdonnement de la liaison satellite, le sentiment d'angoisse s'entendait plus qu'elle ne l'aurait souhaité.

– Très bien, et toi ?

– Menteuse, dit Anne d'un ton accusateur. Comment peux-tu aller bien avec tout ce qui est en train d'arriver ? Nous recevons aussi les nouvelles là-haut.

Bien sûr. Le monde était petit et l'enlèvement d'Anders Nikolajsen avait atteint le territoire groenlandais.

– De quoi s'agit-il ? demanda Anne. Qu'est-ce que cette histoire a à voir avec toi ?

Elle raconta sa rencontre avec Dion et avec Morten, et la théorie à propos du tsunami.

– Quoi d'autre ? demanda Anne, avide d'en savoir plus.

– Quoi d'autre quoi ?

– Pourquoi toi ?

Dicte lança quelques vagues explications, tout en sachant qu'elles ne suffiraient pas à convaincre Anne :

– Parce qu'il m'est arrivé d'aller moi-même dans cette communauté. Parce que j'étais la copine de Morten, que sais-je ?

Il y eu un silence grésillant. Puis Anne dit :

– Ça n'a pas vraiment de sens. Il doit y avoir quelque chose d'autre. Une raison supplémentaire.

– Qu'est-ce que tu veux qu'il y ait de plus ?

Elle se rendait compte que ses mots étaient comme une sorte de défense, et fut contente d'entendre son mobile sonner dans le fond de son sac. Elle pensa que ça devait être la psychologue qui cherchait à la joindre, et elle ne prêta pas attention aux protestations d'Anne lorsqu'elle coupa la conversation, en promettant de rappeler le lendemain.

Elle parvint à atteindre son portable juste avant que le répondeur ne se déclenche.

– Dicte Svendsen.

Elle entendit une sorte de plainte, comme si quelqu'un faisait du mal à une personne à l'autre bout de la ligne. Elle attendit, et enfin on lui parla, elle reconnut les borborygmes de junkie de Kaspar Gefion Friis, qui avait du mal à maîtriser ses mots.

– Elle était là... au début... elle habitait dans ma cave...

– Kaspar ?

– Je ne pouvais pas refuser, hein ? Je lui devais bien ça. On lui devait tous ça, non ?... C'est vraiment trop la merde, tu vois...

Elle aurait voulu qu'il continue, mais la communication fut interrompue. Elle trouva son numéro et le rappela, mais personne ne répondit.

58

IDA MARIE n'avait jamais dit que les types du genre d'Anders Nikolajsen ne méritaient pas d'être sauvés. Ni rien d'autre qui pourrait laisser entendre qu'il valait mieux le laisser à son destin, ou qu'elle aurait souhaité le voir croupir en prison.

Peut-être qu'elle l'avait pensé, mais il en doutait. C'était une personne qui savait faire la différence entre le bien et le mal. Et c'était aussi la femme qu'il aimait, et Wagner, avec son sens aigu de la justice, ne pouvait pas négliger cet élément.

Il appuya un instant son front contre la vitre de la salle de réunion et regarda la rue. Il s'accordait enfin quelques secondes de paix, alors qu'ils étaient enfermés comme dans un sous-marin en perdition dont l'oxygène petit à petit se raréfiait. C'était le lot de ceux qui travaillaient contre la montre. Un sentiment d'étouffement lent qui les maintenait éloignés du but, toujours hors de portée.

Pour arriver à tenir, il fallait par moments remonter à la surface et souffler un peu, à l'aide d'un café et d'un peu de nourriture, ou bien comme il le faisait actuellement, par un petit voyage à l'intérieur d'un espace plus doux que celui des murs de la brigade, pour respirer le parfum de la peau d'Ida Marie, au lieu de l'odeur de sueur de six policiers stressés.

– Au fait, que se passe-t-il à l'école maternelle ? Du nouveau au sujet de vos soupçons ?

Ce matin-là, il avait trouvé le courage et l'énergie de lui poser la question, parce qu'elle était allongée tout contre lui dans le lit et parce que cette histoire continuait de le perturber.

Elle prit quelques minutes avant de répondre.

– Pour être vraiment honnête, je crois que c'était une fausse alerte. Je pense que tu avais raison. On a sans doute jugé un peu rapidement.

Elle savait que son enquête actuelle lui posait des problèmes et, malgré cela, elle n'avait pas cherché à l'aider en lui faisant part de ses impressions. Il avait le sentiment que le moment était mal choisi pour lui servir un de ses « tu vois, je te l'avais bien dit ».

– On n'est jamais trop prudent avec ce genre d'affaires, la rassura-t-il. C'est une bonne chose d'en avoir parlé entre vous. Mais qu'est-ce qui vous a poussés à cette conclusion ?

Elle resta un moment à observer le plafond.

– Il y avait pas mal de détails qui ne collaient pas, dit-elle enfin. On a pris comme argent comptant ce que disait Anton, mais après quelque temps, sa mère elle-même a fini par avouer qu'il avait une imagination fertile et qu'en plus, il s'en servait fréquemment pour manipuler les gens.

– C'était donc un truc qu'il avait inventé ?

– Ça en a tout l'air.

– Vous ne pouviez pas mieux faire qu'être sur vos gardes.

Il murmura ses paroles contre son cou et ils restèrent un moment allongés ainsi l'un contre l'autre.

– Wagner !

La voix de son chef fit voler la scène en éclats. Il s'éloigna de la fenêtre et regarda Hartvigsen, qui avait l'air d'avoir fait une découverte.

– Vous avez du neuf ? demanda-t-il.

– De Londres, dit Hartvigsen. Ils ont trouvé le corps décapité et ont mis une femme en garde à vue. Une Pakistanaise.

Toute l'équipe s'était rapprochée. L'information tombait pile au bon moment, et beaucoup plus vite que ce que Wagner aurait pu attendre du flegmatique Hartvigsen.

– La femme s'appelle Yasmin Kahn. Son histoire est la suivante : à l'âge de dix-sept ans, on la marie de force à son cousin. Ils vivent ensemble pendant un an, jusqu'à ce qu'elle le quitte pour s'installer avec un Anglais, visiblement son grand amour secret depuis le collège, avec qui elle a deux enfants.

Ils s'assirent autour de la table, tandis qu'Hartvigsen restait debout, basculant d'avant en arrière sur ses talons, comme s'il était en train de débiter un discours à l'occasion d'un anniversaire.

– La famille n'a évidemment pas accepté son choix. Un crime d'honneur planait au-dessus de leurs têtes, si bien que son amant et elle-même décidèrent de disparaître.

Il fit une courte pause, et Wagner ne put s'empêcher de demander :

– Et ensuite ?

Hartvigsen avait gardé le meilleur pour la fin, c'est donc avec une pointe de triomphe qu'il répondit à Wagner :

– Ensuite, elle a perdu son amant et ses deux enfants en Thaïlande, dans le tsunami. La police n'est pas parvenue à la faire parler d'un quelconque contact avec une femme danoise, mais d'après mon correspondant à Scotland Yard, sa haine envers l'islam ne fait aucun doute.

Hartvigsen les observa un par un, avant d'ajouter :

– L'homme décapité était son cousin, autrement dit, son mari.

L'information plana un moment dans l'atmosphère, avant de retomber sur eux en déclenchant une série de murmures.

– Elles se sont forcément rencontrées en Thaïlande, dit Ivar K en concrétisant les pensées de chacun. Les deux femmes ont dû conclure là-bas une sorte de pacte.

– OK.

Wagner reprit le contrôle du navire, Hartvigsen s'en alla pour les laisser travailler.

– Kirsten Husum. Qu'est-ce qu'on sait de plus sur elle ?

Ivar K et Jan Hansen se hâtèrent de délivrer leurs informations :

Son corps n'avait pas été retrouvé. Contrairement à ceux du mari et de l'enfant. L'homme s'appelait Yussuf Abbas et était palestinien, mais d'après la famille, il ne pratiquait aucune religion. Il avait suivi une formation de charpentier et s'en sortait plutôt pas mal. L'enfant était un petit garçon d'un an et demi. Kirsten Husum, de son côté, travaillait comme aide-soignante à la maison de retraite d'Åbyhøj. C'est d'ailleurs là qu'ils habitaient, dans un logement social de la ville, sur Silkeborgvej.

– J'imagine que l'appartement a été reloué depuis et que les biens de la famille ont été transmis aux héritiers, dit Wagner.

– Depuis longtemps, oui, confirma Hansen. J'ai discuté avec le service en charge des logements sociaux. Une famille turque vit à présent dans l'appartement.

– Où a-t-elle habité, alors ? demanda Eriksen. Si elle a vraiment réchappé au tsunami, comment a-t-elle fait pour revenir au Danemark sans que personne s'en aperçoive ? Avec quel passeport ? Est-ce qu'elle utilise son vrai nom ? Ou bien a-t-elle des faux papiers ?

– Elle a vécu exactement comme n'importe quel immigré clandestin, dit Ivar K. Ce n'est pas difficile de se procurer des faux papiers, si on a les relations nécessaires.

Wagner battait la table de son stylo en secouant mécaniquement la tête.

– Il nous faut davantage d'informations sur elle. Quand a-t-elle été vue la dernière fois sur son lieu de travail ? Qui étaient ses collègues, ses relations ? Vivait-elle à l'écart de sa propre famille ou bien continuait-elle de la fréquenter ? Sa mère et ses frères, qu'est-ce qu'ils savent exactement ?

Il leur donna différentes directives.

– Où a-t-elle pu habiter ? L'appartement d'une copine, une maison à la campagne ? Où retient-elle prisonnier son otage ? C'est surtout ça qu'il faut savoir. Quels sont les lieux qu'elle connaît ? Où a-t-elle l'habitude d'aller ? Ce genre de choses.

Certains commencèrent à passer des coups de fil, tandis que d'autres interrogeaient la famille. Wagner enfila sa veste et bondit dans l'ascenseur pour aller rejoindre l'équipe technique où, après une courte entrevue avec Haunstrup, on lui proposa de rendre visite au département informatique. Là, un technicien était en train d'analyser le film montrant Anders Nikolajsen.

– Vous trouvez quelque chose ?

Il savait que c'était une mauvaise idée de lui mettre la pression en regardant par-dessus son épaule, mais la tentation était trop forte. Il informa rapidement le technicien des dernières nouvelles.

– Aide-soignante, dit le collègue, qui s'appelait Kim Thorsen. Ma mère aussi est aide-soignante.

Wagner ne saisissait pas réellement l'utilité de cette information mais il dit néanmoins d'un ton poli :

– Je vois.

L'homme fit un geste vers l'écran de l'ordinateur.

– Nous avons isolé le fichier audio. Il s'agit d'un bruit de gouttes d'eau.

– La pluie ?

Thorsen secoua la tête.

– Non, rien à voir avec la pluie. C'est un son unique, régulier et très prenant.

– Un robinet défectueux ?

Nouveau signe négatif de la tête.

– Ça ressemblerait plutôt au bruit que font les tranchées drainantes.

Wagner ignorait ce qu'était une tranchée drainante, aussi attendit-t-il une traduction.

– Une sorte de grille, qui assure le détournement des eaux pluviales, expliqua Thorsen.

– Où utilise-t-on ce genre d'installation ?

Thorsen haussa les épaules.

– N'importe où, du moment que la pluie devient un problème et un risque d'inondation.

– Comme dans une cave ? devina Wagner.

Thorsen pencha la tête sur le côté d'un air dubitatif.

– Il y a aussi des traces de condensation sur les murs, et aucune lumière naturelle, ça ne ressemble pas à une cave ordinaire en tout cas.

– Mais c'est bien un endroit souterrain ? demanda Wagner en pensant aux grottes secrètes des collines pakistanaises et aux vidéos montrant Oussama Ben Laden vêtu de draperies, équipé d'armes automatiques, avec autour des épaules des ceintures de munitions. Mais il n'était pas question ici de terrorisme. Ni d'Al-Qaïda. A moins que... dans une nouvelle forme d'activités peut-être ? Qui pouvait savoir avec certitude ce dont ils étaient capables ? En tout cas ni la PET ni la CIA.

Thorsen acquiesçait vaguement, mais on aurait dit que ses pensées étaient ailleurs, reparties vers une autre galaxie.

– C'est quelque part sous terre, répéta-t-il.

59

DEUX LOURDS camions stationnaient devant le silo de détritus. Dans un instant, ce sera leur tour, pensa-t-il. Dans un instant, on leur fera signe d'avancer vers le gouffre, d'ouvrir leur trappe arrière et de déverser leur chargement, qui ira rejoindre les innombrables tas d'ordures qui s'y trouvent déjà. Ensuite, la pelleteuse se mettra au travail, avec ses deux énormes poings métalliques de six tonnes chacun, capables de supporter des charges d'un poids équivalent. Comme deux mains géantes, elles commenceront à pétrir les déchets, les malaxant jusqu'à ce qu'ils atteignent une consistance qui leur permette d'être brûlés, avec la certitude qu'il n'en restera plus rien, hormis des traces de suie dans le crématorium. Tout ce qui est trop encombrant sera laissé de côté. La pelleteuse reviendra plus tard les chercher et les longues pièces de bois ainsi que les cartons volumineux finiront entre ses griffes, avant d'être jetés dans un hachoir pour y être broyés en petits morceaux.

Assis derrière son volant, Ole Nyborg Madsen pouvait voir le travail des pelleteuses. Elles étaient fixées à d'énormes câbles, contrôlées à distance par deux hommes installés dans un local vitré donnant sur les silos, qui ressemblaient à deux dieux en train de jouer chacun avec un joystick. Il s'était renseigné. Il s'était demandé si ça pouvait faire une mort valable, pour un assassin, de terminer sa vie dans un silo d'ordures, avant d'être brûlé à 1 150 degrés. Il s'était même interrogé sur le poids que pouvait peser Lars Emil Andersen. Sans doute dans les soixante kilos, guère plus. Après trois heures dans le crématorium, cent kilos de déchets ne représentaient plus qu'une masse de vingt kilos. Il ne resterait pas grand-chose de Lars Emil Andersen après une cuisson de ce style. Sa famille pourrait toujours se consoler à l'idée qu'après trois ans passés au centre de compostage d'ordures, il avait fini recyclé en goudron pour venir ainsi aplanir les routes et permettre à leur jolie Volvo de circuler plus agréablement.

Mais ils n'auront jamais le loisir de l'apprendre.

Il jeta un dernier regard aux silos et aux pelleteuses qui s'y activaient, puis démarra le moteur de sa voiture et roula en direction de la station de recyclage. L'idée du four lui était venue lorsqu'il avait trouvé sur Internet l'histoire d'un tronc humain qui, des années après la mort, avait soudain refait surface dans un centre d'incinération d'Amager. Ce qui signifiait que, même après des heures passées dans un four à très haute température, il subsistait toujours un risque que des restes soient identifiables. Autant revenir à sa première idée et l'étrangler en utilisant simplement ses deux mains. À moins de se servir d'un cric ? En le maniant comme il faut, c'était envisageable.

Il alluma la radio en roulant à travers la station, tout en surveillant l'horloge du coin de l'œil. Cinq minutes. Dans cinq minutes la journée de travail serait terminée, et Lars Emil Andersen viendrait comme d'habitude attendre son père à cet endroit. Mais aujourd'hui, il allait pouvoir poireauter un bon moment, car la Volvo de papa était restée à son bureau, les quatre pneus crevés. Peut-être qu'il le savait déjà, se demanda Ole Nyborg. Peut-être que le père l'avait déjà appelé sur son portable pour lui expliquer la situation. Peut-être que le fils avait demandé l'autorisation de sortir un peu plus tôt pour attraper un bus. Non, non et non, hors de question.

Il fit résolument demi-tour et reprit la route dans l'autre sens.

Il n'y avait plus personne à la station de recyclage à cette heure de l'après-midi. En revanche, la récolte du jour se voyait de loin, empilée dans de hauts conteneurs portant l'indication «petits combustibles» et une mer d'ordures était répandue à l'extérieur du bâtiment, formant des petites collines. Il se gara et sortit de sa voiture en attrapant au passage quelques sacs contenant les bouteilles vides qu'il avait préparées dans l'après-midi. Il les fit lentement tomber une par une dans le conteneur à verre, tout en observant les travailleurs qui commençaient à quitter leur local, en tenue de ville.

Il fut le dernier à sortir. Il paraissait vraiment jeune, et pendant une seconde Ole Nyborg éprouva brièvement un sentiment âpre et douloureux. Mettre fin à une vie dans la fleur de l'âge, avant même de savoir ce que l'avenir en aurait fait. Ne jamais connaître la manière dont elle aurait pu se développer. Mettre un terme brutal à tous les rêves qu'on y aurait associés.

Il chassa les lanières de ce fouet mental et essaya de se concentrer sur Nanna. Il évoqua son image et finit par entendre le son de sa voix, ce qui alimenta à nouveau sa haine.

– Tu as l'air de quelqu'un qui aurait besoin qu'on le dépose quelque part.

Il dit cela d'une voix calme et nonchalante, comme il l'avait prémédité, et le garçon approuva d'un signe de tête.

– Mon père était censé venir me chercher, mais il a eu un problème avec sa voiture. Vous allez dans quelle direction ?

– J'habite à Højbjerg. J'étais venu pour rendre service à ma sœur de Lisbjerg, en la débarrassant de quelques bouteilles vides.

Le garçon souriait, mais ses yeux ne cessaient d'exprimer quelque chose de triste, comme s'ils étaient privés d'éclat.

– Højbjerg. C'est là que j'habite moi aussi. Vous êtes dans quel coin de Højbjerg ?

– Vers Ildervej, mentit Ole.

– C'est marrant. J'habite à Egernvej. Je veux bien venir avec vous, si ça ne vous dérange pas.

– Bien sûr.

Ole lui ouvrit la portière, en se promettant de ne regarder ni son sourire ni la triste gentillesse au fond de ses yeux. Peut-être qu'il aurait dû songer à se munir d'une cagoule, qu'il aurait pu lui enfiler sur le visage.

Il démarra et roula à travers le site, laissant l'usine aux façades verdâtres et les cheminées du centre derrière eux. Il mit son clignotant à droite, et son passager se mit naturellement à protester.

– Vous ne prenez pas par Randersvej ?

Ole haussa les épaules.

– Une vieille habitude. Je préfère l'autre route. En contournant par le haut de Kasted, le paysage sur Brendstrup et Herredsvej est beaucoup plus sympa, on redescendra ensuite par l'extérieur de Ringvej.

Tout cela avait l'air suffisamment convaincant, pensa-t-il. Le garçon n'en demanda pas davantage et semblait à nouveau se détendre. Afin de calmer encore plus l'atmosphère, Ole alluma la radio. Une musique entraînante leur imposa son rythme, et le passager se mit immédiatement à battre des pieds.

– Super, ça a vraiment été un tube, ce truc-là, dit Lars Emil Andersen, qui n'avait que dix-neuf ans et n'était peut-être même pas encore en âge de se raser le menton. En plus, je serai rentré à temps pour les fricadelles.

– Les fricadelles ?

Il devinait le sourire du garçon.

– Ma mère. Elle fait les meilleures fricadelles du pays. C'est mon anniversaire aujourd'hui, alors j'ai eu le droit de choisir le menu. Des fricadelles et de la glace avec du coulis de fraises.

Son anniversaire. Le mot semblait se contorsionner dans la tête d'Ole, comme quand quelqu'un réduit en boule un morceau de papier.

– Et sinon, qu'est-ce que tu fais quand tu ne fêtes pas ton anniversaire ? Tu sors en ville avec des camarades ?

Le garçon regardait par la vitre. Ils venaient d'atteindre Søftenvejen, et Ole n'allait plus tarder à tourner en direction de Kasted.

– Plus tellement, murmura-t-il. Des fois.

– Qu'est-ce que vous faites ? Je veux dire, quand vous vous retrouvez ?

Il devinait que l'autre devait hausser les épaules.

– Rien de spécial. On va en boîte. Au ciné. Des trucs comme ça.

Ole Nyborg espérait qu'il se confierait à lui, mais cela ne venait pas, alors il continua de rouler, en sentant son pouls battre au rythme de la musique, la nécessité de prendre une décision devenait imminente. Où allait-il le faire ? Est-ce que c'était mieux aujourd'hui, ou un autre jour, plus approprié ? À quel endroit exactement ? C'était comme si quelque chose en lui l'obligeait sans cesse à remettre son projet à plus tard. Comme si chaque mouvement que faisaient les autres voitures, un vélo ou même une vache dans un champ faisait pencher la balance dans le sens contraire. Il commença à transpirer. D'une main, il descendit sa vitre pour respirer un peu d'air frais.

– Attention !

Sans prévenir, un cerf avait surgi devant eux. Il freina brusquement. La vieille Ford commença à déraper. Une voiture arrivait en sens inverse et les évita de justesse, alors qu'ils se trouvaient à présent sur l'autre voie.

– Remettez-vous du bon côté, dit le garçon nerveusement. Il peut y avoir d'autres voitures.

Ole Nyborg se sentait comme anesthésié, sans pouvoir y remédier. Le moteur avait calé.

– Dépêchez-vous ! C'est dangereux de rester là.

À présent, la panique s'était saisie pour de bon du garçon. Il tripotait sa ceinture de sécurité en essayant de respirer calmement.

– Je veux sortir. Laissez-moi sortir !

– Du calme, murmura Ole Nyborg. Ça va aller.

Il redémarra la voiture, enclencha la marche arrière et remit le véhicule sur la bonne voie, mais durant les quelques secondes qu'avaient duré l'incident, quelque chose en lui avait été ébranlé.

Il se remit à conduire. Il cherchait à retrouver sa haine, sans parvenir à la localiser. Il surveillait le garçon assis à côté de lui, qui respirait difficilement, comme en proie à une crise d'hyperventilation.

– Respire profondément, s'entendit-il lui dire de sa voix de psychologue. Calmement.

Cela fit son effet. Il s'en rendit compte au bruit de son souffle qui redevenait normal.

– J'ai renversé une fille. Elle est morte.

Ole aurait voulu parler, mais en fut incapable.

– J'avais bu, parce que ma copine venait de me larguer. J'ai tué une fille, juste parce que j'avais la haine contre Anja.

Il secouait la tête.

– Quelle merde !

Ole accéléra. Il ne voulait pas entendre cela. Le pardon allait contre toutes les lois naturelles, et pourtant, il était si tentant, là juste sous son nez, empli de promesses de paix future. Au fond de lui, il entendait la voix de Nanna, qui parlait de la manière dont Maibritt l'avait décrite. « Elle dit que c'est ta façon de dire au revoir. Que c'est dans ta nature d'aller au fond des choses. »

Lorsqu'ils atteignirent enfin Egernvej, Lars Emil Andersen sortit du véhicule en lui adressant un petit sourire.

– Désolé, j'ai un peu paniqué. Merci pour le voyage. Juste à l'heure pour les fricadelles, dit-il en donnant l'impression de s'être fait un nouvel ami.

En arrivant chez lui, Ole Nyborg trouva la porte déverrouillée. Il entra. Maibritt s'était rendue à une réunion de travail chez son éditeur de Copenhague, mais l'aide ménagère, Kisser Jensen, avait un double des clefs. Elle était en train de terminer son travail de la journée.

Elle n'avait pas dû l'entendre. Il avait laissé une enveloppe avec de l'argent à l'intérieur, et un mot indiquant qu'il rentrerait tard.

Elle était assise à son bureau, face à l'ordinateur. Ses doigts vigoureux tapaient sur le clavier, et il reconnut, éparpillées sur son bureau, les coupures de presse relatives à l'accident de Nanna, qu'il avait pourtant pris soin de cacher dans un tiroir.

– Qu'est-ce que vous foutez là ?

Il ne comprit pas immédiatement. Elle tourna son visage vers lui, et il y vit comme quelque chose de vide, non pas privé d'intelligence, mais totalement dénué de sentiments.

– Pardon, murmura-t-elle en se levant. Je devais juste envoyer un e-mail, et la maison était vide.

– Et alors, vous avez pensé que vous pouviez emprunter comme ça mon ordinateur, lâcha-t-il toujours sans rien comprendre. Qu'est-ce que vous trafiquez exactement ? Avec mes papiers ? Tout ça ?

Il désignait le bureau, planté devant elle. Elle le regarda dans les yeux.

– Tu y es arrivé ? demanda-t-elle en quittant la pièce.

– Arrivé à quoi ?

Il la suivait dans la maison.

– Qu'est-ce que vous voulez dire par là ? Qui êtes-vous ? Je pourrais appeler la police.

Elle ne lui répondit pas, et il se voyait mal la retenir de force.

– Vous êtes virée ! Ne vous avisez pas de remettre les pieds ici !

Il se rendait compte à quel point ce qu'il disait était ridicule.

– Tu n'as pas ce qu'il faut pour y arriver, lâcha-t-elle.

Elle s'était retournée et lui faisait face. Elle le contemplait de son visage inexpressif.

– J'aurais dû m'en douter, murmura-t-elle.

Ce n'est qu'au moment où elle franchit la porte que soudain, il comprit.

60

– ELLE EST APPARUE comme ça, comme si elle sortait de nulle part, tu vois. Elle a dit qu'elle avait besoin d'un coin où dormir, juste pour une nuit ou deux. Je savais pas que tout ce bordel avait quelque chose à voir avec elle. Ce truc dans le journal, je veux dire.

Kaspar Gefion Friis les regardait avec des yeux qu'il avait du mal à fixer.

– Qui t'a contacté ? demanda Dicte.

Ils l'avaient suivi vers sa cave. Bo lui lança un coup d'œil et elle comprit le message : « Où as-tu bien pu pêcher un énergumène comme celui-là ? » Mais elle s'était déjà habituée aux chaînes, aux piercings dans les oreilles, aux clous et au cuir. Elle ne voyait plus en lui qu'un pauvre bougre qui, au moins, avait conservé un reste de conscience.

– Dion m'a appelé, dit Kaspar en descendant l'escalier. Et puis j'ai réalisé que ça pouvait être elle, qu'elle s'était mis dans le crâne de se venger à cause de ce qui lui était arrivé à l'époque.

– Et alors, tu as eu peur que la prochaine fois ce soit ton tour ? Toi, Dion et Morten ? Tu te demandais qui elle allait choisir en premier ?

Il ne répondit pas. Mais à son dos courbé elle pouvait deviner sa panique, comme s'il n'en aurait pas fallu beaucoup plus pour le casser complètement.

– J'ai eu pitié d'elle, dit-il d'une voix nasillarde en ouvrant la porte d'une autre cave, différente de celle qu'elle avait visitée la dernière fois. Celle-ci était pauvrement aménagée. Une couchette minable, une table et une chaise, des murs bruts et crasseux. Mais elle reconnut immédiatement la table à laquelle la silhouette sombre était assise dans le second film, lorsqu'elle avait fait la lecture de ses revendications. Le tissu noir qui recouvrait les murs avait disparu, mais elle était sûre de son coup. Kirsten Husum était venue ici. Kirsten Husum était la coupable qu'ils recherchaient et qui avait décapité son propre frère.

– Où est-elle à présent ? Quand est-elle partie ? Est-ce qu'elle avait une voiture ? Quelle marque ?

Bo le matraquait de questions. Elle aurait voulu lui prendre le bras et lui demander de lâcher un peu de lest. Mais il n'était pas d'humeur à se montrer patient face à un vieux junkie dont la mémoire partait en vrille.

Kaspar Friis regardait les murs d'un air anxieux.

– Laissez-moi sortir d'ici, murmura-t-il en fermant la porte dans un grincement affreux. J'ai trop besoin...

Ils le suivirent dans sa salle de musique. Il s'installa avec peine sur son tabouret et se mit à fouiller ses poches. Il en sortit un joint, retira vaguement les quelques peluches qui y étaient restées collées, l'alluma hâtivement et tira dessus comme un malade. Puis, il pencha la tête en arrière en envoyant la fumée dans les airs. Elle lui avait demandé de l'accompagner parce que l'idée de refaire un tour dans la cave de Kaspar lui avait semblé impossible, mais Bo n'avait rien d'un grand psychologue, et elle décida que c'était à son tour de poser les questions.

– Quand est-ce qu'elle est venue ? Tu t'en souviens, Kaspar ?

Il secoua vaguement la tête.

– J'étais stone ce jour-là. D'un seul coup elle était devant la porte. C'est clair que je l'ai pas reconnue, mais quand même...

Il respirait à travers le joint. On aurait dit que ses pensées ne cessaient de partir dans toutes les directions, sans jamais trouver le moyen de se fixer longtemps sur une idée précise.

– Elle avait une voiture ?

Il acquiesça.

– Une espèce de bagnole blanche.

– Tu te souviens de la marque ? demanda Bo.

Kaspar haussa les épaules.

– Une bagnole, c'est une bagnole. Du moment qu'elle roule, c'est bon.

– Elle était grande ou petite ?

Dicte voulait absolument obtenir les caractéristiques de la voiture.

– Elle avait quatre portes, ou bien est-ce que c'était une fourgonnette ?

Kaspar la regardait, et soudain une étincelle d'intelligence brilla pour la première fois dans ses yeux. Elle pouvait presque entendre les grincements que faisait le mécanisme en train de remettre en marche son cerveau.

– C'était une camionnette, dit-il d'un ton presque reconnaissant. Ouais, c'était bien ça. Une Toyota Hi-Ace, dit-il dans un brillant excès de mémoire qui les laissa sur le flanc, sans doute aidé par les effets du joint dont il ne restait plus que le filtre.

– Elle est restée là quelques jours. Et puis elle a disparu.

61

TROIS FEMMES portaient le foulard, et sept étaient tête nue dans l'appartement de Gjellerup.

Sur la table décorée d'une nappe blonde, pas moins de six plats différents rivalisaient de beauté : des pâtisseries de toutes formes et de toutes couleurs, ainsi que des gâteaux plus petits, fourrés au fromage et à la viande, qui diffusaient dans la pièce des parfums contradictoires. Le café était fort et servi dans de petits verres et dehors, le soleil brillait et rougissait la peau des femmes à travers les fenêtres. Il y avait du plaisir dans leurs yeux. Les discussions allaient déjà bon train, avant même qu'elles ne se soient installées sur les coussins moelleux disposés autour de la table.

– Comment ça va depuis le temps, Aysenur ? Et la famille ? Que devient la petite Semse ?

– Ça va bien, merci, répondit une jeune femme en mordant dans une part de gâteau. Après nous avoir empêchés de dormir durant trois nuits de suite, sa dent a fini par percer. Mais il y en a d'autres en préparation, alors les prochains jours risquent d'être difficiles.

– Tu restes encore à la maison ?

La jeune femme acquiesça. Rose lui donnait à vue de nez une vingtaine d'années.

– Je reprends le travail dans deux mois. Je suis contente, ma belle-mère va s'occuper de Semse, ça devrait bien se passer.

Elles parlaient en danois. Les enfants, la famille, le temps qu'il faisait, tout était bon à raconter pendant un *gün*, comme le lui avait expliqué Nazleen. D'après elle, organiser un *gün* était un moyen de rassembler les femmes dans les grandes villes de Turquie. Il se déroulait tantôt chez les unes, tantôt chez les autres, en alternance. Une fois par semaine, l'hôtesse dont c'était le tour préparait des gâteaux et des *börek*[1], et durant les quelques heures où elles se retrouvaient, tous les sujets de conversation étaient abordés.

Rose observait les femmes en train de bavarder. Elle avait appris que celle-là portait le foulard uniquement parce qu'elle était allée en pèlerinage à la Mecque l'année dernière, mais qu'en principe elle ne se couvrait pas. Quelques mèches de cheveux dépassaient du tissu, ce qui montrait qu'il s'agissait d'une femme moderne. Seules quelques-unes, en dehors de Nazleen, étaient si parfaitement couvertes qu'aucun cheveu n'était visible. Il y avait aussi Ayse, la sœur de Mustafa. Rose avait cru comprendre que ça ne servirait à rien d'organiser une rencontre entre quat'z' yeux et qu'il était préférable de lier connaissance à l'occasion d'un *gün*. Elle l'accepterait beaucoup mieux et Rose n'aurait qu'à s'immiscer dans une conversation.

Ayse était assise dans un coin et suivait en silence la discussion qui, par chance pour Rose, venait de tourner sur les mariages arrangés. Nazleen l'avait bien briefée sur ce thème. « C'est une bonne chose d'être curieuse de manière positive », lui avait-elle dit. « Les femmes ont du plaisir à partager leurs avis, et elles savent très bien que les Danoises ne comprennent pas les mariages arrangés qu'elles confondent généralement avec des mariages forcés. »

Les femmes commençaient à s'échauffer sur le sujet, elles gesticulaient et riaient ou se mettaient parfois à crier. Rose constatait que chacune cherchait à placer son point de vue. Toutes, sauf Ayse qui continuait de se taire

1. Spécialité turque fourrée généralement au fromage. *(N.d.T.)*

en regardant les autres. Ce *gün* avait lieu chez la cousine d'Ayse, Nuray. C'était la raison pour laquelle elle ne pouvait pas faire autrement que d'y participer, lui avait dit Nazleen.

– Les Danois croient toujours qu'on nous oblige à nous marier avec tel ou tel homme, mais ça n'est plus comme ça depuis longtemps, expliqua Nuray qui, d'après Nazleen, était mariée avec un Turc né au Danemark, avec qui elle avait eu deux petites filles.

– C'est plutôt un truc du passé. À présent, on peut toujours se débrouiller pour ne pas obtenir trop vite un passeport et éviter de repartir en Turquie.

Elles pouffèrent.

– Et si les hommes montent ici pour se marier, alors ils se retrouvent sous la coupe de leur épouse qui, elle, a grandi au Danemark et sait comment doit être la vraie vie, ajouta la femme qui revenait de la Mecque.

– C'est mieux quand il s'agit d'une union entre des Turcs du Danemark, dit une autre dont Rose avait oublié le nom. Parce que, comme ça, ils savent tous les deux les mêmes choses, et ça leur rend la vie moins compliquée.

Elles continuèrent ainsi à bavarder, en abordant aussi le sujet des unions entre chrétiens et musulmans, unanimes à admettre que ça valait mieux qu'entre Turcs et Arabes dont la culture était vraiment trop éloignée de la leur. Une autre femme, que Rose savait mariée à un Danois, raconta la réaction des vieilles femmes lorsqu'elle leur avait annoncé son mariage :

– Elles ont trouvé que c'était dommage pour moi, elles ne comprenaient pas, parce que je n'étais pas encore trop laide, dit-elle en riant. Elles ont cru que c'était parce qu'aucun homme ne voulait de moi en Turquie.

On continuait de manger des gâteaux en buvant du café. Par moments, les femmes se mettaient à parler en turc, et de petits groupes se formaient. Rose se pencha un peu pour tenter de capter l'attention d'Ayse.

– Nazleen m'a dit que tu étais la sœur de Mustafa.

Elle acquiesça, sans rien faire pour encourager Rose à poursuivre. Elle dut se motiver elle-même.

– Je sais que tu n'es impliquée en aucune façon, mais Aziz et moi, nous cherchons à résoudre une vieille dispute survenue il y a longtemps.

Aucune réaction. Mais ses yeux la regardaient avec attention.

Au milieu des paroles et des rires, Rose déclara alors :

– Je ne serais pas venue ici si je n'avais pas quelque chose à t'apporter et qui pourrait peut-être faire changer d'avis Mustafa sur la situation. Je voudrais le rencontrer.

Le regard la fixait à présent avec curiosité. Finalement, ses lèvres se mirent à bouger, comme si elles devaient se préparer avant de parler. Rose se pencha davantage pour être sûre d'entendre le son de sa voix.

– Mustafa est à l'hôpital. Il est tombé d'un escalier, il a une fracture du crâne et un bras cassé.

Elle aurait voulu demander comment un tel accident avait pu se produire, mais quelque chose la retint.

– Il est dans quel hôpital ?

Ayse détourna son regard qu'elle posa sur ses mains, toutes petites sous les nombreuses bagues en or qui les recouvraient.

– Je ne peux pas te le dire.

Rose fit appel à toutes ses ressources. Il ne fallait pas laisser tomber. Surtout pas maintenant.

– Lequel, Ayse ? Il en va peut-être de sa vie. Tu dois me croire.

Le doute luttait contre la fierté dans les yeux d'Ayse, et contre l'angoisse des représailles. Elle resta un moment silencieuse, puis forma les mots sur ses lèvres, avant de lui donner la réponse.

62

– JE M'EN VAIS, baby. Ne m'attends pas.

Bo l'embrassa, avant de disparaître sans lui laisser le temps de prononcer une phrase. De toute façon, qu'aurait-elle bien pu lui dire ? Parfois, son autre vie le rappelait à elle, et ce soir son ex-femme lui avait demandé de l'aider. Elle était de garde à la clinique et les enfants étaient malades tous les deux. Leur père pouvait-il venir s'en occuper, jusqu'à ce qu'elle revienne de son travail, vers minuit ?

La voiture venait à peine de s'éloigner lorsque la chienne se mit à donner de la voix.

– Svendsen ! Ferme-la !

Sans succès, car les aboiements ne firent que s'amplifier. C'est alors qu'elle aperçut une large silhouette derrière le verre dépoli de la porte d'entrée. Elle se précipita dans la cuisine pour observer l'homme par la fenêtre. Elle ne l'avait jamais vu avant et elle se dit qu'il valait mieux rester sur ses gardes. En même temps, il y avait en lui quelque chose de pathétique, qui la poussa à entrouvrir la fenêtre.

– Oui ?

Sa voix fusa comme un instrument supplémentaire dans le concerto pour femme et chien qu'avait entamé Svendsen, et elle dut faire un effort pour entendre ce que l'homme lui répondait.

– Pardon de vous déranger. Mon nom est Ole Nyborg Madsen. Je suis psychologue.

Il agitait une main autour de lui. Il a l'air épuisé, pensa Dicte. Comme s'il n'y avait plus la moindre étincelle en lui. Sa figure faisait de tristes plis, et une sorte de douleur permanente flottait à la surface de ses pupilles.

– J'ai lu vos articles, dit-il. Je crois que je peux vous aider. Peut-être même que l'on peut s'aider l'un l'autre, ajouta-t-il.

Elle se décida à lui ouvrir la porte. Le concert de Svendsen monta encore d'un cran.

– Vous n'êtes pas psychologue pour chiens par hasard ? Elle ne mord pas, mais le niveau sonore peut parfois être encore pire.

– Malheureusement non.

Ole Nyborg Madsen secouait la tête. Elle retint la chienne par la laisse en lui faisant signe d'entrer dans la maison.

– De quoi s'agit-il ?

Ils restèrent maladroitement face à face dans l'entrée. Elle ne connaissait pas cet homme mais il y avait quelque chose chez lui qui lui donnait envie de l'inviter à s'asseoir dans un bon fauteuil. Peut-être tout simplement parce qu'il avait l'air d'en avoir vraiment besoin.

– Ma femme de ménage... Notre femme de ménage... Kisser Jensen, elle s'appelle...

Ses mains se débattaient inutilement dans les airs. Dicte vit qu'elles tremblaient.

– C'est une longue histoire. Mais j'ai des informations qui concernent ce gars qui a été enlevé. Ou plutôt, qui la concernent elle, Kisser.

– Entrez, venez vous asseoir.

Elle le précéda dans le salon où elle retira rapidement les assiettes de spaghettis à la bolognaise qui étaient restées sur la table.

L'homme s'assit. Elle suivait son regard. Il observait leurs verres de vin, encore à moitié pleins.

– Vous voulez boire quelque chose ?

Il commença par faire un signe négatif puis se ravisa et finit par acquiescer d'un air reconnaissant.

– Si ce n'est pas trop vous demander… C'est un peu compliqué, ce que j'ai à vous raconter.

Il continuait de chercher ses mots, et on aurait dit qu'il essayait de les attraper autour de lui, ses doigts dessinaient comme des cerceaux dans l'espace. Elle lui tendit un verre qu'elle remplit, la main de l'homme s'apaisa autour du pied tandis que l'autre restait posée sur ses genoux.

– Mille mercis, dit-il après avoir bu une longue gorgée. Ça devrait m'aider. C'est cent fois mieux que les médicaments.

Dicte lui donna raison. Cela marchait également très bien dans son cas.

– Si vous avez des informations, pourquoi est-ce que vous n'allez pas voir la police ? dit-elle.

L'homme fit une grimace, qui donna à son visage un air encore plus tourmenté.

– Vous allez comprendre en écoutant mon histoire. Mais je dois vous demander de garder mon nom secret. Pour de bonnes raisons.

Elle essaya de lire dans son regard.

– Vous avez fait quelque chose d'illégal ?

Il acquiesça.

– Quelque chose de grave ?

Il baissa ses yeux sur ses mains, qui à présent étaient mollement posées sur ses genoux.

– Je n'ai tué personne, si c'est à ça que vous pensez. Je n'ai agressé personne. Je n'ai pas pris quelque chose qui ne m'appartenait pas.

Il leva la tête.

– Peut-être qu'on peut juste dire que j'ai accepté l'invitation du diable à danser une valse avec lui, mais qu'ensuite j'ai refusé le tango.

Dicte étudia l'homme une nouvelle fois. Ses vêtements pendaient autour de lui, comme s'ils étaient de deux tailles trop grands. Ses cheveux étaient en bataille et il avait besoin d'un bon rasage. Il y avait quelque chose de dépouillé et de misérable dans son regard. C'était visiblement un homme qui avait souffert et qui souffrait encore, sans qu'elle sache pourquoi. Elle avait le sentiment qu'ils avaient échangé leurs rôles, que c'était elle à présent la psychologue, et elle finit par accepter en disant :

– OK. Nous sommes d'accord.

63

– JE VIENS D'AVOIR une nouvelle discussion avec Londres, dit Hartvigsen. À présent, ils pensent qu'il y aurait eu une troisième personne, qui se serait chargée de recruter les deux autres.

Wagner le regardait. Tout comme le reste de l'équipe, il avait les yeux brûlés par la fatigue, et sa barbe commençait à pointer de manière visible sur son menton arrondi. Sa cravate était à moitié dénouée et il avait renversé quelque chose sur sa chemise, qui formait deux longues taches sur sa poitrine. De l'œuf à la coque, devina Wagner.

– Alors il n'est pas exclu que celui-là, ou celle-là, en ait également recruté davantage que les deux que nous connaissons déjà, dit Wagner. Finalement, il s'agit peut-être bien d'une forme de terrorisme.

Hartvigsen tira une chaise et s'y assit lourdement. Par précaution, Ivar K retira ses pieds de la longue table où il s'était installé pour passer quelques coups de fil. Eriksen ouvrit une bouteille d'eau et but directement au goulot, tandis que Petersen se frottait la nuque pour en retirer la transpiration.

– C'est ce que devront démontrer les enquêteurs, dit Hartvigsen d'une voix lasse. Il ne faut pas se leurrer, ils ne trouveront peut-être jamais le troisième homme.

Ivar K chantonna tout bas le thème musical du film, Hartvigsen le fixait comme s'il était devenu transparent. Wagner jeta un coup d'œil à sa montre. Il était à présent sept heures et demie et ils travaillaient depuis bientôt deux jours. Il ne leur restait plus que cinq heures, et au fur et à mesure que l'échéance se rapprochait, le temps semblait les crucifier. Des emballages de pizza traînaient un peu partout sur la table où des serviettes en papier étaient dispersées, comme des idées qu'on aurait rejetées. La pièce empestait le fromage et la sueur, le désespoir et la peur de l'échec.

– Il y aurait donc eu une personne en Thaïlande qui aurait recherché les survivants du raz de marée, dit Hansen. Il, ou elle, aurait été tranquillement à la pêche aux vies détruites, aux gens qui auraient tout perdu, ou presque. Il est possible aussi qu'il ait travaillé dans un hôpital ou quelque chose de ce genre, ce qui lui donnait une occasion facile de gagner leur confiance. Peut-être qu'il avait des contacts avec la pègre locale, qui lui aurait fourni des faux papiers ?

Wagner approuva. Tout cela était plausible, mais Hartvigsen avait raison : ils n'en sauraient peut-être jamais rien et, en tout cas, les affaires internationales n'étaient pas de leur ressort.

– OK, dit-il d'une voix traînante. Troisième homme ou pas, il reste de notre devoir de retrouver la victime. Ainsi que Kirsten Husum, bien sûr. Où en est-on avec elle ?

Hansen consulta son calepin.

– Elle a bien été déclarée disparue à l'âge de quatre ans, durant l'été 1977, avant d'être retrouvée en piteux état, portant des marques de viol et de brutalités. J'ai parlé avec les collègues de Herning. C'est un dénommé Alfred From qui était alors en charge de l'enquête. D'après lui, Kjeld Arne Husum vivait à ce moment-là dans une communauté nommée La Tour Noire. D'où sans doute le tatouage sur son épaule car apparemment, il s'agissait d'une sorte de rituel.

Wagner songea à Dicte Svendsen, et se rendit soudain compte que le lien devait se trouver là. Il savait qu'elle avait grandi dans le plat Jutland du centre, dans les environs de Herning et d'Ikast. D'une manière ou d'une autre, elle avait dû entendre parler de cette communauté.

Peut-être même qu'elle connaissait Husum. Qu'est-ce qu'elle pouvait savoir de plus ? Il n'aimait pas penser de cette manière-là, mais il y était obligé, car Ivar K aborda aussitôt la question :

– Et Svendsen dans tout ça ? Elle a réagi en voyant le tatouage. Qu'est-ce qu'elle savait ? Qu'est-ce qu'elle nous a caché ?

Y avait-il de l'accusation dans sa voix ? Son regard semblait le confirmer, Wagner y vit de la provocation à son égard, qu'il perçut comme une remise en cause de son autorité et de son aptitude à prendre les bonnes décisions À cet instant, il maudit Dicte et ses multiples cachotteries par lesquelles il s'était fait prendre une fois de plus Il aurait dû être plus ferme avec elle. Il aurait dû la questionner davantage, mais il s'était senti bêtement redevable du fait qu'elle leur avait livré le film sur un plateau.

– Il faut la faire venir ici, admit-il, puis il ajouta, afin de satisfaire à la fois Ivar K et lui-même :

– Avec un mandat d'arrêt.

Il fit un signe de tête en direction de Kristian Hvidt·

– Tu peux t'en occuper ?

Hvidt se mit immédiatement au travail.

Hansen continuait de consulter son bloc tout en se servant des cafés à la chaîne.

– Kjeld Arne a bien sûr été entendu à cette époque, en 77. Ainsi que toute la famille. D'après les collègues de Herning, des soupçons avaient plané sur lui, mais le principal suspect était alors un autre membre de la communauté, déjà jugé pour pédophilie. Cependant, ils avaient tous les deux un alibi concernant le samedi où l'enlèvement avait eu lieu, entre 13 heures et 13 h 30. La mère avait laissé l'enfant sur une aire de jeux, sous la surveillance d'une voisine qui avait également été entendue par la police.

Il continuait de feuilleter, tout en buvant du café, puis il reposa sa tasse avec un air de dépit.

– Deux autres habitants de la communauté ont juré qu'ils avaient joué tous les quatre aux cartes à cette heure-là, il n'y avait donc plus de piste à suivre les concernant.

– A-t-on leurs signalements ? demanda Wagner.

Hansen acquiesça et fit la lecture de leurs noms.

– Il faut les contacter. Immédiatement. Cet alibi ne tient sûrement pas la route, et ils savent peut-être des choses sur Kirsten Husum dont nous pourrions avoir besoin. Tu as mis la main sur Dicte Svendsen ?

Il s'adressait à Hvidt, qui venait de revenir dans la pièce.

– Elle ne répond pas. J'ai laissé un message sur son portable.

– Soit elle refuse de répondre, soit elle n'entend pas la sonnerie, dit Wagner.

– Ou alors elle n'arrive pas à s'en saisir, ajouta Ivar K d'un ton lugubre.

L'idée que Svendsen était livrée à elle-même, sans doute plus loin que là où ils en étaient eux-mêmes arrivés, frappa Wagner. Une nouvelle fois, il se demanda ce qu'elle pouvait savoir. Qu'est-ce qu'elle était en train de faire ?

On frappa à la porte. Une tignasse rouge leur apparut, au moment où Haunstrup, du département technique, entra dans la pièce. Wagner comprit immédiatement qu'il y avait du nouveau. Ça se voyait à l'attitude de Haunstrup, qui d'ordinaire était un garçon effacé mais qui soudain donnait l'impression d'être devenu un super agent secret. Un sourire se dessinait sur sa bouche à la Mick Jagger.

– Je crois que nous avons trouvé quelque chose. Vous devriez monter au quatrième.

– J'ai discuté avec un certain Lars Kristensen du labo photo, expliqua Kim Thorsen, qui avait exposé chaque image d'Anders Nikolajsen sur l'écran de son ordinateur.

Wagner aurait préféré éviter de les regarder, mais il était de son devoir d'observer une fois de plus non seulement la panique sur le visage de l'homme, mais aussi le décor autour de lui, ou plutôt l'absence de décor. Le mur nu, la lumière blême, l'air pauvre en oxygène renforçaient l'impression d'enfermement.

Thorsen indiqua un espace derrière l'otage.

– Vous voyez les petites rainures à cet endroit ?

Il appuya sur diverses touches et zooma sur un détail du mur. Wagner regardait, sans comprendre où l'homme voulait en venir.

– À l'Institut de technologie, ils pensent que c'est de la buée. C'est difficile à dire, étant donné la qualité du film.

Il désigna une sorte de courbe.

– L'homme est assis devant un tuyau en ciment. Un gros tuyau, d'un mètre de diamètre environ, indiqua Thorsen d'une voix clairement excitée.

– Des tuyaux en ciment et de l'eau qui filtre, dit Wagner avec l'impression que Kim Thorsen tenait en mains un atout qu'il se préparait à placer, même s'ils n'avaient plus le temps de jouer. Où cela peut-il être ?

Thorsen zooma à nouveau sur l'image.

– Ma mère travaille comme aide-soignante.

Wagner sentit monter la colère. Que leur importait d'entendre pour la deuxième fois cette information idiote ? Il était à deux doigts d'exploser lorsque Thorsen ajouta :

– Je sentais qu'il y avait quelque chose de spécial avec cet endroit.

Il se tourna vers Wagner et le regarda dans les yeux.

– Elle a suivi des cours. Tous les trois ans, les aides-soignantes doivent suivre un stage afin de perfectionner leurs connaissances en premiers soins, dans un milieu fermé, alors peut-être que Kirsten Husum avait suivi les mêmes formations à cette époque ?

– Et puis ?

Wagner se rendait compte de son impatience et dut se faire violence pour ne pas se laisser emporter par son énervement. Il se força à rester calme.

– Un abri antibombes, dit Thorsen. Je pense que nous avons affaire à un abri antibombes. Il y en a près de trois cents dans toute la ville, mais si Kirsten Husum a suivi la même formation, celle-ci avait lieu au centre de repli de Skejby, juste derrière l'hôpital. Où il y a aussi ce genre d'abri.

À travers ses lunettes, son regard brillait d'intensité.

– Ma mère m'en a parlé parce qu'elle est claustrophobe et qu'à chaque fois, il fallait l'aider à ressortir. Elle m'a raconté que c'était un long tuyau de ciment de plus de vingt mètres de long, enfoncé sous la terre. Et que des gouttes d'eau y tombaient. Il y a toujours une rigole au fond d'un abri de cette sorte, et l'humidité y est constante, été comme hiver.

Il fit un signe de tête en direction de l'écran.

– Notre homme est assis sur un banc en bois. Je viens juste de parler avec le responsable des lieux. L'abri de Skejby est le seul de toute la ville à posséder des équipements, des bancs, quelques meubles. Tous les autres ne contiennent rien d'autre que du ciment. La température à l'intérieur est de 8 degrés, et parfois des gens l'utilisent pour stocker des pommes de terre, et des SDF viennent y dormir.

– Comment est-ce qu'ils y entrent ? demanda Wagner. Ce n'est pas verrouillé ? Il n'y a jamais de surveillance ?

Thorsen secoua la tête.

– Lorsqu'il n'est pas utilisé pour des formations, pour les pompiers notamment, l'endroit est désert.

– Pas même un gardien ?

Thorsen haussa les épaules.

– Il n'y a vraiment rien à voler. C'est juste un lieu d'entraînement, avec des maisons brûlées et des vieux bus, pour que les pompiers puissent s'exercer à sauver des vies et à éteindre des incendies.

– Et donc, il y a aussi cet abri antibombes, dit Wagner en essayant d'analyser l'information. Ainsi, vous pensez que notre victime se trouve précisément dans cet endroit ? Au centre de repli de Skejby ?

Thorsen fit la moue :

– Je pense qu'il y a une forte probabilité, oui. C'est le seul centre de toute la ville dont l'accès ne soit pas scellé. Bien sûr, on peut toujours essayer d'entrer dans les autres, mais c'est un peu plus compliqué à cause des boulons qu'il faut au préalable dévisser, en courant le risque de se faire repérer. Elle aurait pu éventuellement y traîner sa victime en profitant de l'obscurité.

Wagner se redressa. Il posa une main sur l'épaule de l'homme, tout en s'excusant mentalement pour son manque de compréhension au sujet de ce qu'il avait raconté sur sa mère.

– C'est du bon travail, Thorsen. En tout cas, c'est une piste que nous ne devons pas négliger.

Kim Thorsen déchira une feuille de son calepin et la lui tendit.

– Le numéro du responsable du centre. Vous en apprendrez sans doute davantage en vous rendant sur place. Les différents moyens d'accès, les sorties de secours, ce genre de trucs.

Wagner prit le papier, le salua, et s'en alla aussitôt rejoindre son équipe en salle de réunion. La poussée d'adrénaline, et le fait d'avoir à présent une direction à suivre, avaient relégué Dicte Svendsen et son téléphone portable au second plan.

– Très bien, dit-il à Hartvigsen et Haunstrup qui le talonnaient dans le couloir. On se prépare à intervenir.

64

LORSQUE ROSE rentra de l'hôpital, elle vit qu'il y avait de la lumière dans l'appartement. Katrine, pensa-t-elle en poussant la porte, loin d'être préparée à l'accueil qui l'attendait.

– Où tu étais ? Qu'est-ce que tu as fait ?

Aziz était dressé en face d'elle. Assaillie par ses questions, toutes sortes de pensées se bousculaient dans sa tête. Est-ce que c'était fini ? Il allait la laisser tomber ? La traiter d'immorale ou encore pire, de ce qu'elle-même avait l'impression d'être ? Elle aurait aimé lui demander s'il pouvait lui pardonner, et s'il se sentait capable de vivre avec ça, avec elle. Mais c'est une autre question qui se pressa à ses lèvres.

– Comment as-tu fait pour entrer ?

Elle ne lui avait pas donné la clef. Non qu'elle ne l'ait pas voulu, mais parce que l'occasion ne s'en était jamais présentée.

Il haussa les épaules.

– Ce n'était pas très compliqué.

Elle faillit lui demander si c'était un vieux reste de sa jeunesse à Gjellerup, mais en voyant sa figure défaite, elle préféra s'en abstenir. Ils restèrent un moment ainsi, l'un en face de l'autre, à s'observer. Tout un tas de non-dits planaient au-dessus de leurs têtes, avant de retomber entre eux comme un couperet. Mais même à travers ça, elle voyait son amour, même à travers ça, il y avait sa peau, ses yeux, son corps, qui l'appelaient et elle avança d'un pas et lui tendit la main.

– Rose, ma Rose.

Elle ne voulut plus penser aux conséquences. Il fallait vivre avec, se disait-elle. Ils allaient devoir vivre avec tous les deux et accepter leur compagnie, comme celle d'une troisième personne qui chercherait toujours à s'incruster entre eux.

– J'étais à l'hôpital, murmura-t-elle. Je suis allée prévenir Mustafa que la PET était à ses trousses.

– Chut. N'en dis pas plus. Pas maintenant.

Ses larmes coulèrent avec soulagement et elle enfouit son visage entre ses bras et ses caresses.

– Il faut en parler, dit-elle entre deux sanglots.

Il la conduisit dans le salon et ils s'installèrent sur le sofa, elle se blottit aussitôt contre lui, comme si elle cherchait à disparaître. Peu à peu, elle sentait que la fatigue et le stress de la journée desserraient leur emprise.

– Tu ne devrais pas être ici. Il y a ton école. Pourquoi es-tu venu ?

Rien ne devait mettre en péril son avenir, car son avenir était également le sien, quelle que soit la tournure que prendraient les événements.

– Je suis venu parce que je savais que tu avais besoin de moi. Je sentais qu'il se passait quelque chose, sans savoir exactement quoi.

Elle lui expliqua ce qui s'était passé, même s'il n'avait pas envie de l'entendre et lui avait demandé de ne pas en parler. Elle le lui raconta parce que rien ni personne ne devait plus se mettre entre eux, ni aucune autre malédiction.

– Je n'avais pas le choix. Peut-être que j'ai aidé un terroriste à s'échapper, mais je ne pouvais pas laisser tomber.

Il lui caressait les cheveux en l'embrassant.

– Mustafa est un con. Mais je ne crois pas qu'il soit un terroriste. Il n'en serait pas capable.

Elle s'imprégnait de ses paroles et essayait de s'en convaincre. Elle se disait qu'après tout, Aziz connaissait bien son ami d'enfance et devait en savoir long à son sujet.

Il prit son visage entre ses mains.

– Je suis content que tu aies fait ça. J'aurais fait la même chose. Quelque part, dit-il en caressant son visage et en passant doucement un doigt sur ses lèvres, quelque part, il est toujours mon frère.

65

LES SERVICES de sécurité avançaient dans l'obscurité, tels des soldats vêtus de noir dans un jeu vidéo, leurs armes à portée de main. Wagner distinguait à peine le bruit de leurs pas, étouffés sous leurs lourdes bottes, tandis qu'ils défilaient devant les rangées de voitures brûlées pour prendre leurs positions autour du périmètre.

Une forte odeur de suie s'échappait des maisons en ruine et s'infiltrait jusque dans ses poumons. C'était comme se déplacer dans une zone en guerre où l'on pouvait jouer aux guérilleros en se protégeant derrière des murets ou en se cachant sous des débris de toitures, afin de pointer son arme à travers des trous béants qui, un jour, avaient dû être des fenêtres. Un bus carbonisé gisait là tel un fantôme, sans roues, maculé des traces d'innombrables incendies. À côté de lui se dressait une montagne de parpaings, comme après une attaque aérienne, et un peu plus loin, sur la gauche, on pouvait distinguer trois bidons gigantesques. On utilisait du pétrole pour allumer le feu, les sauveteurs se jetaient ensuite dans les flammes pour simuler un secours aux victimes.

Tout en traversant les lieux, il se demandait s'il y avait bien des vies à sauver ici. Il l'espérait. Comme il espérait qu'ils trouveraient facilement où se cachait Kirsten Husum. Pas ici, devinait-il, sans en être pourtant sûr. Et si elle était en bas, avec sa victime, le sabre prêt à lui trancher la tête au moment où expirerait le compte à rebours ? Ils devraient en tout cas en tenir compte au moment de se glisser à l'intérieur. Elle possédait peut-être également des armes à feu. Les possibilités étaient multiples, et les risques aussi.

– L'abri antibombes se trouve sous cette colline, dit Ivar K en désignant l'endroit. En bas, on peut voir la sortie de secours.

Wagner suivit l'axe de son doigt et aperçut quelque chose qui ressemblait à une vieille cabane de chasse, recouverte par un toit de paille.

– Vingt mètres, c'est ça ? demanda-t-il. De l'entrée jusqu'à la sortie de secours.

Ivar K approuva. Il s'était fait briefer par le chef de la sécurité et avait pris la responsabilité des manœuvres.

– La salle est construite comme un long tuyau de ciment, de deux mètres de diamètre. Ainsi, si quelqu'un décide d'y lancer des bombes, ça rend les choses plus difficiles que dans une pièce carrée.

Wagner approuva une nouvelle fois. Peut-être que ce serait plus simple que ce qu'ils avaient imaginé. Kirsten Husum n'était sûrement pas là. Par contre, il n'était pas exclu qu'elle ait réussi, d'une manière ou d'une autre, à piéger les abords du bunker, peut-être avec des mines antipersonnel. Avant que les équipes ne prennent possession de l'abri, les spécialistes devaient commencer par sécuriser les environs.

Ils attendaient à une certaine distance, tandis que les hommes en noir terminaient leur part du travail. Enfin, lorsqu'ils firent signe que tout était en ordre, des hommes se placèrent devant l'entrée et la sortie, et ils purent commencer à descendre.

À ses côtés, Ivar K était pressé d'avancer mais Wagner le tira en arrière en le retenant par le bras.

– Attends.

Ils entendirent le bruit mat d'un accès que l'on ouvrait. Ils lancèrent alors un premier avertissement :

– C'est la police. Nous entrons.

Ils n'obtinrent pas de réponse. La porte en métal fut tirée sur le côté et insérée dans une sorte de renfoncement.

À distance, ils virent les hommes s'agiter comme des fourmis, les armes à portée de main, des lampes torches braquées devant eux. Wagner retenait son souffle en faisant une courte prière. Il pouvait s'agir d'un piège, ils en étaient tous conscients. C'était la seule issue possible et qui pouvait savoir ce qui les attendait en bas ?

Comme dans un cauchemar, il s'apprêtait à entendre des coups de feu éclater ou peut-être une explosion que quelqu'un aurait provoquée et qui les aurait pulvérisés, lui-même comme les autres, en petits morceaux. Mais seul le silence continua de battre à leurs oreilles, pendant de longues secondes. Aucun coup de feu. Aucune voix.

Au bout d'un moment, qui leur sembla une éternité, ils reçurent le signal que tout était OK et que les lieux étaient sécurisés.

– Il est assis en bas, dit le responsable des forces de terrain. Nous appelons une ambulance, mais il n'a pas l'air en trop mauvais état.

Wagner et Ivar K descendirent les marches.

– Aïe, merde, gronda Ivar K en se cognant la tête contre un rebord.

– Attention à la tête, dit le chef de commando.

Ils arrivèrent dans le long bunker, et ce fut comme si le temps avait cessé d'exister. Une odeur grasse de terreau et d'oubliette leur fouetta les narines, mélangée à la puanteur de déchets ménagers. Wagner dut attendre quelques secondes pour que ses yeux s'habituent à la pauvre lumière diffusée par une ampoule électrique. Il put alors se faire une idée des lieux. De rudimentaires bancs en bois étaient disposés tous les vingt mètres, jusqu'à la sortie de secours qui était verrouillée de l'extérieur. Le sol était également en bois, ce qui amoindrissait l'impression de se trouver dans un long tuyau, tel qu'Ivar K l'avait décrit. De chaque côté, la lumière projetait d'étranges reflets sur les murs suintants.

Ses yeux se posèrent sur une silhouette assise sur un banc au centre de la pièce. Pas de coussin, pas de couverture pour le protéger, un homme hagard qui clignait des yeux vers eux avec une expression d'effroi sur le visage. Il avait une barbe de plusieurs jours et se tenait recroquevillé, comme tenaillé par d'intenses douleurs. Ni ses mains ni ses pieds n'étaient attachés. Cela n'avait pas été nécessaire, pensa Wagner. Il suffisait d'une planche glissée en travers de la porte en métal pour qu'il devienne impossible de quitter cet endroit. L'acoustique était aussi sèche que les gâteaux de la cantine du commissariat et les parois avaient été conçues pour protéger des attaques aériennes. Personne ne pouvait y entendre quelqu'un crier à l'aide.

– Anders Nikolajsen ? demanda Wagner d'une voix qu'il voulait apaisante.

L'homme le regarda d'un air désorienté, mais acquiesça lentement.

– Nous sommes ici pour vous aider. Une ambulance arrive dans une minute.

L'homme ne réagissait pas. Wagner se tourna vers Ivar K, en train de se couvrir la bouche et le nez avec un mouchoir de poche. Ce n'est qu'à cet instant qu'il prêta attention au bruit : le son constant, horripilant, de gouttes d'eau à l'infini.

– Sortons d'ici, dit-il en se frayant un chemin vers la surface.

66

DICTE ROULAIT à travers la campagne, à l'ouest de Kasted, en direction de Brendstrup.

Son portable, dans le fond de son sac, avait sonné plusieurs fois, mais elle n'avait pas répondu, sans trop savoir pourquoi. Peut-être parce qu'elle voulait se sentir libre d'entreprendre ce qu'elle allait faire. Si elle voulait aller au bout des choses, elle devait rester concentrée.

Ole Nyborg Madsen lui avait parlé de sa fille, morte dans un accident absurde. Elle comprenait parfaitement ses réactions, ses désirs de vengeance et son impuissance, ainsi que son rêve de tuer le coupable. Elle avait ressenti la même chose lorsque Rose s'était fait agresser. Pas avec la même intensité, mais les racines de la haine s'étaient quand même plantées dans son esprit, anéantissant toute raison ou sens moral. Un instinct vous commandait de faire justice vous-même, cette justice qui faisait tellement défaut à l'extérieur. Mais à présent, elle ne savait plus si c'était ce même instinct qui la faisait agir. Ça pouvait être cette autre chose, celle qui n'avait jamais cessé de la ronger.

Elle tourna en face du magasin de jardinage *Marielyst*, en suivant les indications que lui avait données Ole Nyborg. Il lui avait raconté comment il avait suivi Kirsten Husum, après l'avoir surprise à son ordinateur, et la façon dont elle était partie en trombe dans sa fourgonnette blanche, si énervée qu'elle ne s'était pas rendu compte qu'il la suivait.

Elle pénétra dans le quartier résidentiel où les maisons étaient proprement alignées, chacune avec ses jolies décorations : des nains de jardin, des baignoires à oiseaux, des dalles d'ornement, des cadrans solaires, et parfois même des minimoulins à vent. Puis elle arriva devant une sorte de place sur laquelle une multitude de boîtes aux lettres étaient accrochées à des poteaux, plantées dans le sol comme des sortes de totems. Elle se pencha pour mieux regarder.

– À droite, murmura-t-elle en pensant aux directives d'Ole Nyborg. Il faut descendre un peu et ensuite tourner à gauche.

Elle y était. Elle se gara en face d'une maison en bois, dont la peinture blanche s'écaillait. Les arbres et le jardin n'étaient pas entretenus, les haies n'avaient pas été taillées depuis longtemps. Les rideaux étaient tirés, mais il y avait de la lumière à l'intérieur. Une camionnette blanche était stationnée devant l'entrée.

Elle ne savait pas à quoi elle s'était attendue, mais en tout cas pas à cela.

Ce fut d'abord une odeur. Elle la frappa avant même que Kirsten Husum ait entrouvert la porte, suffisamment pour surveiller les environs et s'assurer qu'elle était venue seule. Un parfum à la fois frais et saumâtre, comme celui d'une serre végétale dont les plantes seraient en train de pourrir. Accroché à son corps et à ses vêtements, il la suivait dans son sillage.

Alors elle vit les fleurs. La petite maison en était remplie. Dans des vases, dans des pots de confiture, dans des bacs et dans des bouteilles. Dans les moindres recoins, il y en avait partout. Des roses, des œillets, des marguerites, des freesias, du muguet, certaines dans un état avancé de décomposition, au milieu de petites bougies dont les flammes dansaient dans des photophores colorés, et de divers objets dorés, d'inspiration orientale.

– Je savais que tu finirais par venir. Tu vois, je collectionne la beauté. Les fleurs me permettent de vivre, dans ce monde atroce.

L'étrange femme marchait devant elle dans la maison. Elle n'était pas grosse, mais forte. Ses muscles saillaient sous son tee-shirt à manches longues et son jean étroit laissait deviner une croupe large et ferme, bien proportionnée au reste du corps. Sa démarche était féminine, presque gracieuse. Elle s'assit en invitant Dicte à en faire de même.

– Quelque chose à boire ? demanda Kirsten Husum, telle une parfaite hôtesse.

Dicte avait la gorge sèche et râpeuse. Elle se laissa lentement tomber sur le rebord d'un fauteuil moelleux.

– Nous nous sommes déjà rencontrées, dit-elle en ignorant sa proposition. Il y a des années de ça. Est-ce que c'est pour ça que tu m'as choisie ?

– J'avais quatre ans.

– Et moi, j'en avais seize. Je n'étais également qu'une enfant.

Elle sentait qu'elle était déjà sur la défensive, elle s'en voulut et se dit qu'un verre lui aurait vraiment fait du bien, ne serait-ce que pour avoir quelque chose à tenir entre ses mains. Elle pensa à Ole Nyborg et comprit. Les conventions permettaient de se sortir des situations inattendues, voire surréalistes comme celle-ci.

– Tu m'as vue. On s'est regardées, dit Kirsten Husum. Tu as vu l'angoisse d'une môme, et tu n'as rien fait. Tu as dû aussi entendre ses cris et ses appels à l'aide, c'est obligé.

Dicte écoutait les accusations. Des vagues de souvenirs montaient en elle, qu'elle tentait de refouler. Cela avait été si rapide. La brève vision d'une fillette, muette, en haut de l'escalier de la cave. La sensation que quelque chose ne tournait pas rond, quand quelqu'un l'avait prise par la main pour la forcer à descendre. Le petit visage tourné vers elle, les yeux qui ne la lâchaient pas, la suppliant de l'aider, l'expression d'une enfant qui ne comprenait rien à ce qui l'attendait en bas. Dans ses yeux se lisaient à la fois la confiance envers la personne qui l'entraînait vers le bas et une immense frayeur.

– Je n'avais pas réalisé qui tu étais, ni ce que tu faisais dans la communauté, avoua Dicte. Tu ne m'intéressais pas, voilà la vérité. Je me fichais de la communauté et de ses occupants. J'étais amoureuse et je ne pensais qu'à ça.

Kirsten Husum ferma les yeux un court instant, en s'enfonçant dans son fauteuil.

– Je me suis souvenue de toi. De ton visage. Pendant toutes ces années, même après avoir oublié le reste. Toi, je ne t'ai jamais oubliée. Tu avais été mon espoir. Tu aurais pu me sauver.

Dicte s'effondrait, sa langue lui semblait être devenue énorme dans sa bouche desséchée. Elle ne s'était intéressée qu'à elle-même. Elle avait vu sans voir, entendu en refusant d'écouter. Elle avait su, pas de manière concrète non, plutôt comme un message instinctif qu'elle n'avait pas voulu comprendre.

– Des pleurs. Le bruit des pleurs, avoua-t-elle soudain. Parfois, je les entendais à travers la musique, mais Morten augmentait le volume et ils ne devenaient qu'un fond sonore.

Le visage de Kirsten Husum se contracta.

– C'était la lessiveuse. Quand je ne faisais pas comme il voulait, il me maintenait la tête enfoncée dans la lessiveuse, jusqu'à ce que le sang batte derrière mes paupières et dans mes oreilles à cause de la pression de l'eau, j'avais l'impression que ma tête allait exploser. Il y avait ça, et puis les autres choses qu'il me faisait. Mais c'est surtout de la lessiveuse que je me suis souvenue lorsque l'eau est revenue.

– Le tsunami ?

La voix de Kirsten se fit monotone, comme si elle répétait un monologue tiré d'une pièce de théâtre.

– J'ai pensé que c'était le Jugement dernier. J'ai vraiment cru que la fin du monde était arrivée. Je n'avais jamais entendu parler d'un tsunami. Nous avons été arrachés les uns aux autres et j'ai vu Yussuf et mon petit garçon disparaître sous les eaux.

Ses doigts semblaient s'enrouler autour d'un fil imaginaire de son pantalon. Elle était bien habillée et ses cheveux, qui venaient visiblement d'être lavés, lui tombaient sur les épaules en boucles blondes. Néanmoins, Dicte avait l'impression qu'il y avait comme quelque chose de sale dans son attitude. Sans doute quelque chose qui ne pouvait pas être lavé.

– Moi aussi, j'ai été aspirée vers le fond, mais je suis parvenue à m'accrocher à une branche et à me retenir. Des gens sont venus à mon secours, même si je ne voulais pas être sauvée. Je les ai suppliés de me laisser, en leur disant de s'occuper plutôt des autres. Mais ils m'ont hissée sur le toit de l'hôtel. Et c'est là que je me suis souvenue. Au milieu de cette marée monstrueuse, face à la pression de l'eau, avec ma tête au bord de l'explosion, tout m'est revenu. Je me suis souvenue que c'était mon propre frère.

Elle s'affaissa. Dicte ne voyait plus son regard. Elle se mit à observer la pièce, les fleurs, toute cette beauté en train de mourir dans de l'eau croupie.

– C'est à l'hôpital que je l'ai rencontré.

– Ton frère ? demanda Dicte, soudain désorientée.

Kirsten Husum secoua la tête.

– Non. *Lui.* Il a tout de suite compris. Il m'a dit qu'il y en avait d'autres, que nous étions nombreux. Il parlait de justice et du fait que nous avions été négligés. Il parlait de changer le monde, pour en faire un endroit meilleur et plus juste.

Elle tendit le bras et arracha un pétale à une rose jaune, plantée dans une canette de bière.

– Ça devait être un nouveau départ. Un bouleversement mondial. Avec les méthodes d'Al-Qaïda, mais sans les aspects religieux. Juste une recherche de justice. Pour que les victimes soient considérées avec sérieux.

Elle regarda à nouveau Dicte.

– Tu sais, le monde est plein de victimes. Il est rempli de gens qui ont souffert, sans jamais, jamais pouvoir se relever. Il est plein de méchants qui s'y promènent impunément et arrivent toujours à s'en sortir. Il y manquait quelqu'un capable de porter secours aux laissés-pour-compte.

Sans les aspects religieux, disait-elle. Dicte entendait les formulations sacrées de son enfance et se retrouva propulsée dans le temps. Le fanatisme portait toujours son lot d'amertume, celle qu'elle avait combattue et haïe de toute son âme. Et qu'elle haïssait encore, elle s'en rendait compte aux relents nauséabonds des sentiments qu'elle croyait endormis au fond d'elle-même, avec cette imaginaire odeur de sang, celui qui coulera à flots lorsque surviendra le dernier jour. Elle le ressentait à chaque fois qu'elle entendait quelqu'un parler de sauver des âmes en perdition. Agir au nom des autres et se persuader d'avoir la solution. Mais il n'y avait aucun remède contre le mal, se disait-elle maintenant. On ne pouvait pas le combattre avec ses propres armes, sans risquer de tout perdre, à commencer par ses proches, surtout ses proches. C'était facile de dépouiller quelqu'un et de le priver de tout. Mais la victime, de son côté, ne pouvait rien prendre, parce que alors elle y perdrait encore davantage et y laisserait quelque chose de fondamental.

– Comment s'appelle-t-il ? Qui est-il ?

Kirsten Husum haussa les épaules.

– Nous n'avons jamais su son nom. Il se faisait juste appeler Uomo. L'homme.

– De quelle nationalité est-il ?

Un nouveau haussement d'épaules.

– Asiatique, d'après ce que j'ai pu comprendre. Mais nous ne parlions jamais de nos origines.

– Qui ça « nous » ?

Le regard de Kirsten semblait perdu, peut-être tourné vers l'autre côté des rideaux épais.

– Je ne sais pas. Je n'en ai rencontré qu'une seule. Une femme pakistanaise. Mais il y en a d'autres, j'en suis certaine, sauf que le principe c'est de bâtir des cellules, indépendantes les unes des autres, afin de garder secrètes les identités. C'est facile, et efficace. Comme je l'ai dit : une copie d'Al-Qaïda. C'est d'ailleurs bizarre que personne n'y ait pensé avant, à utiliser leurs idées et leurs méthodes, mais pour une autre cause.

– Quelle est la différence ? demanda Dicte. Cela consiste toujours à utiliser la force afin de servir ce que l'on considère comme une justice suprême.

Kirsten Husum ricana, son mépris se mêla aux parfums des fleurs et des bougies.

– La religion, c'est de la foutaise. Surtout cette religion-là.

– L'islam ? Pourquoi ? Parce que la famille de Yussuf ne voulait pas de toi ? Parce qu'ils auraient souhaité que tu te convertisses et portes le voile ?

Elle ne faisait que deviner mais elle avait l'impression d'avoir visé juste. Cela se vit à la colère qui s'allumait dans les yeux de Kirsten. Elle poursuivit :

– Parce qu'ils vous ont poussés à l'isolement, en te coupant de ta propre famille, et lui de la sienne ? C'est pour ça que tu t'es habillée comme tu l'as fait et que tu as choisi de tuer avec un sabre ?

Kirsten Husum faisait semblant de l'ignorer mais Dicte voyait à son regard qu'elle était loin de s'en moquer.

– C'était ma manière de me foutre de leur gueule. Un moyen de leur rendre la monnaie de leur pièce.

– À tous les musulmans, ou juste à la famille de Yussuf ?

Kirsten éluda la question. Elle se leva et s'approcha de la fenêtre.

– Tu es venue seule ?

– Oui.

– Tu n'as pas peur ?

Elle se retourna vers Dicte, qui voyait à présent distinctement de la haine dans ses yeux. Peut-être qu'elle aurait dû avoir peur. Mais la seule chose qu'elle ressentait, c'était de la pitié, et de la colère.

– Je n'ai pas peur, dit-elle. Je suis venue pour te ramener avec moi. Parce que tu dois répondre de tes actes, même si tu as souffert. Sinon ça ne s'arrêtera jamais.

Kirsten Husum avança jusqu'à un petit bureau, derrière lequel elle prit place. Elle ouvrit un tiroir.

Quelque chose luisait dans sa main, dissimulé derrière un bouquet de roses rouges. Dicte comprit qu'il s'agissait d'un revolver.

– Il me semble que tu devrais ranger ce truc, souffla-t-elle d'une voix qu'elle ne reconnut pas elle-même. Il ne peut rien t'apporter de bon. Ole Nyborg connaît également ton secret. Si tu me tues, il faudra le tuer aussi.

Un sourire glissa sur le visage de Kirsten Husum. Elle avait dû être jolie autrefois, pensa Dicte. Une jolie petite fille, détruite.

– Je n'étais jamais à ma place nulle part, dit-elle, comme si elle avait lu dans les pensées de Dicte. Je ne savais pas comment me faire des amis. C'était comme si tout m'échappait, comme si je ne comprenais rien aux règles du jeu. J'étais trop brutale, je voulais obliger les gens à m'aimer. Je ne savais pas ce qu'était l'amour, jusqu'au jour où j'ai rencontré Yussuf.

– Et après sa mort, tout t'est redevenu égal ?

– En réalité, oui. Après que je l'ai vu disparaître avec notre fils, il ne me restait plus rien à espérer. La justice peut prendre toutes sortes de dimensions. Bien plus que ce qu'on croit, on pense l'avoir entre les mains et puis elle vous échappe, elle change de forme.

– On ne peut pas se venger dans un bain de sang, dit Dicte.

– On ne peut pas se substituer à Dieu, dit Kirsten Husum. Mais on est libre d'essayer et de se sentir en vie pendant ce temps-là.

Elle faisait tourner le pistolet dans sa main, regardant presque amoureusement le trou noir à l'extrémité du canon.

Elle l'approcha de sa bouche, comme par jeu. Puis elle l'en éloigna brusquement et le pointa sur Dicte.

– Tu aurais pu changer les choses. Tu aurais pu sauver une vie mais tu as préféré ne rien faire.

Le trou était si petit. C'était presque impossible de s'imaginer la puissance qui pouvait s'en échapper. C'était sans doute à cause de cela que la peur ne venait pas.

– Et la prochaine fois ? Morten ? Kaspar ? Dion ?

Dicte jetait de brefs coups d'œil autour d'elle. Elle ne voyait rien qui aurait pu faire office d'arme, il n'y avait rien d'autre que des fleurs dans des vases. Kirsten Husum était grande. Physiquement, elle ne pourrait pas la maîtriser. Mais Kirsten était-elle vraiment capable de lui tirer dessus ?

– Kaspar avait mauvaise conscience. Il leur a plusieurs fois demandé de me laisser partir. Morten et Dion. Évidemment qu'ils méritent de mourir.

La haine et le dégoût étaient visibles sur son visage. Dicte sentait qu'elle avait touché un point sensible. Elle venait de nommer les ennemis. Ceux qu'il fallait combattre de toutes ses forces. La haine détournait son attention et, pendant une seconde, le regard de Kirsten Husum perdit de son intensité, alors qu'elle revivait ses souffrances passées.

Elle ne sut jamais ce qui l'avait poussée à agir de la sorte ni ce qu'elle avait imaginé. C'est l'instinct qui la fit se saisir d'un vase d'œillets et le lancer de toutes ses forces contre le mur situé derrière Kirsten Husum dont le bras armé bougea dans un geste d'hésitation. Un coup de feu fut tiré et une vitre vola en éclats. L'écho de la détonation résonnait encore dans les oreilles de Dicte lorsqu'elle se précipita en une fraction de seconde. Elle glissa sur le bureau, balayant sur son passage les fleurs qui s'y trouvaient, et elles s'écroulèrent l'une sur l'autre sur le sol, corps contre corps. Sa main tâtonnait à la recherche de l'arme et un deuxième coup fut tiré, détruisant un tableau accroché sur le mur. Dicte luttait de toutes ses forces. C'était comme si le corps de son adversaire était devenu une machine de combat dont les bras et les jambes frappaient à la manière d'un immense jouet mécanique. Mais elle avait eu l'avantage de la surprise et elle finit par se saisir de la main qui tenait le revolver. Ses doigts étaient solidement rivés à la crosse et rien n'aurait pu les faire bouger d'un millimètre. Dicte choisit de tirer avec rage sur l'arme pour la lui faire lâcher. Il y eut un troisième coup de feu et quelque chose de poisseux apparut soudain entre l'acier et la paume de sa main, elle réalisa que c'était du sang, sans savoir s'il s'agissait du sien ou de celui de Kirsten Husum. Puis l'autre femme s'effondra. Une auréole rouge se formait sur le jeans qui recouvrait sa cuisse. Elle lâcha le revolver et poussa un gémissement presque animal, la bouche ouverte à la recherche d'une bouffée d'air.

Dicte braqua le revolver contre la femme allongée sur le sol.

– On ne bouge plus. Tout va bien se passer.

Pas de réponse. L'autre se contentait de la fixer d'un air absent.

– C'est fini.

Un rictus se dessina au coin des lèvres de Kirsten Husum.

– C'était déjà fini, avant même de commencer.

Dicte recula. Le revolver toujours braqué sur la femme, elle trouva son sac, sortit son téléphone et appela une ambulance.

67

– ET VOILÀ, monsieur. Le plat du jour et le vin de la maison. Satisfaction garantie, ou alors on rembourse.

Bo posa son stylo et la regarda, tandis que la télé fonctionnait en fond sonore. Ses papiers étaient répandus sur toute la surface de la table et il se hâta de les rassembler pour faire un peu de place.

– Le plaisir ? Pour 75 couronnes ? Ça, c'est vraiment du service !

– La satisfaction, corrigea Dicte. Le service est compris.

Elle versa deux grandes louchées de ses meilleurs spaghettis à la carbonara dans les assiettes qu'il lui tendait. La main de Bo frôla sa cuisse au moment où elle servit le vin.

– Satisfaction totale et service compris, ça me paraît un bon programme.

Elle s'éloigna en prenant un air effarouché.

– J'ai parlé de service, pas de servante. Qu'est-ce que c'est que ça ?

Elle fit un signe de tête vers le tas de papiers, et reconnut le fameux formulaire de la Sécurité sociale, qui lui était totalement sorti de l'esprit au cours des trois derniers mois. Entre-temps, ils avaient eu chacun leur lot d'occupations. Lui, avec ses photos et ses enfants à garder, parce que son ex-épouse était tombée malade. Elle, avec son travail au journal et ses efforts pour se remettre des événements de l'automne, essayant de se pardonner à elle-même et de trouver un sens, ou au moins une forme d'acceptation, à l'existence du mal. La routine, pensait-elle. De temps en temps, elle aurait souhaité pouvoir mettre un terme à ses pensées et se faufiler dans le corps d'une personne un peu moins compliquée. Comme, par exemple, Bo. C'était sans doute pour cela qu'elle en était amoureuse.

– Le moment est venu, dit Bo en se frottant les yeux. Le journal veut nous envoyer à Mombasa, moi et Johannes Prehn, pour qu'on y fasse des recherches sur le trafic de drogue local.

Au moins, il ne s'agissait pas du Moyen-Orient, se dit-elle en guise de consolation, se refusant à penser davantage au Kenya et à quel point la mission pouvait s'avérer dangereuse. C'était son boulot, elle n'y pouvait rien.

Elle s'assit et ne put s'empêcher de tendre le cou pour voir ce qu'il avait écrit. Son nom figurait en lettres capitales sous la rubrique « parents proches » et elle ne put retenir le flot de larmes qui lui monta aux yeux Elle le regarda, et elle comprit soudain qu'il avait attendu cet instant pour voir sa réaction.

– Espèce de salaud !

– Qu'est-ce que j'ai encore fait ? demanda-t-il d'une voix angélique.

– Tu aurais pu le faire bien avant.

Elle vit comme un soupçon de tristesse dans son regard, alors qu'il engloutissait ses spaghettis.

– Je ne pouvais pas savoir si tu accepterais d'en assumer la responsabilité, mâchonna-t-il. Parce que c'est bien de cela qu'il s'agit, dit-il gravement en buvant une gorgée de vin. Ça n'a rien de spécialement marrant. Tu risques de recevoir des mauvaises nouvelles un jour, tu le sais, n'est-ce pas ?

Elle acquiesça. Elle en était consciente. Mais cela valait mieux que d'être prévenue la dernière.

– Tu acceptes ?

Elle regardait son nom écrit sur la ligne en pointillés.

– D'être ton parent proche ?

Elle ne savait pas exactement pourquoi c'était aussi important, mais ça l'était. Il lui aurait suffi de répondre que oui, bien sûr qu'elle acceptait. Qu'il n'y avait même pas besoin d'y réfléchir, mais ses pensées furent interrompues par la sonnerie du téléphone. Elle resta un moment comme figée, puis se leva d'une façon presque automatique pour aller décrocher, sans le quitter des yeux.

– Tu as été longue à répondre, dit la voix d'Anne en provenance du lointain Nuuk. Comment tu vas ?

Rien que de l'entendre, c'était comme atterrir dans un endroit qu'on aurait pu appeler foyer. Une tranquillité s'installait aussitôt et lui faisait comme un doux tapis dans l'estomac. La stabilité. La sécurité. Un amoureux et de vrais amis, que pouvait-elle demander de plus ? De beaux enfants, oui bien sûr, mais une seule, ce n'était déjà pas si mal et Rose vivait à présent avec Aziz dans leur propre paradis.

– Ça va bien, dit-elle en observant Bo et sa manière de manger, comme s'il s'empiffrait d'un plat de haricots devant un feu de camp et qu'il n'allait pas tarder à aller ensuite se coucher à la belle étoile, la tête posée sur la selle de son cheval.

– Et Wagner ? Toujours aussi remonté ?

Wagner. Son regard se mit à tourner en rond dans la pièce. Elle avait eu sa dose de colère. Il lui avait reproché sa façon de l'avoir joué solo, sans même prendre la peine de répondre au téléphone lorsque la police avait cherché à la contacter. Mais elle avait aussi perçu comme une pointe de respect dans le son de sa voix, lorsqu'ils avaient parlé ensemble la dernière fois, dans son bureau :

– Tu n'arrêtes donc jamais ?

– Bien sûr que si. Le week-end.

– Et des vacances, ça ne te dirait pas ? Dans un autre pays par exemple ?

De son côté du bureau, il l'observait attentivement. Il veut se débarrasser de moi, pensa-t-elle. Il aimerait que je lui fiche la paix.

Elle avait secoué la tête en lui adressant un grand sourire.

– Des vacances ? C'est vraiment trop barbant, surtout quand on est habitué au frisson des sifflements de balles.

– Il te reste Hollywood, proposa-t-il. Ils disent qu'ils manquent de figurants.

Elle se concentra à nouveau sur Anne.

– C'est sous contrôle, concernant Wagner, dit-elle avec plus d'assurance qu'elle n'en ressentait en réalité. Et puis, c'est bien qu'il y ait eu des blessures physiques, parce qu'à présent, il va pouvoir y avoir un vrai procès.

– Et la justice sera rendue, dit Anne avec un semblant de doute dans la voix.

– C'est ce que nous devons croire. C'est tout ce que nous avons. Mais parle-moi plutôt des grands espaces.

Tandis qu'Anne lui racontait sa vie au Groenland, Dicte se remit à penser à Wagner et à la fin de leur histoire. Ce qu'il ne parvenait pas à comprendre, pas plus que Strøm d'ailleurs, c'était comment Mustafa Pinar avait pu soudain disparaître dans la nature. Elle-même avait du mal à saisir. Mais elle se disait qu'en y mettant le paquet, elle arriverait peut-être à élaborer une ébauche d'explication susceptible de les intéresser, bien qu'elle ne se fût pas fixé ce projet comme une priorité. Par contre, grâce à leurs relations dans les milieux de la police criminelle, ils avaient fini par mettre la main sur Uomo, un Philippin qui avait cherché à recruter des victimes du raz de marée dans le but de leur faire exécuter ses missions meurtrières et de l'aider dans son combat désespéré contre l'injustice. Ses affaires avaient des ramifications dans d'autres coins du monde. De combien de cellules était-il question ? Pourraient-ils toutes les démanteler ? Il fallait l'espérer.

– Dicte ? Tu es là ?

– Oui, oui. Quand rentrez-vous au bercail ?

Anne rit. C'était si bon d'entendre qu'elle était contente, mais en même temps, une petite angoisse persistait.

– Parce que vous allez rentrer, n'est-ce pas ?

– Bien sûr qu'on va rentrer. Mais pas avant quelques mois.

Elles se quittèrent après d'interminables adieux, des saluts à tout le monde, de la chienne jusqu'à la Reine, sans oublier les habitants des îles Féroé. Bo, installé sur le canapé, en avait fini avec son plat de pâtes et tendait à présent le bras pour attraper la servante qu'il se préparait à déguster comme dessert, tout en suivant d'un œil le journal télévisé.

– Qu'est-ce qui se passe dans le monde ? demanda Dicte.

Après les spaghettis, sa faim était maintenant tournée vers d'autres domaines et elle se laissa entraîner sur ses genoux. Il prit la télécommande et coupa la télévision.

– Rien d'important, murmura-t-il contre son cou et elle put reconnaître l'odeur de sa peau, mélangée à celle des pâtes et de son propre parfum. Toujours les caricatures de Mahomet.

En disant cela, il laissa partir ses lèvres en expédition.

– Et alors ? demanda-t-elle, se désintéressant visiblement de la question. Ils trouvent encore des trucs à raconter sur le sujet ?

Il commença à déboutonner lentement son chemisier, avant de poser sa bouche sur sa poitrine.

– Ils parlent d'un groupe d'imams, qui auraient entrepris un périple en Égypte et dans le Moyen-Orient afin d'y agiter les populations.

– À propos de quoi ? Des caricatures ? Du *Jyllands-Posten* ?

Elle avait du mal à concevoir un lien possible entre Viby et l'Égypte.

– À propos de tout ça, je crois, dit Bo en l'embrassant, considérant soudain son corps comme beaucoup plus précieux que le gouvernement, la Reine, la presse et la façon dont on défendait ou bafouait la sacro-sainte liberté d'expression.

– Je ne sais pas non plus ce qu'ils comptent encore en tirer, dit-il en lui enlevant son chemisier.

Collection NéO
dirigée par Hélène Oswald

Cette collection se propose de poursuivre le travail d'édition réalisé par Pierre Jean et Hélène Oswald au sein des Éditions NéO de 1978 à 1991 avec les collections « Le Miroir obscur » et « Fantastique/Science-fiction/Aventure », continué aux Éditions Les Belles Lettres, de 1997 à 2003, avec leurs collections « Le Cabinet noir/Poche » et « Le Grand Cabinet noir ».

Comme ses devancières, la collection NéO publie des écrivains œuvrant dans tous les « mauvais genres » : roman noir, thriller, horreur, fantastique, science-fiction, avec une prédilection pour le genre « inclassable » et les auteurs hors normes.

Collection NéO

Parus

Graham Masterton, *Le Complot Sweetman*
Traduit de l'anglais par François Truchaud

Un tueur en série sème la panique dans l'agglomération de Los Angeles en tuant au hasard dans leur voiture des personnes n'ayant apparemment aucun lien entre elles. Mais s'agit-il vraiment de hasard et d'un psychopathe ?

Un thriller percutant, original et inventif, qui traite de l'ambition, des compromissions et... des élections présidentielles aux États-Unis.

Michel de Pracontal, *La Femme sans nombril*

Londres 2222. Une mégapole de robots, dirigée par des artefacts. Venus d'une autre planète, quatre visiteurs cherchent une espèce introuvable : l'humanité. Pourquoi a-t-elle disparu d'une Terre qui ne porte aucun signe de destruction globale ? Ils finiront par découvrir l'incroyable vérité.

Un roman époustouflant, subtilement teinté d'érotisme, qui tient le lecteur en haleine de la première page à la stupéfiante révélation finale.

Theodore Roszak, *Le Diable et Daniel Silverman*
Traduit de l'anglais (États-Unis) par Édith Ochs

Daniel Silverman, un romancier vivant à San Francisco, dont les livres ne connaissent que des tirages confidentiels, accepte de faire une conférence dans un collège religieux d'une petite ville perdue du Minnesota, avec à la clé une jolie rémunération.

Lorsqu'il arrive à destination, il découvre que les membres du collège sont des fondamentalistes chrétiens. Quel intérêt ont-ils à inviter un écrivain juif athée et homosexuel comme lui ? Alors que le blizzard se déchaîne, prisonnier de la ville, il va vivre un véritable cauchemar...

Un roman aussi palpitant qu'effrayant. On y retrouve toute l'érudition de l'auteur de *La Conspiration des ténèbres.*

Noirs Scalpels
Anthologie présentée par Martin Winckler

Les médecins sont le plus souvent perçus comme des soignants, des guérisseurs, des magiciens bienveillants. Mais il arrive qu'ils soient associés au crime...

Les nouvelles de cette anthologie, d'une grande variété d'inspiration et d'écriture, qu'elles soient policières, fantastiques, historiques ou humoristiques, traitent de cette réalité ambivalente. Elles sont signées par des écrivains très divers (dont l'anthologiste lui-même), certains sont médecins, d'autres des spécialistes du domaine policier, fantastique ou de science-fiction.

Colin Wilson, *Black Room*
Traduit de l'anglais par François Truchaud

Au hasard d'une rencontre avec des amis, un musicien, Christopher Butler, accepte de participer, en Écosse, à un projet ultrasecret. Des scientifiques y expérimentent une installation appelée « Chambre noire ».

Très vite, Butler comprend que cela revient à leur faire subir un lavage de cerveau et que ce projet intéresse divers services de renseignements, dont la CIA.

Un roman d'espionnage qui transcende le genre, où Colin Wilson poursuit sa quête philosophique sur la signification de la vie.

Graham Masterton, *Génie maléfique*
Traduit de l'anglais par François Truchaud

Micky Frazier, plongeur dans un restaurant, se porte au secours d'un homme âgé victime d'une tentative d'enlèvement. Celui-ci, un certain Dr Lügner, pour le remercier, lui fait parvenir une cassette contenant des instructions: Micky doit s'injecter une substance censée augmenter ses facultés intellectuelles.

Effectivement il se met à dévorer des ouvrages scientifiques, à résoudre des équations complexes... Il est devenu un génie ! Mais une mystérieuse organisation, OGRE, continue de traquer le Dr Lügner et s'en prend à Micky...

Un thriller psychologique mené tambour battant.

Michel de Pracontal, *Risques majeurs*

Mathématicien raté, Iohann Moritz est gardien d'immeuble dans un HLM parisien. Lorsqu'il découvre qu'un locataire a décampé sans laisser d'adresse, il croit à une banale crise familiale. Mais il apprend que le disparu était un spécialiste de la radioprotection et que deux experts de la Sûreté nucléaire ont été mystérieusement assassinés...

Propulsé au cœur d'un labyrinthe de faux-semblants et de vrais dangers, de complots et de mensonges d'État, Moritz lutte contre un ennemi implacable. Qui est vraiment le locataire ? Il finira par découvrir l'incroyable vérité. Mais pourra-t-il éviter la catastrophe ? Encore faudrait-il qu'il sauve sa propre peau...

Charles Stross, *Jennifer Morgue*
Traduit de l'anglais par Édith Ochs

Bob Howard est employé par l'agence de renseignements la plus secrète du monde : la Laverie, située dans les sous-sols pouilleux d'une banlieue de Londres.

Cette fois, sa mission sera d'une importance dramatique. Un milliardaire américain de l'informatique, Ellis Billington, ayant réussi à s'emparer d'une arme secrète enfermée dans un sous-marin soviétique échoué au fond du Pacifique, Bob est chargé de s'introduire dans son yacht, mouillé dans la mer des Caraïbes, afin de le neutraliser.

Un roman étourdissant qui mêle allègrement espionnage, fantastique et nouvelles technologies.

Theodore Roszak, *Les Mémoires d'Elizabeth Frankenstein*
Traduit de l'anglais (États-Unis) par Édith Ochs

C'est par une lettre d'adieu que commence ce roman, la lettre d'adieu d'Elizabeth à Victor, la nuit de leurs noces. En digne héroïne romantique, Elizabeth sait qu'elle va mourir et elle adresse à celui qu'elle aime le Journal qu'elle a tenu en vue de son ultime geste.

Mais pourquoi Elizabeth doit-elle mourir ? Et comment ? Dans le *Frankenstein* de Mary Shelley, nous savons que la fiancée de Frankenstein meurt assassinée par le monstre. Theodore Roszak répond par un roman émouvant, à la fois romantique et féministe.

Louis Bayard, *Un œil bleu pâle*
Traduit de l'anglais (États-Unis) par Jean-Luc Piningre

Landor, un vétéran de la police de New York à la retraite, personnage complexe, usé par ses années de service et des tragédies personnelles, répond à l'appel des autorités de l'Académie voisine de West Point lorsque la dépouille d'un élève officier retrouvé pendu est atrocement profanée.

Il accepte de mener l'enquête et prend pour assistant un élève de West Point sombre et tourmenté nommé Edgar Poe.

Un thriller gothique et érudit au suspense constant et au final étourdissant, dont l'intrigue prend racine dans la vie et l'œuvre d'Edgar Poe.

Martin Winckler, *Le Numéro 7*

Été 2006. Pilote d'hélicoptère et mercenaire en Afrique, Eddie Dante convoie une cargaison dont il ignore la nature. Lorsque son hélicoptère se crashe, il n'est que blessé, mais les secours envoyés pour récupérer la cargaison l'abandonnent... Recueilli dans une mine où agonisent des centaines de personnes, il découvre que ses employeurs ne sont pas étrangers à l'existence de ce mouroir. Il tente de retourner en Europe pour révéler à la presse ce qu'il a vu. Mais les organisateurs de ce massacre médical lancent des tueurs à sa poursuite...

Septembre 2007. La multinationale WOPharma organise un grand congrès auquel sont conviés d'éminents scientifiques du monde entier afin d'y annoncer un progrès thérapeutique majeur… Pour accueillir ce congrès, les communicants de la multinationale ont choisi un lieu original : le village-hôtel de Portmeirion, au pays de Galles, qui servit de décor à la série télévisée *Le Prisonnier.* Et justement, toutes les caméras du monde seront braquées sur lui car les fans du monde entier y fêtent le 40e anniversaire de la diffusion de la série…

Philip K. Dick, *Les Voix de l'asphalte*
Traduit de l'anglais (États-Unis) par Nicolas Richard

Totalement inédit, écrit par Philip K. Dick en 1953, avant qu'il ne se consacre à la science-fiction, ce roman a dormi pendant plus de cinquante ans avant d'être découvert.

Il met en scène Stuart Hadley, un vendeur en électroménager en pleine crise existentielle, en proie à un malaise qui ne le quitte pas, bien qu'il ait tout pour être heureux : un bon job, une femme amoureuse... Mais aucune des valeurs prônées par la société – en pleine période du « rêve américain » de l'après-guerre – ne semble lui apporter la moindre solution... En quête d'un sens à donner à sa vie, il va connaître un destin des plus étranges...

On retrouve dans cet ouvrage, à fortes connotations autobiographiques, toute la prescience de Dick. Sa vision des courants souterrains qui gangrènent la démocratie est d'une actualité proprement stupéfiante.

Theodore Roszak, *L'Enfant de cristal*
Traduit de l'anglais (États-Unis) par Édith Ochs

Julia Stein, une brillante gérontologue, se voit confier un cas exceptionnel : Aaron Lacey, un enfant de 9 ans atteint de progéria, qui présente tous les signes de la vieillesse. Julia se bat pour lui, cherche des méthodes innovantes. Une vieille femme lui donne un morceau de cristal pailleté avant de mourir... grâce auquel Aaron survivra à une crise cardiaque. Dès lors interviennent une série de transformations. Le hideux petit avorton donne naissance à un être jeune d'une beauté suprême, à laquelle succombent tous ceux qui l'approchent, Julia la première... qui, pour avoir eu une relation sexuelle avec cet enfant qui n'en est pas un, devra purger une peine d'un an de prison...

Aaron, de son côté, fugue et trouve refuge dans un spa de luxe tenu par un certain DeLeon, un charlatan qui a bâti sa fortune sur la découverte de la fontaine de jouvence...

Ce tout dernier roman de Roszak offre un concentré de tous ses univers, allié à une réflexion magnifique sur l'âge et le temps qui passe.

Complots capitaux d'hier et d'aujourd'hui
Anthologie présentée par Olivier Delcroix

Kennedy a-t-il été assassiné par la Mafia, à Dallas, en 1963 ? A-t-on réellement marché sur la Lune en 1969 ? Marilyn s'est-elle vraiment suicidée ? Le chanteur Claude François est-il mort comme on le croit ? Et Diana ? Nous a-t-on tout révélé sur la tragédie du 11 Septembre ? Quelle vérité derrière l'affaire du *Rainbow Warrior* ? Quelle machination à l'origine des événements de Mai 68 ? Et si la saga *Star Wars* était l'une des plus énormes conspirations politiques du XXe siècle ? Etc. Vingt écrivains (dont l'anthologiste) se sont « amusés » à livrer leur propre version de quelques complots capitaux d'hier et d'aujourd'hui.

Lucien-Jean Bord, *Dictionnaire Sherlock Holmes*

Œuvre d'un historien reconnu et holmésien passionné, cet imposant dictionnaire, à la fois étude littéraire et historique, réjouira et comblera par son exhaustivité et sa richesse iconographique (photos et documents d'époque) les lecteurs les plus exigeants des enquêtes du détective sans doute le plus connu dans le monde.

Ils y trouveront tous les personnages, principaux ou secondaires, peuplant les récits d'Arthur Conan Doyle, une description précise des lieux, réels ou imaginaires, où ils se déroulent, mais aussi une foule de renseignements sur l'Angleterre de la fin du XIXe siècle et, parfois, sur le reste du monde.

Lucien-Jean Bord a aussi recensé les principaux illustrateurs ayant œuvré du vivant de Conan Doyle et les innombrables adaptations et principaux pastiches de l'œuvre, au théâtre, à la radio et surtout à l'écran, grand ou petit, qui se sont succédé tout au long du XXe siècle et se poursuivent de nos jours.

Michel de Pracontal, *Les Gènes de la violence*

Dans un parking parisien, un adolescent découvre un sac de plastique contenant le corps d'une femme. L'assassin lui a ouvert la poitrine, a retiré son cœur, l'a scalpée et écorchée. Lorsqu'un deuxième meurtre similaire se produit, la police et la presse comprennent qu'un serial killer opère dans Paris. D'une habileté diabolique, l'« Inca », comme le surnomment les médias, ne laisse aucune piste. L'enquête de la Brigade criminelle piétine. La psychose monte.

Le célèbre neurobiologiste Alfred Lacasse affirme que le meurtrier agit sous l'effet d'une hormone produite par un « gène tueur ». Partisan d'une politique ultrasécuritaire, Lacasse prétend que la science permettrait de dépister au berceau les futurs serial killers...

Paul Bertillon, journaliste scientifique à *L'Hebdo*, cherche à prouver que Lacasse est un imposteur. Sa compagne, Marie, qui travaille sous la direction du neurobiologiste, disparaît mystérieusement. Prêt à tout pour la sauver, Paul se lance dans une contre-enquête sur l'« Inca ». Il va faire une découverte stupéfiante : ce qui semblait une histoire criminelle est en réalité une affaire d'État ! Mais le journaliste pourra-t-il révéler au monde l'invraisemblable vérité ?

Arthur Phillips, *Angelica*
Traduit de l'anglais (États-Unis) par Édith Ochs

À Londres, en 1880, la famille Barton est au bord de la crise. Depuis que le père, Joseph, a décidé que sa fille de 4 ans, Angelica, devait quitter la chambre de ses parents pour dormir seule dans la sienne, de mystérieux événements se produisent. Constance, la mère d'Angelica, fait appel à Annie Montague, une voyante, pour veiller sur sa fille. Le quatuor est en place pour un drame qui sera relaté chacun leur tour, par les protagonistes. Quatre versions qui parfois s'accordent, parfois se contredisent, chacune jetant une lumière nouvelle, mais aussi une part d'ombre, sur les personnages, leurs peurs, leurs désirs et leurs secrets.

Le lecteur, mi-enquêteur, mi-psychanalyste, participe activement à ce récit labyrinthique derrière lequel il doit essayer de percevoir la vérité avant l'époustouflant coup de théâtre final...

Robert Ferrigno, *Feddayin*
Traduit de l'anglais (États-Unis) par Diniz Galhos

Aux États-Unis, après une attaque nucléaire en 2015 sur Washington et New York, supposée résulter d'une manipulation du Mossad, une guerre civile a éclaté.

En 2040, si certains États du Sud et de l'Est sont sous la coupe des fondamentalistes chrétiens, les États-Unis sont devenus pour l'essentiel une république islamique. Mais des zones de non-droit résistent à la pression religieuse, des rebelles organisent des contre-attaques, musulmans et chrétiens sont à couteaux tirés, la paranoïa règne.

Une jeune historienne, Sarah Dougan, réputée pour ses prises de position courageuses, disparaît sans laisser de traces. Son oncle, chef de la Sécurité de la République islamique, fait appel pour la retrouver à Rakkim Epps, un ancien feddayin, ex-membre des corps d'élite. Sur les traces de la jeune femme, Rakkim comprend vite qu'elle est en possession de documents susceptibles de saper les fondations du nouvel ordre...

Robert Ferrigno livre avec ce thriller au rythme haletant une réflexion étourdissante sur la manipulation et les conflits religieux.

Sophie Loubière, *Dans l'œil noir du corbeau*

Bill Rainbow ne réveillonne plus en famille depuis des lustres. Inspecteur de police de San Francisco retiré des Mœurs, l'homme est en manque d'affection. Son refuge, la bouffe. Mais au plus fort d'une crise économique mondiale, seul sur sa maison flottante à Sausalito, à jamais séparé de ses filles, le retraité célibataire peine à la confection de son repas de Noël.

Il ignore qu'à des milliers de kilomètres de là, pour fêter ses 40 ans d'une existence en demi-teinte, Anne Damey s'apprête à prendre l'avion à la recherche de son amour de jeunesse, afin de retrouver, plus de vingt ans après, ce garçon américain lui ayant fait la promesse, un jour, de venir la chercher.

Mais, pour connaître la vérité sur l'affaire Daniel Harlig, il lui faudra convaincre un fonctionnaire de police à la retraite au passé pas très net de reprendre du service et de rouvrir un dossier vieux de 22 ans. À trois jours de Noël, elle possède pour cela un argument de choc : Anne est présentatrice de fiches cuisine à la télévision. Bill et Anne feront donnant-donnant : entre la préparation d'un véritable festin et la reprise d'une enquête lamentablement bâclée, tous deux parviendront à satisfaire leurs appétits, découvrant une vérité stupéfiante à laquelle ni l'un ni l'autre ne pourront échapper.

Un roman policier hors normes, où l'on retrouve l'art de la construction éclatée et de la description minutieuse de l'auteur du *Dernier Parking avant la plage.*

Theodore Roszak, *L'Enfer des rêves*
Traduit de l'anglais (États-Unis) par Édith Ochs

Un autre monde existe, dans lequel nous menons une seconde vie. Pour Theodore Roszak, le monde des rêves est un monde réel.

La jeune Deirdre Val a le pouvoir de s'immiscer dans les rêves et de les observer sans être vue. Elle peut aussi manipuler le rêve et placer le rêveur « sous influence ».

Seule rescapée, avec sa fille Laney, 12 ans, d'un drame épouvantable, Deirdre travaille à la clinique psychiatrique du docteur Aaron Devane, spécialiste des enfants autistes. Elle met son talent au service du docteur en s'introduisant dans leurs rêves pour l'aider à établir le contact avec les jeunes malades.

Mais la liberté de la clinique s'arrête là où commencent ses dettes, comme savent le faire valoir son administrateur, Costello, et le siège social, anonyme, à Washington. Ce dernier veut obliger le psychiatre à apporter son concours dans de sombres magouilles politico-financières et Devane se trouve contraint d'accueillir dans sa clinique des clients bien particuliers, pour les éliminer discrètement.

Deirdre ignore tout de ces derniers et, quand elle commence à s'intéresser à eux et à leurs rêves, la machine infernale va se mettre en marche...

Un récit riche en rebondissements, dans lequel on retrouve tous les thèmes chers à Theodore Roszak : l'exploration de l'inconscient, le complot, le pouvoir qui corrompt, celui de l'argent comme de la hiérarchie religieuse, la manipulation des esprits.

Theodore Roszak, *La Conspiration des ténèbres*
Traduit de l'anglais (États-Unis) par Édith Ochs

Nouvelle édition augmentée de textes écrits par Theodore Roszak pour l'édition américaine de 2005.

En fréquentant les cinémas miteux de Los Angeles, Jonathan Gates découvre l'œuvre fascinante de Max Castle. Jeune prodige, celui-ci a tourné quelques films avant de tomber dans l'oubli.

L'élucidation des mystères qui entourent la vie et l'œuvre de Max Castle va devenir une véritable obsession pour Gates. À l'issue de sa quête, qui va le mener des sommets de l'industrie cinématographique jusqu'au cœur des sociétés secrètes, où plane l'ombre des cathares, il apprendra l'incroyable vérité sur ce maître des illusions que fut Max Castle et mettra au jour un étonnant complot.

Un grand thriller historique et métaphysique, d'une intelligence et d'une érudition peu communes.

Un roman qui a fait date, salué par une critique unanime, et qui devrait prochainement être adapté pour le cinéma.

John Harwood, *La Séance*
Traduit de l'anglais par Danièle Mazingarbe

1889. La jeune Constance Langton vient de perdre sa mère, une femme très perturbée depuis la mort, à l'âge de deux ans, de sa seconde fille, Alma. Pour tenter de la guérir, Constance l'avait persuadée de participer à des séances de spiritisme, avec le résultat désastreux d'avoir provoqué son suicide... Son père – qui lui avait toujours manifesté une extrême froideur au point qu'elle s'était imaginé être une enfant trouvée – ayant quitté la maison, Constance décide d'aller vivre chez son oncle.

À ce moment, le notaire de la famille, John Montague, lui annonce qu'elle vient d'hériter d'un manoir délabré dans le Suffolk, mais il lui conseille aussitôt « de tout brûler et de ne jamais y habiter » ! Il lui remet à cette occasion un récit en deux parties, une de lui et l'autre d'une jeune femme, Eleanor Unwin, dont la vie rappelle curieusement celle de Constance...

Elle apprend ainsi que les lieux ont été témoins d'événements terrifiants. Sur les quatre derniers propriétaires du manoir, deux ont mystérieusement disparu, un autre a été horriblement incinéré...

Eleanor Unwin, elle-même, a disparu avec son bébé et son mari, l'inquiétant docteur Magnus Wraxford, hypnotiseur et adepte du mesmérisme. La Society of Psychical Research accepte d'enquêter sur ce qui semble bien être des phénomènes paranormaux...

À la limite du spiritisme et du scientisme de la fin de l'époque victorienne, ce roman fascinant peut être comparé aux œuvres de Wilkie Collins, Montague Rhodes James ou Conan Doyle, mais ce récit en quatre parties et à deux voix n'est pas sans rappeler aussi *Angelica,* d'Arthur Phillips.

Mis en pages par DV Arts Graphiques à La Rochelle.
Imprimé en France par CPI Bussière
à Saint-Amand-Montrond (Cher)
N° d'édition : 1591/02. — N° d'impression : 103244/1
Dépôt légal : juin 2010.
ISBN 978-2-7491-1591-7